SchlA 7

Schleiermacher-Archiv

Herausgegeben von
Hermann Fischer
und
Hans-Joachim Birkner, Gerhard Ebeling,
Heinz Kimmerle, Kurt-Victor Selge

Band 7

Walter de Gruyter · Berlin · New York
1989

Hans-Friedrich Traulsen

Schleiermacher und Claus Harms

Von den Reden ‚Über die Religion‘
zur Nachfolge an der Dreifaltigkeitskirche

Walter de Gruyter · Berlin · New York
1989

Gedruckt auf säurefreiem Papier
(alterungsbeständig — pH 7, neutral)

CIP-Titelaufnahme der Deutschen Bibliothek

Traulsen, Hans-Friedrich:
Schleiermacher und Claus Harms : von den Reden „über die
Religion" zur Nachfolge an der Dreifaltigkeitskirche / Hans-
Friedrich Traulsen. — Berlin ; New York : de Gruyter, 1989
  (Schleiermacher-Archiv ; 7)
  ISBN 3-11-012056-9
NE: GT

Für Kirsten

Vorwort

Zu nachfolgender Untersuchung des Verhältnisses zweier gelegentlich so apostrophierter "Kirchenväter des 19. Jahrhunderts" zueinander hat mich Professor Dr. Hans-Joachim Birkner angeregt. Ihm gilt dafür, für die Betreuung der Arbeit, für die gewährten großzügigen Arbeitsbedingungen, vor allem aber für die Hinführung zur Beschäftigung mit Schleiermacher, mein herzlichster Dank.

Im Sommer 1988 wurde die Arbeit dankenswerterweise von der Theologischen Fakultät der Christian-Albrechts-Universität zu Kiel als Dissertation angenommen, damals mit dem Untertitel "Ein Beitrag zur Rezeption der Reden 'Über die Religion' im 19. Jahrhundert". Gegenüber der eingereichten Fassung sind im vorliegenden Text nur geringfügige Veränderungen angebracht.

Ganz besonders danke ich dem Herausgebergremium des "Schleiermacher-Archivs" für die Aufnahme der Arbeit in diese Reihe. Wesentlich ermöglicht wurde die Veröffentlichung durch namhafte Zuschüsse seitens der VELKD und der Nordelbischen Evangelisch-Lutherischen Kirche, der ich auch für die mir gegenüber erwiesene wissenschaftsfreundliche Haltung danken möchte.

Meinen Kieler Kollegen Dr. Reinhold Liebers, Dr. Dr. Günter Mekkenstock und Dr. Udo Rüterswörden danke ich für ihre solidarische Unterstützung, meinem Freund Pastor Christian Dahl für das Korrekturlesen, Frau Helma Talke für die zuverlässige Abschrift. Den im Anhang angeführten Archiven gilt mein Dank für die freundlicherweise erteilten Veröffentlichungsgenehmigungen, der Schleswig-Holsteinischen Landesbibliothek insbesondere für die großzügige Bereitstellung älterer Literatur.

Nicht unwichtig zu erwähnen ist, daß die Untersuchung ursprünglich im Zusammenhang gestanden hat mit meiner editorischen Arbeit am jetzt im Erscheinen begriffenen Band I/10 der Kritischen Gesamtausgabe der Werke Friedrich Schleiermachers ("Theologisch-dogma-

Vlll

tische Abhandlungen und Gelegenheitsschriften"). Mit diesem Band
liegen wichtige der hier verhandelten Schriften Schleiermachers,
aber auch eine Schrift Ammons vor, so daß die nach dem Original-
druck gegebenen Zitate leicht im Zusammenhang nachgelesen werden
können.

Kiel, im Juni 1989

Hans-Friedrich Traulsen

Inhaltsverzeichnis

1. Einleitung

Exemplarisch wird Claus Harms in Karl Barths Theologiegeschichte des 19. Jahrhunderts als ein "Zeitgenosse" in Anspruch genommen, der "immer die Neigung gehabt" habe, "vor dem späteren reifen Schleiermacher gleichsam die Augen zu schließen und sich wehmütig entzückt an den jungen Schleiermacher in seiner romantischen Reinheit zu halten, die Schleiermacher selbst [...] sich so nun gerade nicht bewahren konnte".[1] Barth spielt damit auf den theologiegeschichtlich allgemein bekannten Sachverhalt an, daß derselbe Harms, der vor allem wegen seiner "Thesen" von 1817 als Repräsentant neoorthodoxer und neokonfessionalistischer Theologie und somit als natürlicher Antipode Schleiermachers gilt, Äußerungen getan hat, die als geradezu paradigmatisch für die begeisterte Aufnahme der Schleiermacherschen Reden "Über die Religion" zitiert werden können.[2]

Ob sich das als widersprüchlich empfundene Verhältnis Harms' zu Schleiermacher allerdings tatsächlich, wie hier von Barth behauptet, nur nach dem Schema von Verdrängung und Reduktion gestaltet und ob nicht vielmehr Schleiermachersche Theologie in weit stärkerem Maße für ihn bestimmend geworden ist, als sich vordergründig vermuten läßt, ist bis hin zu Friedrich Wintzers Harms-Monographie[3],

---

[1] K. Barth: Die protestantische Theologie im 19. Jahrhundert. Ihre Vorgeschichte und ihre Geschichte, 4. Aufl., Zürich 1981, 307

[2] Wegen der Geläufigkeit des Faktums in theologiegeschichtlichen Darstellungen seien als Beispiele nur erwähnt die vollständige Zitation der einschlägigen Passage aus Harms' Autobiographie in F. H. R. v. Franks "Geschichte und Kritik der neueren Theologie, insbesondere der systematischen, seit Schleiermacher", 4. Aufl., bearbeitet von R. H. Grützmacher, Leipzig 1908, 76f sowie der unlängst erfolgte Hinweis bei H. J. Birkner: Friedrich Schleiermacher, in: Gestalten der Kirchengeschichte, ed. M. Greschat, Bd 9 Die neueste Zeit I, Stuttgart 1985, 87–115, hier 95.

[3] F. Wintzer: Claus Harms Predigt und Theologie, Flensburg 1965 (SVSHKG.A 21); abgekürzt "Harms"

die dieser 1963 in Göttingen als Dissertation vorlegte, nicht zum Gegenstand eingehender Untersuchung geworden.

So handelt es sich bei der ältesten Abhandlung zum Thema "Schleiermacher und Harms" um einen unter diesem Titel von Klaus Schneider 1865 zum Abdruck gebrachten populären Vortrag[4], der ohne systematischen Anspruch beider Biographien nebeneinanderstellt. Demgegenüber ist zwar der zweite, 1909 erschienene Aufsatz zum Verhältnis beider Theologen unstreitig von wissenschaftlichem Rang, doch verhandelt er fast ausschließlich den Teilaspekt der Auseinandersetzung um die "Thesen". Er stammt von dem bekannten Schleiermacher-Forscher Hermann Mulert, der ihn schon 1907 als Probevorlesung zur Habilitation in Kiel vorgetragen hatte.[5]

Mulert nimmt den Ausgang bei einer kurzen Vergleichung von "Beruf und geschichtlicher Stellung beider Männer", die "in vorderster Reihe derer, die in der evangelischen Kirche den Rationalismus haben überwinden helfen", gestanden hätten. Im Anschluß werden Harms' Motive zur Herausgabe der "Thesen" erörtert, deren letzte konfessionalistische Spitzensätze angeführt und Schleiermachers Kritik speziell an ihnen skizziert. Danach beschreibt Mulert unter Berücksichtigung des Erlebnisses der Redenlektüre Harms' Reaktion auf Schleiermachers Einwände, um in der Folge die Gründe der entstandenen "schreiende[n] Dissonanz" zu erhellen. Die "Thesen" seien "ein Produkt der Romantik", Harms im Unterschied zu Schleiermacher mehr den "Romantikern der Restaurationsjahre nach 1815" zuzurechnen. Zuletzt konstatiert Mulert einen "versöhnende[n] Abschluß ihrer gemeinsamen Geschichte".[6]

Den bei aller Kürze doch weitausgreifenden Ausführungen Mulerts fehlen allerdings die Einzelnachweise; erkennbar verwertet er ausgiebig die 1889 von C. F. G. Heinrici herausgegebene Twesten-Biographie.[7] Insgesamt handelt es sich hier um einen wegen seiner vie-

---

[4] K. Schneider: Schleiermacher und Harms. Ein Vortrag im Saale des Kgl. Friedrich-Wilhelms-Gymnasiums zu Posen zum Besten eines dort zu errichtenden Diakonissen-Krankenhauses, Berlin 1865

[5] H. Mulert: Schleiermacher und Klaus Harms, in: SVSHKG.B 4/5 (1909), 557-576

[6] Zitate a.a.O. 557.558.571.574.577

[7] Vgl. den Hinweis a.a.O.557 Anm.; C. F. G. Heinrici: D. August Twe-

len zutreffenden Beobachtungen und Schlußfolgerungen höchst le-
senswerten Essay, der von einem Punkt ausgehend die Linien in den
größeren theologiegeschichtlichen Gesamtzusammenhang auszieht,
nicht aber um eine detailgenaue Studie, die das Verhältnis Schleiermachers und Harms' zueinander umfassend ausleuchtet.

Mulerts Konzentration auf die Kontroverse 1817/18 trägt dem
Sachverhalt Rechnung, daß sich die Beziehung beider Theologen nicht
im Problem des Einflusses der "Reden" auf Harms erschöpft. Gerade
dieser Gesichtspunkt aber ist in regionalkirchenhistorischen Beiträgen
zur Biographie Harms' mit unterschiedlicher Akzentuierung erörtert
worden. So behauptete beispielsweise 1905 Georg Behrmann, "Harms
in seinem Greisenalter" habe "sich geirrt [...], wenn er Schleiermachers Reden über die Religion einen bestimmenden Einfluß auf seine
Entwicklung zugeschrieben hat".[8] Dem widersprach Heinrich Zillen
1909 in seiner verdienstvollen Edition von Harmsbriefen mit Nachdruck, indem er in einer "Vorgeschichte [...] Zum Verständnis von
Harms' theologischer Entwicklung" die ganze Reihe einschlägiger Äußerungen über Schleiermacher abdruckte.[9]

Damit schien zwar das Faktum Schleiermacherschen Einflusses auf
den jungen Harms allgemein anerkannt, doch wurde nun an exponierter Stelle von Peter Meinhold und Johann Schmidt versucht, dessen
inhaltliche Bedeutung herabzumindern. In der 1955 von ihnen veran-
stalteten zweibändigen Ausgabe von Harmsschriften werten sie
Harms' autobiographische Bemerkung, er sei von Schleiermachers erster Predigtsammlung enttäuscht gewesen, als wesentliches Indiz dafür, daß er außer der punktuellen Anregung durch die "Reden" von
Schleiermacher keine wesentlichen theologischen Gehalte rezipiert
habe.[10]

---

sten nach Tagebüchern und Briefen, Berlin 1889; abgekürzt "Heinrici"
[8] Vgl. G. Behrmann: Ein Kranz auf Claus Harms' Grab, in: Hamburgisches Kirchenblatt (1905) Nr. 5, 34–36, Zitat 35; genau entgegenge-
setzt derselbe 27 Jahre zuvor: Claus Harms. Eine Predigt und ein
Vortrag, Kiel 1878, 63f.68
[9] Vgl. H. Zillen: Claus Harms' Leben in Briefen, meist von ihm selber, Kiel 1909, 8–10, Zitat 7; ähnlich J. Lorentzen: Diesseits und
jenseits der Grenze. Nicolai Frederic Severin Grundtvig und Claus
Harms, Neumünster 1933, 79–81
[10] Claus Harms Ausgewählte Schriften und Predigten, ed. P. Mein-

Zu einer differenzierteren Sichtweise, wie sie sich im durch die
Arbeiten Lorenz Heins repräsentierten gegenwärtigen Stand der
schleswig-holsteinischen Kirchengeschichtsschreibung[11] niederschlägt,
hat erst die bereits erwähnte Darstellung Friedrich Wintzers geführt.
In einem vorangestellten Abschnitt zu "Wirken und theologischem
Werdegang von Claus Harms" hebt Wintzer hervor, daß dieser in seiner Hauslehrerzeit "durchaus ein 'Schüler' Schleiermachers gewesen"
sei, was in drei "Hauptverbindungslinien" zur Geltung komme, nämlich in der "Polemik gegen die 'moralische Religion'", im "Bemühen
um die Begründung eines selbständigen Religionsbegriffes" und im
"Streben nach einem entsprechenden Neuansatz der Ethik".[12]

Wintzer erhebt dieses Urteil aus der Vergleichung entsprechender,
von ihm so bezeichneter "Hauptlinien" der "Reden" mit brieflichen
Äußerungen Harms', schränkt es aber durch die Feststellung, "die nähere Gestaltung dieser Ansätze" sei eine von Harms wegen der Un-
bestimmtheit Schleiermachers selbständig zu lösende "Aufgabe" gewesen, gewissermaßen wieder ein. Dessenungeachtet hält er fest, Harms
sei "zu tief" in Schleiermachers "Bann geraten, als daß hier eine
völlige Abkehr noch möglich gewesen wäre".[13]

Indem Wintzer den detaillierten Aufweis Schleiermacherscher Einflüsse in den eng begrenzten Rahmen der Hauslehrerzeit stellt, be-
gibt er sich freilich der Möglichkeit, ihre weitere Ausgestaltung in
der Folgezeit angemessen darzustellen.[14] Stattdessen durchziehen
seine Arbeit eine Fülle von sachlich meist zutreffenden Hinweisen

---

      hold unter Mitarbeit vom L. Hein, G. E. Hoffmann, J. Schmidt,
      F. Wassner, 2 Bde, Flensburg 1955; abgekürzt "Schriften 1 (bzw.)
      2". Vgl. hier 1,8 (Meinhold) und 2,283 (Schmidt)

[11] Vgl. L. Hein: Evangelische Spiritualität bei Claus Harms und im
      Weltluthertum der Gegenwart, in: Gott loben das ist unser Amt,
      Gedenkschrift Johann Schmidt, Kiel 1984, 107-121, hier 107f und:
      Artikel "Claus Harms", in: TRE 14 (1985), 447

[12] Vgl. Harms 18-22, hier 22. Nachweise wichtiger Harms-Literatur
      16 (Anm. 32)

[13] Vgl. Harms 22

[14] Wie wenig sachgemäß die Eingrenzung nur auf den Zeitraum
      1802-1806 ist, erhellt z. B. aus Wintzers Zitation einer doch
      wohl aus der Lundener Zeit stammenden Predigt der "Winterpo-
      stille" von 1808 in diesem Zusammenhang (Harms 21).

auf Beziehungen zu Schleiermacher, ohne daß deren Genese hinreichend abgeklärt wäre.[15] Wintzers Verfahrensweise ist allerdings dadurch gerechtfertigt, daß er eine "Einzeluntersuchung zur Geschichte
der Predigt" vorlegt, in deren Zusammenhang das Verhältnis Harms'
zu Schleiermacher nur einen Teilaspekt darstellen kann.

Es bleibt Wintzers Verdienst, den Einfluß der "Reden" auf Harms
erstmals genauerer Untersuchung unterzogen und nachdrücklich auf
Schleiermachers Bedeutung für Harms hingewiesen zu haben. Seine
Darstellung Harmsscher "Predigt und Theologie" besticht generell dadurch, daß sie die vorschnelle Vereinnahmung Harms' für eine bestimmte theologische Richtung verunmöglicht und mit großer Detail-
genauigkeit die strenger Systematisierung unzugängliche "Komplexi-
tät" und "Originalität"[16] seines Denkens herausarbeitet. Anfragen an
Wintzer ergeben sich hinsichtlich der Zulänglichkeit seiner weitgehend auf Paul Seiferts Arbeit[17] basierenden Schleiermacher-Interpre-
tation sowie der Tendenz, Harms' "Thesen" als Sonderfall aus dem
Konnex seiner Theologie herauszulösen[18].

Eine endgültige Bewertung der Beziehung zwischen Harms und
Schleiermacher kann jedoch auf der Basis der Forschungsergebnisse
Wintzers außer wegen der bereits angeführten Kritikpunkte schon
deswegen nicht vollzogen werden, weil seine homiletisch-historische
Studie naturgemäß nicht auf die Gesamtheit der zwischen beiden
Theologen bestehenden Berührungspunkte reflektiert. Zudem handelt
es sich um eine Harms-Arbeit, die ins eigentliche Feld der Schleier-
macher-Forschung gehörende Fragen wie die nach dessen Kenntnis
und Einschätzung von Werk und Person des Schleswig-Holsteiners
außer acht lassen kann.

Demgegenüber muß eine umfassende Untersuchung des Verhältnisses
von Schleiermacher und Harms zueinander, wie sie im folgenden un-

---

[15] Vgl. Harms 24.26.37.41.47.60 (Anm.106).61.70 (Anm.46).77. bes.78.
      89.91.95.99 (Anm.94).103 (Anm.26).108 (Anm.16).109 (Anm.21).124
      (Anm.42).128.130
[16] Vgl. Harms 137
[17] P. Seifert: Die Theologie des jungen Schleiermacher, Gütersloh
      1960 (vgl. Wintzer: Harms 19f)
[18] Vgl. Wintzer: Harms 29f.127-131

ternommen werden soll, möglichst alle biographischen und inhaltlichen Berührungspunkte in den Blick nehmen. Aus der historischen
Abfolge der gegenseitigen Beziehungen ergibt sich die Gliederung.
Zunächst wird daher untersucht, in welcher Weise der junge Harms
die "Reden" rezipiert hat (Kapitel 2). Leitend ist dabei die Frage, ob
sich der Lektüre Schleiermachers bleibende theologische Vorstellungen verdanken oder ob hier lediglich die von Wintzer so genannten
und mehr nur den jungen Kandidaten betreffenden drei "Hauptverbindungslinien" in Rede stehen.

Während an dieser Stelle Schleiermacher als Autor der "Reden"
gleichsam sachlich vorgeordnet ist, nimmt die literarische Kontroverse um die "Thesen" den Ausgang bei Harms, dessen Argumentation
darum dem diesem Komplex gewidmeten Abschnitt (3) vorangestellt
wird. Die "Thesen" und die auf sie bezogenen Schriften werden auf
ihren inhaltlichen Zusammenhang mit den zuvor bei Harms beobachteten theologischen Vorstellungen hin betrachtet (3.1). Da das auslö-
sende Moment für Schleiermachers Eingreifen in die Kontroverse die
Stellungnahme des sächsischen Oberhofpredigers Christoph Friedrich
Ammon gewesen ist, wird eingehender auf dessen Rolle eingegangen
(3.2), bevor eine Erörterung der Aussagen Schleiermachers über
Harms und dessen Werk erfolgt (3.3). Den Abschluß des Komplexes
zur Thesenauseinandersetzung bildet die Darstellung der direkten
Reaktion Harms' auf Schleiermachers Eingreifen und des daraus in
der Folgezeit sich entwickelnden Verhältnisses (3.4).

Die Untersuchung widmet sich schließlich auch dem Zusammentreffen beider Theologen im Berliner Gesangbuchstreit von 1829 (4) und
dem Vorhaben, Harms 1834 zum Nachfolger Schleiermachers an der
Dreifaltigkeitskirche zu machen (5). Dem die Ergebnisse zusammen-
fassenden Schluß (6) folgt ein Anhang mit bislang unveröffentlichtem
Archivmaterial (7).

Der am historischen Ablauf orientierte Aufbau bedingt, daß die
Verhandlung systematischer Gesichtspunkte der Vergleichung und
Einordnung, des Aufweises von Abhängigkeiten, Konvergenzen und
Divergenzen in den Fluß der Darstellung eingebettet ist. Diese Vor-
gehensweise entspringt der Überzeugung, daß Theologiegeschichte

von systematischem Interesse ist und daß in der Art und Weise, wie sich das Verhältnis Schleiermachers zu Harms gestaltet hat, ein immer noch wichtiger Hinweis auf die integrative Kraft einer Theologie liegt, die fern aller ängstlichen Ausgrenzungssucht auch in der ganz anders ausgeprägten religiösen Individualität das Gemeinsame im Zeugnis der Wahrheit erkennen kann.

2. Der "Stoß zu einer ewigen Bewegung"

Schleiermachers Reden "Über die Religion"[1] haben zu Beginn des 19. Jahrhunderts eine ganze Reihe jüngerer Theologen so nachhaltig beeindruckt, daß August Neander rückblickend das "Erscheinen jenes [...] Buches" wohl zutreffend als "Anstoß zu einem großen Umschwung" beschreiben und dabei hervorheben konnte, "mit welcher Macht dieses in jugendlicher Begeisterung von dem verkannten religiösen Element in der menschlichen Natur zeugende Buch auf die Gemüter wirkte".[2] Von so unterschiedlichen theologischen Charakteren wie Marheineke, Lücke oder de Wette, die freilich alle mit Schleiermacher persönlich in Berührung gekommen sind, liegen Bekundungen des großen Einflusses vor, den die Lektüre der "Reden" auf ihre Entwicklung gehabt habe.[3] Wohl am eindrücklichsten jedoch ist die oft zitierte Schilderung, die der einundsiebzigjährige Claus Harms, der nie mit Schleiermacher zusammengetroffen ist, 1851 in seiner Autobiographie von der unmittelbaren Wirkung des Werkes auf ihn als jungen Studenten gegeben hat:

---

[1] [F. Schleiermacher:] Über die Religion. Reden an die Gebildeten unter ihren Verächtern, Berlin 1799; im folgenden unter Angabe der Originalseitenzählung zit. n. der von G. Meckenstock besorgten Edition in KGA I/2,185-326.

[2] Vgl. A. Neander: Das verflossene halbe Jahrhundert in seinem Verhältniß zur Gegenwart, in: Deutsche Zeitschrift für christliche Wissenschaft und christliches Leben (Berlin 1850), Nr. 1-4, 3-8.9-14.17-22.25-29, Zitate 6 (zit. bei W. Dilthey: Leben Schleiermachers, Bd 1, 3. Aufl., ed. M. Redeker, Berlin 1970, 458). Zur Wirkung der Reden auf Neander selbst vgl. O. Krabbe: August Neander. Ein Beitrag zu seiner Charakteristik, Hamburg 1852, 22

[3] Zu Marheineke vgl. dessen Brief an Schleiermacher vom 9.8.1805 (Briefe 4,115); zu Lücke vgl. dessen: D. W. M. L. de Wette. Zur freundschaftlichen Erinnerung, Hamburg 1850, 7; zu de Wette dessen: Eine Idee über das Studium der Theologie. [wohl 1803] Dem Druck übergeben und mit einem Vorwort begleitet von A. Stieren, Leipzig 1850 (in Auszügen zit. in R. Ottos Ausgabe der Reden, 4. Aufl., Göttingen 1920, XLII-XLIV)

"[...] ich ging mit diesem Buch unterm Arm nach Hause. Es
war ein Sonnabend-Mittag. Nachmittags fing ich an darin zu
lesen, bestellte bald bei der Wärterin, jedem Kommenden zu
sagen, ich wollte nicht gestört werden, las tief in die Nacht
hinein und brachte es zu Ende, mag darnach wohl ein paar
Stunden geschlafen haben, fing Sonntag Morgen wieder von
vorn zu lesen an, las den Vormittag, fing nach Tisch wieder
zu lesen an – da ward es mir im Kopfe nicht anders, als
würden zwei Schrauben an meine Schläfen gesetzt. Darauf
legte ich das Buch hin, ging um den Kleinen Kiel, den ein-
samen Gang, den Gang der Stillen in der Stadt, und auf diesem Gange war's, daß ich wie mit einem Male allen Rationalismus und alle Ästhetik und alles Selbstwissen und Selbsttun
in dem Werke des Heils als nichtig und als ein Nichts er-
kannte, und mir die Notwendigkeit wie einblitzte, daß unser
Heil von anderer Herkunft sein müßte. Ist dieses wem my-
steriös, mystisch, und diese Erzählung eine Mythe, ein Phan-
tasma, so nehm' er's so; ich kann's nicht deutlicher geben,
hab' aber daran, was ich die Geburtsstunde meines höhern
Lebens nenne; doch richtiger gesagt: die Todesstunde meines
alten Menschen nach seiner Erkenntnis in göttlichen Dingen,
anders gesprochen, wie Stilling gesprochen von dem Eindruck, den Herder auf ihn gemacht habe: ich empfing von
diesem Buch den Stoß zu einer ewigen Bewegung. Was war
aber gewonnen? O, sterben wir erst, so kommt das Leben
wie von selbst, denn vor dem Tode können wir nicht leben,
das Leben ist ein Hindurchdrang Joh. 5,24, und Luthers Katechismus: 'wo Vergebung der Sünden ist, da ist Leben und
Seligkeit', Vergebung der Sünden aber ist des Todes Tod.-
Ob ich denn nun das Leben mit vollen Händen genommen
habe? O nein! Ich hatte noch zu viel zu tun mit dem Be-
gräbnisse; das Tote sträubte sich, wollte noch nicht hinunter
in der Erde Schoß. Noch einmal ebenso gefragt, und wieder
gesagt: O nein! Ich hatte nur den Tod begriffen, aber das
Leben noch nicht begriffen, war nur selbst ergriffen in etwas, und ich schien mir selber als gestellt auf einen Boden
guten Landes, den ich selber nun anbauen müßte, wie Adam
der Garten Eden angewiesen war, daß er ihn bauete und be-
wahrete. 1. Mos. 2. Mehr hatte ich von Schleiermacher
nicht, doch dieses hatte ich von ihm, und danke nächst Gott
ihm für das, hab' es getan und werd' es tun, bis zu meiner
Zusammenkunft mit ihm, dann erst zum letzten Male."[4]

Indem Harms sich hier in extensiver Weise christlicher Wiederge-
burtsmetaphorik bedient und als Interpretament auf ein Zitat aus
dem als religiöses Erbauungsbuch überaus wirksamen autobiographischen Roman "Henrich Stillings Wanderschaft"[5] zurückgreift, stilisiert

---

[4] Dr.Claus Harms Lebensbeschreibung, verfasset von ihm selber, Kiel
1851, 68f; hier (79f) und im folgenden zit. n. Schriften 1,16-200
[5] J. H. Jung-Stilling: Henrich Stillings Wanderschaft. Eine wahrhafte

er den Vorgang zum förmlichen Bekehrungserlebnis. Diese Art der literarischen Ausgestaltung impliziert freilich ebensowenig wie der
große zeitliche Abstand vom Geschehen eine Einschränkung der
Grundaussage, daß Harms sich als von Schleiermacher in hohem Maße
theologisch beeinflußt versteht. Das in seiner Ausführlichkeit singuläre Selbstzeugnis bildet auch nur den Schlußpunkt einer ganzen Reihe öffentlicher Bekundungen der Abhängigkeit von Schleiermacher,
deren früheste bemerkenswerterweise in die Zeit des Thesenstreits
fällt. So heißt es in dem seiner ersten großen Thesenschrift von
1818 vorangestellten "namhaften Briefe an Herrn Dr. Schleiermacher":

> "Herr Doctor, Sie sind mein Lehrer, mein Meister gewesen,
> und was ich geworden bin, wenn ich etwas geworden bin,
> das bin ich zum großen Teil durch Ihre geistvollen Schriften
> geworden, werde und will auch immer Ihr Jünger bleiben.
> Dieses dankbaren Erkenntnisses bin ich so voll, daß ich
> selbst diese, freilich nicht schickliche Gelegenheit nicht
> vorbeigehen lassen kann, um es Ihnen und vor einem großen
> Publikum zu sagen."[6]

Selbst auf dem Höhepunkt der Konfrontation also, als er sich von
Schleiermachers Kritik der "Thesen" im Sendschreiben "An Herrn
Oberhofprediger D. Ammon über seine Prüfung der Harmsischen Säze"[7] "öffentlich verhöhnt" findet, kann Harms nicht umhin, ebenso
öffentlich seine Schülerschaft zu bekunden, wenn er im übrigen auch
bei dieser Gelegenheit den Berliner Professor scharf angreift.

Das wenige Jahre vor dem Tod so ausführlich geschilderte Erlebnis
bei der Lektüre der "Reden" erwähnt Harms in kurzer Form bereits
1828/29 in einer zur Veröffentlichung vorgesehenen, nicht nur für
die Datierung höchst aufschlußreichen "autobiographischen Skizze":

> "In meinem letzten academischen Jahr bekam ich Schleierma-
> chers Reden zu lesen, die schlugen mir, daß ich mich so
> ausdrücke, die Rationalisten todt und setzten mich auf einen
> weiten Raum, der freilich leer war."[8]

Geschichte, Berlin/Leipzig 1778, in: Lebensgeschichte ed. G.A. Benrath, Darmstadt 1976, 187–288, hier 271
[6] Vgl. Briefe zu einer nähern Verständigung über verschiedene meine
Thesen betreffende Puncte, Kiel 1818; hier (230) und im folgenden
zit. n. Schriften 1,230–300; abgekürzt "Verständigung". Zum Brief
an Schleiermacher s. u. Kap. 3.4
[7] Berlin 1818 (SW I/5,327–401); abgekürzt "An Ammon", s. dazu u.
Kap. 3.3
[8] Vgl. das Vorwort zu Harms: Pastoraltheologie, 3. Aufl., Kiel 1878,

Schließlich schreibt Harms 1847 in der Widmung seiner Predigtsammlung über die Augsburgische Konfession an August Neander:

> "Schleiermachern dank' ich es in seinem Grabe noch, daß er
> mich von meinem frühern Unglauben frei gemacht hat, soviel
> nämlich Menschen in solchen Dingen thun [...]."[9]

Insgesamt viermal also hat Harms in seinem literarischen Schaffen
die eigene theologische Abhängigkeit von Schleiermacher bezeugt[10],
wobei mehr noch als die eher allgemein gehaltenen Dankesbezeugun-
gen von 1818 und 1847 die explizite Bezugnahme auf die "Reden" Beachtung verdient. Die Wirkung der Lektüre ist dargestellt als Bruch
mit bisherigen theologischen Anschauungen, die im Sprachgebrauch
des älteren Harms' als "Rationalismus", "Ästhetik" oder "Unglaube"
erscheinen.

Was den sachlichen Gehalt dieser Schlagworte angeht, so wird der
rationalistisch gefärbte Einfluß des Lehrers seiner frühen Jugend,
des Pfarrers Friedrich Ernst Christian Oertling (1757-1837), der ihm
auch wissenschaftliche Literatur zur Verfügung stellte, nicht gering
zu veranschlagen sein. Darüber hinaus verweist Harms in der Erinnerung mehrfach auf Werke K. F. Bahrdts und ein Buch J. G. Kiesewetters über Kant, das ihn "eigentlich um jeden Offenbarungsglau-
ben" gebracht habe[11], so daß er während seines Aufenthalts an der
Meldorfer Gelehrtenschule (1797-99) "der Heterodoxesten einer" gewesen sei[12]. Von einem tiefergehenden Einfluß des Studiums (1799-

---

VII-XI, Zitat X. Der hier von J. Michler erstmals veröffentlichte
Text sollte in einer dann nicht zustande gekommenen Fortsetzung der "Norderdithmarsischen Predigergeschichte" erscheinen (V).
[9]   Die Augsburgische Confession, in funfzehn Predigten gelehrt,
vertheidigt und gelobt, Kiel 1847, IIIf; Hervorhebung im Original
[10] Vgl. auch die Zusammenstellung Zillen 8f. Ein versteckter Hinweis steht Verständigung 242: "Doch, Gott sei gedankt!, schon in
den Jahren meines akademischen Lebens wurde ich wieder zum
Christentum hingewendet [...]". Dagegen geht es in der von J.
Lorentzen: Diesseits und jenseits der Grenze 80 als Beleg angeführten Stelle aus Harms' "Predigten über die Bibel ihrer zehn"
(Kiel 1842, 9) um die Wirkung der Bibellektüre.
[11] Vgl. Lebensbeschreibung 65; ebenfalls ohne Titelangabe wird das
Werk Kiesewetters (wohl eine populäre Kant-Darstellung) erwähnt in der "Kurzen Lebensgeschichte" von 1818 (abgedruckt
Zillen 5) und in der "autobiographischen Skizze" IX; hier sowie
Lebensbeschreibung 47 Bahrdt.
[12] Vgl. autobiographische Skizze IX

1802), etwa bei Reinhold, berichtet er nicht; allerdings habe sein
"Rationalismus" in dieser Zeit, vermutlich unter dem Einfluß Schillers, eine mehr ästhetische Ausrichtung bekommen.[13] Solche Angaben
sind jedoch zu pauschal, als daß sich aus ihnen ein exaktes Bild des
theologischen Standorts vor der auf Ende 1801/Anfang 1802 zu datie-
renden Redenlektüre zeichnen ließe. Auch die wenigen aus dem fraglichen Zeitraum erhaltenen schriftlichen Zeugnisse – zwei Predigtma-
nuskripte und eine studentische Arbeit[14] – sind wenig aussagekräftig.

Immerhin stellt es sich für Harms selbst in der Rückschau eindeutig so dar, daß er Vertreter des später von ihm so scharf bekämpften Rationalismus gewesen ist und erst die "Reden" ihn davon abge-
bracht haben. Allerdings sucht er in beiden Selbstzeugnissen von
1828/29 und 1851 zugleich den Eindruck zu erwecken, als bestände
die Wirkung der Redenlektüre lediglich in dem punktuellen Erwek-
kungserlebnis, als hätte er keine inhaltlichen Anregungen von ihnen
erfahren und sei in seiner weiteren theologischen Entwicklung auf
sich allein gestellt gewesen. Darin klingt eine gewisse inhaltliche
Distanzierung an, die noch dadurch verschärft wird, daß er in der
"Lebensbeschreibung" die Erinnerung beifügt, er sei enttäuscht gewesen, in Schleiermachers erster Predigtsammlung, die "nicht lange"

---

[13]   Zum Studium in Kiel vgl. Lebensbeschreibung 70–73 (bes. 71 zu
       J. F. Kleuker, 73 zu Reinhold); zum vermuteten Einfluß Schillers
       75f. Das Schweigen der Quellen über Studieneinflüsse ist auffällig.
[14]   Die Säcularpredigt von Neujahr 1801 hat Chr. Harms in SVSHKG.
       B 2 (1901) ediert (124–134). Sie und die Predigt von Misericordi-
       as Domini 1800 ("Die wichtige Pflicht, wahrhaft in unserem Cha-
       rakter zu sein") befinden sich als Manuskripte im Archiv des
       Nordelbischen Kirchenamtes (NKA), Nachlaß Harms, Convolut Nr.
       5. Beide sind zwar in der Tat stark rationalistisch geprägt,
       doch ist Chr. Harms' Versuch, am Vergleich dieser Predigten mit
       derjenigen vom 2. Pfingsttag 1802 ("Worauf gründet sich unsere
       Freude bei dem Gedanken: wir sind Bekenner der Lehre Jesu?")
       den durch die Redenlektüre inaugurierten "großen Fortschritt in
       der religiösen Entwickelung" nachzuweisen (a.a.O. 122f), aufgrund
       der schmalen Textbasis wenig überzeugend (anders J. Schmidt:
       Schriften 2,283). Die von G.E. Hoffmann in SVSHKG.B 15 (1957),
       123–129 veröffentlichte studentische Arbeit "Quid et religionis et
       gentis judaicae aetate Christi conditio sive impedimenti praesti-
       tit, sive auxilii obtulit propagationi religionis christianae?"
       (Frühjahr 1801) trägt rein historischen Charakter.

nach den "Reden" erschienen sei und nach der er "gegriffen" habe, keine "popularisierten Reden" vorzufinden, sondern "an Stellen" geradezu "das Gegenteil". Dementsprechend lautet hier sein Fazit bündig: "Der mich gezeugt hatte, der hatte kein Brot für mich."[15]

Der historische Gehalt dieser Darstellung dürfte indes darin liegen, daß der junge Kieler Student versucht hat, "mehr" von dem Autor der "Reden" zu lesen zu bekommen, was ihm jedoch bis auf die Predigtsammlung nicht gelungen zu sein scheint. Er macht jedenfalls keine Angabe darüber, damals schon die "Monologen" (1800) oder gar die "Vertrauten Briefe über Friedrich Schlegels Lucinde" (1800) gelesen zu haben[16]. Fraglich ist, ob ihm zu diesem Zeitpunkt die Identität des Redners überhaupt schon bekannt war, er also wirklich gezielt nach den Predigten hat "greifen" können. Wenn er allerdings die "Reden" erst etwa zweieinhalb Jahre nach ihrem Erscheinen zu Gesicht bekommen hat, dann ist wenig wahrscheinlich, daß er die erste Predigtsammlung bereits frühzeitig nach ihrer Publikation 1801 hat lesen könen; hinzu kommt, daß er selbst gerade an dieser Stelle an der Exaktheit seiner Erinnerung zweifelt[17]. Es darf nicht übersehen werden, daß die kritische Bewertung der stark aufklärerisch geprägten frühen Schleiermacherpredigten ja erst durch den selbst als Prediger erfolgreich gewesenen Harms erfolgt, der gewiß besondere Ansprüche an die homiletische Produktion anderer macht. Insofern sollte dies singulär auftretende Motiv der frühzeitigen Enttäuschung von Schleiermacher nicht überbewertet werden.

---

[15] Vgl. Lebensbeschreibung 80; Predigten von F. Schleiermacher, Berlin 1801, (SW II/1,1–181)

[16] Bis zum Beginn seiner Hauslehrerzeit in Probsteierhagen im Herbst 1803, von dem ab Nachrichten über Harms' Lektüre erhalten sind, erschienen von Schleiermacher als Einzeldrucke außer den genannten Titeln nur die "Briefe bei Gelegenheit der politisch theologischen Aufgabe und des Sendschreibens jüdischer Hausväter", Berlin 1799 (KGA I/2,327–361). Die anonyme Erscheinungsweise der Schriften dürfte ein Hindernis dargestellt haben, sich eingehender mit Schleiermacher zu befassen.

[17] "Es ist ja gegen 50 Jahre her, darum kann ich unmöglich alles wiedergeben, was zu der Zeit in mir vorging [...]." (Lebensbeschreibung 80)

Andererseits bleibt der Tatbestand bedeutsam, daß Harms den Versuch unternimmt, die zuvor beschriebene tiefgreifende Wirkung der "Reden" sogleich als punktuellen "Stoß" zu deuten und sie so gleichsam wieder abzuschwächen.[18] Die Behauptung, nach der Lektüre auf einem "leeren Raum" gestanden zu haben, widerstreitet jedoch nicht nur der Aussage des ältesten Zeugnisses aus dem Jahre 1818, sondern wirft überdies die Frage auf, ob ein so einschneidendes Erlebnis beim Lesen eines Buches wirklich ohne inhaltliche Auswirkung auf den Leser bleiben kann. Hat Harms nicht doch Gedanken der "Reden" rezipiert, wodurch er als eigentlicher Schüler Schleiermachers zu gelten hätte?

Die Beantwortung dieser Frage ist nur im Rahmen einer eingehenden Untersuchung der Äußerungen des jungen Harms im Zeitraum zwischen dem Erweckungserlebnis 1801/2 und der neue Aspekte beitragenden direkten Konfrontation mit Schleiermacher 1817/18 möglich. Die wichtigste Quelle stellen dabei die Briefe an Oertling aus den Jahren 1802–1813 dar[19], weil Harms in ihnen, vor allem während seiner Hauslehrerzeit (1802–1806), zum Teil aber auch noch als Pastor in Lunden (1806–1816), Auskunft gibt über wissenschaftliche Lektüre und neugewonnene Erkenntnisse, die er zur durchaus auch kontrovers verlaufenden Diskussion stellt. Daneben sind der "Kleine" und der "Große Katechismus" aus den Jahren 1810 und 1814[20] als all-

---

[18] Ob die Tatsache, daß Harms in sein Exemplar der "Reden" das Schlegelsche Sonett dazu hineingeschrieben hat, als "Ausdruck der Unbefriedigung" zu interpretieren ist (so Wintzer: Harms 18 unter Rückgriff auf W. Elert: Der Kampf um das Christentum, München 1921, 76), ist zweifelhaft, da das Sonett sowohl Kritik wie Begeisterung ausdrückt.

[19] Abgedruckt Zillen 10–124. Das Problem der verdienstvollen Briefedition Zillens liegt allerdings darin, daß sie nicht nach kritischen Grundsätzen verfährt und daß gerade die theologisch bedeutsamen Briefe Harms' an Oertling dem Editor nur in Abschrift vorgelegen haben, so daß der Text "hier und da unsicher ist" (V). Darüber hinaus gibt es größere Überlieferungslücken in den Jahren 1806–1808 (71.74) und 1810–1812 (110); für die Zeit vor den "Thesen" 1814–1816 (127) liegen überhaupt keine Briefe vor. – Eigenen Nachforschungen nach dem Verbleib der Originale und weiterer Jugendbriefe war leider kein Erfolg beschieden.

[20] Das Christentum. In einem kleinen Katechismus aufs neue der

gemeinverständliche Zusammenfassung der Harmsschen Theologie zu berücksichtigen. Zu diesem Schriftenkomplex gesellen sich die Predigten des abgesteckten Zeitraums, wobei die in den Postillen 1808 und 1811/15²¹ abgedruckten schon aufgrund ihrer Publikation Vorrang vor den lediglich handschriftlich überlieferten²² genießen müssen.

Nach Harms' retrospektiver Darstellung von 1851, für die er sich auf Exzerptenbücher stützt, hat sich ihm in der Hauslehrerzeit "die belletristische Welt vollends" aufgetan; nach der von 1828/29 ist er maßgeblich durch Lektüre der Mystiker Tauler und Poiret "in dem Anbau des Glaubenssystems" vorgerückt.²³ Die Behauptung vom nur punktuellen inhaltlichen Einfluß der "Reden" findet hier indirekte Be-

---

Jugend vorgestellt und gepriesen, Kiel 1810; 2. Aufl. 1812; 3. Aufl., Kiel/Leipzig 1814; abgekürzt KK. Die Religion der Christen. In einem Katechismus aufs neue gelehrt, Kiel 1814; abgekürzt GK ["Großer Katechismus"]. Dem GK kommt als Quelle besondere Bedeutung zu, weil Harms meint, in ihm und den "Christologischen Predigten" von 1821 "am besten gearbeitet, [sein] Selbst am meisten hineingearbeitet zu haben" (Lebensbeschreibung 104).

21 Winterpostille oder Predigten an den Sonn- und Festtagen von Advent bis Ostern, Kiel 1808; 2. Aufl. 1812; 3. Aufl. 1817; abgekürzt WP. Sommerpostille oder Predigten an den Sonn- und Festtagen von Ostern bis Advent, 1. Teil, Kiel 1811; 2. Aufl., 1. u. 2. Teil, Kiel/Leipzig 1815; abgekürzt SP (die Überarbeitungen des 1. Teils in der 2. Aufl. sind generell formaler Natur, so daß aus ihr zitiert werden kann). Hinzu kommen 3 Predigteinzeldrukke aus den Jahren 1811, 1814 und 1817, von denen lediglich die Kieler Antrittspredigt (s. u. Anm.111) themenrelevant ist. – Die "Vermischten Aufsätze publicistischen Inhalts" (Friedrichstadt 1816) sind für die Frage nach Einflüssen Schleiermachers irrelevant.

22 Im Archiv des NKA, Nachlaß Harms, Convolut Nr.5 befinden sich über 240, zum größten Teil nicht im Druck vorliegende Predigt-Manuskripte, -Konzepte und -Fragmente, die für diese Arbeit durchgesehen wurden. Die Fülle des Materials machte eine Auswahl nach den Themenangaben erforderlich, die bei Zitation gegebenenfalls mit genannt werden. Die Anführung der Manuskripte kann gegenüber dem gedruckten Schriftenkomplex nur ergänzende Funktion haben; von Harms ausgiebig verwendete Abkürzungen und Kürzel werden stillschweigend aufgelöst, um einen lesbaren Text zu bieten.

23 Vgl. Lebensbeschreibung 87 ("Hier wurden gelesen Schiller, Goethe, Jean Paul, Shakespeare, Wagner, Tieck, Tiedge, die beiden Schlegel, Wieland, Novalis, desgleichen Joh. v. Müller und Jacobi") sowie "Autobiographische Skizze" X

stätigung dadurch, daß Schleiermacher nicht zur Vielzahl von Autoren, die aufgeführt werden, gehört.

Demgegenüber zeichnen freilich die überlieferten Briefe ein differenzierteres Bild, denn in ihnen nehmen etwa populäre Vorlesungen des sonst gar nicht erwähnten Fichte relativ breiten Raum ein. Harms würdigt gerade in den ersten Schreiben an Oertling 1802/03 recht ausführlich die "Bestimmung des Menschen"[24] und zitiert noch später in der Sommerpostille aus der "Anweisung zum seligen Leben"[25], was den Verdacht erhärtet, die spätere Schilderung sei nicht ganz unparteiisch. So erscheint denn auch Schleiermachers Name in der Korrespondenz immerhin zweimal.

Während also der autobiographische Rückblick in manchem Detail der Korrektur bedarf, stimmen die Angaben generell doch recht gut zusammen: Der Kandidat ist bemüht, Anschluß an das geistige Leben

---

[24] Vgl. besonders Briefe vom 23.12.1802 (Zillen 17–22) und 15.2.1803 (23–28), aber auch noch vom 13.12.1809 (93), wonach er auch den "Grundriß [!] des Zeitalters" (="Die Grundzüge des gegenwärtigen Zeitalters", Berlin 1806; Werke, ed. I. H. Fichte 7,501ff) gelesen hat. Zwar kann im Rahmen dieser Arbeit nicht Harms' Fichterezeption nachgezeichnet werden, doch seien seine "Personifizierung" des "fichtischen Gottes" (vgl. Zillen 18) und die undifferenzierte Nebeneinanderstellung der "fichtische[n] und bardilische[n] Philosophie" als "auf den religiösen Sinn fußen[d]" (17f; zu Bardili vgl. noch Brief vom 10.1.1803, 32–34) als Beispiele für ihre eklektische und umprägende Art genannt. Im Thesenstreit distanziert Harms sich von Fichte (vgl. Schriften 1,310; anders H. Zillen 17f, Anm.3) und vom Idealismus. Allerdings könnten sich in der starken Betonung von Pflicht und Gewissen in manchen frühen Predigten (vgl. z. B. WP 18f.30.46.155.209; SP 1, 2. Aufl.,42f.261.292f; Archiv des NKA, Nachlaß Harms, Convolut Nr. 5, Predigt v. 2.6.1805: "II. Die rechte Pfingstfeyer schließt uns die unsichtbare Welt auf", 2. Sonntag nach Epiphanias 1808: "Die beyden Werkzeuge, von Gott gegeben, mit welchen wir uns zu jeder Zeit in diesem Jammerthal überall ein Paradies bereiten können [=Pflicht und Liebe]" u.a.m.) durchaus Einflüsse der "Bestimmung des Menschen" geltend machen. Zum Ganzen vgl. ausführlicher F. Wintzer: Harms 23f

[25] SP 1, 1. Aufl. 1811, 265 (kritisch annotiert in der ablehnenden Rezension der "Schleswig-Holsteinischen Provinzialberichte" 1811, 614f), 2. Aufl. 318. Das Zitat stammt aus der 9. Vorlesung (ed. I. H. Fichte 5,537). Abgesehen von der äußerst freien Zitation ist charakteristisch, daß Harms aus Fichtes "Tat mit moralisch-religiösem Sinne" eine "That in Gott gethan" macht.

der Zeit zu gewinnen. Die "Wonne" und "Ausbeute für Verstand und
Herz" bei Beschäftigung mit der "neueren Philosophie" und ihrem
"Geistes-Schwung" ist groß; charakteristisch für Harms' Geisteshal-
tung in der Zeit nach dem Studium ist die Frage: "Wenn man Goethe, Schiller, Tieck liest, ist's nicht, als ob man Fichte läse?"[26] Die
religiöse Anregung, derer er nach der Redenlektüre bedarf, empfängt
er ganz wesentlich aus der schönen Literatur der Zeit und in gewissem Maße auch aus der eklektischen Rezeption des als damit übereinstimmend empfundenen deutschen Idealismus. Nachhaltig einge-
wirkt hat hier in erster Linie Novalis, bei dem Harms durchaus so
etwas wie die ersehnten "popularisierten Reden" gefunden haben
mag. Der Einfluß Hardenbergs, zu dem sich Harms noch in späten
Jahren bekannt hat, ist nicht nur in den Briefen nachweisbar,
sondern wird auch in der "Autobiographischen Skizze" besonders hervorgehoben.[27]

Daß in den frühen Briefen das Erweckungserlebnis nicht erwähnt
wird und Schleiermacher gleichsam nur als einer unter vielen erscheint, bedeutet dennoch nicht, daß die "Reden" beim jungen Harms
keinen inhaltlichen Niederschlag gefunden hätten. Dies zeigt schon
die erste Erwähnung des Redners in einem längeren Schreiben an
Oertling unter dem 1. Mai 1804, also zwei Jahre nach dem "Stoß":

> "Und nun einen Blick auf die Moral, wie sie ist. Zuvörderst
> müssen ihr die fremden Federn genommen werden, mit wel-
> chen sie sich geschmückt hat. Mit kühner Hand ist dies ge-

---

[26] Vgl. Brief vom 15.2.1803 (Zillen 26.25.24)

[27] S. dazu u. Anm.79.83.117. Die hohe Wertschätzung Hardenbergs
noch durch den älteren Harms ist belegt im Abdruck dreier seiner Lieder in den "Gesängen für die gemeinschaftliche und für
die einsame Andacht", Schleswig 1828 (Nr. 144.154.242) sowie
durch Zitate in "Pastoraltheologie" 1.Buch, Kiel 1830 (Schriften
2,33), im wichtigen Aufsatz "Mit Zungen! lieben Brüder mit Zungen reden!" (ThStKr 6 (1833), 806-828; Schriften 2,394) und in
der "Septuaginta von Sprüchen über Kirche, Predigerstand, Predigt, Predigerleben und Verhältnisse" (Nr. 26.42.44), in: Vermischte Aufsätze und kleine Schriften, Kiel 1853, 269-289 [im
folgenden abgekürzt "Aufsätze"]. Die von H. Zillen in seinen
Anmerkungen angeführten Belege für eine Beeinflussung durch
Novalis in Schriftlehre, Mystizismus und Mittlergedanken sind
nicht alle schlüssig, da Harms dort jedenfalls dessen Namen
nicht nennt: 16.42.54.57.100.

schehen von Schleiermacher in dessen (wenn ich mich nicht
irre, oft von mir zitierten) Reden über die Religion an die
Gebildeten unter ihren Verächtern, Berlin, bei Unger (derselbe hat neuerdings 'Ideen zur Kritik der Moral' herausgegeben, welche Schrift ich bis jetzt noch nicht habe auftrei-
ben können)."[28]

Es fällt auf, daß Harms meint, er habe aus den "Reden" in der Korrespondenz "oft zitiert". Darauf fehlt zwar in den überlieferten
Briefen jeder Hinweis, doch verdeutlicht die Äußerung, daß Gedanken
der "Reden" ihm so wichtig erscheinen, daß er sich vorstellen kann,
sie sogar mehrfach mitgeteilt zu haben.[29] Zudem gibt er sein Interesse an Schleiermachers 1803 erschienenen "Grundlinien einer Kritik
der bisherigen Sittenlehre" zu erkennen, die er dann auch einem
Brief vom 10. Dezember 1804 zufolge "gelesen, aber noch nicht studiert" hat, und die er zusammen mit einigen anderen Titeln "aus der
neuesten Literatur" auszeichnet.[30]

Inhaltlich bezieht sich Harms' Bild von den "fremden Federn" wohl
zunächst auf den Passus der zweiten Rede, in dem Schleiermacher
nachzuweisen sucht, daß die Gefühle der Ehrfurcht, Demut, Liebe,
Dankbarkeit und des Mitleids nicht, wie von den angesprochenen
"Gebildeten" vermutet, im Bereich der Sittlichkeit ihren Platz hätten,
sondern zur Religion gehörten, ja, Religion selbst seien.[31] Eine solche Bezugnahme stimmt gut zusammen mit der hohen Wertschätzung

---

[28] Zillen 50
[29] Die Lebensbeschreibung 162 erwähnten Briefe sind verloren und
      lassen sich aus den vorhandenen nicht erschließen (s. o. Anm.19).
      Die Bedeutung der Harmsschen Äußerung unterstreicht mit Recht
      H. Zillen (8 Anm.2) gegen G. Behrmann (s. o. Kap.1, Anm.8), dem
      nicht nur Harms' Jugendbriefe ("merkwürdige Irrwege"), sondern
      auch dessen Exzerpte der "Reden" vorgelegen haben, nach denen
      ihn nicht die "Auseinandersetzungen über das Wesen der Religi-
      on, sondern ihre begeisterte und begeisternde Sprache" "be-
      rauscht" haben sollen (35). Abgesehen davon, daß diese Angabe
      nicht mehr überprüft werden kann, ist schwer vorstellbar, daß
      die Exzerpte auf formal-stilistische Merkmale beschränkt geblie-
      ben sein könnten.
[30] Vgl. Zillen 60f; die übrigen Titel sind bis auf G. C. Storr: Lehr-
      buch der christlichen Dogmatik, übersetzt und bearbeitet von C.
      C. Flatt, Stuttgart 1803, belletristischer Natur. Zu Schleier-
      macher vgl. SW III/1,1-344
[31] Vgl. Reden 108-112 (KGA I/2,236,21-238,15)

der Demut als christlichem Gefühl, die Harms mit Schleiermacher, der sie so schon in der "Apologie" ausspricht[32], teilt. "Wie lebhaft hatten die Alten die Demut als Charakter des Religiösen [Menschen] aufgefaßt!", kann Harms ausrufen und besonders in Predigten immer wieder die Demut als spezifisch christliche Tugend hervorheben.[33]

Wie der unmittelbare Zusammenhang des Briefes vom 1. Mai 1804 zeigt, geht es Harms bei seiner Berufung auf Schleiermacher jedoch nicht primär um die Sicherung religiöser Gefühle als solcher, sondern um die Verhältnisbestimmung von Moral und Religion überhaupt.

Oertling, der behauptet hatte, die Moral enthalte sowohl "Religionsglauben, der die moralische Gesinnung" als auch "Pflichtenlehre, die die moralische Handlungsweise" ausmache, hält er hier entgegen:

> "Wollen wir einer Unbestimmtheit im Ausdruck und einer Verwirrung in den Begriffen vorbauen, so dürfen wir doch den Religionsglauben nicht die moralische Gesinnung nennen!"[34]

und plädiert damit für ein Auseinanderhalten der Bereiche des Sittlichen und des Religiösen. Er wehrt ein Verständnis ab, als könne die Moral die Religion – gleichsam als "fremde Feder" – für sich in Anspruch nehmen.

Offenkundig nimmt Harms also einen wesentlichen Aspekt des Gedankengangs am Beginn der zweiten Rede auf, mit dem Schleiermacher seine Definition der Religion vorbereitet. Um nämlich deren Eigenständigkeit herauszuarbeiten, betont der Redner, daß zwar Moral und Metaphysik "beide mit der Religion den gleichen Gegenstand haben, nemlich das Universum und das Verhältniß des Menschen zu ihm"[35], sie jedoch je für sich ständen und scharf von der Religion

---

32 "Ihr wißt, was Religion sprechen heißt, kann nie stolz sein; denn sie ist immer voll Demuth." (Reden 14; KGA I/2,195,4f)
33 Vgl. Brief vom Oktober 1803 (Zillen 40) und Schleiermacher über die o. a. Gefühle: "Die Alten wußten das wohl: Frömmigkeit nannten sie alle diese Gefühle, und bezogen sie unmittelbar auf die Religion, deren edelster Theil sie ihnen waren." (Reden 111; KGA I/2,237,30–32). Harms preist die Demut z. B. WP 20: "Demuth, das ist die allzeit rege Stimmung im Leben des Christen"; SP1, 2. Aufl., 18–36: Predigt "Fasset Muth zur Demuth"; 209f.211: "O schöne Blume der Demuth [...] Ziere du unsern Tugendkranz!"; vgl. SP 2,297f.
34 Vgl. Zillen 50
35 Reden 41–55; hier 41 (KGA I/2,207,37–39)

zu unterscheiden seien, deren Wesen "weder Denken noch Handeln" noch ein Kompositum aus beidem sei.[36] Erst diese Trennung ermöglicht es, die Religion "als das nothwendige und unentbehrliche Dritte zu jenen beiden"[37] in der menschlichen Natur zu verstehen.

Schleiermachers Antithesen zielen dabei auf die unterschiedlichen zeitgenössischen Muster der Religionsbegründung. So verdeutlicht die Abgrenzung der Religion von der Metaphysik nicht nur, daß jene nicht wie etwa die Transzendentalphilosophie das Bestreben habe, "Wesen zu sezen und Naturen zu bestimmen, sich in ein Unendliches von Gründen und Deductionen zu verlieren, lezte Ursachen aufzusuchen und ewige Wahrheiten auszusprechen"[38], sondern richtet sich in erster Linie dagegen, die Religion als theologisches System auszubilden und stellt damit eine in der Tradition der Aufklärung wurzelnde Kritik Schleiermachers an der dogmatischen Lehrbildung der Orthodoxie dar[39]. Die Abgrenzung der Religion von der Moral dagegen impliziert eine antiaufklärerische Polemik gegen jede Art der "moralischen Religion": sie solle gerade "das Universum nicht brauchen um Pflichten abzuleiten, sie darf keinen Kodex von Gesezen enthalten."[40] Mit der Ablehnung, Religion als ein Kompositum aus Metaphysik und Moral zu verstehen schließlich wendet sich Schleiermacher auch gegen den theologischen Rationalismus, wie er in den "übelzusammengenähten Bruchstüken von Metaphysik und Moral, die man vernünftiges Christentum nennt", in Erscheinung trete.[41]

Der Redner bezieht also Frontstellung sowohl gegen theologische Orthodoxie wie gegen "moralische Religion" im Gefolge der Aufklärung. Der junge Harms folgt ihm zwar darin, die Unabhängigkeit der Religion zu behaupten, rezipiert dabei aber in einseitiger Weise nur den antiaufklärerischen Zug der "Reden"[42]. Insgesamt ist sein theo-

---

36 Reden 50 (KGA I/2,211,32f) und 44f (KGA I/2,208,28–209,11)
37 Reden 52 (KGA I/2,212,20f)
38 Reden 43 (KGA I/2,208,21–23)
39 Die antiorthodoxe Polemik ist durchgängig. Vgl. bes. 26–28 (KGA I/2,199,35–201,8); 64 (217,20–32). 121f (242,9–17)
40 Reden 43 (KGA I/2,208,20–23); 71 (220,17–20)
41 Reden 25 (KGA I/2,199,21f)
42 Gegen die "natürliche Religion" Reden 243.272–279 (KGA I/2,296,

logischer Werdegang nach dem Studium gekennzeichnet von wachsender Verachtung für den "magern Glauben" an "Gott, Freiheit und Unsterblichkeit".[43] Diese vereinseitigende Schleiermacher-Rezeption stellt den sachlichen Kern der autobiographischen Erinnerung dar, die "Reden" hätten ihm "die Rationalisten todt" geschlagen. Sie hat darüber hinaus eine wichtige aktuelle Funktion in der Diskussion mit dem Rationalisten Oertling, die der inhaltlichen Gegensätze wegen nicht ohne Verstimmungen bleibt.[44]

Entscheidend ist die Rolle, die die Berufung auf Schleiermachers "kühne Hand" im Kontext von Harms' Bemühen um eine Neubestimmung des Verhältnisses von Religion und Sittlichkeit spielt, wie es besonders den erwähnten Brief vom 1. Mai 1804 und den vorhergehenden vom Oktober 1803 prägt[45]. Die Motivation dazu entspringt Harms' Wunsch nach einer wirksameren homiletischen Praxis, als sie die herrschende "moralische" Predigtweise leiste. Letztere sei Folge der falschen Unterordnung der Religion unter die Moral und führe zu unbefriedigenden Resultaten:

> "Die Wirksamkeit moralischer Predigten oder vielmehr ihre Fruchtlosigkeit ist so auffallend, daß man endlich aufhören und einen anderen Weg einschlagen möchte."[46]

37ff. 308,33–311,23); "Nur bei dem stärksten Oppositionsgeist" gegen die aufklärerische Pädagogik "kann sich [...] die Religion emporarbeiten [...]." (Reden 156;257,21f)

[43] Brief vom Juli 1810 (Zillen 103); vgl. auch: "[...] die Religion ist sinnlich, wie das Leben. Die Religion der Neuern ist die Lehre der Negativen, des Todes, des Nichts. Habt ihr mehr als die drei Positionen: Gott, Freiheit und Unsterblichkeit? – und zwar so lau, daß kaum die Hände geschweige das Herz daran wärmen kann?" (Brief wohl vom Herbst 1809, Zillen 87f, Hervhg. hier). Harms' progredierender Antirationalismus, der freilich in den frühen Postillen noch so wenig zur Geltung kommt (vgl. aber z. B. WP 259; SP 2, 119.256: "sogenannte Vernunftreligion"), daß er sich im Vorwort zu ihrer 5. Aufl., Kiel/Leipzig 1836 (IIIf) relativ distanziert zu ihnen äußert (deutlich auch Lebensbeschreibung, Schriften 1,103: "manche rationalistische Stelle"), richtet sich nicht nur gegen Oertling, sondern gegen die damals in Holstein vorherrschende theologische Richtung (vgl. etwa Zillen 71f).

[44] Ernsthafte inhaltliche Konflikte zeichnen sich z. B. ab 1804, 1805, 1809 (vgl. Zillen 50.68.bes.90ff), eventuell auch in den Unterbrechungen der Korrespondenz 1806–1808. 1810–1812. 1813–1817 (vgl. Zillen 71.74.110.126.137).

[45] Vgl. Zillen 35–58

[46] Brief vom Oktober 1803 (Zillen 39). Die "Moralpredigt" gilt hier

Praktisch will Harms dieses Problem so lösen, daß er in seiner
Predigt "den religiösen Sinn" weckt, "Laster in den Kontrast stellt"
und zeigt, "wie der Religiöse sich im Leben darstellt".[47] Theoretisch
entscheidet er den "Streit über den Primat der Religion" zunächst
dahingehend, daß Moral und Religion "nebeneinander" ständen, "durch
sich wechselseitig bedingt; ihr Grund liegt in der Tiefe des Herzens;
da müssen beide herausbefördert werden, im Mystizismus."[48] Das Ergebnis seiner fortgesetzten Erwägungen besteht schließlich in der
Formel des 1812 verfaßten "Großen Katechismus", "die Religion, die
vom Himmel stammt", solle "das ganze Leben ergreifen und fruchtbar
machen an gottgefälligen Thaten".[49]

Mit dieser Problemlösung bewegt Harms sich, auch ohne es explizit
zu äußern, inhaltlich auf der von den "Reden" angestoßenen Bahn,
denn ihnen zufolge sollen ja die "religiösen Gefühle [...] wie eine
heilige Musik alles Thun des Menschen begleiten" und der Mensch
"alles mit Religion, nicht aus Religion" tun.[50] Das wird gleichfalls
deutlich in seiner Vision der – freilich historisch nicht zur Ausführung gekommenen – echten Alternative zur "moralischen Predigt" mit
ihrer faktischen Unterordnung der Religion:

> "Da hätte man [...] die Gemütsstimmung, die Luther als
> durch den Glauben bewirkt schildert, läutern, gründen, erhe-
> ben, verallgemeinern sollen, bis die reine Religion in ihrer
> Majestät und Kraft aus dem Gemüte ans Licht gefördert al-
> lem menschlichen Denken und Handeln den Stempel der
> Göttlichkeit aufgedrückt hätte."[51]

Die Art, wie Harms das Problem der Verhältnisbestimmung von Religion und Sittlichkeit zu lösen versucht, verrät also deutliche

---

gar als "mitwirkende Ursache" des "Sittenverderbnisses".
[47] Vgl. Zillen 41; Harms füllt dies Predigtschema auch tatsächlich
dadurch aus, daß er der Predigt eine – manchmal hymnisch formulierte – einleitende Betrachtung voranstellt, die offenbar den
"religiösen Sinn" der Hörer ansprechen soll und häufig Laster
und Tugend thematisiert. Als Maxime seiner Absichten nennt er
"Wenig Theorie, aber viel Praxis, wenig Abstraktion, aber viel
Intuition" (1.5.1804, Zillen 49).
[48] Vgl. Brief vom 1.5.1804 (Zillen 54)
[49] Vgl. GK 194 (zur Datierung Lebensbeschreibung 104)
[50] Vgl. Reden 68f (KGA I/2,219,22-24); 52: "Spekulazion und Praxis
haben zu wollen ohne Religion, ist verwegener Übermuth [...]".(212,22f)
[51] Brief vom Oktober 1803 (Zillen 39)

Spuren der Redenlektüre. Das Charakteristische seiner Rezeption Schleiermachers besteht darin, daß er dessen Gedanken unter Kombination mit Begriffen der dogmatischen Tradition fortentwickelt und transformiert. In der Verwendung orthodoxer Termini wie "vom Himmel", "gottgefällige Thaten", "Glauben" vollzieht sich so eine nicht unwesentliche Akzentverschiebung gegenüber dem Anliegen des Redners.

Harms rezipiert Schleiermacher auch in der Verwendung von Zentralbegriffen der "Reden". Gerade im Brief vom 1. Mai 1804, im direkten Umfeld der expliziten Berufung auf den Redner, beschreibt er "das Regulativ unserer Gesinnungen und Handlungen und das Prinzip, aus welchem es abgeleitet wird" in einer Diktion, die zum guten Teil aus den "Reden" hergenommen sein könnte:

> "Der Mensch, ein Individuum, trägt in seinem Innern ein doppeltes Bewußtsein − der Passivität und Aktivität, das Bewußtsein einer Welt, die auf ihn wirkt und einer, auf die er wirken soll, ein Universum, in Ruhe und Tätigkeit gedacht − Anschauung und Gefühl. Das Passive und Ruhende bildet er aus seinem Gemüte hinaus und schafft sich eine übersinnliche Welt, einen Gott, den er in der Religion anbetet; das Aktive bildet er aus sich hinaus und schafft sich eine sinnliche Welt, in der er selbst tätig sein will. [...] Wie er affiziert wird, so handelt er, und da der Affektionen des Uebersinnlichen unendlich viele sind und tausendfach verschieden, so ist auch seine Handlungsweise anders als die aller Menschen. Keiner kann ihn lehren, wie er handeln soll, das muß er selbst im Anschauen der übersinnlichen Welt, in der Betrachtung Gottes mittelst Gebet lernen."[52]

Die Ausführungen zum in "Aktivität und Passivität" aufgespaltenen "doppelten Bewußtsein" erinnern an Schleiermachers anthropologisches Konzept, wonach jedes Dasein aus zwei entgegengesetzten Kräften bestehe[53], aus Spontaneität und Rezeptivität, die wiederum für die im Bewußtsein stattfindende Aufspaltung der ursprünglich ungetrennten Religion in "Anschauung und Gefühl" verantwortlich seien[54]. Auffällig ist aber, daß Harms hier die grundlegende Definition von Religion als "Anschauung und Gefühl" nicht nachvollzieht. Zwar

---

[52] Zillen 48
[53] Vgl. Reden 5-9 (KGA I/2,191,10−192,39)
[54] Vgl. Reden 71-73 (KGA I/2,220,29−221,19)

rechnet er ihr, ganz wie der Redner, das Moment der Passivität gegenüber dem Universum[55] zu, doch daß die "übersinnliche Welt" als
"ein Gott" gedacht wird, der "mittelst Gebet" zugänglich ist und
dessen "Affektionen" das Handeln des Menschen bestimmen, ist eine
den "Reden" fremde Vorstellung. Nach ihnen äußert sich die Affektion durch das Universum in den als religiös definierten Gefühlen;
der Mensch soll sich "ohne bestimmte Thätigkeit vom Unendlichen
afficiren laße[n] und durch jede Gattung religiöser Gefühle seine
Gegenwirkung gegen diese Einwirkung offenbare[n]".[56]

Wenn Harms Grundbegriffe der "Reden" in so eigentümlicher Weise
transformiert, dann geschieht dies unter dem Vorzeichen eines vorrangigen Interesses an der "Handlungsweise", an einer der Verwerfung der moralischen Funktionalisierung von Religion entsprechenden
Ethik. Die Transformation geht wiederum einher mit unbefangener
Aufnahme orthodoxer Terminologie, der die Tendenz inhäriert, in
inhaltlichen Widerspruch zu Schleiermacher zu geraten. Letzteres
wird beispielsweise daran deutlich, daß Harms aus der so beschriebenen polaren Struktur des im Innern des Menschen angesiedelten Universums sogleich eine explizite Sündenlehre ableitet, die er "bloß
formell" so einteilt, daß "ausschließende und übergroße Passivität" die
"müßige Schwärmerei", "ausschließende und übergroße Aktivität" aber
"irdische[n] Sinn" hervorrufe.[57]

Im Unterschied dazu werden in den "Reden" die aus dem einseitigen Vorherrschen einer der beiden Grundkräfte des Ansichziehens

---

[55] "Anschauen will sie das Universum, in seinen eigenen Darstellun-
      gen und Handlungen will sie es andächtig belauschen, von seinen
      unmittelbaren Einflüßen will sie sich in kindlicher Paßivität er-
      greifen und erfüllen laßen." (Reden 50; KGA I/2,211,33–36.32f)
[56] Vgl. Reden 114 (KGA I/2,239,3–5)
[57] "Sündigen können wir nach meiner Ansicht, 1. wenn wir handeln,
      ohne von dem Universum oder von Gott affiziert zu sein [...].
      Denen der Bauch ihr Gott ist – Augenlust, Fleischeslust u.s.w. 2.
      wenn wir nicht der Affektion gemäß handeln, wenn wir Gott
      praktisch verleugnen. Was nicht aus dem Glauben kommt, ist
      Sünde. 3. wenn wir unsere Tätigkeit gegen die Affektion selbst
      richten, unser Auge verschließen in dem Augenblick, wenn die
      höhere Welt sich dem Blick auftut: 1. die Blinden, 2. die
      Heuchler und Schwachen, 3. die Frevler. Sünde wider den heili-
      gen Geist." (Brief vom 1.5.1804, Zillen 49)

und Vonsichstoßens resultierenden Extremfälle als "unersättliche Sinnlichkeit" und "überfliegender Enthusiasmus" gekennzeichnet, um aus dieser Gegenüberstellung die Notwendigkeit von Mittlern zu erweisen.[58] Zudem vermeidet Schleiermacher bewußt den dogmatischen Terminus der Sünde, indem er die "Fundamentalanschauung des Christenthums" als die von "Verderben und Erlösung" oder von "Feindschaft und Vermittlung" faßt.[59]

Basis für Harms' umprägende Gedankenführung ist die im angeführten Zusammenhang getroffene Feststellung: "die Phantasie macht unfehlbar das Universum zum Gott"[60]. Mit ihr stellt er sich in Widerspruch zu Schleiermachers Diktum: "Gott ist nicht Alles in der Religion, sondern Eins, und das Universum ist mehr"[61], mit dem der Universumbegriff gegen den Gottesbegriff ausgespielt wird. Da "Glaube an Gott abhängt von der Richtung der Fantasie", kann er sich in je verschiedener Weise den drei möglichen Stufen der Anschauung des Universums beigesellen, als deren höchste Schleiermacher diejenige gilt, das Universum als "Totalität, als Einheit in der Vielfalt" anzuschauen.[62] Unter Bezugnahme auf den Atheismusstreit relativiert der Redner so die Bedeutung des herkömmlichen personalistischen Gottesbegriffs und läßt eine Präferenz für die pantheistisch gestimmte Frömmigkeit Spinozas erkennen.[63]

Harms dagegen denkt trotz Rezeption des Universumbegriffes streng personalistisch[64]: unausweichlich wird ihm das Universum zum Gott und diese Grundüberzeugung schlägt sich unmittelbar in der beobachteten Aneignung traditionell-orthodoxer Begrifflichkeit nieder.

---

[58] Vgl. Reden 8. 9–12 (KGA I/2,192,15–22. 192,26–194,13)
[59] Vgl. Reden 291 (KGA I/2,34–36)
[60] Zillen 49; im Zitat oben Anm. 57 ausgelassen
[61] Reden 132f (KGA I/2,247,5f)
[62] Vgl. Reden 126–128.129 (KGA I/2,244,18–245,16.245,25f)
[63] "[...] sollte nicht der, der es so anschaut als Eins und Alles, auch ohne die Idee eines Gottes mehr Religion haben, als der gebildetste Polytheist? Sollte nicht Spinoza eben so weit über einem frommen Römer stehen, als Lukrez über einem Gözendiener?" (Reden 128; KGA I/2,245,7–11; vgl. Reden 54; I/2,213,26f). Zum Atheismusstreit Reden 124 (243,8–11)
[64] Andeutungsweise bereits Brief vom 23.12.1802: "Mein Gott ist der personifizierte [...] fichtische Gott." (Zillen 18)

Von der Argumentation der "Reden" her berührt sich dieser Differenzpunkt mit dem über den herkömmlichen Unsterblichkeitsglauben:
während Schleiermacher ihn im Zusammenhang seiner Kritik am traditionellen Gottesbegriff als "ganz irreligiös, dem Geist der Religion
gerade zuwider" ansieht[65], hält Harms dezidiert an ihm fest und entwickelt darüber hinaus in Predigten, Postillen und Katechismen detaillierte Jenseitsvorstellungen.[66]

Dem Begriff des "Universums" kommt also bei Harms nicht die
gleiche Bedeutung zu wie in den "Reden", wo seine religiöse Dimen-
sion als "Gesamtheit des Seins und Geschehens"[67], als Wirklichkeit
im ganzen samt ihrem Grund, evident ist. Dieser Tatbestand läßt eine
historisch-genetische Rückführung des Harmsschen Verständnisses
vom Universum auf Schleiermacher als fraglich erscheinen[68], zumal
für eine literarische Abhängigkeit kein Beleg vorliegt und der Terminus selbst zuerst in einer auf Fichte bezogenen Darstellung dessen, was der junge Kandidat als "das Philosophieren" verstanden wissen will, begegnet: Es

> "[...] entspinnt sich doch in meinem Innern (empirisches Ich)
> der Faden, an dem ich fortgehe bis in mein Innerstes (intel-

---

[65] Vgl. Reden 130f (KGA I/2,246,9-11)
[66] Schon Brief vom 15.2.1803 (Zillen 27): "Gott kann mich Unsterb-
      lichen nicht vernichten [...]"; vgl. GK 23 ("Bilder der Unster-
      blichkeit"). 97f (Preis des "Glaubens an Unsterblichkeit"). Im
      Bereich der Eschatologie vertritt Harms den Gedanken eines
      "Wiedersehens im Himmel" (Nachlaß Harms, Himmelfahrtspredigt
      1806: "im Himmel ist Wiedersehn"; vgl. WP 297ff; KK 47; GK
      155f: "Ja, wir werden uns wiedersehen."; SP 2, 180f) und betont
      das jenseitige Gericht (Nachlaß Harms: 3.S.n. Trin. 1807 "Ueber
      die schreckliche Gleichgültigkeit, welche wir gegen das Seelen-
      heil unserer Christenbrüder hegen"; 23.n.Trin. 1808 "Der Himmel
      in der Zukunft"; 18.n.Trin. 1809 "Das Unglück der Glücklichen";
      Bußtag 1810 "Wache, Welt, und höre doch Heute ruft die Gnade
      noch"; Bußtag 1811 "Gottesfürchtige, wandelt fort: der Herr ver-
      gilt. Gottlose, kehrt um: der Herr vergilt"; vgl. KK 45f; SP 1, 1.
      Aufl., 214ff [231].238.244.270ff [286]; GK 94-97, bes.94).
[67] So R. Otto in seiner Edition, a.a.O., 32 Anm.
[68] Anders meint F. Wintzer (Harms 21): "Der Universum-Begriff
      wird von Harms in seiner Ambivalenz übernommen, allerdings zu-
      gleich auch umgeformt." Wintzers weitgehend auf P. Seifert (s.o.
      Kap. 1, Anm.17) basierende Interpretation attestiert dem Schlei-
      ermacherschen Begriff "Komplexität" sowie eine "eigenartige
      Schwebestellung" (142, Anm.29).

lektuelle Anschauung), wo das Universum aufgedeckt liegt, wo die Welt dargestellt wird [...], wo im Endlichen das Unendliche sichtbar wird."[69]

Die in diesem frühen Brief vom 15. Februar 1803 gefundenen Kategorien des "Unendlichen" und "Endlichen" dienen Harms nun nicht dazu, das Wesen der Religion näher zu bestimmen; er benutzt sie nicht, um wie Schleiermacher in den "Reden" das Grundphänomen religiöser Erfahrung als Ganzheitserfahrung zu definieren, die Unsterblichkeit als "Mitten in der Endlichkeit Eins werden mit dem Unendlichen und ewig sein in einem Augenblick" zu fassen oder die jeweilige "Grundanschauung" positiver Religionen zu beschreiben.[70] Bei terminologischen Übereinstimmungen mit Schleiermacher muß daher immer in Anschlag gebracht werden, daß ihre Ursache auch ganz allgemein in der gemeinsamen Teilhabe am Vokabular der zeitgenössischen Philosophie liegen könnte, der ja das Interesse des Kandidaten in besonderem Maße gilt.

Doch auch dies einberechnet verrät Harms' nähere Erläuterung seines eigentümlichen Verständnisses vom Universum in der Polarität von "sinnlich" und "übersinnlich", die er etwa ein Jahr nach der Erwähnung Schleiermachers in einem Schreiben vom 19. April 1805 gibt, große inhaltliche Nähe zu den "Reden":

"1. Das Universum hat 2 Seiten, eine sinnliche – durch die äußeren Sinne wahrnehmbare – und eine, im Gegensatz sogenannte unsinnliche Seite: a. die Existenz dieser unsinnlichen Seite des Universums wird erkannt aus gewissen Wahrnehmungen und Ansichten desselben, die sich von denen mittelst der äußeren Sinne sehr auffallend unterscheiden, b. diese Wahrnehmungen und Ansichten des Universums sind keine

---

69 In diesem Brief (Zillen 24, Hervhg. hier) nimmt Harms Oertlings Einwände gegen die überschwenglich-lobende Erwähnung Fichtes im Brief vom 23.12.1803 (17f) auf und verwendet den Universumbegriff noch ein weiteres Mal: "[ich] weiß, daß ich ein integrierender Teil des ganzen Universums bin, daß meine Vernichtung den Einsturz der ganzen Schöpfung nach sich zöge." (28)

70 Vgl. Reden 51: Die Religion "will im Menschen nicht weniger als in allen andern Einzelnen und Endlichen das Unendliche sehen, deßen Abdruk, deßen Darstellung." (KGA I/2,211,40f); Reden 133 (247,9-11); 283f: "Vergeßt also nie, daß die Grundanschauung einer Religion nichts sein kann, als irgend eine Anschauung des Unendlichen im Endlichen [...]" (131,30f), angewandt auf das Judentum Reden 287f (315,10-14), auf das Christentum 291(316,29-34).

Reflexionen des Verstandes, auch keine Vernunftschlüsse;
von ihnen unterscheiden sie sich durch die Art, wie sie aufgefaßt sind, d. h. durch ihre Unmittelbarkeit, wenn gleich
der Inhalt beider zum Teil derselbe ist. 'Es ist ein Gott,'
schließe ich und sehe ich. [...] jenes gibt mir eine Kenntnis,
dieses auch eine Kenntnis, welches aber von einem Gefühl
begleitet wird."[71]

Der Zugang zum "un"- oder "übersinnlichen" Aspekt des Universums eröffnet sich also durch "Wahrnehmungen und Ansichten desselben", deren Wahrheitsmoment in ihrer sie von Verstandesreflexionen
unterscheidenden "Unmittelbarkeit" liegt.[72] Gerade die Unmittelbarkeit aber zeichnet nach Schleiermacher die religiöse Anschauung aus:
"Anschauung ist und bleibt immer etwas einzelnes, abgesondertes, die
unmittelbare Wahrnehmung, weiter nichts"[73]. Die sachliche Konvergenz mit den "Reden" wird vollends dann evident, wenn die Harmsschen Begriffe "Wahrnehmungen und Ansichten" als Synonyme für
"Anschauung" des Universums verstanden werden; daß die durch sie
vermittelte "Kenntnis" des Universums "von einem Gefühl begleitet
wird", stimmt mit der Auffassung der "Reden", "daß jede Anschauung
ihrer Natur nach mit einem Gefühl verbunden ist"[74], genau zusammen.

Wichtiger als die in der Explikation des Universumbegriffs auf-
scheinenden inhaltlichen Parallelen ist jedoch der Zielpunkt, auf den
Harms' Argumentation hier ausläuft, wenn es in direktem Anschluß
an das vorige Zitat heißt:

---

[71] Zillen 61f. Der gesamte Brief (61–64) bezieht sich eindeutig auf
die zitierten Erwägungen des Briefs vom 1.5.1804 zum Begriff des
Universums (s. o. Anm.52.57.60). Zillens Vermutung (61 Anm.4),
er beziehe sich auf den Brief vom 10.5.1803, ist wegen des noch
größeren zeitlichen Abstandes und der andersartigen Thematik
("Abriß der bardilischen Philosophie", 33f) abwegig.
[72] Harms präzisiert unter Punkt "c. diese Wahrnehmungen und Ansichten des Universums sind keine Einbildungen, welchen sie
freilich in Ansehung der Unmittelbarkeit ähnlich, allein wegen
des sie begleitenden Gefühls der Wahrheit – Gewißheit – völlig
unähnlich sind." (Zillen 62)
[73] Reden 58 (KGA I/2,215,3–5); vgl. ebenda: "So die Religion; bei
den unmittelbaren Erfahrungen vom Dasein und Handeln des Universums, bei den einzelnen Anschauungen und Gefühlen bleibt sie
stehen; [...]." (215,7–9)
[74] Vgl. Reden 66 (KGA I/2,21f)

"2. Sowenig eine Wahrnehmung und Ansicht als Affektion denkbar ist ohne ein Wahrnehmbares und Ansehbares als Affizierendes, ebensowenig ohne ein Affiziertes: Organ. Die Sprache hat noch keinen bestimmten Namen [...] Sinn fürs Uebersinnliche, Innerer Sinn wäre passend [...]. Gewöhnlich bedient man sich als Notbehelf des Ausdrucks 'Herz' (geistiges Auge)."[75]

Den "Affektionen" des Universums korrespondiert auf Seiten des Menschen ein "Organ für Religion"[76]. Diese theologische Vorstellung wird von Harms fortentwickelt und in der Folgezeit eindeutig mit dem Ausdruck "Herz" belegt[77]; später im Thesenstreit kommt sie an zentraler Stelle zur Geltung.[78]

Dafür, daß sich dieser hier erstmals ausführlich aus dem Universumbegriff entwickelte Herzensgedanke letztlich dem Einfluß Schleiermachers verdankt, findet sich erstaunlicherweise erst in der "autobiographischen Skizze" von 1828/29 ein Hinweis. Es handelt sich

---

[75] Vgl. Zillen 62
[76] Vgl. das Zeugnis der Kontroverse mit Oertling, Brief vom 11.10. 1805: "Es befremdet mich im mindesten nicht, lieber Vater, daß wir über die Art und Weise, wie Religionswahrheiten erkannt werden, über das Organ für Religion, verschiedener Meinung sind." (Zillen 68) Harms vermutet immerhin, Oertling halte "die Vernunft wirklich nicht für das Organ der Religion" (69).
[77] Vgl. Brief vom Juli 1810: "Nun nehme ich ja ein eigenes Organ für Religion an (über dessen Namen wir schon vor Jahren geschrieben: Herz) [...]". (Zillen 98) – Der Begriff des Herzens durchzieht naturgemäß Harms' frühe Predigten; besonders eindrücklich WP 117 über die "Religion des Herzens": "[...] da fällts aus heiterm Himmel wie ein Strahl in ihre Herzen, und ihre Augen sehen den Unendlichen in allem Endlichen, [...] es stellet sich Christus dar in seiner Göttlichkeit [...]."
[78] S. u. Kap. 3.1. Die dort so bedeutsame Alternative "Verstand-Herz" begegnet bereits im Brief vom 19.4.1805 in der Infragestellung der Regel "'in Religionsvorträgen durch den Verstand zum Herzen sprechen'" (Zillen 63, auch Anm.3); Brief vom 5.7. 1810 ("Herz als Organ der Religion im passiven und aktiven Sinn", Zillen 96); Brief vom Juli 1810 (110); SP V: "Das Herz hat [...] seinen eignen Verstand" (dazu Brief vom 14.2.1813: "Was vom Herzen kommt, das geht auch wieder zu Herzen!"). In der äußerst kritischen Rezension von WP in der Neuen Leipziger Literaturzeitung (1809), 14. Stück, 221–224 wird gerade die Verletzung der genannten homiletischen Regel moniert, während der rationalistische Generalsuperintendent Adler (1756–1834) in einem Schreiben an Harms vom 7.8.1809 den "Charakter" des KK als "Wärme und Innigkeit, die vom Herzen zum Herzen geht", lobt (SVSHKG.B 7, 1918, 99).

dabei um die einzige präzise Titelangabe, die Harms in der Auflistung
seiner vielfältigen Lektüre während der Hauslehrerzeit macht:

> "[...] doch wundersam wurde ich angeregt in der Zeit durch
> Novalis wie von der trefflichen Recension desselben, Jen.
> Lit. Z. 1803, Sept. und wieder wundersam aber kräftig-klar
> von Hemsterhuis."[79]

Harms' offenbar auf Exzerpte gestützte Erinnerung erweist sich als
exakt, denn in den Nummern 259-261 der "Allgemeinen Literatur-Zeitung" vom September 1803 ist die von F. Schlegel und Tieck veran-
staltete Ausgabe der Schriften Hardenbergs ausführlich besprochen[80].
Der Rezensent empfiehlt Novalis als Repräsentanten der "ächten Mystik", deren Grundzüge er noch vor der eigentlichen Besprechung
entwickelt. So besitze der Mensch "ein Organ für das Universum, so
fern es unsinnlich ist". Diejenigen Menschen, die dies Organ "vorzugsweise" dazu ausbildeten, "Anschauungen von den nicht sinnlichen
Seiten des Universums" zu erlangen, nenne man "Mystiker". Nachdem
die Aufklärung neben der unechten auch die echte Mystik, der sich
die romantische Poesie verdanke, "ausgerottet" habe, sei es Kant
gewesen, der einen Richtungswechsel hin zu einer Anerkenntnis des
"Gefühls" in der Philosophie einleitete. Seither habe man begonnen,

> "das so lange vernachlässigte Organ für die unsinnlichen
> Seiten des Universums zu üben. Was jene Uebung in der
> Poesie wirkte, sehen wir [...] an Schillers romantischer Jung-
> frau, was in der Philosophie, an **eines Ungenannten Reden
> über die Religion**."[81]

Novalis nun gilt dem Rezensenten gleichsam als Vereinigungspunkt
Schillers und des "Ungenannten", nämlich als "romantischer Dichter"
und "mystischer Philosoph" zugleich, der Christus in den "Hymnen an
die Nacht" als "Stifter einer unsinnlichen Religion des Herzens" prei-
se und den "inneren Sinn" oder "das Herz" sogar zur "Quelle aller
Wissenschaft" mache.[82]

---

[79] A.a.O. X. Zu Novalis s. o. Anm.27; auf F. Hemsterhuis fehlen in
   den frühen Quellen Hinweise. Harms zitiert ihn allerdings 1819 in
   "Daß es mit der Vernunftreligion nichts ist" (Schriften 1,350)
   und 1853 in der "Septuaginta von Sprüchen" (Aufsätze 278f).
[80] Sp.569-576.577-584.585-588. Novalis Schriften. Herausgegeben von
   Ludwig Tieck und Fr. Schlegel, 2 Bde, Berlin 1802 (3. Aufl. 1815)
[81] Vgl. a.a.O. Sp.569-572; Zitat 572, Hervhg. im Original.
[82] Vgl. a.a.O. 572.577.581.583.

Die große Übereinstimmung in Gedankenführung und Begrifflichkeit zwischen Harms' Ausführungen vom 19. April 1805 und der Rezension belegt, wie "wundersam" er in der Tat "angeregt" worden ist. Ob sich die später durchgängige Bezeichnung des "inneren Sinns" als "Herz" ebenfalls dieser Quelle verdankt oder aber der Lektüre Hardenbergs selbst[83], kann unentschieden bleiben, zumal dem Prediger Harms der Rekurs auf biblischen Sprachgebrauch nahegelegen haben dürfte. Entscheidend ist vielmehr, daß ausgerechnet die "Reden" vom Rezensenten als Beispiel der verfochtenen "mystischen Philosophie" angeführt werden. Dadurch ist der junge Kandidat, der sich vielfältigen literarischen Einflüssen öffnet, etwa zwei Jahre nach Lektüre der "Reden" wieder an sie erinnert worden. Wenn er sich von der Novalisrezension zur weiteren Ausformung des Gedankens vom "religiösen Organ" inspirieren läßt, kann er dies der "ewigen Bewegung" zuordnen, zu der er als Student angestoßen worden war, so daß hier zwar keine direkte literarische, aber doch eine mittelbar-inhaltliche Abhängigkeit von Schleiermacher vorliegt.

Tatsächlich bezeichnen schon die "Reden" den "Sinn fürs Universum" als "eigentliche[n] Maßstab" der Religiosität des Menschen; sein "Sinn", seine religiöse Anlage, "strebt den ungetheilten Eindruk von etwas Ganzem zu faßen".[84] Das grundlegende Verständnis des "Sinns", der sich "als das Organ zur Aufnahme von Anschauungen"[85] präsentiert, zieht sich wie ein roter Faden durch Schleiermachers Argumentation. Ist der "Sinn" auf das Universum gerichtet, öffnet er sich diesem, dann kann Religion entstehen, die ja nichts anderes ist als "Sinn und Geschmak fürs Unendliche"[86]. Dabei verhält er sich

---

83 So H. Zillen (62, Anm.2)
84 Vgl. Reden 128.149 (KGA I/2,245,15f.254,11f)
85 So P. Seifert: Theologie 69. – Die "Reden" verwenden den Begriff "Organ" uneinheitlich; noch am nächsten zur Harmsschen Auffassung steht Reden 264f (KGA I/2,305,28–32): "Die erste bestimmte religiöse Ansicht, die in sein [scil. des Menschen] Gemüth mit einer solchen Kraft eindringt, daß durch einen einzigen Reiz sein **Organ fürs Universum** [Hervhg. hft] zum Leben gebracht [...] wird, [...] ist und bleibt seine Fundamental-Anschauung [...]"; vgl. auch Reden 140 (250,32f). Häufiger sind Sinnesorgane gemeint (z. B. 66.193.231; KGA I/2,216,22.274,19.290,27), aber auch "Priester" oder "Mittler" (63.198; KGA I/2,217,17f.276,10).
86 Reden 53 (KGA I/2,212,31f)

dem Universum gegenüber anders als das "Verstehen" rezeptiv oder
passiv:

> "Um den Sinn einigermaßen gegen die Anmaßungen der an-
> dern Vermögen zu schüzen, ist jedem Menschen ein eigner
> Trieb eingepflanzt, bisweilen jede andere Thätigkeit ruhen
> zu laßen, und nur alle Organe zu öffnen, um sich von allen
> Eindrüken durchdringen zu laßen [...]."[87]

Besonders in der dritten Rede "Über die Bildung zur Religion" fun-
diert Schleiermacher seine Auffassung, der Mensch werde mit "der
religiösen Anlage geboren", die sich im Kindesalter in der "Sehnsucht
[...] nach dem Wunderbaren und Übernatürlichen" äußere, die aber
gegenwärtig durch die mit Nützlichkeitserwägungen überfrachtete
aufklärerische Pädagogik unterdrückt werde.[88] Ganz ähnlich argumentiert Harms im Zusammenhang des Briefs vom 19. April 1805, indem er Erwägungen zur "Bildung" des "Organs" anstellt und kritisiert, daß "in unsern Zeiten das äußere Sinnvermögen und der Verstand unverhältnismäßig", d. h. zu Ungunsten der religiösen Anlage
"gebildet" werde.[89]

Mit der theologischen Konzeption eines im Menschen angelegten
religiösen Vermögens unter dem Sigel "Herz" folgt Harms also ganz
offenkundig Schleiermachers in den "Reden" verfochtenem Programm,
der Religion "eine eigne Provinz im Gemüthe"[90] zu sichern. Dem
grundlegenden Verständnis von Religion als Ganzheitserfahrung korreliert die Annahme einer ursprünglichen religiösen Anlage im Menschen, eines besonderen Sinns für Religion. Indem Harms in der
Vorstellung vom Herzen als religiösem Organ die in der Subjektivität
des Menschen begründete Erfahrbarkeit von Religion zum Angelpunkt
seines Religionsverständnisses macht, erweist er sich deutlich als
Schüler Schleiermachers.[91]

---

87 Vgl. Reden 147 (KGA I/2,253,27-30)
88 Vgl. die Argumentation Reden 144-153; Zitate 144f (KGA I/2,252,9.29f)
89 Vgl. Zillen 62f (Punkt 3-7); auch Brief vom Juli 1810 (Zillen
    98), wonach das Herz "ebenfalls Bildung erfordert". Im Thesen-
    streit kritisiert Harms nachdrücklich die aufklärerische Päda-
    gogik (s. u. Kap. 3.1, Anm.60).
90 Vgl. Reden 37 (KGA I/2,204,34-38)
91 Darauf hat G. Behrmann schon 1878 (s. o. Kap. 1, Anm.8) hinge-
    wiesen. Neuerlich A. Nyholm: "Schleiermacher, som havde givet

Zwar steht die volle Ausformung des Gedankens zur Herzensvorstellung unter dem maßgeblichen Einfluß der Novalisrezension, doch
begegnet seine Vorstufe, der "Sinn fürs Uebersinnliche", schon in
einem Brief vom 15. Februar 1803[92] sowie homiletisch abgewandelt in
einer Predigt vom 1. Sonntag nach Pfingsten desselben Jahres:

> "Gewiß wird keiner unter uns seyn, der nicht in einer Minu-
> te seines Lebens den Anflug der Religion in seinem Innern
> bemerkt, nicht gefühlt hätte, wie freundlich der Herr sey
> [...]. Da die Religion uns nicht nur dann und wann, sondern
> oft rühren und beständig erheben soll, so muß auch der
> Sinn, mit dem sie erkannt wird, jederzeit offen seyn [...]
> dann wird unser geistlicher Sinn geweckt, erhalten und zu
> immer größerer Vollkommenheit gebracht. [...] Der Fromme
> allein kennt die Religion [...] das Heilige, von dem sein In-
> nerstes bewegt wird, [...] es ist der lebendige Geist, der ihn
> treibt und drängt, der göttliche Geist, der alle frommen
> Seelen erfüllt, das himmlische Feuer, [...] Religion, die ihm
> die Erde vor seinem Blick wegrückt und in hoher Himmels-
> ferne ihm die Seligkeit aufschließt."[93]

---

ham [scil. Harms] 'stödet til den evige bevaegelse', sögte i sin
teologi at finde det sted i sjaelen, hvor religionen har sin plads.
Om dette problem kredsede Harms. [...] Han fandt, at ordet
'Herz' kunne [...] betegne det, han sögte [...]" (Om Claus Harms
og hans indflydelse på hertugdömmernes kirkeliv, Sönderjyske
Årböger 1970, 5f). Merkwürdigerweise erwähnt Wintzer in seiner
Darstellung des Einflusses Schleiermachers auf den jungen Harms
(Harms 18-22) das Faktum nicht, sondern erst im Kapitel V. 5.
"Grundlinien einer 'Anthropologie des Herzens'": "Bei einzelnen
Aussagen scheint es, als ob das Herz für Harms lediglich 'religiöses Organ' in Korrelation zu einer 'religiösen Provinz' im
Menschen gewesen sei." Zwar sieht W. diese Vorstellung auf
Harms' Frühzeit beschränkt, doch immerhin komme in ihr "implizit zum Ausdruck, daß Harms einen der theologischen Hauptge-
danken des jungen Schleiermacher, nämlich daß der Mensch einen 'religiösen Sinn' besitze, in seiner Werdezeit aufgenommen
hat." (78) Wintzers überbietende Unterscheidung von "etwas ver-
schwommenem anthropologischem Teilbegriff" (79) und "bibli-
schem Begriff des Herzens" trifft jedoch auch für den "späten"
Harms der "Thesen" nicht zu.

92 "E. Erwähnung einiger Veranlassungen und Hilfsmittel, den Sinn
fürs Uebersinnliche zu wecken." (Konzept eines Katechismus; Zillen 30); vgl. dann auch die Briefe vom Oktober 1803 (s. o. Anm.
47) und 1.5.1804 (Zillen 56)

93 "Welcher Christ ist im Stande, den hohen Werth der christlichen
Religion zu erkennen?" (Nachlaß Harms; Ms.-S. 6f). – Das Stichwort "Religion" wird unter den handschriftlich erhaltenen Predigten des genannten Zeitraums nur noch in derjenigen vom 22.

Bereits in diesem frühen Zeugnis wird die durch den "geistlichen Sinn" vermittelte emotional gestimmte Erfahrung des Frommen gedeutet als pneumatologisches Phänomen. Im Verlauf seiner weiteren theologischen Entwicklung verstärkt sich dann die Überzeugung, "daß wo immer Religion ausgesprochen wird [...] ein Höherer spricht als der Mensch", nämlich der aktiv auf das passive religiöse Organ einwirkende Heilige Geist.[94] Solche Kombination der Vorstellung einer religiösen Anlage mit herkömmlicher Pneumatologie ist kennzeichnend für Harms' eigene spiritualistische Frömmigkeit, wie sie sich in Predigten und Katechismen äußert.[95] Als ihren Deutungsrahmen wählt Harms die "Mystik", wie sie ja auch in der Novalisrezension, nach der "jeder wahrhafte Philosoph Mystiker [...] seyn muss", gepriesen wird[96]. So bekennt er sich etwa in der Vorrede zur Winterpostille zur Mystik als "Wissenschaft vom innern Menschen" und "nothwendi-

---

Sonntag n. Trin. 1810 ("Die Fortschritte des Christen in seiner Religion") thematisiert. Hier betont Harms allerdings die durch Lehre, Bibel, Predigt und "fromme Gespräche" institutionell vermittelte Kenntnis der kirchlichen Lehre. – Zum "offenen geistlichen Sinn" im Kontrast zu leiblichen Sinnen und Verstand vgl. auch WP 14.

[94] Vgl. Brief vom Juli 1810 (Zillen 97); "In der Religion sind wir alle passiv. Und das ist der Weg, die Wahrheit und das Leben: daß [...] mitgeteilt werde, und daran der Geist erstarke, aus **erster** Hand zu suchen die himmlische Frucht, nicht von **Menschen** mehr oder aus der **Bibel**, sondern von Gott dem hohen heiligen Geist selber [...]" (98; Hervhg. im Original); Brief vom 14.2.1813: "Die Religion ist schlechterdings warmer Natur. [...] wo Wärme ist, da bleibet sie nicht verborgen, sie tritt in die Augen, wandelt die Stimme, strömt von den Lippen, glänzet in Tränen und teilt sich mit." (121)

[95] Vgl. SP 1, 1.Aufl., 3: "Zwischen uns schwebet der heilige Geist, der unsichtbare Gott in den Tempeln [...] Bringe du auf deinen Flügeln, hoher Geist, den Hauch meiner Lippen zu ihnen hin! wehe sie an mit deiner Wunderkraft, daß ihre Ohren aufgehn und ihre Herzen sich öffnen, zu empfangen, was ich von dir empfangen habe [...]" (abgeschwächt in 2.Aufl.); SP 1, 2.Aufl.,111–133. SP 2,79–102; Manuskripte der Pfingstmontagspredigten 1808.1812. 1814 im Nachlaß Harms; GK 159f: "Der heilige Geist ist Gott, [...] gebunden an keine Zeit, an kein Geschlecht, an keine Religion, sondern in jeder Religion da, wodurch sie sich wahr macht, worin ihre Gewalt besteht an den Gemüthern, womit sie der Gläubigen Herz erfüllt [...]". Wichtig zu Harms' Geistverständnis Wintzer: Harms 24f., bes. auch 97–100.

[96] Vgl. die gesamte Rezension; Zitat Sp. 578

ge[r] Vorschule der Religion".[97] Eingehender erörtert er die Frage
"Was heißt mystisch?" in der Vorrede zur Sommerpostille und rechtfertigt sich dafür gegenüber Oertling unter dem 14.2.1813:

"Religiös ist herzlich; religiös ist mystisch" und: "Solche
Dinge können nicht verstanden, sondern müssen erfahren
werden. Und durchaus ohne solche Erfahrung ist kein
Mensch [...]."[98]

Harms' Bekenntnis zur Mystik ist allerdings nicht in strengem Sinne als Ausdruck inhaltlicher Rezeption zu verstehen, denn zunächst
verdankt es sich dem polemischen Sprachgebrauch der Zeit. Der Terminus "Mystik" eignete sich in vorzüglicher Weise zur Abgrenzung
von den Aufklärern, die ihn in pejorativer Weise gegen neue geistige
Entwürfe, wie etwa den Fichtes, ins Spiel brachten.[99] Harms hat
hier die Benennung für sein Bestreben gefunden, einen Gegenentwurf
zur Theologie des Rationalismus zu entwickeln, der nicht ausschließlich auf Orthodoxie oder zeitgenössische supranaturalistische Systeme
rekurriert. So hat er nach dem Zeugnis der Briefe denn auch erst am
Ende seiner Hauslehrerzeit 1805/06 mit dem Studium eigentlicher Mystiker begonnen, an denen ihn vor allem das Zursprachebringen religiöser Erfahrung fasziniert zu haben scheint.[100] Insgesamt zeugt

---

[97] Vgl. WP V (scharf kritisiert in der Rezension der "Neuen Leipziger Literaturzeitung" (1809), 14. Stück, Sp.221−224, hier 223)
[98] Vgl. SP 2.Aufl., VI−VIII; Zillen 115.116; s. auch oben Anm.48
[99] Vgl. Fichtes Auseinandersetzung mit dem Vorwurf des "Mystizismus" in der "Anweisung zum seligen Leben" (ed. I. H. Fichte 4,
426−431); Harms: "Der Begriff setzt Streit [...]." (SP VIII)
[100] Vgl. Brief vom 12.1.1806 (Zillen 70f). Anders erst die "autobiographische Skizze" 1828/29, wonach ihre Rezeption bald nach der
Redenlektüre erfolgt, so "daß mir schon der Name Mystiker [...]
unweigerlich gegeben wurde." Harms nennt Tauler, Böhme, Thomas a Kempis, Poiret. − L. Heins Einschätzung, Schleiermacher
habe "für Harms das Tor zur Mystik aufgestoßen" (Evangelische
Spiritualität bei ⸱Claus Harms und im Weltluthertum der Gegenwart 108 [s. o. Kap. 1, Anm.11]) hat nur dann gewisse Berechtigung, wenn damit keine direkte Abhängigkeit behauptet sein soll.
Noch neuerlich (Artikel "Claus Harms" in: TRE Bd 14,447,10−13)
hat Hein in seinem offenkundigen Bestreben, Harms' "mystische
Spiritualität" herauszustreichen und ihre Ursprünge aufzudecken,
postuliert: "Angeregt durch den Kieler Theologen Johann Kleuker
vertiefte er sich während seiner Hauslehrerzeit [...] in das Gedankengut katholischer und evangelischer Mystiker." Für eine
Anregung durch Kleuker fehlt in den vorliegenden Quellen der

Harms' Berufung auf die Mystik mehr von der fortdauernden Teilhabe
am exemplarisch durch die Novalisrezension repräsentierten frühromantischen Gedankengut, zu dem auch die mystischen Züge der "Reden" gehören, deren Verfasser selbst gelegentlich auf seine "angeborne Mystik" verweist.[101]

Zwar ist die mindestens partielle Zugehörigkeit beider Theologen
zur romantischen Bewegung ganz allgemein verantwortlich für eine
inhaltliche Nähe, wie sie neben der direkten Beeinflussung hinsichtlich der Verhältnisbestimmung von Religion und Moral und vom Herzen als religiöser Anlage besteht. Darüber hinaus aber läßt Harms'
frühes Schrifttum auch an minder gewichtigen Punkten, wo keine explizite Bezugnahme auf Schleiermacher vorliegt, erkennen, daß er
sich auf einer ganz maßgeblich von den "Reden" angestoßenen Bahn
fortbewegt. So spiegelt etwa seine Auffassung, die christliche
Religion sei "unendlich ihrem Wesen nach", noch in ihrer Engführung
die aus der Individualität der religiösen Anschauung entwickelte
Überzeugung des Redners von der Unendlichkeit des Gebietes der
Religion wider.[102]

Unverkennbar ist, daß besonders ekklesiologische Motive der
vierten Rede "Über das Gesellige in der Religion oder über Kirche
und Priesterthum" Harms angeregt haben. Beispielsweise beschreibt er
den sonntäglichen Gottesdienst in Worten, die stark dem "Bild" äh-

---

Anhaltspunkt; vgl. Harms' kritisches Urteil über ihn (s. o. Anm.13).
[101] Ein "mystischer" Zug der "Reden" liegt in der Beschreibung der
Berührung des Gemüts mit dem Unendlichen als bräutliche Umar-
mung (73–75; KGA I/2,221,20–222,6); vgl. auch die kritisch-posi-
tive Wertung der Mystik 157–159 (257,38–258,35). Der Hinweis
auf "angeborne Mystik" im Schreiben an F. S. G. Sack, Anfang
Juni 1801, über dessen Kritik der "Reden" (H. Meisner, Schleiermacher als Mensch, Sein Werden, Familien- und Freundesbriefe
1783 bis 1804, Gotha 1922,213 [abgekürzt: Meisner 1]). – Zu
Schleiermachers Teilhabe an der romantischen Bewegung vgl.
K. Nowak: Schleiermacher und die Frühromantik, Göttingen 1986
[102] Das Zitat SP 1, 2.Aufl., 118 setzt fort: "ihre Schätze sind uner-
meßlich, ihr Ausdruck so verschieden, wie die Stimmen der Menschen, und das kleinste Wort ist ein Keim zu tausend Betrachtungen – wenn der Geist mit auf die Kanzel kommt." – Vgl. dazu
nur Reden 58–61 (KGA I/2,215,3–216,18)

neln, das Schleiermacher, allerdings weit ausführlicher, "von dem
reichen, schwelgerischen Leben" in der "Stadt Gottes" zeichnet: Es

> "[...] wird der Geist angefleht von der Gemeine, Gott [ge]-
> predigt vom Lehrer der Religion, der Gesang erweckt das
> Gefühl des Erhabensten und das Wort erklärt und verstän-
> digt, leitet und erhöht und befestigt dieses Gefühl: also wird
> auch wol die niedrige Seele erhoben, der schwache Geist
> aufgerichtet [...]"[103]

Auch die von Harms häufig betonte Präferenz für den Hausgottes-
dienst[104] konvergiert mit der von Schleiermacher am Ende der vierten Rede an die "Laien" ausgesprochenen Empfehlung, "sich genügen
[zu] laßen an dem priesterlichen Dienst ihrer Hausgötter." Während
der Redner allerdings seine warme Schilderung solchen Gottesdienstes
in der Familie der gegenwärtigen kirchlichen Praxis als Alternative
gegenüberstellt[105], ist Harms' Interesse als Herausgeber von Postillen
ganz auf die gegenseitige Befruchtung von öffentlicher und privater
Institution gerichtet:

> "Ehemals beförderte der Hausgottesdienst den Kirchengottes-
> dienst; das hat aufgehört, jetzt soll wieder der Kirchengot-
> tesdienst den Hausgottesdienst befördern, den Hausvater er-
> füllen mit einem frommen Sinn, der ihn machet zu einem
> quasi Priester seiner Familie, daß er betet, singt und vor-
> liest."[106]

So liegen denn die Übereinstimmungen in der Ekklesiologie insgesamt mehr auf der emotional–stimmungsmäßigen Ebene; die Differenz
tritt nicht nur in Harms' traditioneller Begrifflichkeit zutage,
sondern wurzelt bereits darin, daß Schleiermacher in den entsprechenden Passagen das Idealbild der ecclesia triumphans als wahre
Kirche kritisch gegen die vorfindliche ecclesia visibilis wendet, die
er als "Vereinigung solcher, die Religion erst suchen" ansieht.[107]

---

[103] WP 145f; ähnlich KK 33. SP 1, 2.Aufl.,112f. SP 2,212ff. Vgl. dazu
Reden 181–185 (KGA I/2,269,13–270,24)
[104] Vgl. nur SP 1, 2.Aufl.,III. SP 2,50. GK 194–197.
[105] Vgl. Reden 229f (KGA I/2,289,29–290,6)
[106] Brief 10, 14.2.1813 (Zillen 114) als Erläuterung zu SP 1,IIIf:
"Muß eine Postille kirchlich seyn? Je mehr je besser, – bis in
der Kirche und durch sie Hauspriester wieder gebildet werden.
[...] Aber Collisionen mit dem Prediger muß der Herausgeber
einer Postille zu vermeiden suchen. Die Menschen sollen sich
nicht aus der Kirche herauslesen, sondern in sie hinein."
[107] Vgl. Reden 192–199, Zitat 192f (KGA I/2,274,1–277,1.274,3f)

Harms hingegen ist dieser kirchenkritische Impuls fremd; er denkt
Kirche in seinen Beschreibungen als ecclesia visibilis, als eine
"öffentliche Gemeinschaft der christlichen Religion" unter Betonung
ihrer institutionalisierten Praxis in Sakramentsverwaltung, Predigt
und Kasualien.[108]

Auf diesem Hintergrund weicht Harms' Ekklesiologie in wichtigen
Punkten von der der vierten Rede ab. Das dort die wahre Kirche
konstituierende allgemeine Priestertum[109] vertritt er nicht, sondern
hebt stets ganz unprotestantisch die Bedeutung des Amtes des "ge-
weihten Lehrers" hervor.[110] Die dann in seiner Kieler Antrittspredigt
1816 erfolgte Übernahme des Priestertitels auch für sich selbst[111]
kann allerdings durchaus als Rezeptionsphänomen des zweifellos vorhandenen "klerikalen Zugs" der vierten Rede interpretiert werden;
schließlich hat Harms später in seiner Person den hier von Schleiermacher geschilderten Typ dessen, der sein Leben zum "priesterlichen
Kunstwerk" macht, beispielhaft realisiert.[112]

---

[108] Zitat GK 161; vgl. KK 27–41; WP 1–12; GK 164–174.182–194; SP1,
     2. Aufl., 134–156. Grundsätzlich gilt: "ohne Kirche kann die Reli-
     gion nicht bleiben." (GK 148; vgl.171; auch SP 2,218)

[109] Vgl. Reden 184–187 (KGA I/2,270,13–271,36), bes.184: "ein prie-
     sterliches Volk ist diese Gesellschaft, eine vollkommne Republik,
     wo Jeder abwechselnd Führer und Volk ist, jeder derselben Kraft
     im Andern folgt, die er auch in sich fühlt [...]" (270,21–24). Zwar
     mag die Trennung von "Priestern" und "Laien" in der ecclesia vi-
     sibilis notwendig sein, "aber das bleibt gewiß, daß diese Tren-
     nung [...] selbst etwas ganz irreligiöses ist." (Reden 203; 2,278,
     14–17)

[110] "Die christliche Kirche nimmt den Vortrag, mittelst dessen die
     Religion bewahrt und mitgetheilt wird [...] besonders von dem
     Geist der geweihten Lehrer." (GK 171); vgl. KK 39f ("heiliger
     Stand"); SP 1, 2.Aufl.,143 ("Heiligkeit des Lehramtes"). Das allge-
     meine Priestertum ist ohne kirchenkonstitutive Bedeutung, son-
     dern erstreckt sich auf die Verkündigung an den Nächsten (SP 1,
     2.Aufl., 132f), Nottaufe (GK 166), Teilnahme am Gottesdienst,
     Gebet und Tugenden wie "Scheu vor jedweder Sünde", "Treue im
     Beruf", "Eifer für alles Gute", "kühner Mut gegen Widersacher",
     "Stille Ergebenheit in Gottes Willen" (alles SP 2, 79ff).

[111] "Was einem Priester obliege" über Mal 2,7 (Schriften 2,301–309).–
     1831 erscheint der 2. Teil der Pastoraltheologie unter dem pro-
     grammatischen Titel "Der Priester" (Schriften 2,85ff).

[112] Vgl. Reden 222–228 (KGA I/2,286,11–289,24.11). – E. Hirsch (Ge-
     schichte der neuern evangelischen Theologie Bd 4, Neudruck der

Ein weiterer wesentlicher Differenzpunkt in der Ekklesiologie besteht darin, daß der Redner den Staat für die Mißstände in der Kirche verantwortlich macht, die Mitwirkung der Kirche im Schulwesen, bei Moralerziehung und Eidesleistung als "Aufträge" des Staates "in seinen Angelegenheiten" brandmarkt, die juristisch bindende Bedeutung der Kasualien verneint und deshalb die strikte Trennung von Staat und Kirche fordert.[113] Demgegenüber ist Harms von berechtigten "Ansprüchen der Kirche an das bürgerliche Leben" überzeugt, bewertet die Konstantinische Wende positiv und verteidigt den Summepiskopat des protestantischen Landesherrn.[114]

Dieses Hinneigen zu traditioneller Kirchlichkeit steht zwar in Einklang mit dem früh zu beobachtenden Rückgriff auf orthodoxe Terminologie, doch lassen sich Frömmigkeit und theologisches Denken des jungen Harms nicht einfach unter das Schema rechtgläubiger Dogmatik pressen. In der Schriftlehre etwa beweist er eine gewisse Affinität zur freieren Haltung Schleiermachers in dieser Frage[115].

---

3. Aufl., Münster 1984,527f) meint, Schleiermacher ziele hier auf das Modell einer "Pastorenkirche", die dann von der Erwekkungsbewegung des 19. Jahrhunderts realisiert worden sei, wobei seine Beschreibung gut auf den Harms der Kieler Jahre (1816-1849) zutrifft: "fromme Individualitäten haben als bedeutende, wesentlich auf das Gefühl wirkende Prediger, die rein geistlich auf religiös empfängliche Kreise wirken wollen [...] Menschen um sich gesammelt, sie zu religiösem Sinn erweckt und zugleich zu ihren persönlichen Anhängern und Verehrern gemacht." Demnach erweist Harms sich also in seiner ganzen späteren Lebensgestaltung als Schüler Schleiermachers.

[113] Vgl. Reden 214 (KGA I/2,282,34-283,4) [Aufträge des Staates]; 215f (2,238,12-31) [Kasualien]. Das Fazit der längeren Ausführungen lautet: "Hinweg also mit jeder solchen Verbindung zwischen Kirche und Staat!" (224;2,287,3f)

[114] Zum Zitat vgl. GK 182-194; Kasualien sind nach dem KK (34-39) "heilige Handlungen"; zur Schule und Moralerziehung GK 186.188. SP 1, 1.Aufl.,151;329ff (bes.341); zum Eid KK 38f ("Einmal verschworen, ewig verloren"). Brief vom Juli 1810 (Zillen 109); zu Konstantin GK 177 ("Mit ihm beugte sich [...] der Staat vor der Kirche und ward ein Sohn der Kirche[...]"); zum Summepiskopat GK 182: "Auf daß aber niemals wieder der weltliche Sinn fahre in die Geistlichen [...] und überhaupt alles ordentlich zugehe in der Kirche: dazu haben unsre Fürsten [...] die höchste Gewalt auch in allen kirchlichen Dingen, und Niemand ängstet sich dabey [...]." Von dieser konservativen Haltung ist Harms im Thesenstreit vorübergehend abgeschwenkt (s. u. Kap. 3.1, Anm.151).

[115] Vgl. nur Reden 122 (KGA I/2,242,15-17): "Nicht der hat Religion,

Den Satz seines "Kleinen Katechismus", daß die Bibel das geschriebene "Gotteswort" sei, erläutert er Oertling so:

> "Der Stifter des Christentums [...] ließ [...] Keinen Buchsta-
> ben [...] zurück – aber Männer, denen er das Herz voll gere-
> det, gingen aus in alle Welt und predigten [...]; nicht seine
> Worte sondern seinen Geist gab er ihnen und mit demselben
> des Geistes Kraft, nach eigentümlicher Weise alles zu deuten
> und zu gestalten und durch kein symbolisches Buch sich den
> Mund stopfen zu lassen. [...] Arglos schrieben die Apostel,
> ehrerbietig bewahrten die Gemeinen deren Briefe, unvorsich-
> tig wurden die Briefe gesammelt und – das war das Unglück!
> damit das Christentum als fix und fertig beschlossen. Es
> ward nun eine Sache der Gelehrsamkeit d. h. der Nachfor-
> schung und der Nachrede (Nachbeten)."[116]

Ganz ähnlich beklagt schon Schleiermacher, daß "späterhin" die
"Werke" des heiligen Geistes, "soviel davon in den heiligen Schriften
enthalten war, für einen geschloßnen Codex der Religion unbefugter-
weise erklärt wurden [...]".[117]

Ein weiterer eigentümlicher Zug der Harmsschen Frömmigkeit liegt
in seinem Hang zu physikotheologischen Betrachtungen, der sich in
einer ganzen Reihe von "Naturpredigten" zu erkennen gibt.[118] Nach

---

> der an eine heilige Schrift glaubt, sondern welcher keiner be-
> darf, und wohl selbst eine machen könnte." Dieses Diktum ist
> von Harms später angegriffen worden (s. u. Kap. 3.4, Anm.38).

[116] Brief vom Juli 1810 (Zillen 103f) zu KK 21; überraschend ähnliche Aussagen Reden 284.121 (KGA I/2,313,39f.242,9–11). Schon im
Brief vom Oktober 1803 heißt es: "Sie [die Bibel] ist eine tote
Schrift, die nur anzeigt, daß ehemals eine Religion sich ihrer als
Hülle bedient habe; vom lebendigen in uns und außer uns gehe
man über zur lebendigen Religion [...]" (Zillen 42); vgl. dazu
Reden 307 (2,323,3638). Von der eigenen spiritualistischen Frömmigkeit her betont Harms die erfahrbare Wirkung der Bibellektüre (GK 173f.175. WP 108. SP 2,55). Zur freieren Haltung gegenläufige Tendenzen finden sich etwa Brief vom 23.12.1803 (Zillen
21f), GK 174 u.ö.; die unausgeglichene inhaltliche Spannung ist
besonders deutlich im Anschluß an das o. a. Briefzitat (Zillen 104).

[117] Vgl. Reden 305 (KGA I/2,323,2–5). Harms beruft sich explizit für
sein Schriftverständnis auf Novalis, wonach "Eine Bibel die
höchste Aufgabe der Schriftstellerey" sei, also dem "gemeinen
Mann", nicht aber dem Prediger zuträglich (Brief vom Juli 1810,
Zillen 102; vgl. Novalis: Allgemeines Broullion 1798–1799, ed. R.
Samuel Bd 3,321,22; ed. Schlegel/Tieck Bd 2,272).

[118] Vgl. schon die Predigt Pfingstmontag 1803 (Nachlaß Harms; Ms.-
S.6): "[...] der Sinn, mit dem sie [die Religion] erkannt wird, [...]
muß [...] jederzeit offen seyn, wo sich Gott bezeugt in seinen

dem "Großen Katechismus" ist Naturbetrachtung religionsgeschichtlich Vorbereitung des Schöpferglaubens und schließlich des christlichen Glaubens gewesen: zunächst sei "der forschende Verstand" des Menschen nicht weiter gedrungen als bis zur pantheistisch anmutenden Aussage "Natur ist Gott; Gott ist Natur"; erst Offenbarung habe die Erkenntnis ermöglicht, daß Gott "wie in der Natur, so über der Natur und außer der Natur sey".[119] Demgegenüber gilt den "Reden" die "äußere Natur" lediglich als "äußerster Vorhof" der Religion; von Naturerscheinungen seien allenfalls "die roheren Söhne der Erde zuerst auf die Religion" vorbereitet worden.[120]

Wenn Schleiermacher allerdings stattdessen "das Werden der Menschheit", also "Geschichte im eigentlichsten Sinn" als "höchsten Gegenstand der Religion" apostrophiert[121], dann findet diese Auffassung ihren Anklang in Harms' Überzeugung, "die Geschichten der Völker" oder "was sich begiebt" sei "die Gottesstimme".[122]

Werken, wo die Natur einen Spiegel seiner Allmacht und Liebe aufstellt [...]"; Predigt 14. Sonntag n. Trin. 1810 (a.a.O.): "Des Herrn Gang in der Natur ist sein Gang auch mit den Menschenkindern". Die gedruckten Naturpredigten: SP 1, 2.Aufl., 54–72 ("Der Frühling"). SP 2,1–18 ("Der Sommer"). 164–183 ("Der Herbst"). Vgl. auch KK 18f ("Wie ist die Welt Gottes Stimme?")

[119] Zitate GK 12. 26. Harms will im GK den "unter Christen, Juden, Heiden und Türken vorhandene[n] Religionsstoff" verarbeiten (VIII), "[...] weil die christliche Religion keine andre ganz ausschließt und jede andre, so weit sie ächt ist, ganz einschließt [...]" (98) und "[...] ein Christus ist in allen Religionen der Erde, d.h. eine Offenbarung der Gottheit in und an der Menschheit" (152). Aus der Gliederung des GK in die drei Bücher "Natur" (physikotheologische Betrachtung), "Vorsehung" (Schöpfung, Sündenfall, Geschichte Israels) und "Christus" (Sündenerkenntnis, Leben Jesu, Eschatologie, Ekklesiologie) erhellt Harms' religionsgeschichtliches Modell.

[120] Vgl. Reden 78 (KGA I/2,223,20–22. 25–30)

[121] Vgl. Reden 99.100 (KGA I/2,232,29f. 38–233,1); vgl. über das Anschauen der Menschheit insgesamt Reden 88–98 (2,228,6–232,5)

[122] Zitate KK 19.GK 79. In diesem Sinn vollzieht Harms selbst theologische Deutungen der mit der französischen Revolution und den Napoleonischen Kriegen verbundenen politischen Umwälzungen. Vgl. bes. WP 97–108 "Die gegenwärtige prophetische Zeit" (Sonntag nach Neujahr 1807), auf deren eminente Bedeutung F.Wintzer (Harms 27f) hinweist; auch SP 2,307–322 "Die Gründe, derethalben ein jeder Mensch um die jetzigen großen Begebenheiten sich zu bekümmern hat" (25. n.Trin. [1814]). – Grundlegend K. Holl:

Zwar mag Harms gerade diese theologischen Eigentümlichkeiten aus anderen Quellen schöpfen als aus den "Reden", doch kann die inhaltliche Nähe mancher von ihnen zu Gedanken Schleiermachers durchaus als Indiz einer indirekten Abhängigkeit angesehen werden. Schließlich hat der "Stoß", den die "Reden" Harms versetzen, ihm allererst die Möglichkeit einer eigenständigen theologischen Entwicklung eröffnet, die in der Aufnahme von Einflüssen der Romantik, zeitgenössischer Philosophie und mystischer Spiritualität in Verbindung mit einer sich offenbar ganz der eigenen religiösen Erziehung verdankenden traditionell-orthodoxen Begrifflichkeit[123] unter dem Leitmotiv der Abkehr vom Rationalismus steht.

Daß aber die Lektüre der "Reden" über die bloß anstoßende Funktion hinaus auf Harms auch inhaltliche Auswirkungen gehabt hat, tritt im wesentlichen in drei Punkten hervor: Zunächst im Streben nach Befreiung der Religion aus ihrer moralischen Funktionalisierung, sodann und zentral in der im Begriff des Herzens als religiöser Anlage vorgenommenen Sicherung einer anthropologischen "Provinz" für die religiöse Erfahrung und schließlich, mehr allgemein, in emotional gestimmten Äußerungen der persönlichen Religiosität, die in vielem vom Geist der "Reden" durchtränkt sind.

Noch in der Beschreibung des Bekehrungserlebnisses als "Geburtsstunde" des "höhern Lebens" macht sich dieser Geist bemerkbar, denn

---

Die Bedeutung der großen Kriege für das religiöse und kirchliche Leben innerhalb des deutschen Protestantismus, II. Die Befreiungskriege, in: Gesammelte Aufsätze zur Kirchengeschichte, Bd 3 Der Westen, Nachdruck Darmstadt 1965, 347ff, bes.349.

[123] Außer der des Supranaturalisten Storr (s. o. Anm.30) werden in den Jugendbriefen keine Dogmatiken angeführt. Harms "gesteht", daß er "der Leitung unserer besten Theologen, z. B. Reinhards, folge" und "sagt", daß er "an die Möglichkeit und Wirklichkeit der Wunder im dogmatischen Sinn glaube" (Brief vom 15.2.1803, Zillen 25.29); nach dem Brief vom 10.5.1803 sind die "Resultate der bardilischen Philosophie dem alten theolog. System günstiger als dem neueren" (34), doch wenig später heißt es (Brief vom Oktober 1803, 40): "Zu dem alten Positiven dürfen wir nicht zurückgehen, das leidet der Zeitgeist nicht mehr [...]". Diese Hinweise auf orthodoxe Tendenzen sind so unspezifisch, daß die Annahme eines romantisch beeinflußten Rückgriffs auf Frömmigkeitsmuster der Kindheit (vgl. Lebensbeschreibung 33) plausibel erscheint. Hinzu kommt der Einfluß der praktischen Amtsführung.

schon die "Reden" bezeichnen den Moment religiöser Ganzheitserfahrung explizit als "Geburtsstunde alles Lebendigen in der Religion"[124]
und schildern das Entstehen der religiösen Fundamentalanschauung
als Bekehrungserlebnis des religiösen Individuums:

> "Jeden, der so den Geburtstag seines geistigen Lebens an-
> geben und eine Wundergeschichte erzählen kann vom Ur-
> sprung seiner Religion, die als eine unmittelbare Einwirkung
> der Gottheit und als eine Regung ihres Geistes erscheint,
> müßt Ihr auch dafür ansehn daß er etwas eigenes sein und
> daß etwas besonders mit ihm gesagt sein soll [...]."[125]

Eine solche "Wundergeschichte" erzählt Harms als alter Mann. Darüber hinaus findet die 1818 vorgenommene Beschreibung seines Verhältnisses zu Schleiermacher als das eines "Jüngers" zum "Lehrer"
und "Meister" in den schriftlichen Dokumenten seiner Kandidaten-
und Predigerzeit bis 1817 ihre Bestätigung. Harms' Schülerschaft gestaltet sich in Umformungen, Abwandlungen und Einseitigkeiten als
eigenständige Fortentwicklung dessen, was er von Schleiermacher
empfangen hat. Beider Verhältnis stellt sich so dar, wie es nach der
dritten Rede für die Beziehung von "Meister" und "Jüngern" in der
Religion gilt:

> "Wer durch die Äußerungen seiner eignen Religion sie in
> Andern aufgeregt hat, der hat nun diese nicht mehr in sei-
> ner Gewalt sie bei sich festzuhalten; frei ist auch ihre Re-
> ligion sobald sie lebt und geht ihres eignen Weges."[126]

---

124 Vgl. Reden 75 (KGA I/2,222,9)
125 Reden 268 (KGA I/2,307,5-9)
126 Reden 141f (KGA I/2,251,17-20)

3. Die Kontroverse

3.1 Die "Harmsischen Säze"

Wohin Harms der von den "Reden" angestoßene Weg eigenständiger theologischer Entwicklung geführt hat, dokumentiert eindrücklich sein wohl bekanntestes Werk, die anläßlich des dreihundertsten Reformationsjubiläums als eine "Übersetzung aus Ao. 1517 in 1817" der Edition von Luthers Thesen angehängten "95 andern Sätze".[1] Diese "Thesen" und die in der anschließenden literarischen Fehde entstandenen Schriften[2] bilden eine Zäsur in Harms' innerem Werdegang wie in seinen äußeren Verhältnissen: Nicht nur, daß es zu einer öffentlich ausgetragenen Kontroverse mit dem "Meister" Schleiermacher kommt[3], sondern auch zu einer Positionsbestimmung als Gegner des Rationalismus und Vertreter der Orthodoxie, wie sie in dieser Eindeutigkeit den früheren Publikationen nicht zu entnehmen war. Der Thesenstreit verschafft dem Kieler Archidiakon zudem schlagartig einen zuvor nicht erreichten Bekanntheitsgrad: Nach 1817 ist er in erster Linie "der Thesensteller", und auch sein weiteres literarisches Schaffen steht unter diesem Vorzeichen.

Das äußere Ereignis des Reformationsjubelfestes scheint Harms in mächtiger Weise angeregt zu haben, denn er entfaltet über das Halten zweier Jubelpredigten mit den Themata "Von der Freude der lutherischen Kirche über den wiedergewonnenen Glaubenssatz: 'Aus Gnaden werden wir selig und aus den Werken nicht,' – was diese

---

[1] Das sind die 95 theses oder Streitsätze Dr. Luthers, theuren Andenkens. Zum besondern Abdruck besorgt und mit andern 95 Sätzen als mit einer Uebersetzung aus Ao. 1517 in 1817 begleitet von Claus Harms, Archidiaconus an der St. Nicolaikirche in Kiel, Kiel 1817; immer zit. n. Schriften 1,209-225; abgekürzt "Thesen". Zum Reformationsfest vgl. W. v. Meding: Kirchenverbesserung. Die deutschen Reformationspredigten des Jahres 1817, Bielefeld 1986 (hier zu den "Thesen" 70f.120.170-172)

[2] Die Titel unten S.47

[3] Vgl. dazu unten Kap. 3.3 u. 3.4

Freude für einen Grund habe" und "Jesus Christus, gestern und heute, und Derselbe auch in Ewigkeit"[4] hinaus weitere Aktivitäten. So
verfaßt er ein niederdeutsches Büchlein unter dem Titel "Den bloodtüügn för unsen gloobm, Henrik van Zütphen syn saak, arbeid, lydn
un dood in Dithmarschen. Beschrehbm un tom 31den October Ao.
1817 heruutgehbm", mit dem er an die Einführung der Reformation in
seiner Heimat erinnern und so bei den Lesern dankbare Freude hervorrufen will[5]. Hinzu kommt jene Edition der Thesen Luthers in
deutscher Sprache, die er in seinem Vorwort als "die Wiege und Win-
deln, in denen unsere lutherische Kirche gelegen gewesen ist"[6], bezeichnet. In diesen Worten liegt bereits ein Hinweis auf den Orien-
tierungspunkt, den Harms auf der Suche nach eigener vom Rationalismus deutlich abgesetzter theologischer Identität gefunden hat,
nämlich das verklärte Idealbild der lutherischen Kirche und ihrer
Entstehung.

Mit der auf populäre Breitenwirkung bedachten Herausgabe des
Zütphenbüchleins und der Lutherschen Thesen zielt Harms darauf,
dies Ideal in Beziehung zu setzen zur kirchlichen Gegenwart. Die Art
der davon erhofften Wirkung ist eindeutig, hat doch das Werk des
Reformators auf ihn selbst schon als "ein Wecker, ein Mahner, besonders in diesem Jahr" gewirkt, wodurch er sich dazu berechtigt
fühlt, nun auch seinerseits "in andern 95 Sätzen gegenwärtige Gebrechen unserer Kirche" zu rügen. Gerade diese von ihm selbst formulierten Thesen, die "gegen allerlei Irr- und Wirrnissen innerhalb der
lutherischen Kirche gerichtet"[7] sein sollen, haben dann Harms' übrige
literarische Aktivitäten anläßlich des Reformationsjubiläums in den
Schatten gestellt und zur Nebensache werden lassen.

---

[4] Publiziert als: Zwey Reformationspredigten, gehalten am dritten
    Säcular-Jubelfeste, im Jahre 1817, Kiel 1817 (s. dazu u. Kap. 3.3,
    Anm. 113ff)
[5] Kiel 1817; vgl. "De vörrehd" (3–8), bes. 4f. Harms kontrastiert hier
    "de groote ungloof" der Gegenwart mit "de ole gloof" und den Pro-
    blemen bei dessen Einführung im Lande.
[6] Schriften 1,210
[7] Ebenda

Eine außerhalb des rein äußerlichen Anlasses des Reformationsjubiläums liegende konkrete Motivation ihrer Abfassung und Publikation
läßt sich aus Harms' eigenen Aussagen nicht erkennen[8], sondern nur
indirekt aus den verhandelten Themen erschließen: Neben dem aktuellen Kampf um die "Altonaer Bibel" stehen die Unionsbestrebungen
im deutschen Protestantismus; vielleicht auch das letztere eindeutig
begrüßende Hirtenwort der leitenden Geistlichkeit Dänemarks und der
Herzogtümer an die Prediger vom 1. Oktober 1817 in seiner rationalistisch gefärbten Tendenz, die Wiederherstellung des Einklangs zwischen Vernunft und Offenbarung als die vorzüglichste Wohltat der
Reformation hervorzuheben.[9]

Die Erscheinungsform als Anhang zu Luthers Thesen ist offenkundig deshalb gewählt, um eine möglichst enge inhaltliche Verbindung
zu diesen zu suggerieren. Dem Anspruch, sie "aus Ao. 1517 in 1817"
zu übersetzen, genügt Harms' Opus jedoch kaum, denn die Anlehnung
an Luther erschöpft sich abgesehen von der Anzahl und dem ausgeführten Parallelismus der ersten These rein formal in einzelnen
Wendungen wie "der Papst zu unserer Zeit" (These 9), "man soll die
Christen lehren" (These 61.63.64) und im gelegentlichen Hinweis auf

---

[8] "Was oder wer mich eigentlich auf den Gedanken, Thesen herauszugeben, [...] zuerst gebracht habe [...] das weiß ich selber nicht,
wenigstens erinnere ich das nicht." (Schriften 1,237; vgl. 238 den
Hinweis auf das Jubelfest [Verständigung]) – H. Mulert meint, "ein
Mann von seiner Energie [mußte] sich getrieben fühlen, die unwie-
derbringliche Gelegenheit des Reformationsjubiläums beim Schopfe
zu fassen" (Schleiermacher und Harms 560).

[9] Vgl. die gemeinsam mit einem Exemplar der CA an alle Prediger
versandte "Antistitum ecclesiae Danicae, Slesvico-Holsaticae et
Lauenburgensis epistola encyclica ad clerum de tertio reformationis
jubilaeo diebus XXXI Octobris, I et II Novembris MDCCCXVII pie
celebrando", Kopenhagen 1817; für ein breiteres Publikum als
"Hirtenbrief der Hohen Geistlichkeit in Dänemark, Schleswig-Holstein und Lauenburg an die Prediger, als Einladung zur Jubelfeier
der Reformation, den 31sten October, den 1sten und 2ten November 1817, Altona 1818" exakt übersetzt von A. W. Neuber (hier etwa nur 7–10; Epistola encyclica 4–7). Obwohl Harms Anstoß genommen haben wird an der Betonung der Vernunft (passim) und der
Abweisung des Mystizismus (11; "mysticismi pericula", 7), gibt es
keinen Hinweis darauf, daß er sich in den "Thesen" direkt am Hirtenwort orientiert; inhaltliche Korrelationen ergeben sich zwangs-
läufig aus gemeinsamem Anlaß und entgegengesetzten Auffassungen.

Zustände des 16. Jahrhunderts (These 8.21). Ursprünglich wollte
Harms nach eigenem Bekunden

> "genauer an die Lutherischen sich halten, im strictern Sinne
> sie in unsre Zeit übersetzen [...], mit welcher Arbeit er bis
> zu den zwanzigern auch schon vorgerückt war, als ihm diese
> Weise theils zu mühsam und theils auch für die Materie, die
> er gewählt hatte, ungeeignet erschien, weshalb er von ihr
> abließ, einen freyern Gang nehmend."[10]

Dementsprechend ist das Thesenwerk als Ganzes in seiner Verhandlung völlig unterschiedlicher Themenkomplexe eigentümlich inko-
härent geraten, was den interpretatorischen Zugriff erschwert. Wenn
Harms dennoch "den roten Faden [...] von Nr. 1 bis 95"[11] verlaufen
sieht, so kann damit allenfalls die durchgängige antirationalistische
Tendenz gemeint sein, wobei selbst diese nicht konsequent bis zum
Ende durchgehalten wird[12].

Nicht allein die gedankliche Inkohärenz, sondern auch die eigenwillige sprachliche Gestaltung der Thesen als "Streitsätze"[13] lassen
es geraten erscheinen, zu ihrem näheren Verständnis die Erläuterungen heranzuziehen, die Harms selbst ihnen in der Folge gegeben hat.
Sie liegen vor in seinen beiden Schriften zum sogenannten "Thesenstreit", nämlich in den "Briefe[n] zu einer nähern Verständigung über
verschiedene meine Thesen betreffende Puncte. Nebst Einem namhaften Briefe, an den Herrn Dr. Schleiermacher" von 1818 und "Daß es
mit der Vernunftreligion nichts ist. Eine Antwort an Herrn A. Th.
A. F. Lehmus, D. Inspector und Stadtpfarrer in Ansbach" von 1819.[14]

---

[10] Ms "Geschichte der Harmsischen Thesen", Nachlaß Harms, Convolut Nr. 20,6. Aufgrund sachlicher und sprachlicher Konvergenzen
handelt es sich hier eindeutig um die Rohfassung der "Geschichte
meiner Thesen, die indes von Subr. Asmussen wieder überarbei-
tet, und von dem in die Evang. Kirchenzeitung gegeben wird"
(Harms an Martens, März 1829, Zillen 271): Geschichte des The-
sen- und Bibelstreites in Schleswig-Holstein, mit Rücksicht auf
vorhergehende und nachfolgende Erscheinungen, in: EKZ 1829,
Nr. 45-48.58-60 (6.Juni-29.Juli). Vgl. zum Zitat EKZ Nr. 48,377;
hiernach sollten die Lutherschen Thesen den Harmsschen "den
Weg bahnen und die Thüre öffnen, daher verband er beide miteinander".
[11] Vgl. Schriften 1,247 (Verständigung)
[12] Vgl. nur die Thesen zur Union (75-89, aber 82) u. bes. die
Schlußreihe (90-95) (Schriften 1,222-225).
[13] Harms in der "Verantwortung" 493 (s. u. Anm.17)
[14] Abgekürzt "Verständigung" und "Vernunftreligion", immer zit. n.

Daneben erweisen sich die Erklärungen, die Harms von der ihm
vorgesetzten kirchlichen Behörde abgefordert worden sind, als aufschlußreich.[15] Unter dem 12. November hatte König Friedrich VI.
selbst in einem Kabinettsbefehl Auskunft über "ganske besynderliche
Saetninger" in Harms' Reformationspredigten, von denen er gehört
habe, verlangt, woraufhin die Konzepte eingefordert worden sind.
Fast gleichzeitig brachten der Präsident des Glückstädter Oberkonsi-
storiums sowie der Generalsuperintendent für Schleswig und Holstein,
Jakob Georg Christian Adler, die "Thesen" bei der Schleswig-Holstein-Lauenburgischen Kanzlei zur Anzeige. Während die eingezoge-
nen Predigtkonzepte auf Wunsch des Königs aus der nun folgenden
behördlichen Untersuchung herausgehalten worden sind[16], hat Harms
sich wegen der Thesen zweimal schriftlich rechtfertigen müssen.

Seine erste "Verantwortung" vom 25.6.1818 ist eher allgemein gehalten und ersucht die Behörde um genauere Benennung der bean-
spruchten Punkte, wohingegen die zweite als "Nähere Erklärung" ausführlich Stellung bezieht zu fünf vom Oberkonsistorium vorgelegten
Fragen.[17] Das gesamte Verfahren ist 1819 ohne Ergebnis eingestellt

---

Schriften 1,229-300 bzw. 301-370. Aufschlußreich zu "Verständigung" Twestens Erläuterungen (s. u. Kap. 3.3, Anm.192); "Vernunftreligion" antwortet eingehend auf A. T. A. F. Lehmus: An
Herrn Archidiacon Harms über Einige seiner Thesen und einige
Stellen in seinen Briefen zu einer näheren Verständigung über
verschiedene seiner Thesen betreffende Punkte, Erlangen 1819.
Lehmus beruft sich für seine im Bewußtsein, "neue Zeiten" seien
angebrochen (23), ausgesprochene und gegen die vergangene
"heillose Aufklärerei" (47) gerichtete Auffassung, die Vernunft
sei "das eigentliche Organ unserer Gotteserkenntnis" auf Daub,
Schleiermacher, Schelling, Jacobi, Marheineke und Fichte (46f)
und kritisiert scharf Harms' angeblichen Versuch, das "Gefühl als
Prinzip der Religion" aufzustellen (15-19.53-62, hier 59).

[15] Der ganze Vorgang samt der Harmsschen Apologien (s. u. Anm.
17) ist ediert worden von E. Feddersen: Claus Harms und die
kirchlichen Behörden, SVSHKG.B 8 (1928), 462-565, wonach im
folgenden zitiert wird.

[16] Vgl. ed.Feddersen 467 (Kabinettsbefehl); 468f (Anzeige des Kanz-
lers C. L. v. Brockdorff, 3.11.1817); 470 (Anzeige Adlers, 8.11.
1817); 492 (Resolution des Königs vom 24.4.1818, nur noch die
"Thesen" zu untersuchen)

[17] Vgl. ed. Feddersen 493-500 (abgekürzt "Verantwortung") und 501-
552 (abgekürzt "Erklärung"; vgl. bereits EKZ 1829, Nr.80-82.88-91)

worden[18], dürfte aber aufgrund seines kirchenpolitischen Charakters mindestens ebenso wie die literarische Kontroverse, deren Spuren auch in weiteren Publikationen jener Jahre auffindbar sind[19], Harms dazu motiviert haben, sich um eine Verdeutlichung des von ihm mit den Thesen Gemeinten zu bemühen.

Gewissen

Das Thesenwerk selbst wird eingeleitet durch eine für Harms charakteristische Diagnose der kirchlichen Gegenwart als einer Zeit, in der unter der "Idee einer fortschreitenden Reformation" (These 3) der "Lehrbegriff sowohl des Glaubens wie des Handelns" (These 2) den Menschen angepaßt worden sei, statt ihn nach der Lehre Jesu zu "formen" (These 1). Es wird dabei unterstellt, die Moral ("Lehrbegriff des Handelns") sei rein utilitaristisch nach dem vorgängigen "Handeln der Menschen" ausgerichtet worden, um danach selbst zum den "Lehrbegriff des Glaubens" bestimmenden Faktor zu werden (These 4). Hier klingt in stark modifizierter Form das für den jungen Harms unter dem Einfluß der "Reden" so wichtig gewordene Motiv der Ablehnung der moralischen Religion[20] an, wobei der Gedanke, das Moralsystem sei dem vorfindlichen Handeln nach- und untergeordnet, noch zusätzlich den Vorwurf ethischer Beliebigkeit impliziert.

Aus der Tatsache, daß nach Harms' Ansicht gegen die so beschriebene Realität "jetzt wiederholt werden [...] müssen [...] Protest und Reform" (These 2) erhellt, daß er kein grundsätzlicher Gegner der "Idee einer fortschreitenden Reformation" ist, sondern sie nur insoweit ablehnt, "wie man diese gefasset hat" (These 3), d. h. wenn sie verstanden wird als Leitmotiv der kirchlichen Verbreitung und Durchsetzung aufklärerisch beeinflußter Theologie, wie Harms sie als faktisch gegeben diagnostiziert.

---

[18] Vgl. ed. Feddersen 562
[19] Vgl. bes. "Einige Winke und Warnungen betreffend Angelegenheiten der Kirche", Kiel 1820 (Schriften 1,377-408); auch Vorrede zu "Predigten über das Abendmahl", Kiel 1822. Weitere, nicht direkt auf die "Thesen" bezogene Schriften werden unten Kap. 3.4 berücksichtigt.
[20] S. o. S.7-21

In dem Bewußtsein, es sei "reformatorische Zeit" (These 5), erhebt
der Thesensteller seinen Bußruf (These 4). Die von ihm intendierte
Reformation erhebt zum einen die Forderung nach einheitlicher Ausrichtung sowohl christlicher Glaubenslehre als christlicher Sitte an
der Lehre Jesu (These 6). Zum anderen gibt sie die Anweisung: "In
der Lehre gehet rückwärts und im Leben gehet vorwärts, dann kommet ihr zum wahren Christentum." (These 7). Neben der eher selbst-
verständlichen Aufforderung zu sittlicher Besserung ist besonders die
hier zugrundeliegende Vorstellung, aus dem Rückgriff auf den überlieferten Kirchenglauben könne eine Änderung der als mißlich empfundenen gegenwärtigen Verhältnisse erwachsen, charakteristisch für
Harms. Erfolgte die Orientierung seiner eigenen Theologie "nach
rückwärts" vor 1817 vorwiegend in der unreflektierten Aufnahme orthodoxer Terminologie, so hat sie sich jetzt verdichtet zum öffentlich ausgestoßenen "Bußruf", der zugleich ein Licht auf die Intention
sowohl bei der Thesenherausgabe als bei den übrigen Aktivitäten zum
Reformationsfest wirft.

Bevor jedoch Harms seinen theologischen Imperativ spezifiziert,
widmet er sich zunächst der näheren Beschreibung dessen, von dem
es im Akt der Buße abzukehren gelte. Für solche Instanzen, die sich
"als Papst zu unserer Zeit" (These 9) "an die Stätte Gottes" (These
8) gesetzt hätten, hält er "in Hinsicht des Glaubens die Vernunft, in
Hinsicht des Handelns das Gewissen" (These 9), und er entfaltet diese Behauptung in zwei längeren Thesenreihen, zunächst über "das
Gewissen" (These 10-24), sodann über "die Vernunft" (These 25-49).

Es gibt nach Harms' Ansicht kein vom Wort Gottes unabhängiges
Gewissen (These 10). Gerade solcher Unabhängigkeit und Trennung
beider aber habe Calixt durch die Verselbständigung der Ethik als
theologischer Disziplin vorgearbeitet, während Kant sie durch die
Betonung der "Autonomie des Gewissens" vollendet habe (These 15).
Hintergrund dieser eigenwilligen historischen Deduktion ist, daß
Harms die orthodoxe Vorstellung vom Gewissen als Aufnahmeorgan
für die göttlichen Gebote[21] gegen eine aufklärerisch-neuzeitliche

---

[21] Vgl. neben These 10.18 auch Verständigung 294: "Gottes Wort

Anthropologie wenden will, die den Menschen als autonomes sittli-
ches Subjekt versteht. Im der Botanik entlehnten Bild des Gewissens
als eines "Absenkers" vom Wort Gottes (These 12) illustriert er die
seiner Meinung nach bestehende Vorherrschaft eines religiös unge-
bundenen Gewissensbegriffs, die er wiederum verantwortlich macht
für moralische Übel wie "Schlechtigkeit" (These 13), "Gewissenlosig-
keit" (These 16) und eine aus ethischer Beliebigkeit resultierende
Libertinage (These 17). Nicht ganz eindeutig ist, ob er dabei eher
die Auswirkungen im öffentlichen Leben im Blick hat, wie These 13
nahelegt, wonach nur "Gesetze der Obrigkeit" und "Satzungen der
Sitte" Schlimmeres verhütet hätten, oder doch primär kirchliche Verhältnisse.[22] Auf letzteres deutet die Tatsache, daß er einen Zusammenhang postuliert zwischen mangelnder kirchlicher Wachsamkeit und
gleichzeitiger Ausbreitung der Vorstellung eines autonomen Gewissens
(These 14).

Dieser hier und in These 30 dann auch hinsichtlich der "Vernunft"
ausgesprochene Gedanke ist von Harms' kirchlicher Obrigkeit als gegen sie gerichteter Vorwurf mangelnder Aufsicht verstanden worden
und hat dementsprechend in der behördlichen Untersuchung eine
Rolle gespielt[23]. Harms hat dabei jedoch den Ausdruck "während keine Wacht in unserer Kirche war" (These 14.30) nicht eigentlich zu
präzisieren vermocht, sondern lediglich Vorschläge für ein admini-
stratives Vorgehen gemacht, das die angeblich stattgehabten Abweichungen vom "lutherischen Lehrbegriff" hätte verhindern können[24].

---

spricht ein Gewissen in uns hinein [...]".; ähnlich schon KK 19f;
anders noch Brief vom Oktober 1803: "Das Gewissen, das moralische [...] wird durch Furcht und Hoffnung (Gott und Stock) in
die Brust hineinpraktiziert [...]." (Zillen 38)

[22] Vgl. dazu die 2. Reformationsfestpredigt: "Seitdem [scil. der
Herrschaft des Rationalismus] hält die bürgerliche Verfassung
einigermaßen die kirchliche Verfassung aufrecht, da doch umgekehrt die kirchliche Verfassung sollte die bürgerliche halten." (41f)

[23] Vgl. "Frage 1. zum 14. und 30. Satz: Inwiefern in den Ausdrükken 'während keine Wacht in unsrer Kirche war' der Vorwurf einer nachlässigen Aufsicht liege, wen dieser Vorwurf treffen solle und wodurch derselbe begründet werde?" (Erklärung 503; beantwortet bis 511)

[24] Er nennt Kenntnisnahme der von Kandidaten abzulegenden

Daß sich sein Vorwurf gegen die Person des Generalsuperintendenten
Adler, des Mitunterzeichners der erwähnten "Epistola encyclica ad
clerum", richte, hat er nicht bestätigen wollen.[25]

Harms macht jedoch den von ihm inkriminierten Gewissensbegriff
nicht allein für den gegenwärtigen Sittenverfall verantwortlich, sondern auch für den Verlust der traditionellen Sündenlehre. Ihre Wiederherstellung ist sein eigentliches theologisches Anliegen bei der
Bekämpfung des "jetzt herrschende[n] Lehrbegriff[s] (These 23), nach
dem das menschliche Gewissen an die Stelle Gottes getreten sei.
Wenn er den Fortfall des "Begriffs von göttlichen Strafen" (These
18.19) sowie der orthodoxen Vorstellungen von Buße, Gebet (These
20), Sündenvergebung (These 21.11), Abbitte, Reue, Gnade Gottes
(These 23), Teufel und Hölle (These 24)[26] konstatiert, so beinhaltet
dies den Wunsch nach Wiederherstellung des alten theologischen Systems, denn die Argumentation steht ja unter dem Vorzeichen der
als Buße geforderten Abkehr von dem Gewissensbegriff, aus dem dies
alles resultiert.

Harms verfährt also getreu seiner Orientierung "nach rückwärts in
der Lehre" (These 7), wie sich auch in der erstmaligen Verwendung
des Motivs des "alten Glaubens" zeigt, an den die Institution der
Bußtage noch erinnere (These 20). Wie sehr die hohe Wertschätzung
des Alten übereinstimmt mit der Geringschätzung der Gegenwart als
des "Zeitalters der vollendeten Sündhaftigkeit"[27], erweist die Be-

---

"Glaubensbekenntnisse", Bestehen auf durch den Religionseid
eingegangenen Verpflichtungen, "auctorisirte und eingeführte
Katechismen und Gesangbücher" sowie gründlicher und häufiger
durchgeführte Visitationen (Erklärung 503–509).

[25] Vgl. Erklärung 509f; auch Vernunftreligion 368 zur Problematik
der Dedikation des GK [!] an Adler.

[26] Vgl. Erklärung 513f und Verständigung 244 (Bezugnahme auf die
letzte Strophe von Schillers "An die Freude"). Die sprichwörtli-
che Wendung von These 24 hat Oertling auf sich bezogen und
sich dagegen verwahrt: Sendschreiben an den Herrn Archidiaconus C. Harms zu Kiel von einem Lehrer seines Knabenalters,
demjenigen Prediger in Holstein, dessen er am Schlusse seiner
Verständigungsbriefe erwähnt, Kiel 1817 (12–17). Zur aus dem
Thesenstreit resultierenden Verstimmung mit Oertling vgl. Zillen
144–148.160f und das Erliegen der Korrespondenz bis 1835.

[27] Verantwortung 497 unter Berufung auf Fichte: Die Grundzüge

hauptung, selbst die Ablaßpraxis des 16. Jahrhunderts – also der An-
laß für Luthers Thesentat – sei höher zu bewerten als die im 19.
Jahrhundert geübte kirchliche Beichtpraxis[28] (These 21), weil jene
Zeit "näher bei Gott" gestanden habe (These 22).

Die Linie der Harmsschen Argumentation zum "Gewissen" verläuft
ganz nach dem Muster der Verfallsidee: Zunächst wird die orthodoxe
Vorstellung vom Gewissen als allgemeingültig postuliert; sodann der
historische Prozeß des Zerfalls dieser Vorstellung mehr angedeutet
als beschrieben und schließlich als in der Gegenwart mit den entsprechenden sittlichen Folgen vollendet konstatiert. Der Kern des
Verfalls wird dabei in der Ersetzung des Gewissens als "Stimme
Gottes" durch den Menschen selbst gesehen. Um die Verwerfung eines "sich selbst" (These 11.17.21.23) setzenden Gewissens geht es
Harms ganz zentral, wobei die so definierte Gewissensvorstellung in
sich problematisch ist, wird sie doch in ihrer Pauschalität weder dem
namhaft gemachten Kant noch etwa dem einst verehrten Fichte[29]
gerecht. Es geht Harms eben auch hier trotz des Versuchs in sich
stringenter Argumentation nicht um ein differenziertes und klares
Urteil, sondern er ist ganz befangen in der Frontstellung gegen die
"Vernunftgläubigen" (These 20), die Rationalisten, deren Berufung auf
das menschliche Gewissen er als heterodox entlarven will. Das ausgiebig verwandte Motiv der Ketzerpolemik, die sittliche Gesinnung
des Gegners zu diskreditieren, wirkt allerdings wenig originell.

Bei aller gedanklichen Inkohärenz der Thesenreihe gegen "das Gewissen" läßt sie doch erahnen, daß Harms in ihr nur sein Grundthema
der Ablehnung einer Herleitung der Religion aus der Moral variiert.
Deshalb überrascht es, wenn er in der folgenden 25. These mit der
Behauptung, "ein Irrtum in der Tugendlehre erzeugt Irrtum in der
Glaubenslehre", doch die Gültigkeit solcher Herleitung vorauszusetzen
scheint. Es dient diese mißverständliche Formulierung jedoch nur der

---

des gegenwärtigen Zeitalters (ed. I. H. Fichte 7,19)
[28] Harms legt Wert auf Privatbeichte und Absolution, während er
die in der Adlerschen Agende vorgesehene Präparation ablehnt
(Erklärung 512f).
[29] S. o. Kap. 2, Anm.24

Überleitung zur zweiten Thesenreihe über "die Vernunft" (These 26–
49); der Widerspruch gegen das angebliche Bemühen der Rationalisten, "die Moral über die Glaubenslehre hinaufzubringen"[30], bleibt
davon unberührt, da für Harms umgekehrt feststeht: "Wie die Religion, so die Moral"[31].

Herz statt Vernunft

Mit ihrer Anzahl von 25 Thesen stellt die Thesenreihe gegen den
"Papst in Hinsicht des Glaubens", "die Vernunft" (These 9), den
größten Themenkomplex der "Harmsischen Säze" dar, was allein schon
ihre hervorragende inhaltliche Bedeutung unterstreicht. Ausgangspunkt der Argumentation ist wieder das Motiv des "alten Glaubens",
dem der "neue Glaube", "nach dem [...] der Mensch Gott [...] er-
schafft" (These 27), entgegensteht. Den Vorwurf, die christliche
Schöpfungslehre in menschliche Projektion verkehrt zu haben, erhebt
Harms gegen den "gemachten Gott" sowohl "der Rationalisten" wie
"der Idealisten"[32], denn auch in der idealistischen Philosophie vermag
er nun im expliziten Gegensatz zu Lehmus keine Überwindung des
verhaßten Rationalismus mehr zu erblicken.[33] Die Schriften der
Idealisten seien entweder unverständlich oder riefen beim Leser die
Ansicht hervor, daß "Gott [...] eigentlich wir selbst" seien[34]. Ent-
sprechend verneint Harms ein Verständnis Christi als "Urbild der
Menschheit".[35]

Die Entgegensetzung von "altem" und "neuem Glauben" ist besonders in den "Verständigungsbriefen" zum Strukturelement Harmsscher
Gedankenführung geworden.[36] Zur Rechtfertigung seiner Sicht der
orthodoxen Vergangenheit als Leitbild der von ihm intendierten Wende – er will ja "auf [...] literärischem Wege den alten Glauben wieder

---

[30] Verständigung 262; nach 267 sind Katechismen "von Moral aufge-
      trieben" worden und ist "man" durch Betonung "gewissenhaften
      Verhaltens [...] in Moral [...] hineingeplumpt".
[31] Verständigung 294
[32] Vgl. Erklärung 514
[33] Vgl. Vernunftreligion 321–323; zu Lehmus s.o. Anm.14
[34] Vgl. Erklärung 515
[35] Vgl. Vernunftreligion 322
[36] Vgl. den Zusammenhang Verständigung 255–283

einführen"[37] – beruft er sich auf Twestens Diktum in den "Kieler
Blättern", "daß, wer die Religiosität der Väter wolle, auch die Religion der Väter wollen müsse"[38]. Daneben bemüht er sich um historische Herleitung wie inhaltliche Beschreibung des gegenwärtig angeblich herrschenden "neuen Glaubens", dem er offenkundig keine religiöse Kraft beizumessen vermag. So habe der eigentliche Verfall "um
1760" eingesetzt, als man anfing, "von dem bis dahin fast unbestrit-
tenen Lehrbegriff der lutherischen Kirche abzuweichen."[39] Bis zu
diesem Zeitpunkt habe man "dieselbe Lehre", die er zu vertreten be-
ansprucht, "für wahr, biblisch wahr, heilsam und seligmachend" gehalten[40]. An genauerer Beschreibung des durch die Ablösung des Alt-
protestantismus im 18. Jahrhundert bedingten Umschwungs in Kirche
und Theologie ist Harms jedoch weniger interessiert, geht es ihm
doch vornehmlich um die unterstellten negativen Folgen desselben,
die er gemäß seiner Überzeugung von der "innere[n] Verbundenheit
der veränderten Religion und der gewichenen Religiosität oder Kirchlichkeit" auf die griffige Formel "mit der neuen Kirchenlehre ist die
neue Kirchenleere entstanden" bringt.[41]

Den eigentlichen historischen Prozeß ausgehend von beginnender
Aufklärung bis hin zur Ausbreitung des Rationalismus deutet er lediglich dahingehend an, der von ihm so bezeichnete "Unglaube" sei
im nichtdeutschen Ausland entstanden und habe sich danach zunächst

---

[37] Vgl. Erklärung 534
[38] Vgl. Verständigung 260; A. Twesten: Rede eines Geistlichen in
einer Gesellschaft von Amtsbrüdern, in: Kieler Blätter 1 (1815),
125–135.216–227; hier 227. Die fiktive Rede, die das Problem des
Gottesdienstverfalls erörtert, unterstreicht zwar die Diskrepanz
zwischen "rationalem Deismus" und christlicher Religion (222–
225), anerkennt jedoch unpolemisch den "rechtschaffenen Charakter" seiner Vertreter (225), die man nicht zwingen könne,
"zur Unschuld des väterlichen Glaubens" zurückzukehren (226).
Im Wunsch, Menschen ohne "Sinn für religiöse Gemeinschaft"
sollten das Recht erhalten, sich ohne Statusnachteil von der Kirche zu separieren (132f), artikuliert sich Twestens liberale Auffassung.
[39] Vgl. Verständigung 261; auch These 40
[40] Vgl. Verständigung 244. Seither "weiß" Harms "in religiöser Hinsicht nur von einem Verfall unseres Geschlechts [...]" (Vernunftreligion 339).
[41] Zitate Verständigung 265.261; das gleiche Motiv 267 und Vernunftreligion 356

in wissenschaftlicher Exegese, später über Lehrbücher und Agenden auch in den Gemeinden durchgesetzt.[42] Zur Illustration verweist er auf neuere dogmengeschichtliche Darstellungen, in denen die vom lutherischen Glauben abgefallenen Theologen verzeichnet seien[43] und führt Beispiele aus "wahngläubige[n] religiöse[n] Volksschriften der neueren Zeit" an[44], wie er rationalistisch gefärbte Katechismen bezeichnet. Neben der expliziten Erwähnung Bahrdts[45] steht besonders die negative Bezugnahme auf Lessing im Vordergrund, der "den Rationalisten [...] mehr als der Apostel Paulus" gelte und dessen "Christentum der Vernunft" neben den von ihm edierten Reimarus-Fragmenten mehrfacher Gegenstand polemischer Bezugnahme wird.[46] Insgesamt scheint ihm "das System der neueren Theologen" weitgehend mit dem des Sozianismus übereinzustimmen, ja in der Abweichung von der lutherischen Lehre dieses noch zu überbieten.[47]

Die Beschreibung der Inhalte des "neuen Glaubens" gerät kaum weniger pauschal und polemisch als dessen historische Deduktion. Unter Berufung auf Schleiermacher nennt Harms ihn "eine schlanke Religion"[48], die sich auf das kantische "Trifolium" von Gott, Freiheit, Unsterblichkeit und die daraus resultierende Moralpredigt beschränke[49]. Der "neue Glaube" ist damit nur eine verwerfliche Reduktion des reichhaltigeren "alten", indem er etwa Gott, den "Inhalt aller Religionslehre [...] den Menschen nicht **vor die Augen**" treten lasse. Es

---

[42] Vgl. Verständigung 261f
[43] Vgl. Verständigung 255f. Harms erwähnt Darstellungen von A. Manitius, J. Horn, C. W. Flügge, K. F. Stäudlin, J. A. H. Tittmann (Titelnachweise Schriften 1,255f, Anm.2-6).
[44] Vgl. Verständigung 256-258; Zitat 256
[45] Verständigung 258
[46] Zitat Verständigung 284; zum "Christentum der Vernunft" (aus Lessings Nachlaß, Lessings Werke ed. Lachmann, Neudruck Berlin 1979, Bd 14, 175-178) Verständigung 293 u. Vernunftreligion 340; zu den Reimarus-Fragmenten Verständigung 261 u. Vernunftreligion 342. Besonders polemisch Vernunftreligion 365: "jene Lehre von den nathanischen Ringen, die man wohl [...] satanische Ringe nennen möchte."
[47] Vgl. Verständigung 259f
[48] Verständigung 267; s. u. Kap. 3.4, Anm.31
[49] Vgl. Verständigung 267f; so schon im Brief vom Oktober 1803 (Zillen 38)

bestehe zwar ein "allgemeines Menschenbedürfnis" nach Offenbarung Gottes, doch sei die menschliche Religiosität ohne wiederholende "Darstellung" der Offenbarung außerstande, sich diese bleibend zu erhalten.[50] Sie bedürfe eines sichtbaren "Bildes", wie es der "Christenglaube" besitze:

> "In und mit Christo ist das Bild Gottes gegeben, wenig Rede und Lehre, aber viel Gestalt, die nächste befreundetste Gestalt, unsere eigene menschliche, ein volles göttliches Menschenleben in zahlreichen Darstellungen für die Augen, und noch [...] haben wir ihn [...], immer ihn selbst, im Abendmahl [...]."[51]

Diese christologisch-sakramentale Konzeption, die auf kirchlich vermittelte Erfahrbarkeit göttlicher Offenbarung zielt und die Harms gegen den Vorwurf der "Christolatrie" verteidigt, stellt sein Gegenmodell zum dem "neuen Glauben" unterstellten Verständnis Gottes als "bloßem Begriff"[52] oder "zur Anbetung aufgestellte[m] Kausalitätsbegriff"[53] dar. Dem entspricht auch das Beharren auf der personalistisch-theistisch begründeten Unterscheidung der Wesenheit Gottes von der Welt, das er in loser Anknüpfung an die Spinoza-Stelle der "Reden" vorbringt.[54] Die im "neuen Glauben" – gleich welcher Ausprägung – angeblich stattgehabte Reduktion der Gottesvorstellung impliziere überdies den "Raub" des Gebets, das zum "in wohlbewußter psychologischer Täuschung" benutzten "Erweckungsmittel der in uns selbst vorhanden geglaubten Kräfte" degeneriert sei.[55]

In Harms' Gegenüberstellung von "altem" und "neuem Glauben" fallen also die vielfältigen Bemühungen sowohl der Neologie als des Rationalismus, den christlichen Glauben mit dem neuzeitlich-aufgeklärten Weltverständnis zu vermitteln, unter das harte Verdikt bloßer Reduktion des ehemals vorhandenen größeren Ganzen. Voraussetzung solcher Sicht ist seine Überzeugung:

---

[50] Zitate Verständigung 270 (Hervhg. hier); vgl. 271
[51] Verständigung 272
[52] Vgl. a.a.O.; auch die Polemik gegen Gott als "bloße Idee" (291) und gegen "Begriffe von Gott" (Vernunftreligion 327)
[53] Vernunftreligion 324
[54] Vgl. Verständigung 275 (s. u. Kap. 3.4, Anm.32)
[55] Vgl. Verständigung 280

> "Je größer die Summe der Religionslehren ist, je größer ist
> die Religiosität; je geringer jene, je geringer diese."[56]

Dabei basiert für Harms die so postulierte außerordentliche Relevanz
der Quantität des dogmatischen Lehrstoffs auf dessen Wirkung im religiösen Empfinden des Menschen, da "jedwede Religionslehre, die
Glauben findet", im Gemüt das Gefühl der Religiosität errege, das
wiederum zur gottesdienstlichen Gemeinschaft treibe.[57]

Diese Gedankenführung stellt die Integration der in Harms' früher
theologischer Entwicklung noch unverbunden nebeneinander stehenden eigenen gefühlsbestimmten religiösen Subjektivität und der
rückwärts gewandten Rezeption orthodoxer Terminologie und Inhalte
dar: Nicht nur wird behauptet, daß das religiöse Gefühl gerade in
den **Lehren** der christlichen Tradition seine Entsprechung finde, sondern mehr noch, daß deren Gesamtbestand seine volle Existenz ver-
bürge, während deren Verminderung es gefährde. In der kritiklosen
Akzeptanz orthodoxer Dogmatik scheint Harms' gefühlsbestimmte Religiosität ihre theologische Gestalt gefunden zu haben. Daß auch sein
Antirationalismus zutiefst in dieser persönlichen Frömmigkeit wurzelt, verdeutlicht die Klage, der Rationalismus habe "die Gefühle im
Christentum" herabgebracht[58].

Auf der grundlegenden Verhältnisbestimmung von verlorenem "alten" und herrschendem "neuen Glauben" ruht die gesamte weitere
Argumentation der Thesen gegen "die Vernunft" als "Papst zu unsrer
Zeit" (These 9), in der Harms in gesucht wirkender Parallelisierung
zur Thesenreihe gegen die Autonomie des Gewissens (These 12-15)
zunächst eine durch mangelnde Kirchenaufsicht verschuldete (These
30) Abtrennung der Vernunft vom Wort Gottes (These 28) konstatiert. Eine daraus resultierende völlige Herrschaft des "Unglaubens"
hätten nur in der Kindheit empfangene "frühere Eindrücke der Glau-
benswahrheit" verhindert (These 29). Nach Harms' Auffassung fällt ja
die "Mitteilung der Religion, wie die gläubige Annahme derselben" in

---

[56] Verständigung 266 (hier insgesamt gesperrt)
[57] Vgl. a.a.O.; unter dieser Prämisse gewinnt freilich selbst der
      postulierte Zusammenhang von reduzierter Dogmatik und rückläu-
      figem Kirchgang eine gewisse Plausibilität!
[58] Vgl. Verständigung 262

die Kindheit und unter die Verantwortung von "gläubigen Eltern und Lehrern".[59] Solcher früh erworbener Religiosität hafte der Charakter der "Unverlierbarkeit" an, doch seien rationalistische Lehrer und Katechismen eifrig bemüht, sie wieder zu verschütten – ein Gedanke, der die Linie der von Schleiermacher in der dritten Rede vorgetragenen Kritik an der aufklärerischen Pädagogik fortführt.[60] Bei Harms liegt der Akzent nun allerdings ganz auf der Vermittlung des "christlichen Sprachgebrauch[s]", dessen die Kinder verlustig gingen, da über dem aufklärerischen "Treiben und Schrauben mit der lieben Jugend" die Kenntnis von Bibel, Katechismus und Gesangbuch zu kurz komme.[61]

Die Trennung der Vernunft vom Wort Gottes erblickt Harms darin, daß die "geoffenbarte [...] christliche [...] Religion" "verworfen" worden sei, "insofern und insoweit als sie nicht mit der Vernunft übereinstimmt", was ihm als gänzliche Preisgabe ihrer Inhalte erscheint (These 30). Um diese Theorie der Verwerfung der christlichen Religion zu erhärten, spricht er der ihr entgegenstehenden "sogenannte[n] Vernunftreligion" mit der eigentümlichen Formulierung, sie sei "entweder von Vernunft oder von Religion oder von beiden entblößt" (These 32) jeglichen sachlichen Gehalt ab. Die in diesem Zusammenhang gefällte merkwürdige Feststellung, der "Vernunftreligion" zufolge sehe "man den Mond für die Sonne an" (These 33) ist nur in Kenntnis der Auffassung des Thesenstellers verständlich, daß "Gott ein zwiefaches Licht geschaffen [habe], die Sonne und den Mond, die Sonne sei der Glaube und dieser sei das Licht für die unsichtbare Welt"[62].

---

[59] Vgl. Verständigung 278f; bes. 260: "Ach ja, wer eine religiöse Zeit gekannt hat, der wünscht, daß sie möge wiederkehren! In das elterliche [...] Haus denket zurück, wer in dem eigenen Hause das Beten, das Singen, das Lesen erbaulicher Schriften nicht findet, daran er sich in seiner Jugend erbauet hat [...]."
[60] Vgl. Vernunftreligion 318f (Zitat 318); Verständigung 279; s. o. Kap. 2, Anm.88
[61] Vgl. Verständigung 281f
[62] So überliefert von Harms' Schüler Michael Baumgarten in: Ein Denkmal für Claus Harms, Braunschweig 1855 (43). Harms selbst bezeichnet These 33 als für den Leser leichtverständlich (Ver-

Der hier eingeführte Begriff der "sogenannten Vernunftreligion"
wird zunächst nicht präzisiert. Stattdessen bemüht sich Harms um
eine begriffliche Klärung dessen, was er unter dem allgemeinen Sigel
"Vernunft" angreift. Einmal gebe es eine allgemeine Vernunft, den
"Inbegriff aller Geisteskräfte, die den Menschen auszeichnen", zum
andern die Vernunft "als eine besondre Geisteskraft", die der Religion unangemessen sei (These 34). Harms vollzieht also keine Distinktion von Vernunft und Verstand, sondern erhebt eine zweifache
Bedeutung des Vernunftbegriffs, wobei das Interesse ganz eindeutig
nicht auf der ersten, allgemeinen, sondern auf der zweiten Definition
als "besondre Geisteskraft" liegt. Außerhalb der Religion vermag er
dieser "Geisteskraft", die er unterscheidet von der Vernunft "als die
Bezeichnung unserer vernünftigen, von der tierischen Schöpfung verschiedenen Natur"[63], durchaus ein gewisses Recht, etwa in sittlichen
Fragen, einzuräumen[64]. Mit dieser "subjektiven Vernunft" will er im
Thesenstreit argumentieren[65] und anerkennt sogar, wenn auch unter
großen Vorbehalten, die Möglichkeit, durch "Überzeugung aus Ver-
nunftgründen" zum Glauben zu kommen[66].

Harms liegt nichts an einer genaueren Abgrenzung beider Ver-
nunftbegriffe, um so zu einer deutlichen Bestimmung dessen, was er
meint, zu gelangen. Fast hat es den Anschein, als habe er in seinem
Bemühen, in den Thesen um ihrer Wirksamkeit willen deutsch zu reden[67], schlicht die der Bezeichnung "Rationalismus" zugrunde liegende Vokabel übersetzen wollen, so daß der Begriff "Vernunft" die Bedeutung einer bloßen Chiffre hätte. Zur Rechtfertigung der eigenen
begrifflichen Unschärfe verweist er auf die Philosophiegeschichte
mit ihren "verschiedenen, zum Teil sich widersprechenden Bestim-

---

ständigung 247; vgl. auch Vernunftreligion 353: "Mondlicht des
    Verstandes")
[63] Vernunftreligion 343; vgl. auch 346
[64] Vgl. Vernunftreligion 357, wonach er in sittlichem Urteil und
    Handeln "allezeit der Vernunft gefolgt" ist.
[65] Vgl. Vernunftreligion 310f
[66] Vgl. Verständigung 299, wonach die "Vernunft" als "Führerin"
    zur Kirche "an der Tür wieder zu entlassen" sei.
[67] "Wenn ich etwas bewirken wollte [...] so schien mir es nötig, in
    deutscher Sprache die Thesen abzufassen." (Verständigung 238f)

mungen des Begriffs Vernunft"; eindeutig sei allein der "Charakter"
der Vernunft als "Vermögen zu schließen".[68]

Eigenes Profil gewinnt Harms' Vernunftbegriff erst in seiner Beziehung zur Religion, die strikt antagonistisch gedacht wird:

> "Die Vernunft ist, weil sie der Charakter des Menschseins
> ist, das Prinzip der Menschenwürde und der Freiheit und des
> Stolzes, die Religion aber stellt uns in ihrer Nichtigkeit,
> Schlechtigkeit und Abhängigkeit dar, verlangt Gehorsam, Er-
> gebung und Demut."[69]

In immer neuen Wendungen betont Harms den von ihm so empfundenen Gegensatz. So "störe" die Vernunft "die Erbauung", sei hin-
länglich allenfalls zum "Nichtglauben", "in Sachen der Religion" unzulässig[70] und verhalte sich der Religion gegenüber wie eine undank-
bare Tochter[71]. Unterstützt wird diese Auffassung durch Verweis auf
vernunftkritische Belegstellen der lutherischen Symbole.[72] Deutlich
tritt ein stark antiphilosophischer Affekt hervor: "mittelst" der Vernunft als "Vermögen der Ideen" werde verwerflicherweise "unsere geoffenbarte Religion" gleichsam "philosophiert". Letztlich sei "alle Philosophie [...] Rationalismus, wider den in theoretischer und praktischer Hinsicht die Offenbarung gerichtet" sei.[73]

Die so verstandene Vernunft könne allenfalls in den "Vorhöfen"
von Kirche und Religion eine dienende Funktion erfüllen,

---

[68] Zitate Vernunftreligion 314.315. Harms referiert hier (312-314)
einen Aufsatz aus dem "Deutschen Museum" (Nachweis Schriften
1,312, Anm.61). Vgl. zur Verhältnisbestimmung von Vernunft und
Verstand Harms über die eigene "vernünftige" Argumentation:
"Verfahre ich auch nicht darin vernünftig? Oder heißt das ver-
ständig? Ich weiß nämlich nicht immer genau zu unterscheiden."
(Verständigung 246); polemisch gegen die "Zwickmühle der Rationalisten" in derselben Unterscheidung Vernunftreligion 311.
[69] Vernunftreligion 346; ebenda: "Die Vernunft [...] hat sich [...] innerhalb der Religion und Kirche allezeit feindlich gewiesen [...]."
[70] Zitate Verständigung 299.241.246; vgl. 241: "Im Nichtglauben sind
alle Menschen gleich stark, eben weil nichts als unser bißchen
Vernunft, eine natürliche Gabe und ein allgemeines Erbstück, dazu erforderlich ist."
[71] Vgl. Vernunftreligion 345; auch Verständigung 277f
[72] Vgl. Verständigung 296-298
[73] Zitate Verständigung 291.286; vgl. Vernunftreligion 346: "die vernunftgläubigen Prediger und Schullehrer sind die philosophischen
Minister der Kirche, die haben uns in die kirchliche Revolution
gebracht und werden uns in eine noch größere bringen."

> "z.B. bei der Sammlung und Aufstellung der Lehrbegriffe, bei
> Einrichtung des Kirchenwesens, zur Wacht und Beurteilung
> fortwährender Übereinstimmung des Äußerlichen mit dem In-
> nerlichen [...]".[74]

Harms geht bei all' dem also doch nicht soweit zu sagen, "der
Mensch müsse rein aufhören ein vernünftiges Wesen zu sein, wenn er
der Religion solle teilhaftig werden".[75]

Die scharfe Abgrenzung der Vernunft von der Religion vollzieht
Harms, weil für ihn der eigentliche Streitpunkt der gesamten "Thesensache" im Problem des "principium cognoscendae religionis"
liegt.[76] Seiner Meinung nach kreist die ganze Auseinandersetzung
letzlich um die Frage nach der "Geisteskraft, mit welcher du Religion vornehmest" (These 35). Um die eigene Position in diesem
Streit zu verdeutlichen, setzt er eigentümlicherweise die Begriffe
"Prinzip" und "Organ" gleich und kann unter dieser Prämisse behaupten, "die Vernunft" sei, entgegen ihrem Etymon "vernehmen" nicht
"das Organ der Religion".[77] Der Harmssche Vernunftbegriff erhält
also seine theologische Qualifikation in besonderer Weise aus der
Frage, wie die religiöse Anlage des Menschen näher zu bestimmen
sei.

Seine Überzeugung, daß die Vernunft nicht das religiöse Aufnahmeorgan sei, illustriert der Thesensteller daran, daß sie schon den
"ersten Buchstaben der Religion, heißt 'heilig'" nicht angemessen erfassen könne (These 36). Das gleiche gelte für "religiöse Wort[e]"
aus dem sakral-kultischen Bereich wie "Feier", "weihen", "segnen",
die "ihr zu wunderlich und hoch" seien.[78] Das Überschießende in
diesen Begriffen, deren es in Sprache und Leben viele gebe und die

---

74 Vgl. Verständigung 298
75 Vgl. Vernunftreligion 341
76 Vgl. Vernunftreligion 306
77 Vgl. den Hinweis Vernunftreligion 339, wonach im "Sprachge-
    brauch Prinzip und Organ oft promiscue gebraucht werden"; der
    Leitsatz der gesamten Argumentation Vernunftreligion 315-339
    lautet: "Die Vernunft ist nicht das Prinzip der Religion." – Zu
    "Etymon" vgl. Verständigung 292 u. Vernunftreligion 358
78 Nach Vernunftreligion 344f beweist die religiöse Aufnahmefähig-
    keit kleiner, der Vernunft noch nicht mächtiger Kinder die Un-
    zulänglichkeit der Vernunft in diesen Dingen.

sich auch der sinnlichen Erfassung verschlössen, weist Harms dem "Gebiet" des "Mystischen" zu, dem auch die Religion angehöre (These 37).

Der beim jungen Harms beobachtete und in entschlossener Abkehr vom rationalistischen Sprachgebrauch vollzogene Rekurs auf "das Mystische" soll der Religion also auch im Thesenwerk die Eigenständigkeit sichern. Daß ihr jenseits des begrifflichen Vermögens des Verstandes wie der leiblich-sinnlichen Erfahrung eine spezifische Erfahrbarkeit im ihr entsprechenden religiösen Organ des Menschen zukommt, kann allerdings nicht logisch deduziert, sondern durch Hinweis auf "der Sprache" und "dem Leben" entnommene "religiöse Worte" nur annähernd angedeutet werden.

Die Verwendung gerade der Vokabel "heilig", die noch dazu als "erster Buchstabe der Religion" angeführt wird (These 36), läßt Rudolf Ottos Interpretation plausibel erscheinen, Harms bezeichne hier "ideogrammatisch" das "Irrationale" in der Idee des Göttlichen gegenüber "dem Rationalen", wobei in seiner Diktion für "das Irrationale" das "Mystische" und für "das Rationale" "die Vernunft" stehe[79]. Tatsächlich weisen Harms' "Ideogramme" auf ein über die bloße Repristination orthodoxer Formeln hinausreichendes Religionsverständnis hin, das seit der von den "Reden" angestoßenen Beschäftigung mit durch Novalis repräsentiertem romantischen Gedankengut unter der Chiffre "Mystik" figuriert. Wenn Harms die durch ideogrammatische Bezeichnungen gestützte Behauptung, die Religion gehöre einem der Vernunft unzugänglichen Bereich an, zur weitaus umfangreichsten These gerät, so unterstreicht dieser Sachverhalt, daß er damit einen ihm besonders wichtigen Gedanken zur Geltung bringen will.

Sein der Negation einer Bedeutung der Vernunft in religiösen Dingen korrespondierender theologischer Entwurf deutet sich in der Aussage an, sowohl "die Vernunft" wie "das Herz" besäßen je ihren

---

[79] Vgl. R. Otto: Das Heilige, 11. Aufl., München 1963, 78, wo These 36f das Kapitel 10 "Was heißt irrational" beschließen. Interessanterweise interpretiert Otto dabei die Aussage These 37, "die Vernunft" sei dem "religiöse[n] Wort [...] 'Feier' [...] zur Hälfte mächtig [...] und zur Hälfte nicht" als Beispiel für Schematisierung des Irrationalen durch Rationales (vgl. dazu 60-65).

eigenen "Verstand"[80], doch sei der "Verstand" des Herzens "einer
ganz andern Welt zugekehrt" (These 39). Harms scheint ausdrücken
zu wollen, Vernunft wie Herz seien auf ihren je eigenen Bereich
ausgerichtet, womit hier der Begriff "Verstand" als Synonym für
"Vermögen" oder eben "Geisteskraft" (These 34) gebraucht wäre.[81]

Es steht hinter dieser in ihrem Schwanken mißverständlichen Wort-
wahl eindeutig die Vorstellung vom Herzen als dem religiösen Aufnahmeorgan, denn

> "wie den Menschen ein besonderer Sinn für Musik, Malerei
> und dergl. gegeben ist, ebenso ist ihnen ein besonderer Sinn
> zur Wahrnehmung göttlicher Dinge gegeben, welcher Sinn
> affiziert werden muß, sonst nehmen die Menschen nichts
> wahr" und "dieser Sinn ist nach allgemeinem Sprachgebrauch
> das Herz, das Gemüt [...]".[82]

Harms sieht also gerade die unter dem Einfluß Schleiermachers gewonnene und schon gegen den Rationalisten Oertling verteidigte
Überzeugung von der Existenz einer eigenständigen religiösen Anlage
im Menschen, von einem "Sinn für das Übersinnliche" als "religiösem
Organ", in schärfstem Gegensatz zum von ihm dem Rationalismus
beigelegten und befehdeten Vernunftbegriff. Freilich wird auch dieser
theologische Zentralgedanke im Sinne der Rückwendung zur traditionellen Lehrart modifiziert, ohne daß jedoch der Thesensteller darin
eine Sinnverschiebung vorzunehmen beabsichtigt. Unverändert gilt: es
gibt ganz allgemein

> "das Vermögen eines Menschen, zu fassen und anzunehmen,
> was ihm aus der unsichtbaren Welt, was ihm von Gott und
> göttlichen Dingen gesagt wird. Das ist der intellectus passi-
> vus, den die alten Mystiker [...] für das Organ der Religion
> halten [...]",[83]

---

80 So schon SP V
81 Vgl. zum damaligen Sprachgebrauch den Artikel "Verstand" bei J.
    C. Adelung: Versuch eines vollständigen grammatisch-kritischen
    Wörterbuchs der Hochdeutschen Mundart, Bd 4, Leipzig 1780, 1534
82 Vgl. Verständigung 291f. Zu den oben (Kap. 2, Anm.78) gegebe-
    nen Belegen vgl. exemplarisch Kieler Antrittspredigt 1816: "Nur
    was wir in unserem Herzen tragen, das ist Religion." (Schriften
    2,305)
83 Vgl. Vernunftreligion 329; so (unter Verweis auf Poiret) schon
    SP VIf

doch nun hat Harms sich selbst ganz "dem biblischen Sprachgebrauch" verschrieben, wonach "das Herz [...] das Organ, von welchem
die Religion aufgenommen wird" sei und mit anderen Begriffen wie
"Geist, [...] Seele, Gemüt, Gewissen, inwendiger Mensch, der Mensch
des Herzens" die "gute Seite" des "inneren Menschen" bezeichne.[84]

Seine spezifische Ausprägung erwächst dem so gefaßten Herzensbegriff aus der inhaltlichen Verknüpfung mit dem Harms eigentümlichen
Predigtverständnis. Ganz homiletischer Praktiker, erwartet er die
Lösung der Frage nach dem "Prinzip der Religion" von der Predigt,
indem er die diesbezüglichen Erörterungen mit der Forderung abbricht:

> "Gepredigt muß werden, die Predigt ist die erste Form der
> Mitteilung, sie ist auch die einzige Form für die Verkündi-
> gung der Religion. Denn eben das Unsichtbare, was in dem
> Worte eingeschlossen ist, dessen Hülle das Wort ist, eben die
> Kraft, die den Blöden den Mund auftut zu reden, und das
> Feuer, das dem Prediger von den Lippen, das ihm aus den
> Augen strömt und die Sprache des Tones an sich wie auch
> der den Ton begleitenden Hände, das ist, wenn mit dem
> **göttlichen Wort** also umgegangen wird, nicht der Geist der
> Religion, sondern sie selbst in lebendiger Gestalt, Körper
> und Geist vereint, wie sie von jeher und allein so von jeher
> auf Erden gewesen ist."[85]

Dem so in charakteristischer Weise übersteigerten Predigtverständnis korrespondiert der Herzensbegriff, denn die Predigt als Mitteilung von Religion zielt direkt auf das Herz als Zentrum, als "Organ"[86] menschlicher Religiosität. Konkret polemisiert Harms dabei
gegen die homiletische Regel "durch den Verstand zum Herzen", da
diese auf der Prämisse beruhe, die Vernunft sei das Organ der Religion und dementsprechend in ihrer theoretischen Trockenheit Predigten zu "Abhandlungen [...] auf den Kanzeln"[87] degenerieren lasse. Er

---

84 Vgl. Vernunftreligion 358; biblische Belege 359f; vgl. auch Ver-
     ständigung 280, wonach das Herz zu Gott betet.
85 Vernunftreligion 336 (Hervhg. hier). Die Forderung nach rechter
     Predigt (336–339) stellt die Schnittstelle zwischen der Darlegung,
     daß die Vernunft nicht das Prinzip der Religion sei (315–336)
     und der Erörterung des Herzensbegriffs dar.
86 Vgl. den abrupten Neuansatz der Argumentation Vernunftreligion
     339 ("Predigen. An welches Organ die Predigt richten, für wel-
     ches Organ sie einrichten?"), durch den das "Herz" der "Ver-
     nunft" entgegengesetzt wird.
87 Zitat Vernunftreligion 336; Polemik gegen die homiletische For-

vermag allerdings dieser Kritik zeitgenössischer Predigtweise, die in dem Vorwurf gipfelt, Gott trete nach dem durch sie repräsentierten "neuen Glauben" nicht zum Herzen[88], keine in sich schlüssige eigene homiletische Theorie entgegenzusetzen.

Auch in der Verfahrensweise der sogenannten "Herzprediger", die sich mit "allerhand Coups und Kniffen" an ihr Publikum wendeten, kann er keine Lösung des Problems sehen, denn sie erregten nur leeres Sentiment, "entlockten" mit ihrer gefühlvoll-poetischen Rede "dem Herzen Töne [...] des Kammerstiles aber nicht des Kirchenstiles"[89]. Gegen diese Predigttechnik scheint sich auch seine Aussage zu richten, "die Vernunft" gebärde sich "herzlich, gemütlich, gläubig, oder wie man es nennen will" und sei deshalb mit besonderem Mißtrauen zu betrachten (These 38).

Nur andeutungsweise, in der antagonistischen Gegenüberstellung von "Verstandesweg" und "Herzensweg" oder in der griffigen Formel "vom Herzen zum Herzen"[90] kommt Harms' eigene Konzeption, wie die im Herzen des Predigers beheimatete Religiosität das Herz der Zuhörer erreichen könne, zum Vorschein. Sie ist auch viel eher in seiner eigenen homiletischen Praxis, in Predigten und Postillen, zu suchen als in einer ausgeführten Theorie des Herzensweges. Dessen scheint er sich dort bewußt zu sein, wo er unter expliziter Bezugnahme auf "Dogmatiken und Homiletiken" postuliert:

> "Die Praxis ist die Erlösung von der Theorie, und sie werde es völlig und allgemein!"[91]

In den "Thesen" selbst allerdings klingt, wohl weil sie "Streitsätze" sein sollen, die grundlegende Vorstellung vom Herzen als der "Geisteskraft", mit der Religion vernommen wird (These 35), nur beiläufig

---

mel 346-359; vgl. schon SP V "Geht nicht der Weg zum Herzen durch den Verstand? Das muß doch nicht sein, denn die also wandeln, kommen ja nicht zum Herzen und Viele [...] beklagen den traurigen Irrgang" (s. o. Kap. 2, Anm.78).

[88] Vgl. Verständigung 274

[89] Vgl. Vernunftreligion 351f; Verständigung 282: "Herzlich predigen wird allgemein verlangt; wenn aber die Religion selbst, die der Prediger hat, nicht herzlich ist?"

[90] Zitate Vernunftreligion 352. Verständigung 226; vgl. Vernunftreligion 347

[91] Vernunftreligion 337

in der Abgrenzung von der Vernunft (These 39) an. Auch die darauf
fußende diffuse Konzeption einer direkten Vermittlung der Religiosität des Predigers mit der der Zuhörer auf dem "Herzensweg" kommt
nicht explizit zum Tragen; deutlich angesprochen wird lediglich der
"Verstandesweg" rationalistischer Predigtweise, die "anstatt der Arznei das Rezept einnehmen" lasse (These 46).

Stattdessen wendet Harms sich überraschend wieder dem bereits
zuvor (These 32) eingeführten Begriff der "Vernunftreligion" zu, um
diese als neuzeitliches und damit minder gewichtiges Phänomen zu
charakterisieren (These 40) und ihr die "geoffenbarte Religion" entgegenzustellen (These 41f). Die Vernunftreligion ist ihm dabei gleichbedeutend mit "der sogenannten natürlichen Religion", deren eigenständige Existenz gegenüber der "geoffenbarten Religion" er radikal
leugnet (These 42)[92]. Die Kritik an der "schlanken Religion" aufklärerisch bestimmter Theologie wird somit noch einmal auf das äußer-
ste verschärft: im Verhältnis zum offenbarten Christentum ist sie
ein "Nichts" (These 42).

Die "natürliche Religion" steht für Harms ganz unter dem Primat
der "geoffenbarten". Sie stellt keine eigene Religionsform dar, sondern realisiert sich lediglich in der Möglichkeit, aus "gewissen Erscheinungen der Natur und der Menschenwelt" auf "einige Wahrheiten
der geoffenbarten Religion" zu schließen (These 41). Dabei ist zu be-
achten, daß gerade eine so – mißverständlich – als "natürliche Religion" definierte natürliche Theologie kennzeichnend ist für Harms'
eigene physikotheologische Betrachtungen sowohl in den "Naturpredigten" vor 1817 als auch im ersten Buch des "Großen Katechismus".[93] Die Devise solcher frommer Naturbetrachtung lautet: "Wer in
der Naturbibel lesen will, der muß wahrlich unsere gedruckte Bibel
vorher gelesen haben, sonst versteht er in jener kein Blatt [...]".
Allerdings sei die Anzahl der durch diese von ihm selbst praktizierte

---

[92] Die merkwürdige Formulierung "natürliche Religion" verhalte sich
      zur "geoffenbarten" wie "geoffenbarte" zu "geoffenbarter" soll
      wohl bedeuten, daß die Inhalte der "natürlichen" schon in der
      offenbarten Religion enthalten seien. – Zur "Leugnung" der "na-
      türlichen Religion" vgl. auch Verständigung 277.286
[93] S. o. Kap. 2, Anm.118f

theologische Interpretation von Naturvorgängen und Menschenleben
im Lichte der Offenbarung zu gewinnenden "Wahrheiten" gering
(These 41); es handele sich um Gottes Allmacht, seine unendliche
Weisheit und seine Vorsehung.[94]

Die Erwägungen der "Thesen" zur Vernunftreligion dienen Harms
freilich nur als Ausgangsbasis für eine Reihe schärfster Insinuationen
gegen "die Vernunft" (These 43–49), wobei der Begriff nurmehr als
bloße Chiffre für das Harmssche Feindbild vom Rationalismus zu
stehen scheint. So gingen unter dem Einfluß der Vernunft religiöse
Inhalte verloren und degenerierten zu "hohlen Worten" (These 43).
Als Beispiel dafür verweist Harms auf eine Änderung im Trauformular
(These 44) und behauptet, "das Heilige des Glaubens" werde durch
Leugnung der Gottessohnschaft Christi wie im Islam "in den Kreis
gemeiner Erfahrung" gezogen (These 45).[95] Zudem würden von manchen Predigern die Hoheitsprädikate Jesu als "Unser Heiland und
Erlöser" nicht anders als im Briefformular die Worte "Ihr Freund und
Diener" gebraucht (These 46), also rein formal und durchaus nicht
"im Wortverstande". Ihnen diene die Verwendung orthodoxer Terminologie einzig dazu, "sich in Credit zu halten beym Volk"; gemeint
sei dann etwa mit den Worten "Heiland und Erlöser" eigentlich der
"Stifter einer philosophischen Religionslehre".[96] Einer Reihe von Predigern gegenüber, die wie er selbst die traditionellen Aussagen des
christlichen Glaubens verkündigen, erhebt Harms also, weil sie aus
Mangel an innerer Überzeugung den "Verstandesweg" wählten, den
Vorwurf religiöser Heuchelei.

Damit ist jedoch der Gipfel seiner Polemik noch nicht erreicht,
denn er sieht überdies durch das Wirken der Vernunft "in Religions-
sachen" alle erdenklichen "Ketzereien", die er gleichsam in einem

---

[94] Vgl. Verständigung 274f, Zitat 275; auch Vernunftreligion 329f.
   Harms lehnt hier (324) die scholastischen "viae" natürlicher Gotteserkenntnis ab und exegesiert Rö 1,19f mit dem Ergebnis, daß
   Paulus nicht die "Vernunftreligion statuiert" habe (330–333; Zitat
   330).
[95] Harms rechtfertigt These 45 unter Hinweis auf persönliche Erfahrungen und antireligiöse Geschmacklosigkeiten zeitgenössischer Literatur (Erklärung 515–517); vgl. dazu Vernunftreligion 334f.
[96] Zitate Erklärung 518.519

Streifzug durch die Kirchengeschichte aufzählt, wieder wirksam werden (These 47). Der "Mißbrauch der Vernunft" wird verglichen mit
Inquisition und Glaubensgerichten (These 48) und sogar für das Auftreten religiösen Wahns haftbar gemacht (These 49): "In Absicht der
Verbrechen wie in Absicht des häufigeren Wahnsinns" sei "die Glaubensschwäche unserer Zeit, die leidige Rationalisterei, eine Mitur-
sache."[97]

Altonaer Bibel

Wie gegen solchen Wahnsinn "Anstalten" schützten (These 49), so
gebe es auch für die Religion einen Schutz vor dem Eindringen der
Vernunft: das "feste Bibelwort" und "unsre symbolischen Bücher"
(These 50). Mit dieser Behauptung brechen die Attacken der "Thesen"
gegen den Rationalismus, die sich jeder sachlichen Erörterung ent-
ziehen, vorerst abrupt ab; Harms wendet sich nun einem bereits in
der 31. These angedeuteten[98] Gegenstand zu, nämlich der 1815 von
Nicolaus Funk herausgegebenen sogenannten "Altonaer Bibel"[99], einer
Ausgabe des Luthertextes mit umfangreichen erläuternden Anmerkungen (These 50-62). Er greift damit jetzt auch öffentlich in den Streit
um diese Bibelausgabe ein, als deren prominentester Gegner zuvor
der Kieler Professor Kleuker mit einem Aufsatz in den "Kieler Blättern" in Erscheinung getreten war[100], nachdem er sich bereits am 4.

---

[97] Vgl. Verständigung 279
[98] Vgl. Verantwortung 479, wonach "Jedermann [...] diese Worte
      richtig auf den Herausgeber der Altonaer Bibel gedeutet" habe.
[99] Die Bibel oder die ganze Heilige Schrift Alten und Neuen Testa-
      ments nach der Uebersetzung D. Martin Luthers. Unter Zustim-
      mung des Herrn Generalsuperintendenten Adler bearbeitet und
      herausgegeben von Nicolaus Funk, Compastor und Ritter des Da-
      nebrog-Ordens. Mit Königlichem Allerhöchstem Privilegium, Alto-
      na 1815. Zur hier nur angerissenen Kontroverse um das Werk
      vgl. N. Funk: Geschichte der neuesten Altonaer Bibelausgabe
      nebst Beleuchtung der vorzüglichsten wider sie erhobenen Be-
      schuldigungen, Altona 1823; J. Ficker: Claus Harms und der Ver-
      fasser der Altonaer Bibel, in: Nordelbingen Bd 1 (1923), 88-97
      (mit weiteren Literaturangaben); F. Hammer: Altonaer Bibel, in:
      Gedenkschrift Johann Schmidt, Kiel 1984, 81-99
[100] J. F. Kleuker: Gedanken über das evangelisch-kirchliche Gemein-
      wesen und über Volksbibeln. Mit besonderer Rücksicht auf die

Juli 1817 in einer Eingabe direkt an den König gewandt und eine auf
der Untersuchung der Vorwürfe gegen die "Altonaer Bibel" fußende
Stellungnahme des "oberstbischöflichen Stuhls" erbeten hatte[101]. Obwohl er keine konkrete Maßnahme vorschlagen will, weist er doch
auf die Möglichkeit eines Verbots hin.[102]

Das Ausbleiben einer Reaktion auf diese Eingabe hat Harms dann
veranlaßt, "wider die Alt. Bibel besondere Thesen zu richten"[103]; in
der Rückerinnerung der Autobiographie erscheint der Wunsch nach
behördlichen Maßnahmen gegen "diese verderbliche Bibelausgabe" sogar als zentrales Motiv für die Abfassung der Thesen überhaupt.[104]
Bei seinen Aktivitäten ist Harms offenkundig unbekannt gewesen, daß
bereits am 10. Januar 1817 eine königliche Verfügung zum Aufkauf
noch vorhandener Bibelexemplare erlassen worden war, der allerdings
erst im Dezember des Jahres, also möglicherweise auch unter dem
Eindruck der "Thesen", Folge geleistet wurde.[105] Die Angelegenheit
ist auch deswegen brisant gewesen, weil Adler der "Altonaer Bibel"
seine Zustimmung erteilt hatte[106] und sie wegen des ihr gewährten

---

von dem Herrn Compastor Nicolaus Funk Ritter des Danebrog-
Ordens, mit königl. allerhöchstem Privilegium für die Armen- und
Waisenschule zu Altona jüngst (1815) herausgegebene, in: Kieler
Blätter Bd 2f (1816), 205-226.409-439.87-138.257-267. Hinter Kleu-
ker standen einflußreiche feudal-pietistische Kreise um den ehe-
maligen Kurator der Kieler Universität, Graf Fritz Reventlow
(Emkendorf) und den zum Katholizismus konvertierten Friedrich
Leopold von Stolberg. Vgl. dazu N. Funk: Geschichte 19-22 und
bes. J. H. Voß: Wie ward Friz Stolberg ein Unfreier?, in: Sophronizon 3 (1819), 1-113, bes. 108-111. Grundlegend O. Brandt:
Geistesleben und Politik in Schleswig-Holstein um die Wende des
18. Jahrhunderts, 2. Aufl. 1927, Nachdruck 1981, bes. 216ff.

[101] Von ihm selbst abgedruckt in: Zu Herrn Compastor Funk's Geschichte der neuesten Altonaer Bibelausgabe, einige Äußerungen
und Mittheilungen, Lübeck 1823; auch in: Aufsätze 295-320, die
Eingabe hier 301-305
[102] Vgl. Aufsätze 304, wo auf historische Beispiele umstrittener Bi-
belausgaben verwiesen wird; 303 Anspielung auf den Agendenstreit 1799: "Hier aber ist mehr als Agende [...]."
[103] Erklärung 520
[104] Vgl. Lebensbeschreibung 117f
[105] Vgl. N. Funk: Geschichte 271.370-381. Von der Gesamtauflage
(7500 Exemplare) wurden bis Dezember 1817 3563 verkauft (373).
[106] Vgl. nur den Titel (o. Anm.99); zur Mitarbeit Adlers Funk: Geschichte 6-9

königlichen Privilegs als behördlich autorisierte Ausgabe angesehen werden konnte.

Die die Thesenreihe gegen die "Altonaer Bibel" einleitende Berufung auf Bibel und Bekenntnis (These 50) markiert Harms' endgültige Abkehr von den noch gegenüber Oertling vertretenen freieren Ansichten in dieser Frage.[107] Besonderes Gewicht legt er nun auf den durch die symbolischen Bücher gewährleisteten Schutz der Bibel vor "strafmäßige[r] Verfälschung des Grundtextes" und "ganz verkehrte[r] Auslegung" in der exegetischen Praxis der Rationalisten[108]. Mit dem Konkordienbuch ist für ihn "der Lehrbegriff der lutherischen Kirche [...] hingestellt"[109], auf den der lutherische Amtsträger durch seinen Eid juristisch verpflichtet sei[110] und der zugleich dem Schutz des Landesherrn als "Schirm- und Rechtsvogt der lutherischen Kirche" unterliege.[111] Möglicherweise ist Harms zu dieser Betonung der juristischen Funktion der Symbole vom Kieler Rechtsprofessor Nicolaus Falck (1784-1850), der zudem zu seinen Gunsten in den Thesenstreit eingegriffen hat, angeregt worden; sie dürfte jedoch auch dem Bestreben nach Entlastung im behördlichen Verfahren gegen die "Thesen" dienen.[112]

Inhaltlich entscheidend ist dabei, daß Harms die lutherischen Symbole als Quelle und Garanten des von ihm postulierten "alten Glau-

---

[107] S. o. Kap. 2, Anm.116
[108] Vgl. Verständigung 295f
[109] Vgl. Erklärung 504; 505 führt Harms die Symbole einzeln auf.
[110] Vgl. Vernunftreligion 361-363
[111] Vgl. Verständigung 242
[112] Vgl. N. Falck: Ueber die Grundbedingungen eines festen kirchlichen Vereins, in: Kieler Blätter Bd 1 (1815), 89-98. Harms beruft sich allerdings erst 1819 (Vernunftreligion 363) auf diesen Aufsatz, der die als "Grundgesetz" der Kirche verstandenen Symbole (92), auf die die Prediger "vereidet" (93) seien, als Schutz vor aus "egoistisch[er] und also schismatisch[er]" (94) "individuelle[r] Freiheit" (89) der Lehre resultierender "gränzenlose[r] Willkühr" und "allgemeine[r] Auflösung" (90) ansieht. Zum Thesenstreit vgl. N. Falck: Schreiben an den Herrn Consistorialrath Boysen R. v.D. in Borsfleth über seine neulich erschienenen Theses, Kiel 1818, bes. 19-34. – Zur Haltung der kirchlichen Obrigkeit vgl. die "Epistola encyclica", wonach die CA "nullum [...] ecclesiarum nostrarum [...] jugum; verum potius [...] vinculum concordiae, libertatisque evangelicae columen [...]" sei (19; Neuber 31).

bens" betrachtet, wobei er speziell der Confessio Augustana hohes
Gewicht beimißt. In ihr sei nämlich "das Christentum [...] befasset,
[...] wie es in der heiligen Schrift enthalten ist"[113]; "mit ihr stehet
und fällt eine große Anzahl" der Thesen, so daß ein Angriff auf
letztere sich gegen die CA selbst richte.[114] Mitten im Thesenstreit
veranstaltet er gemeinsam mit Twesten eine deutsche Ausgabe der
CA für die Gemeinden[115] und hält seinen Gegnern andernorts eindringlich entgegen:

> "Sehet, die Bibel unter dem linken Arm, wo sie dem Herzen
> nahe ist, hebe ich meine rechte Hand vor Euch auf, in der
> ich die Augsburgische Konfession halte."[116]

In ganz charakteristischer Weise ist bei Harms die Rückwendung
zum "alten Glauben" verbunden mit einer konfessionellen Engführung,
die sich über die formale und inhaltliche Berufung auf die lutherischen Symbole hinausreichend zur mehrfach geäußerten Überzeugung
verdichtet hat, "das Luthertum" sei vom "echten Christentum" nicht
zu unterscheiden, sondern ganz dasselbe.[117] Im Idealbild einer sich
auf die CA gründenden Kirche sieht Harms den Gegenentwurf zur
dem Rationalismus angelasteten mißlichen Gegenwart.

Diese in den letzten Thesen explizit zum Ausdruck kommende Auffassung deutet sich in der Einleitung zur Thesenreihe zur "Altonaer
Bibel" jedoch nur implizit an (These 50), während Harms' Argumenta-

---

[113] Vgl. Vernunftreligion 364
[114] Vgl. Verständigung 242
[115] Die ungeänderte Augsburgische Confession, so auf dem Reichstage zu Augsburg, anno MDXXX, den 25. Jun., von 6 Kurfürsten,
Fürsten und Ständen dem Römischen Kaiser Carolo V. übergeben,
in dem kaiserlichen Palast öffentlich verlesen, und in des Römischen Reiches Canzeley zu Maynz beygeleget; wie dieselbige anno 1580 in der Concordia wiederholet, jetzt aber nach bewährten
Hülfsmitteln von neuem mit allem Fleiß nachgesehen worden,
Kiel 1819; die dazugehörige Vorrede in den "Winken und Warnungen" 1820 (Schriften 1,398–401) nochmals abgedruckt.
[116] Vernunftreligion 361
[117] Vgl. Verständigung 240; These 59: "lutherisch, d. h. christlich";
Eingabe gegen die "Altonaer Bibel" (Aufsätze 301f): "lutherische[r], christliche[r] Lehrbegriff", "christlutherische Lehre"; 2.
Reformationsfestpredigt 39 "das Christenthum, also auch das Luthertum, welches dasselbe ist"; Winke und Warnungen: "christ-lu-
therischen Glauben" (Schriften 1,382)

tion zunächst ganz an der Sache orientiert ist. So gelte es die "Ursprache" der Bibel "heilig" zu halten, da diese "Worte unsrer geoffenbarten Religion" der "Leib" der Religion seien, "mit welchem vereint sie ein Leben" habe (These 51). Eine Übersetzung der solcherart
mit besonderer Dignität versehenen griechischen und hebräischen
Schriften des Kanons müsse in gewissen Zeitabständen revidiert
werden, um "im Leben" zu bleiben (These 52), weshalb auch gegenwärtig eine Revision der Lutherbibel dringend zu wünschen sei
(These 53).[118] Da jedoch eine deutsche Übersetzung der "Ursprache
der Offenbarung" bereits eine bestimmte Interpretation derselben
beinhalte, seien zusätzliche "Erklärungen deutscher Wörter" der Sache unangemessen (These 54), denn diese korrigierten den heiligen
Geist und beraubten die Kirche, wie Harms unter Benutzung von
ungebildeten Lesern unverständlichen, in Reimform gefaßten Ausdrücken behauptet (These 55).

Solchen eher grundsätzlichen Erwägungen folgt die genaue Bezeichnung des ihnen zuwiderlaufenden Gegenstandes, der "Altonaer
Bibel", die Harms als "durch und durch glaubenswidrig" ansieht,
während die "Vernunftgläubigen" meinten, "mit ihr [...] reformato-
risch würdige Begriffe und eine reine Sprache in Ansehung der Religion zu geben."[119] Zu seiner ablehnenden Haltung veranlassen ihn
die den einzelnen Bibelversen beigefügten "erklärenden Noten" besonders deshalb, weil in diesen ganz die "rationalistische Ansicht" vor-
herrsche, die vom "Volk" als "neuer Glaube" bezeichnet werde, während sie "nach biblischen Sprachgebrauch" dem Teufel gleichzusetzen
sei (These 56).[120] Er billigt zwar die mildtätige Absicht der "Beför-
derer" der Bibelausgabe zur Unterstützung der Altonaer Armen- und
Waisenschule, doch ändere diese Tatsache nichts daran, daß seiner
Meinung nach das Ansehen der Bibel völlig entwertet worden sei

---

[118] Vgl. dazu auch Erklärung 530
[119] Zitate Erklärung 519; Vernunftreligion 353
[120] Vgl. Erklärung 523: "Ich zweifle, ob es überhaupt zulässig sey,
   mit Glossen [...] eine Volks- und Schulbibel herauszugeben; die
   Heiligkeit dieses Buches, seine Göttlichkeit leidet nach meinem
   Gefühl solche Menschlichkeit nicht [...]."

(These 57) durch das unorthodoxe Schriftverständnis, das in den Zu-
taten des Editors zutage trete.[121]

Wohl um die mit der "Altonaer Bibel" verbundene Gefährdung der
Kirche zu unterstreichen, nennt Harms sie "Band und Symbol" der
"Vernunftgläubigen", um das diese sich separieren könnten (These
58). Da "die Entstehung jeder neuen christlichen Kirche [...] in neuen
Uebersetzungen und Erklärungen der Bibel ihren historischen Grund"
habe, könne nun die neue Bibelausgabe der "seit 1760 ungefähr" vorhandenen "große[n] Zahl unlutherischer Lutheraner" als "auctorisirtes
Religionsbuch" zur Abspaltung in eine "für sich bestehende Kirche"
dienen.[122]

Es finden sich freilich weder historische Hinweise auf eine tatsächlich beabsichtigte Separation der rationalistisch gesinnten Geistlichkeit der Herzogtümer um die "Altonaer Bibel" als ihre Bekennt-
nisschrift, noch darauf, daß diese Bibelausgabe in den Gemeinden
zum Gegenstand von Auseinandersetzungen geworden sei, wie Harms
es in der Aussage, lutherisch-orthodoxe Prediger setzten sich der
Kritik ihrer durch die "Altonaer Bibel" beeinflußten Zuhörer aus
(These 58), zu befürchten scheint. Von daher wirkt die Darstellung
der von der neuen Bibelausgabe ausgehenden Gefahren unrealistisch
und dramatisierend, wenn Harms auch zutiefst von ihnen überzeugt
zu sein scheint.

In einer eigenen These führt Harms ein Beispiel für die von ihm
inkriminierte Art der Funkschen Erläuterungen an (These 60), ruft
außerdem zur Wachsamkeit der Christen gegen die "Altonaer Bibel"
auf, deren baldige Verwerfung durch die Regierung er prophezeit

---

[121] Vgl. die detaillierte Kritik Erklärung 520–525; gegen rationalistische Deutung des heiligen Geistes 520.524; gegen Funks "Allgemeine Einleitung in die Schriften der Bibel" (Altonaer Bibel
XXVI-LIV) 521; gegen die zum besseren Verständnis eingefügten
Inhaltsangaben der biblischen Schriften ("Bibelauszug mitten in
der Bibel") 521.524. Harms behauptet, ihn treibe hier nicht "lei-
denschaftliche Mißbilligung" (519), sondern "Glaubenseifer" (526).
[122] Vgl. die Eingabe (Aufsätze 302f); Harms meint, "daß man [...] mit
einer glossirten Bibel, wenn sie auctorisirt wird, ein symboli-
sches Buch mehr giebt" (Erklärung 523). Grundlegend dafür ist
das Verständnis der Symbole als "bestimmte [...] Auslegung der
hl. Schrift" (These 83).

(These 61)[123], und bemängelt abschließend die Zurückhaltung der "inländischen Bibelgesellschaften" in dieser Angelegenheit (These 62).

Daß Harms das anfänglich noch verfolgte Gliederungsprinzip der "Thesen", das Problem des von ihm apostrophierten "Papstes zu unserer Zeit" (These 9) völlig aus den Augen verloren hat, zeigt sich sowohl in der unorganisch wirkenden Einfügung der Thesenreihe gegen die "Altonaer Bibel" als auch in dem sie beendenden abrupten Themenwechsel (These 63-66). Mit der schon in dem Aufruf zur Wachsamkeit gegenüber der "Altonaer Bibel" verwendeten (These 61), den Thesen Luthers entnommenen Formel "man soll die Christen lehren" beruft er sich nun auf das im reformatorischen Grundsatz des allgemeinen Priestertums wurzelnde Recht des "Volkes", über die Lehre zu urteilen.[124]

Da nämlich die Kirchenleitung selbst im Verdacht stehe, "den Glauben der Kirche nicht" zu "haben" (These 66), also rationalistisch eingestellt zu sein, komme dem "Volk" die Aufgabe zu, sich um die Reinheit der Lehre zu "bekümmern" (These 65). Es sei zu eigenem Schriftgebrauch (These 63) und zur Ausübung des daraus resultierenden Rechtes aufzufordern, "Unchristliches und Unlutherisches" in Predigt "wie in Kirchen und Schulbüchern nicht zu leiden" (These 64). Zur hier offenbar intendierten Konsequenz, die Gemeinden könnten gegebenenfalls sogenannte "Irrlehrer" absetzen, mag sich Harms allerdings nicht bekennen, da dem allgemeinen Priestertum in seiner ekklesiologischen Konzeption keine entscheidende Funktion zukommt.[125] Zwar ist er der Meinung, "der Layenstand" habe "allerdings das Richteramt, nämlich Beurtheilung und Urtheil, ob und daß

---

[123] Als Veranlassung seiner – doch wohl in Unkenntnis der behördlichen Kassationsanordnung erfolgten – Prophezeiung nennt Harms wissenschaftliche, dogmatische und drucktechnische Unzulänglichkeiten des Werks und sein Vertrauen auf die Religiosität des Königs (Erklärung 526-529). Sicherlich hat sein Vorgehen ein behördliches Eingreifen provozieren sollen.

[124] Vgl. bes. M. Luther: Daß eine christliche Versammlung oder Gemeine Recht und Macht habe, alle Lehre zu urteilen und Lehrer zu berufen, ein- und abzusetzen, Grund und Ursach aus der Schrift (1523), BoA 2, 6.Aufl., Berlin 1967, 395ff

[125] S. o. Kap. 2, Anm.110; auch These 86

eine Lehre christlich und lutherisch sei oder nicht" und verweist dazu auf die Praxis, bei Visitationen auch die Gemeinde zu befragen[126], doch verwahrt er sich gegen den Verdacht, mit diesen Thesen "eine Aufforderung von revolutionärer Art" vorgetragen zu haben, was bereits mit der skeptisch-einschränkenden Bemerkung, "das Volk" besitze "freilich nicht Maß noch Ziel" (These 65), ausgeschlossen gewesen sei.[127]

Dennoch habe er sich deswegen zu einem öffentlichen Aufruf an die "Laien" veranlaßt gesehen, ihr "Recht zu suchen gegen die Irrlehrer", weil sonst gegenwärtig die "Rechtgläubigen" des rationalistischen Kirchenregiments wegen nicht "den Muth zu einer förmlichen Klage" aufbrächten.[128] Dabei greift er Adler als vermeintlich Hauptschuldigen direkt an: dessen Agende von 1798 erscheine "als mächtiger Anwald alles Neuen und Glaubenswidrigen" und die "unter seiner Zustimmung bearbeitete und herausgegebene Bibel" stemple "jedwede Irrlehre, die im Schwange geht, zu einer richtigen Lehre [...]".[129] Allerdings ist Harms trotz solcher durchaus aufrührerisch wirkender Angriffe gegen den obersten geistlichen Beamten des Landes bemüht, seine Thesen als gerade gegen einen befürchteten Aufruhr gerichtet darzustellen:

> "Da bin ich angewandt gewesen, die Irrlehrer durch Schriften zu bekämpfen, und sie zu schrecken mit Gewalt der Wahrheit, auf diesem literärischen Wege den alten Glauben wieder einzuführen, auf daß nicht früher oder später Aufruhr entstände. Alles ist ruhig und meine Absicht wird erreicht."[130]

Da Harms dem "Volk" gegenüber grundsätzlich skeptisch bleibt und ihm, wie schon die Verwendung des Begriffs "Laie" andeutet, das allgemeine Priestertum nicht als kirchenkonstitutiv erscheint, kann auch seinem Aufruf an die Christen, gegen den obrigkeitlich abgesi-

---

[126] Vgl. Erklärung 532f, Zitat 532
[127] Vgl. Erklärung 530.534
[128] Vgl. Erklärung 532; ein mutmaßlicher Kläger hätte danach nicht hoffen können, überhaupt "vorzudringen vor den Thron der Majestät".
[129] Zitate Erklärung 531.532.; Harms beruft sich hier auf [F. L. Stolberg:] Schreiben eines Holsteinischen Kirchspielvogts an seinen Freund in Schweden über die neue Kirchenagende, Hamburg 1798.
[130] Erklärung 534

cherten Rationalismus einzuschreiten, keine grundsätzliche Bedeutung beigemessen werden. Obwohl sie sowohl beim einfachen Leser als auch bei der kirchlichen Oberbehörde als besonders brisant empfunden worden sein dürfte, ist diese Thesenreihe für Harms' theologisches und politisches Denken nicht charakteristisch. Dementsprechend steht sie auch unverbunden zwischen dem vorangehenden Themenkomplex "Altonaer Bibel" und der nachfolgend vorgetragenen Auffassung, der Rationalismus mißbrauche die Kirche, indem er seinen "neuen Glauben" in vom "alten Glauben" eingerichteten und materiell gesicherten Ämtern verkündige (These 67). Stattdessen sollten die Rationalisten eher die Kirche verlassen und andernorts den "neuen Glauben" predigen (These 68). Harms scheint also eine Separation der rationalistisch gesinnten Prediger doch nicht völlig abzulehnen; Anlaß zu Befürchtungen gibt sie ihm nur, wenn sie, wie es ihm durch das Privileg der Altonaer Bibel gegeben scheint, obrigkeitlich sanktioniert und gefördert wird.

Mit der Aufforderung zur Separation ist die Basis gewonnen für eine weitere Reihe von Thesen gegen "die Vernunft" und "die Irrlehrer" (These 69–74), wobei Harms' Polemik besonders mit der Aussage, "die Vernunft" ginge "rasen in der lutherischen Kirche" (These 71), jedes vertretbare Maß überschreitet. Es sind insgesamt nur in ihrer Maßlosigkeit originelle Vorwürfe, die erhoben werden. So seien die Rationalisten verantwortlich für den rückläufigen Kirchgang (These 68); sie erweckten den Anschein, als hätten sie sich der gesamten christlichen Kirche, ja Christi selbst, bemächtigt (These 69); sie hätten "Irrglauben" verbreitet, unter dem "manche Gemeinde" zu leiden habe (These 73); aufgrund ihrer rein moralischen Bewertung des Menschen seien sie gegenüber einer Unterscheidung von Christen und Nichtchristen indifferent (These 70).

Das traurige Fazit lautet, daß infolge der Herrschaft der Rationalisten der Kirche das spezifisch Lutherische, sie von der katholischen Kirche Unterscheidende, verlorengegangen sei (These 72). Wo andere Zeitgenossen der Gegenwart Fortschritte in der Aufklärung attestieren, vermag Harms nur "Finsternis im wahren Christentum", d. h. weitverbreitete Unkenntnis christlicher Gehalte, zu erblicken (These

74).[131] Harms zeichnet hier in breiter Variation des Klagemotivs über gegenwärtige Mißstände das Bild einer zerstörten Kirche, wobei sich dann aber die erläuternde Schilderung faktischer kirchlicher Mißstände in den Herzogtümern, die dieses Bild als zutreffend erhärten soll, weitaus nüchterner ausnimmt.[132]

Union

Nachdem er sich so über die vermeintlichen Auswirkungen der Vernunft im kirchlichen Leben ausgelassen hat, wendet sich Harms abrupt einem anderen, anläßlich des Reformationsjubiläums allerdings besonders aktuellen, Thema zu: der Union beider protestantischen Kirchen (These 75–89).[133] Damit sprengt er den eher provinziellen Rahmen der "Thesen" und bezieht zu einem für die gesamte evangelische Kirche bedeutsamen Problem Stellung. Es ist allerdings nicht eindeutig festzustellen, ob er hier die bereits vollzogene Unionshandlung in Nassau ins Auge faßt[134], oder ob er konkret auf die noch ausstehenden Vorgänge in Preußen zielt. Auf die in der Kabinettsordre Friedrich Wilhelms III. vom 27. September 1817 intendierten Unionspläne kann Harms etwa durch den Hirtenbrief der däni-

---

[131] Harms kehrt das Verhältnis von "Finsternis im Christentum" zum "Licht der Aufklärung" eigenwillig um. So erscheine im Licht der "Helle" des Glaubens "die Vernunfthelle als eine Verdüsterung" (Vernunftreligion 328); "Eher könnte man Christo danken dafür [...], daß er mit dem Sonnenlicht, das er brachte, das er war, das Kerzenlicht der Vernunft verdunkelte und in seiner Kirche [...] auszulöschen befahl." (341f) Vgl. auch Winke und Warnungen 389f: "Immer mehr Licht! das können die Vernunftgläubigen nicht vertragen [...]."

[132] Verständigung 251f nennt Harms u. a. den Aufschub der Kindertaufe, Rückgang der Kommunikantenzahl, Mißachtung der Beichte; 298 beklagt er das "Lob der Vernunft" im Cramerschen Gesangbuch. Zudem sei "ja durch so viele unwürdige Mitglieder der schleswig-holsteinische Predigerstand bey Ausländern in üblen Ruf gekommen [...]." (Erklärung 510; vgl. 511; Verständigung 253)

[133] Zur Zuordnung von These 82–89 s. u. Anm.144f

[134] Für die Behauptung A. Adams, die Thesen gingen auf die am 11. 8.1817 in Nassau geschlossene Union (Artikel "Unionen im Protestantismus", in: RGG, 3. Aufl. Bd 6,1143) gibt es keinen Hinweis. Entsprechend anders noch derselbe: Die nassauische Union von 1817, in: Jahrbuch der kirchengeschichtlichen Vereinigung in Hessen und Nassau 1 (Darmstadt 1949), 35–408, hier 164f.

schen Bischöfe aufmerksam gemacht worden sein, der den Pastoren empfiehlt, in den Festpredigten die darauf gründende Hoffnung zu betonen[135], während ihm bei Abfassung der "Thesen" die von Schleiermacher verfaßte und mitunterzeichnete "Amtliche Erklärung der Berlinischen Synode über die am 30sten October von ihr zu haltende Abendmahlsfeier"[136] noch nicht vorgelegen hat. Die herausragende Bedeutung Preußens für die protestantische Kirche Deutschlands und die Tatsache, daß die dortigen Unionspläne genau wie die "Thesen" in zeitlicher wie inhaltlicher Verbindung zur Reformationsjubelfeier standen, machen es jedoch überaus wahrscheinlich, daß Harms sich hierauf beziehen will.

Wenn auch die konkrete Veranlassung der Stellungnahme zur Union nicht genannt wird, so läßt Harms doch keinen Zweifel daran, daß er in ihr eine inhaltliche Gefährdung seines Idealbildes der lutherischen Kirche erblickt. Man wolle letztere nämlich "als eine arme Magd" durch die "Kopulation" mit der reformierten Kirche "reich machen", ein Akt, angesichts dessen er "Luthers Gebein" zum Schutz anruft (These 75). Die Union wird hier von Harms gleich eingangs als moralisch anstößiger Vorgang dargestellt und wohl auch von ihm selbst als solcher empfunden. Dieser drastischen Ausdrucksweise schließt sich der Vorwurf an diejenigen lutherischen Theologen an, die aufgrund des exegetischen Befundes zur Übernahme der reformierten Praxis des Brotbrechens beim Abendmahl bereit seien, sie stellten damit ohne Rücksichtnahme auf den Glauben des Kirchenvolkes die Existenz der lutherischen Kirche aufs Spiel (These 76).

Im Hinweis auf den Abendmahlsritus deutet sich bereits Harms' Widerspruch gegen die allgemein verbreitete Auffassung an, den innerprotestantischen Lehrunterschieden komme nur noch historische Be-

---

[135] Vgl. Epistola encyclica 13f, bes. 14 (Neuber 25); "Allerhöchste Königl. Cabinettsordre die Vereinigung der lutherischen und reformirten Kirche, vom 27sten September 1817", in: Annalen der Preußischen innern Staats-Verwaltung Bd 1/3 (Berlin 1817), 64-66, neu abgedruckt in: TKTG 6, 34f. Zu den Vorgängen in Preußen vgl. z.B. E.Foerster: Die Entstehung der Preußischen Landeskirche unter der Regierung König Friedrich Wilhelms des Dritten, nach den Quellen erzählt, Bd 1, Tübingen 1905, bes. 277-283)
[136] Datiert vom 29.10.1817 (SW I/5,297-307)

deutung zu. Für ihn besteht "die Scheidewand zwischen Lutheranern
und Reformierten" fort; ihre Nivellierung ist nach seinem Verständnis
nur als Abfall vom "alten Glauben" der je eigenen Kirche denkbar
(These 77). Entsprechend beharrt er, ganz im Sinne der eigenen
Rückwendung zur lutherischen Orthodoxie, unter Hinweis auf das
Marburger Kolloquium auf der Vollgültigkeit der Lehre von der Real-
präsenz auch im Jahre 1817 (These 78).

Es geht Harms also um die Integrität der lutherischen Kirche, wie
er sie durch ihre Bekenntnisschriften gewährleistet und durch das
mit einer Union verbundene Eindringen reformierter Lehren gefährdet sieht. Deswegen betrachtet er es mindestens als "Leichtfertig-
keit", ihre konfessionellen Eigenheiten im Zuge einer Union aufgeben
zu wollen. Gegen solches Vorgehen ruft er alle Lutheraner, übrigens
unter Hinweis auf das Beispiel eines calvinistisch-orthodoxen Kandidaten in Genf, zum Protest auf (These 79). Das Mittel der Protestation billigt er auch den Reformierten zu, wohl weil diese bei einer
Union ebenfalls ihre konfessionelle Identität verlören; selbst die
geplante pragmatisch orientierte Form der Union als Abendmahlsgemeinschaft ohne Lehrkonsens, bei der doch das befürchtete Eindringen reformierter Lehre nicht stattfände, erscheint ihm als unzumut-
bar, denn sie berühre "nur das Äußerliche [...] unter beiderseitigem
Vorbehalt des Innerlichen" (These 80). Einer sich unter dieser Voraussetzung formierenden "neuen sogenannten evangelischen Kirche"
prophezeit er ein baldiges Ende, da sie nicht "christentümlich" sei
(These 81).

Die Unionsvorgänge des Jahres 1817 haben Harms also Gelegenheit
geboten, sein eigentümliches konfessionell-orthodoxes Kirchenver-
ständnis auch praktisch zu bewähren, indem es die argumentative Basis seiner Einwände bildet. Besonders auffällig ist allerdings, daß im
weiteren Verlauf des Thesenstreits die Polemik gegen die Union immer mehr an Bedeutung verliert und außer in seinem "namhaften"
Schreiben an Schleiermacher[137] nur unscharf in Erscheinung tritt.
Zwar scheint er der Union durch gelegentliche Bezeichnung als "neue

---

[137] S. dazu eingehender unten Kap. 3.4

sich so nennende evangelische Kirche"[138] den Status einer Kirche im
Vollsinn, zu dem ja seiner Ansicht nach ein eigenes Symbol gehört,
streitig machen zu wollen; auch nimmt er, dem "der Ritus der Ausdruck des Dogma" der jeweiligen Konfessionskirche ist, Anstoß an
der unierten "Darreichungsformel im Abendmahl [...], dabei man nun
denken kann, was man will"[139], doch fallen diese Bemerkungen eher
nebenher und wird die Union nirgends zum Gegenstand eigener Erörterungen.

Solche Zurückhaltung wahrt er jedoch nicht gegenüber der reformierten Kirche, die er inhaltlich stark in die Nähe des von ihm so
scharf bekämpften Rationalismus rückt.[140] So betrachtet er Zwinglis
Äußerung auf dem Marburger Kolloquium, Gott lege uns keine unbe-
greiflichen Dinge zu glauben vor, geradezu als "das in die reformierte Kirche aufgenommene Vernunft-Element", wie überhaupt "die
Vernunft [...] bei den Reformierten [...] am mehrsten zu schaffen
gehabt" habe.[141] Folge dieses Vernunfteinflusses sei die Unfähigkeit
der reformierten Kirche zur Einigkeit und Einheit (These 82). Besonders die holländische Kirchengeschichte liefere den Beweis dafür,
daß "so lange Leben in den reformierten Kirchen war, und wo es am
regsamsten war, [...] das Spalten kein Ende" habe nehmen wollen.[142]
Auf dem Hintergrund der Harmsschen totalen Ablehnung der Vernunft ist ein massiverer Vorwurf als der, die reformierte Kirche un-

---

[138] So Vernunftreligion 308.335
[139] Zitate Vernunftreligion 355.335
[140] So folge aus einer Aufgabe des Priestertitels dem "Vernunftglauben" zuliebe u. a.: "dann sind wir völlig Reformierte, ein wenig
schlechter nur in unserem Glauben, wir Abgefallenen, als die in
ihrem Glauben beharrenden Reformierten selbst." (Verständigung
283); vgl. den Zuruf an "die Vernunftgläubigen": "wäret Ihr Calvinisten in der Abendmahlslehre, aber kaum daß ihr Zwinglianer
seid!" (Vernunftreligion 362); vgl. auch Erklärung 531, wonach
die Adlersche Agende "des Calvinismus und des Rationalismus
voll" sei. Freilich lassen nach Winke und Warnungen 389 im Gegensatz zur lutherischen "die katholische und die reformierte"
Kirche den Rationalismus "an sich kommen".
[141] Vgl. Verständigung 287
[142] Vgl. Verständigung 288f. Als "ein beständiges Zeugnis des Zwie-
spalts unter den Reformierten" gilt Harms die Remonstranten-
siedlung Friedrichstadt (Schleswig).

terscheide sich gerade durch "Mißbrauch der Vernunft" von der lutherischen[143], kaum denkbar.

Wenn Harms freilich die Behauptung, die der reformierten Kirche wesensmäßig inhärente Vernunft habe diese an der Einigkeit gehindert, in Entsprechung setzt zur Vermutung, die "Aufnahme der Vernunft" würde in der lutherischen Kirche ähnliche Folgen zeitigen, nämlich "Verwirrung und Zerstörung" (These 82), so entsteht daraus eine Verständnisschwierigkeit. Einerseits steht diese Aussage in unmittelbarem Anschluß an die Verwerfung der Vereinigung beider protestantischer Kirchen, durch die ja tatsächlich eine Transfusion des reformierten "Vernunft-Elements" auf die lutherische Kirche erfolgen könnte. Zudem spricht Harms futurisch von erst möglicher "Aufnahme der Vernunft", obwohl er doch zuvor breit das faktische Vorhandensein und Wirken der Vernunft in der Kirche kritisiert hat (These 25-49.69-74). So entsteht der Eindruck, als ob die in der folgenden Thesenreihe einzeln angeführten "Verwirrungen" (These 83-89) als drohende Konsequenzen der geplanten Union verstanden werden sollen.

Andererseits könnte Harms die Bezugnahme auf das reformierte "Vernunft-Element" lediglich als inhaltlicher Übergang zur Schilderung weiterer der Vernunftreligion zugeschriebener negativer Folgen gedient haben, zumal in den "Verwirrungs-Thesen" weder Union noch reformierte Kirche überhaupt erwähnt werden. Bedingt durch unklare Ausdrucksweise und mangelnde Fähigkeit zu strenger Gliederung werden hier, wie bereits Karl Heinrich Sack (1789-1875) in seiner Schrift gegen die "Thesen" feststellt, die beiden Themen "Union" und "Folgen des Rationalismus" "auf eine höchst seltsame Weise vermischt".[144] Vermutlich hat Harms bei den Aussagen zur Verwirrung tatsächlich eher die Vernunftreligion im Blick, doch die Stellung dieser Thesenreihe zwischen Unionsthematik und den abschließenden,

---

[143] Vgl. Vernunftreligion 340; die durchgängig negative Einschätzung wird durch einmalige zustimmende Zitation Zwinglis (Vernunftreligion 326f) nicht aufgehoben, steht aber in deutlicher Spannung zu These 93.

[144] Vgl. K. H. Sack: Für die Vereinigung der lutherischen und der reformirten Kirche. Wider die 21 letzten der 95 Sätze von Claus Harms, Berlin 1817, hier 16

eigentümlich konfessionalistisch geprägten Sätzen (These 90-95) läßt dem Eindruck Raum, als gehe es auch in ihr um die Kirchenvereinigung.[145]

Im einzelnen befürchtet er "Verwirrung mit den Bekenntnisschriften", die er als "bestimmte allgemein angenommene Auslegung der hl. Schrift" definiert (These 83) und denen er ja als Garanten des "alten Glaubens" besondere Bedeutung beimißt. Gerade diese Aussage läßt sich wie die nächste, es entstünde "Verwirrung mit [...] den autorisierten" Agenden, Gesangbüchern und Katechismen (These 84), als inhaltlich bezogen auf die Union interpretieren, geht es hier doch um die besonderen Kennzeichen der jeweiligen Konfessionskirche. Dagegen steht die folgende Behauptung einer bevorstehenden "Verwirrung unter den Lehrern" (These 85) ganz im Zeichen des Antirationalismus: die Uneinheitlichkeit soll aus der gegensätzlich praktizierten Predigt sowohl des "alten" wie des "neuen" Glaubens herrühren.

Nicht nur das Verhältnis der Geistlichkeit untereinander, sondern auch die Zuordnung von "Lehrern und Gemeinden" sieht Harms durch, wie er sich ausdrückt, "die neuen Irrlehrer" gefährdet. Unter Berufung auf Zütphen bekennt er sich, ganz im Sinne seiner Kieler Antrittspredigt, zu einer Unterscheidung der Christen in "Priester und Laien" (These 86), als ob dies die unverworrene und rechte Zuordnung von evangelischem kirchlichen Amt und Gemeinde sei.

Wieder mehr in der Nähe zur Unionsthematik liegt die Befürchtung einer "Verwirrung mit den Kirchen". Zwar billigt Harms jeder Konfessionskirche die ihr als verbindlich und wahr erscheinende "verschiedene Auslegung [...] der Bibel" zu, doch für die Vernunftreligion, die die "Auslegung" der Beliebigkeit preisgebe und so Unordnung stifte, könne der hier ausgesprochene Gedanke gegenseitiger konfessioneller Toleranz zwischen den Kirchen – "dabei wollen wir uns lie-

---

[145] "Daß noch immer von der Vereinigung und wider sie geredet wird, beweiset Satz 82, und die Unmöglichkeit, eine andere feierliche Aufnahme der Vernunft in die lutherische Kirche zu meinen." (K. H. Sack a.a.O.) Während Schleiermacher ähnlich urteilt (s. u. Kap. 3.3, Anm.61-63), liegt den Einteilungen von G. E. Hoffmann (Schriften 1,206) und F. Wintzer (Harms 183) eine andere Auffassung zugrunde.

ben und achten" -, der im übrigen inhaltlich im Widerspruch steht
zur negativen Sicht der reformierten Kirche, nicht gelten (These 87).

Aufgrund seiner Überzeugung von der juristisch bindenden Kraft
der Bekenntnisschriften sieht Harms selbst die "Staaten" von Verwirrung bedroht, denn sie hätten "ihren Schutz der Kirche versprochen"
auf die Symbole. Die Vernunftreligion dagegen bestreite die recht-
liche Bindewirkung, woraus der bestehenden Ordnung Gefahren er-
wüchsen (These 88). Er untermauert diese Behauptung unter Hinweis
auf die Verankerung der CA als bindendem Recht im dänischen Kö-
nigsgesetz von 1665, wonach "der Thron der dänischen souverainen
Könige zum Theil auf dem Fundament der von ihnen beschworenen
Augsburgischen Confession" ruhe.[146]

Mindestens gleichbedeutend tritt neben die juristische Argumentation ein theologisches Begründungsmotiv der Furcht vor Verwirrung. Es gebe nämlich ein "religiöses Element im Menschen", das
"ein furchtbares" sei, sofern es nicht "an einer göttlichen Offenbarung" gebunden liege (These 88). Diese Vorstellung einer mächtigen
elementaren religiösen Kraft des Menschen hat Harms allerdings
nicht vertieft; sie dient lediglich dazu, die Notwendigkeit einer
"geoffenbarten Sittenlehre"[147] als Schutz vor Unordnung und Verbrechen zu erhärten. Bestätigt hat er sich dabei 1819 durch die
Mordtat Sands gefunden, die dieser ja "nach seiner Vernunft und
seinem Gewissen" ausgeführt habe und die ihn zu der Äußerung veranlaßt, "der blutige Dolch" habe "mehr in dem Streit zwischen Offenbarungsgläubigen und den Vernunftgläubigen geschrieben, als alle
Federn zusammen".[148]

Ganz auf der Linie dieser in ihrer Radikalität kaum zu überbieten-
den Argumentation liegt auch die abschließende Warnung vor durch
die Vernunftreligion hervorgerufene "Verwirrung im bürgerlichen Leben", das keineswegs aus seiner engen staatskirchlichen Bindung an
"den Kreis der Kirche" gelöst werden dürfe, wie es Absicht des Ra-

---

[146] Zitat Erklärung 528; vgl. 546f; auch Verantwortung 499; Verstän-
     digung 265
[147] Vgl. Winke und Warnungen 388
[148] Vgl. Winke und Warnungen 387 (s. dazu u. Kap. 3.4, Anm.60f.65f)

tionalismus sei (These 89).[149] Auch hier wird dieser für negative
sittliche Konsequenzen haftbar gemacht.

Obwohl dies aus der Thesenreihe über die Verwirrung selbst nicht
ganz eindeutig hervorgeht, erhärtet Harms später an einer Stelle
selbst den Eindruck, als zielten auch sie auf die Unionsschließung.
Als "Beweis" dafür, daß er mit den "Thesen" nicht allein die Herzogtümer, sondern die ganze "lutherische Kirche vor Augen gehabt" habe, nennt er

> "diejenigen Thesen, welche auf die in Nassau, Preußen,
> Westfalen u.a.O. geschlossenen Verbrüderungen der verschie-
> denen Konfessionsverwandten gehen, welche uns zu Lande ja
> nicht weiter angehen, als insofern durch dieselben nicht
> allein der lutherische Glaube vom Abendmahl, sondern auch
> der Begriff von einer Kirche und deren rechtmäßiger Ent-
> stehung sowie das Verhältnis des Landesherrn und der
> Geistlichkeit zu einander und zu den Bekennern gefährdet,
> verwirrt, gestört wird [...]."[150]

Lutherische Kirche

Die Warnungen vor "Verwirrung" bilden den letzten Durchgang an-
tirationalistischer Polemik in den Thesen. Harms bricht sie abrupt
ab, um ihnen in schöner Eindeutigkeit sein ekklesiologisches Leitbild
entgegenzustellen: "Die lutherische Kirche hat in ihrem Bau Vollständigkeit und Vollkommenheit" (These 90). Allerdings sieht er sie mit
zwei spezifischen Mängeln behaftet, nämlich dem landesherrlichen
Summepiskopat (These 90) und der Einschränkung des gemeindlichen
Pfarrwahlrechts durch Patronats- oder landesherrliche Rechte (These
91). Kritik am Kirchenregiment des Landesherrn übt Harms jedoch
nur im Thesenstreit; vorher und nachher zeigt er sich gemäß seiner
konservativen Grundhaltung als überzeugter Verfechter desselben.[151]

---

[149] Den Hintergrund der Argumentation bildet Harms' Bejahung der
"Aufträge" des Staats an die Kirche (s. o. Kap. 2, Anm.114).
[150] Verständigung 248
[151] Vgl. Begründung der 90. These Erklärung 534–548. Zur Position
vorher s. o. Kap. 2, Anm.114; zur späteren die von Feddersen
(Erklärung 535f Anm.) mitgeteilte Anmerkung zum Abdruck der
"Erklärung" in EKZ (1829) Nr. 98,705–708 und: "In Sachen der
Trennung der Kirche und des Staates von einander" (1848; Aufsätze 166–171)

Dagegen ist er zeit seines Lebens Befürworter des Pfarrwahlrechts der Gemeinden geblieben.[152]

Dem kurzen Aufweis von Mängeln innerhalb der lutherischen Kirche läßt Harms die berühmte konfessionalistische Schlußreihe der Thesen (These 92-95) folgen, von der August Twesten meint, "daß dies fast die einzigen [Thesen] wären, die zu Harms paßten."[153] Wenn Harms hier sowohl der katholischen wie der reformierten Kirche die Prädikate "evangelisch" und "herrlich" beilegt, so zeigt er sich damit in überraschender Weise konfessionell tolerant. Obwohl die völlig unübliche Bezeichnung "evangelisch-katholisch" (These 92) befremdlich wirkt, impliziert sie doch die Vorstellung, die katholische Kirche sei nicht in ganz anderer Weise von der lutherischen unterschieden als die reformierte. In der Tat sieht Harms katholische und reformierte Kirche auf gleicher Ebene, denn beiden hafte eine je spezifische Einseitigkeit an, nämlich der einen eine "vorzugsweise" sakramentliche Prägung (These 92), der anderen eine Orientierung "am Worte Gottes" (These 93), hier wohl gleichbedeutend mit "Predigt".

Den so knapp wie pauschal charakterisierten Kirchen steht die lutherische Kirche sie überbietend gegenüber, da sie beides vereint, sakramentliche Prägung wie Halten am Wort Gottes (These 94). Sie ist damit nicht nur "herrlicher" als die beiden anderen, sondern auch imstande, sie letztendlich in sich aufzunehmen (These 95). In dieser Apotheose der lutherischen Kirche als die anderen christlichen Konfessionen zugleich überbietend und in sich einschließend treibt Harms das ihm eigentümliche ekklesiologische Idealbild auf die Spitze.

An Twestens Urteil über die letzte Thesenreihe ist sicher zutreffend, daß in ihr die Eigentümlichkeit Harmsscher Religiosität in ganz

---

[152] Vgl. die von H. Zillen im Schleswig-Holsteinischen Kirchenblatt (1907), Nr. 35f,325-329.337-340 veröffentlichte Schrift: "Daß die Gemeinden das Recht haben, sich ihre Prediger zu wählen" (aus: Jahrbücher für Religions-, Kirchen- und Schulwesen 35 (1819), 28ff) und "Predigerwahlen" von 1829 (Aufsätze 158f)

[153] Vgl. Brief an Schleiermacher vom 19.7.1818, zit. n. Heinrici (s.o. Kap. 1, Anm.7) 327, dessen Briefedition, wie der Vergleich mit noch vorhandenen Originalen (AdW der DDR, Nachlaß Schleiermacher 408) zeigt, sehr zuverlässig ist.

besonderer Weise Ausdruck findet. Diesen Sätzen gegenüber wirken seine Invektiven gegen den Rationalismus als Ursache gegenwärtiger Mißstände allenfalls in ihrer außerordentlichen Drastik originell, ist doch die Klage über mit dem religiösen einhergehenden sittlichen Verfall ein verbreitetes Motiv der Zeit. Darin ist lediglich der beim jungen Harms zu beobachtende antirationalistische Zug, der in der Ablehnung eines von der Moral abhängigen Religionsverständnisses wurzelt, zu seinem vorläufigen Endpunkt gelangt.

Harms selbst behauptet die Kontinuität zwischen den "mehrsten" seiner Thesen und den früheren Publikationen; auch inhaltlich Neues will er als "bloße[s] Fortschreiten in der Erkenntnis"[154], d. h. nicht als Bruch in seiner theologischen Entwicklung verstanden wissen. Diese Einschätzung trifft weitgehend zu, denn außer der durchgängigen antirationalistischen Tendenz finden sich eine ganze Reihe von Harms' eigentümlichen Gedanken bereits vor 1817. Dazu gehören etwa das Bekenntnis zum "Mystizismus", die Polemik gegen rationalistische Predigtweise "durch den Verstand zum Herzen", die unprotestantische Inanspruchnahme des Priestertitels und die emotional gestimmte Hochschätzung traditioneller Kirchlichkeit, insbesondere der gottesdienstlichen Predigt.

Die "Thesen" bilden insgesamt gleichsam den Fokus der unterschiedlichen, zum Teil gegenläufigen theologischen Tendenzen beim jungen Harms. In ihnen kulminiert der im Zuge der durch die Redenlektüre inaugurierten Abwendung vom Rationalismus erfolgte unreflektierte Gebrauch traditioneller Formeln und die romantisch inspirierte Rezeption "mystischer" Vorstellungen zur behaupteten Identifikation mit dem altprotestantischen Lehrbegriff sowie zum Idealbild einer auf die CA gegründeten "ecclesia vera", in das sich die eigene emotionale Frömmigkeit problemlos integrieren läßt.

---

[154] Vernunftreligion 303. Die von H. Zillen im Bemühen, ausgehend von dieser Aussage Grundgedanken der "Thesen" schon in den frühen Briefen nachzuweisen, annotierten Beobachtungen sind teils sachlich zutreffend (38f,Anm.2. 61,Anm.4. 62,Anm.1. 63,Anm. 3), überzeugen jedoch nicht immer (34,Anm.2. 40,Anm.1. 63,Anm. 1. 69,Anm.1. 96,Anm.3).

Die hier propagierte Hinwendung zum Alten in Abkehr von der als
Verfall erlebten Gegenwart bringt romantische Einflüsse zu Geltung,
nur daß Harms sich im Unterschied zu Novalis nicht am mittelalter-
lich-universalen Katholizismus orientiert[155], sondern in der Gleich-
setzung von "altem Glauben", Christentum und Luthertum an der ver-
klärten Sicht der eigenen kirchlichen Tradition. Die darin zum Ausdruck kommende persönliche Rückwendung Harms' zum "alten Glauben" trägt, wie die wiederholt vorgetragene positive Bezugnahme
auf den Kindheitsglauben, aber auch die Abfassung des Zütphenbüchleins in der Sprache der eigenen Kindheit erweist, deutliche Züge
der Regression.

Die Kontinuität zur Zeit vor 1817 ist aber vor allem auch darin
gewahrt, daß Harms sein Modell der eigenen religiösen Provinz im
Gemüt, die Vorstellung vom Herzen als "Organ der Religion", die sich
letztlich dem Einfluß der "Reden" Schleiermachers verdankt, an zentraler Stelle zur Geltung bringt: Er führt sie zur Klärung der seiner
Ansicht nach den gesamten Thesenstreit inhaltlich bestimmenden
Frage nach dem "principium cognoscendae religionis" ins Feld und
offenbart in der mit dem Herzensbegriff verbundenen ideogrammati-
schen Bezeichnung des "Irrationalen in der Idee des Göttlichen"
durch "religiöse Worte" ein über den üblichen Sprachgebrauch hinausreichendes Religionsverständnis.

Die Herausgabe der "Thesen" hat Harms zu einer Abklärung der eigenen theologischen Position verholfen, da er sich in den Schriften
zum Thesenstreit, die gleichsam seine einzigen dogmatischen Abhandlungen darstellen, bei den zum Reformationsjubelfest vorgetragenen
Ansichten hat behaften lassen. Der Thesenstreit zwingt ihn zu ver-
mehrter wissenschaftlich-theologischer Arbeit, die der Erhärtung
seiner Position dienen soll und faktisch zu ihrer Verhärtung im Sinne der Orthodoxie führt. Die gesamte "Thesensache" wird so reduziert auf eine strenge Entgegensetzung von Vernunft und Offenbarung, die die Originalität früher vertretener freierer Ansichten über

---

[155] Vgl. grundlegend "Die Christenheit oder Europa" von 1799 (Novalis Schriften Bd 3, 507-524)

Bibel und Bekenntnis völlig zurücktreten läßt zugunsten des Versuchs einer Repristination des Lehrbegriffs der lutherischen Orthodoxie, hinter der, käme sie zur konsequenten Ausführung, etwa auch zeitgenössische supranaturalistische Systeme weit zurückstehen würden.

3.2 Die Rolle Ammons[1]

Insgesamt ist durch den Thesenstreit mehr "die Aufregung im Kampf des Supranaturalismus wider den Rationalismus [...] gemehrt worden"[2], als daß die Unionsbildung im Vordergrund der Diskussion gestanden hätte. Dies mag seinen Grund primär darin haben, daß die große Mehrzahl der erschienenen Streitschriften aus Schleswig-Holstein stammt[3], wo die konfessionelle Problematik naturgemäß wenig Interesse finden konnte. Auch Harms selbst konzentriert sich im Anschluß an die Herausgabe der "Thesen" fast ausschließlich auf die Bekämpfung der Vernunftreligion.

Auffälligerweise trifft diese Eingliederung in das theologische Kontroversthema der Zeit jedoch noch nicht zu für die beiden ersten Reaktionen auf die "Thesen" von außerhalb der Herzogtümer, nämlich die bereits erwähnte Schrift K. H. Sacks[4] und die schon vom 17. No-

---

[1] Da Christoph Friedrich Ammon erst 1825 unter allgemeinem Aufsehen den seit 1654 aufgegebenen Familienadel wieder annahm (vgl. J. Pabst: Lebens- und Charakterumrisse Christoph Friedrichs von Ammon, Dresden 1850, 11f), wird die im fraglichen Zeitraum geläufige Namensform benutzt. Zur Person vgl. E. H. Pfeilschmidt: Christoph Friedrich v. Ammon nach Leben, Ansichten und Wirken. Ein Lichtbild aus der evangelischen Kirche, Leipzig 1850; G. L. Zeißler: Geschichte der Sächsischen Oberhofprediger und deren Vorgänger in gleicher Stellung von der Reformation an bis auf die heutige Zeit, Leipzig 1856, 185-215; J. D. Schmidt: Die theologischen Wandlungen des Christoph Friedrich von Ammon, masch. Diss., Erlangen 1953; ders.: Christoph Friedrich von Ammon. Ein Abriß seines Lebens und theologischen Schaffens, ZBKG 24 (1955), 169-199

[2] So E. Hirsch: Geschichte Bd 5,86

[3] Die Zahlenangaben schwanken erheblich; Harms spricht Lebensbeschreibung 121 von 200, in der Geschichte des Thesenstreits (EKZ 48, 1829, 328; s. o. Kap. 3.1, Anm.10) von 50-100. F. A. Schrödter ("Archiv der Harmsschen Thesen, oder Charakteristik der Schriften, welche für und wider dieselben erschienen sind; größtentheils in deren eigenen Worten, mit beigefügten kurzen Beurtheilungen", Altona 1818) führt 57 an; über 100 Titel verzeichnet (unvollständig) F. Witt: Quellen und Bearbeitungen der schleswig-holsteinischen Kirchengeschichte, SVSHKG. A1, 2. Aufl., Kiel 1913, 256-262.

[4] S. o. Kap. 3.1, Anm.144; eingehender Kap. 3.3, Anm.5-9

vember 1817 datierte "Bittere Arznei für die Glaubensschwäche der
Zeit. Verordnet von Herrn Claus Harms, Archidiaconus an der Nicolaikirche in Kiel, und geprüft von dem Herausgeber des Magazins für
christliche Prediger"[5], denn beide traktieren in erster Linie die
Frage der Union. Dabei hat die "Bittere Arznei" allein schon der
Prominenz ihres Autors wegen das besondere Interesse nun auch des
überregionalen Publikums beanspruchen können, verbirgt sich doch
hinter dem "Herausgeber des Magazins für christliche Prediger" kein
geringerer als der Dresdener Oberhofprediger Christoph Friedrich
Ammon, der sich nicht nur durch sein Amt als leitender Geistlicher
der lutherischen Kirche des Königreichs Sachsen, sondern vor allem
als erfolgreicher gemäßigt rationalistischer Schriftsteller einen Namen
gemacht hatte.[6]

Die "Bittere Arznei"

Schon der Titel seiner Schrift signalisiert die eigentümliche
Schwebestellung, die Ammon gegenüber den "Thesen" einnimmt: einerseits wird der Gegenwart "Glaubensschwäche" attestiert, so daß
sie als der von Harms verordneten "Arznei" bedürftig erscheint; andererseits wird die offenbar notwendige Medizin einschränkend als
"bitter" bezeichnet und sich mit der Ankündigung, sie einer Prüfung
zu unterziehen, die Möglichkeit der Kritik eröffnet.

Den Aufsatz selbst leitet Ammon mit einem Rückblick auf das noch
kaum vergangene Säkularfest der Reformation ein, dem "man" zwar
nur eine "gewisse asthenische Bebung" prophezeit habe, das anschei-
nend jedoch tatsächlich "die Gemüther durch ganz Deutschland viel

---

[5] Aus dem zweiten Bande des Magazins besonders abgedruckt, Hannover und Leipzig 1817; abgekürzt "Arznei". Die Überschrift S. 3
differiert vom Titelblatt: "Bittere Arznei **gegen** [...]".

[6] Ammon war vor seinem Amtsantritt in Dresden 1813 Professor in
Erlangen (1792–1794 und 1804–1813) und Göttingen (1794–1804). Die
Bibliographie seiner Werke bei J. D. Schmidt: Wandlungen V–XIV;
Schmidt ordnet die "theologischen Wandlungen" Ammons in vier
Perioden: kantische (1786–1800), rationalistische (1800–1812), pseu-
dolutherische (1813–1830) und eklektische (1831–1850). Zweifelhaft
ist aber, ob das Attribut "pseudolutherisch" den hier in Rede ste-
henden "Wandlungs"-Stand Ammons wirklich sinnvoll kennzeichnet.

inniger und wohlthätiger ergriffen" habe, "als man erwartete". Als
Belege solcher übertroffener Erwartungen gelten die Allgemeinheit
des "Jubels" und der Sachverhalt, daß "öffentliche Beamte" und "berühmte Gelehrte" die Kirche besucht und dort nach langer Zeit wieder kommuniziert hätten. Freilich disqualifiziert Ammon die vielfältigen Aktivitäten anläßlich des Reformationsfestes sogleich als "fro-
hen und merkwürdigen Taumel" und spielt dabei unter dem mißfälli-
gen Stichwort der "raschen Bruderumarmungen" auf die Berliner Er-
eignisse an.

Aus diesem "Taumel" erwache "man" erst jetzt, gleichsam wie aus
einem Alkoholrausch "halb ermattet, halb dröhnend".[7] Die Motive der
für einen lutherischen Kirchenführer befremdlich negativen Wertung
der Säkularfeier, die Schleiermacher zur Bemerkung veranlaßt hat,
man glaube hier "fast einen Katholiken zu hören, dem unser Jubelfest ein Aerger war"[8], sind schwer erkennbar; möglicherweise bildet
die von Ammon in seinen Festpredigten merkwürdig betonte Schlicht-
heit des Begängnisses in der Hauptstadt des katholischen Landesherrn den Hintergrund.[9]

Innerhalb der "Bitteren Arznei" hat die Disqualifikation der Fest-
aktivitäten kontrastierende Funktion, indem die geschilderte "dröh-
nende" Stimmung aufgebrochen wird durch die aus einer "stille[n]
Wolke" plötzlich wie "neue Blize" herabgeschleuderten "fünf und
neunzig alte[n] Wahrheiten" des Kieler Archidiakons. Ammon registriert eine von ihnen verursachte "Erschütterung", der gegenüber
das Reformationsfest als sekundär erscheint; es erhöben sich bereits

---

[7] Vgl. Arznei 3
[8] Vgl. An Ammon 44 (SW I/5,365); in der Zitation der Ammon-Stelle
bei v. Meding (Kirchenverbesserung 30) wird die distanzierte Haltung zur Feier ins Gegenteil verkehrt und Ammon zum Kronzeugen
der "allgemeinen Überraschung" über die "tatsächliche Festbegei-
sterung" gemacht.
[9] Vgl. "Religionsvorträge zur dritten Reformationsjubelfeier am 30.
31. October und 2. November 1817 in der evangelischen Hof- und
Sophienkirche zu Dresden gehalten und seinen Zuhörern gewidmet",
Dresden 1817, bes. Vorrede 1 und 2. Predigt 35f. Nach v. Meding
(Kirchenverbesserung 59) beging das albertinische Königreich "sein
Lutherfest zurückgezogen [...]".

Stimmen von Gegnern, die je nach Reaktion als "Sadducäer", "sichere Sünder", "ausgebrannte Glaubensberge" oder "Klüglinge" klassifiziert werden. Die bildhafte Sprache läßt jeden Bezug zur realen Wirkung der "Thesen" vermissen, soll jedoch wohl die völlige Übereinstimmung des Oberhofpredigers mit den "alten Wahrheiten" suggerieren, zumal er die ihnen entgegengebrachte Kritik als irrelevant und sie selbst als "Spiegel [...], der uns treulich zeigt, wie wir gestaltet sind", bezeichnet.[10]

Dabei bleibt unbestimmt, wer konkret mit der ersten Person Pluralis gemeint sein soll und ob der Verfasser sich hier mit einschließt[11], denn schon ab dem folgenden Satz behaftet er durchgängig ein noch unbestimmt-allgemeineres "man" bei Auffassungen, die als "Zeitgeist" samt seiner Folgen zu verurteilen seien.[12] So "sagt man", der gegenwärtige "Geist des Lichtes und der Vollkommenheit" erhebe "uns" über Reformatoren wie über "die ersten Lehrer des Christenthums".[13] Dieser pauschalen Behauptung wird eine verkürzende Zitation der Thesen 1, 3, 5, 4, 71 und 74 gegenübergestellt, wobei die Angriffe gegen die "Idee der fortschreitenden Reformation", gegen diejenigen, die "den falschen Lehrbegriffen gemäß sich geformt haben", sowie das Wort von der in der lutherischen Kirche "rasenden" Vernunft noch durch Sperrung besonders hervorgehoben werden. Es liegt jedoch eine gewisse Distanzierung von diesen Harmsischen Sätzen darin, daß Ammon sie ohne weiteren Kommentar als "herb genug" bezeichnet und meint, sie träfen lediglich diejenigen Zeitgenossen als "Hagel" auf die "nackten Schultern", die ein "Kleid aus gewobenem Winde" trügen, also wohl wieder jenes bereits apostrophierte "man".[14]

Dieser unverbindlichen Bemerkung, die die eigene Person offenkundig nicht einschließt, läßt der Oberhofprediger eine weitere Zustandsbeschreibung folgen, nach der "man" die "moralische Religion"

---

[10] Vgl. Arznei 4
[11] Ammon scheint sich selbst einzuschließen Arznei 8f.16.21.23.30.
[12] Vgl. die Verwendung des unbestimmten Personalpronomens "man" Arznei 4.5.7.11.16.21.22.26
[13] Vgl. Arznei 4
[14] Vgl. Arznei 4f

mit einem Absolutheitsanspruch versehen habe. Die Theologie, offenbar auch die eigene, sei damit an einen "Scheitelpunkt unserer Voll-
endung" angelangt, auf dem "wir die kühne Stimme" Harmsens hör-
ten, nämlich dessen Thesen gegen die Trennung von Tugend- und
Glaubenslehre sowie gegen die Autonomie des Gewissens (15.9-11.17-
18.21).[15]

In seiner Zitation hebt Ammon die Behauptung der 17. These, aus
der Gewissensautonomie folge notwendig sittliche Willkür, besonders
hervor, und zählt in der Folge eine ganze Reihe moralischer Verfehlungen und verwerflicher Ansichten auf, die alle Resultate eines
"Gewissens ohne Gott" seien.[16] Die angeführten Thesen dienen also
lediglich der Einstimmung auf drastisch ausgemalte Klagen über den
sittlichen Verfall des Zeitalters, der selbst die theologische Ausbildung erfaßt habe[17]; sie werden inhaltlich nicht diskutiert und das
abschließende Urteil über die von Harms postulierte Lenkung des Gewissens durch das "Wort Gottes" (These 10.17) stellt die direkte Verweigerung einer eindeutigen Stellungnahme dar:

> "Wie das geschriebene Wort, das doch gewiß einmal unge-
> schrieben war, sich zu dem von Gott erleuchteten Gewissen
> des Menschen verhalte, mag hier immer unerörtert bleiben;
> aber rein und lauter wird dieses doch nur genannt werden
> können, wenn es das Geheimniß des Glaubens treu be-
> wahrt."[18]

Die hier nur angedeutete Differenz zu Harms wird vollends dort
evident, wo Ammon sich klar zur Vernünftigkeit und Geistigkeit von
Glauben und Gottesdienst bekennt. Allerdings dürfe die Bedeutung
der Vernunft "in der Religion" nicht wie im Idealismus und bei den
Romantikern falsch eingeschätzt werden[19]; sie "leuchte" zwar, doch
vergäßen "wir" leicht, daß auch "Herz", "Gefühl und Einbildungskraft"

---

[15] Vgl. Arznei 5f
[16] Vgl. Arznei 6f
[17] Vgl. Arznei 7
[18] Arznei 7f
[19] Vgl. Arznei 8 gegen Fichte ("Idealist und Leibgeber") und 9 ge-
      gen die Romantiker ("metaphysischen Romanenflitter") und wohl
      auch Schleiermacher ("nun verwandelt sich [...] unsere Hofnung
      in die Loderasche des göttlichen Universum"; s. u. Anm.137)

ihre religiösen "Rechte und Bedürfnisse" hätten, denen nur "göttliche
Offenbarung ein Genüge leisten" könne.[20]

Das damit offenkundig intendierte harmonische Verhältnis von Vernunft und Offenbarung vertritt gewiß nicht das Anliegen des Thesenstellers. Dennoch wird er, der "Asclepiade", dafür gleichsam in Anspruch genommen, indem unvermittelt Auszüge aus den Thesen gegen
die Vernunft (9.33.32.41.45.47) geboten werden, und zwar als "bit-
teres Haupt- und Seelenmittel", gereicht "Menschen, in diesen Mona-
ten geboren".[21] Obwohl er dabei gerade die schwerverständliche 32.
These gegen die von Vernunft und Religion "entblößte" Vernunftreligion hervorhebt, legt Ammon abschließend ein "entschiedenes" Bekenntnis zur "Metaphysik des Christentums" ab, also doch wohl zum
Vernunftgebrauch. Eine Erörterung der Ausfälle gegen den Rationalismus findet nicht statt; das auf das "heilig" der 36. These bezogene
Resümee lautet:

> "Was heilig ist, positiv, nicht levitisch, wissen auch christ-
> liche Theologen zu Hunderten nicht; wenn es daher der Ur-
> heber dieser Streitsätze wirklich und im Ernste weiß, so ist
> er der Mann, den ich lange gesucht habe."[22]

Damit bleibt Ammons Beurteilung des Thesenstellers in der Schwebe, denn die mögliche inhaltliche Übereinstimmung wird nur konditional formuliert. Keineswegs werden die "Thesen" als Gegenentwurf
zur mit Skepsis und Abneigung betrachteten zeitgenössischen Theologie apostrophiert, sondern es erscheint mindestens zweifelhaft, ob
Harms tatsächlich imstande ist, einen entscheidenden Beitrag zur Be-
wältigung der vorgeblichen theologischen Gegenwartskrise zu leisten.

Das antirationalistische Anliegen des Thesenstellers tritt in Ammons Prüfung auch darin stark zurück, daß das Stichwort "Vernunft"
nurmehr den Anknüpfungspunkt bildet für einen, wie Schleiermacher
äußert, "mit Ausdrükken die man, da sie in den Harmsischen Thesen
nicht stehn, am liebsten bei Jean Paul suchen möchte", vorgetragenen Angriff auf die – in Ammons eigenem dogmatischen Werk domi-
nierende – "Historische Auslegung" als "Beginnen der Zeit".[23]

---

[20] Vgl. Arznei 8f; Hervhg. im Original
[21] Vgl. Arznei 9
[22] Vgl. Arznei 9f, Zitat 10
[23] Vgl. Arznei 10f; Schleiermacher: An Ammon 31 (SW I/5,354)

Zwar fügt sich daran inhaltlich zutreffend die Zitation der Berufung Harms' auf Bibel und Bekenntnis, mit der dieser die Reihe ge-
gen die "Altonaer Bibel" eröffnet hatte (These 50f), doch enthält
sich Ammon einer Kommentierung, indem er sie mit der referierenden
Formel "Unser Verfasser läßt sich [...] also vernehmen" anführt.
Ebenfalls kommentarlos zitiert wird, allerdings unter Auslassung der
Kritik an einer bloßen Erläuterung des Luthertextes (These 54), die
grundsätzliche Forderung einer Bibelrevision (These 52f.55), während
Ammon den Protest gegen die "Altonaer Bibel", den Hauptanlaß der
Thesenveröffentlichung, explizit "nicht nachsprechen" mag, da "wir"
das Werk "noch [...] nicht genug" kennten und "man" das "Ueberei-
len" und "Uebertreiben" tunlich vermeiden sollte.[24]

Obwohl nicht feststellbar sein dürfte, ob dem Oberhofprediger tatsächlich aus Unkenntnis der 1815 erschienenen Ausgabe die Basis einer Beurteilung fehlt, ist die faktische Divergenz zu Harms doch augenfällig. Nur ganz allgemein, auf dem Hintergrund einer Unterscheidung von öffentlicher und Privatreligion, signalisiert er Einverständnis in der Ablehnung "natürlicher Bibelerklärungen", da diese
frevelten und vor allem: "das Volk" verwirrten.[25]

In einem Neuansatz variiert Ammon anschließend das Thema des
kirchlichen und theologischen Verfalls, dessen vermeintliche Evidenz
er noch durch die rhetorische Frage, wie dem gerade durch die "öffentlichen Lehrer der Religion" verursachten "Uebel" zu wehren sei,
zu unterstreichen sucht. Harms habe sich darüber "stark genug erklärt", nämlich in den vollständig zitierten und hervorgehobenen
Thesen 63-67 mit ihrem Aufruf an "die Christen", für den "alten
Glauben" einzutreten.[26] Diese Aussagen werden jedoch nicht direkt
aufgenommen, sondern der Prüfer geht unmittelbar über in eine Beschreibung des Verhaltens sogenannter, von Schrift und Lehre abweichender "Novaturienten", das mit Duellen der "Musensöhne" große
Ähnlichkeit habe. Jene verletzten zwar Symbol und Eid, doch schlü-

---

[24] Vgl. Arznei 11f
[25] Vgl. Arznei 12
[26] Vgl. Arznei 12f

gen sie sich mit großem Eifer für "ihre" Wahrheit und suchten "Märtyrerthum für fremde Aufklärung".[27]

Die metaphernreiche und darum gänzlich unkonkrete Rede von theologischen Neuerern verfolgt einzig das Ziel, sich von Harms' Forderung distanzieren zu können, denn Ammon ist die Vorstellung unerträglich, daß "diese Irrenden mit Eifer" sich dem "Urtheile der Laien" unterwürfen, da "solches Volk [...] aller Tollheit und Tyrannei voll" sei. Dementsprechend lautet das abschließende Urteil über die verhandelte Thesenreihe bündig:

"Bittere Arzneien loben wir; aber heftige Brechmittel machen die Krankheit oft gefährlich und nicht selten tödtlich."[28]

Deutlicher kann im gewählten Sprachmuster die Distanzierung von Harms kaum ausgesprochen werden. Sie klingt auch aus dem nächsten Abschnitt, der sich mit der in den Thesen 90 und 91 vorgetragenen Ablehnung des landesherrlichen Summepiskopats und Befürwortung des gemeindlichen Pfarrwahlrechts befaßt, gleich zu Beginn heraus, wenn es anknüpfend an die Problematik des "Brechmittels" heißt:

"Lauter Folgen, ruft man, des unseligen und ewigen Protestirens, das im Staate zuletzt zum Jacobinism, in der Kirche unvermeidlich zur Glaubensnullität und zu Predigten von blauen Enten führt."[29]

Aus diesem Ausruf erhellt nicht nur die politisch reaktionäre Haltung Ammons, sondern er kann sogar den Eindruck entstehen lassen, als sei zu den "unseligen Folgen" der französischen Revolution auch die Berufung auf das aus dem allgemeinen Priestertum resultierende Recht der Gemeinde zum Lehrurteil zu zählen. Der lutherische Oberhofprediger eines katholischen Königs nimmt keinen Abstand, die von Katholiken wie Eck und Bossuet geübte Kritik am Protestantismus aufzugreifen und in sein düsteres Gemälde der kirchlichen Zustände einzufügen. Dabei wird die Problematik des landesherrlichen Kirchenregiments faktisch reduziert auf die Klage über das unsittliche Verhalten protestantischer Fürsten.[30]

---

27 Vgl. Arznei 13
28 Vgl. Arznei 14f; Zitat 15
29 Vgl. Arznei 15-17; Zitat 15
30 Vgl. Arznei 15

Immerhin führt die anschließende Anführung der von Harms so
apostrophierten Mängel der lutherischen Kirche zu bildreichen Erwägungen über den landesherrlichen Summepiskopat. So sei es zwar "in
der Theorie [...] gut, daß sich die Kirche immer mehr losreißt vom
Staate [...]", doch in der gegenwärtigen Praxis sei "die Vereinigung
der Landeshoheit und höchsten Kirchengewalt, nach den in unseren
zwei alten symbolischen Büchern abgemessenen Grenzen, noch immer
das erträglichste und in unserer concreten Welt ausführbarste System."[31]

Die in diesem Satz ausgesprochene Ablehnung der 90. These markiert einen Wendepunkt in der Prüfung der Harmsischen Sätze, denn
die nun folgenden letzten 14 Seiten der insgesamt nur 32 Seiten
starken "Bitteren Arznei" sind ausschließlich dem Thema der Union
gewidmet. Damit findet augenfällig eine dramatische Akzentverschiebung statt, ist doch in den "Thesen" die Polemik gegen den Rationalismus das alles beherrschende Leitmotiv, während der Union maximal
15 Sätze gelten[32]. Ammons unmittelbarer Übergang von der Apologie
bestehender kirchlicher Machtverhältnisse zur Kirchenvereinigung
stellt einen nur mühsam kaschierten Hiatus in der Argumentation
dar:

> "Anders dürfte das freilich dann erscheinen, wenn sich unse-
> re Kirche noch näher mit einer verschwisterten verbinden
> sollte, die an aller weltlichen Herrschaft in ihrer Mitte im-
> mer großen Anstoß genommen und dafür eine gewisse apo-
> stolische Hierarchie, bei welcher der Prediger offenbar ge-
> winnt, in ihrer inneren Verfassung erhalten hat."[33]

Der Verdacht, die Union gefährde durch Übernahme reformierter
Vorstellungen das überkommene Verhältnis von Staat und Kirche, erinnert an Harms' Andeutung einer möglichen "Verwirrung mit den
Staaten" in These 88, die Ammon auch tatsächlich wenig später,
freilich ohne ihre juristisch-symbolische Begründung, zitiert.[34] Zunächst jedoch erhebt der "Prüfer" den Anspruch, die Union nicht

---

[31] Vgl. Arznei 16.17
[32] These 75–89 (ohne die Schlußreihe und die "Mängel" der lutheri-
      schen Kirche, unter Einschluß der "Verwirrungs"-Thesen)
[33] Arznei 17f
[34] Vgl. Arznei 19

verunglimpfen zu wollen, da schließlich "jeder evangelische Lehrer treulich an der Bekehrung der Rationalisten in unserer Mitte, gegen die gewiß der eifrigste Zwinglianer und Calviniste noch immer ein frommer Glaubensheld" sei, arbeite.[35]

Reformierte und Rationalisten werden als Angehörige unterschiedlicher Frömmigkeitsstufen angeführt und das angeblich von allen "evangelisch" denkenden Theologen unternommene Vorhaben einer Reintegration der niedrigeren Stufe in die eigene, höhere, parallel gesetzt zur Union, die in diesem Sinne nur in der "Bekehrung" der reformierten Kirche zum Luthertum bestehen ·kann. Indem Ammon geschickt den Eindruck erweckt, als sei er, der "Offenbarungsrationalist", ein Angehöriger der höheren Stufe und strebe selbst beständig nach "Vereinigung und Eintracht" mit Rationalisten, erscheint er zumindestens nicht als Gegner des analog verstandenen "große[n] Werk[s]" der Union. Einschränkend verlangt er jedoch, sie dürfe nicht "ohne feste Regel" begonnen werden und zitiert danach fast vollständig den Protest der "Thesen" gegen die Kirchenvereinigung[36], will also offenkundig zu verstehen geben, das Geschehen 1817 entspreche nicht seiner Forderung.

Aus Harms' umfänglichen Invektiven greift Ammon das Problem der Abendmahlslehre (These 76.78) heraus und insistiert unter Berufung auf Luther auf dem Festhalten der innerprotestantischen Lehrdifferenzen, da deren Mißachtung unweigerlich zu "Indifferentism" führe. Bei konsequenter Anwendung des reformierten Ritus des Brotbrechens müsse notwendigerweise auch die Kindertaufe in Flüssen erfolgen, wobei mit der Nennung von "Elbe" und "Spree" eine Anspielung darauf erfolgt, wohin die Argumentation konkret zielt: Der Oberhofprediger polemisiert gegen die "Vielen, die das Reformationsfest als ein neues Schauspiel begiengen [...] und statt des Abendmahls lieber eine gemeine Brodt- und Weinspende [...] wobei es immer unbenommen

---

[35] Vgl. Arznei 18f
[36] Vgl. Arznei 18-20 (Zitation von These 75-78.80.82-89 unter Fortlassung der Begründungen der "Verwirrungs"-Thesen mit Ausnahme des gefährlichen "religiösen Elements im Menschen" aus 88)

blieb, darzureichen brüderliche Liebe und gemeine Liebe", bereitet hätten.[37]

Als sei damit die gemeinsame Abendmahlsfeier von reformierten und lutherischen Geistlichen in Berlin am 30. Oktober noch nicht deutlich genug bezeichnet, ergeht sich der "Prüfer" in weiteren überaus polemischen Andeutungen. So habe "man es gewagt [...], aus den Manifesten Gottes etwas auszuscheiden, wie aus einem Landrechte, oder ein Landesevangelium zu formen, wie einen Landsturm [...]."[38]

Die Anspielungen auf die preußische Rechtsordnung und die Volksbewaffnung im Befreiungskrieg gegen Napoleon, an der sich ja auch Schleiermacher beteiligt hatte[39], entbehren nicht der politischen Brisanz, vermeiden es aber mehr oder weniger geschickt, den Adressaten zu nennen. Gegen das pragmatische Vorgehen in Berlin und an anderen Orten wendet Ammon unter Hinweis auf frühere Unionsversuche ein, Abendmahlsgemeinschaft zwischen Reformierten und Lutheranern sei nicht bei "Gemeinschaft des Un- oder halben, sondern des ganzen Glaubens" möglich, die zuvor durch Lehrverhandlungen erreicht werden müsse. Ändere "man" stattdessen "nach eigener Willkühr [...] Namen, Sitte und Grundsätze", dann löse "man" sich verwerflicherweise von der konfessionsgleichen "großen Völkergemeinde [...], mit der man bisher religiös verbrüdert war" und gründe eine "Brüderschaft ohne Stamm".

Die polemischen Spitzen gegen das preußische Unionsvorhaben gipfeln in einer eindeutigen Festlegung:

> "So wenig ein wahrhaft evangelischer Christ unserer Kirche ie von der Bibel weicht, eben so wenig wird er ie von der Augsburger Confession weichen; wer sich unter diesen Panieren sammeln will, ist uns willkommen [...]."[40]

---

[37] Vgl. Arznei 20f, Zitate 21
[38] Vgl. Arznei 22
[39] Vgl. dessen direkte Reaktion: "Wie man einen Landsturm formt, davon habe ich eine kleine Erfahrung gemacht, und selbst ein wenig mit dazu geholfen; aber je mehr ich das zu wissen glaube, um desto weniger kann ich entdekken, was für eine Aehnlichkeit es geben kann zwischen Landesevangelium und Landsturm, und der Art wie beide zu Stande kommen, und ich möchte fast über diese Beredtsamkeit in ähnliche Ausrufungen ausbrechen, wie Festus über die des Paulus." (An Ammon 55; SW I/5,375)
[40] Arznei 23; vgl. insgesamt 22f

Ammon verficht also eindeutig das Modell einer Konsensunion auf Basis der CA, demgegenüber das in Preußen gewählte Verfahren als übereilt und unzulässig erscheint.

Mit dieser ausführlichen Konkretisierung der beim Thesensteller doch relativ unspezifischen Unionspolemik vertritt der Oberhofprediger sein eigenstes Anliegen, behauptet jedoch, auch dabei noch sein Prüfamt wahrzunehmen, indem er fortfährt:

> "Wir schließen diese Prüfung mit einer treflichen Stelle unseres Verfassers, die nur einer kurzen Erklärung bedarf."[41]

Gemeint sind die konfessionalistischen Spitzensätze der Thesen 92–95, denen zur Gänze zugestimmt und erweiternde Interpretationen beigefügt werden. So "lebt" nach Ammon die katholische Kirche "in dem Christenthume der Anschauung", die reformierte Kirche jedoch "in dem Christenthume des Verstandes", weshalb ihr auch eine "gewisse Starrheit und Strenge" eigne, "die ihr wahre Duldung und Sanftmuth sehr erschweren würde, wenn sie iemals herrschend werden könnte"; die lutherische Kirche schließlich "vereinigt" als ein "Christenthum des Gemüthes" die positiven notae der anderen Konfessionen in diese überbietender und einschließender Weise. Ihr gebühre, in deutlicher Wendung gegen die "neuevangelische" Union, der Titel "altevangelisch".[42]

Ohne daß dies eigens kenntlich gemacht wird, ist nun die Prüfung endgültig beendet; Harms wird mit keinem Wort mehr erwähnt und stattdessen noch ausführlicher die Unionsproblematik erörtert. Die zugrundeliegende ekklesiologische Theorie stellt eine eigentümliche Mischung dar aus konfessioneller Toleranz im Ideal und Skepsis gegenüber der Realität; während nämlich in der ecclesia invisibilis eine Union gar aller Konfessionen möglich und bereits vorhanden sei, könne in der ecclesia visibilis eine solche Vereinigung nicht stattfinden:

> "Man gebe uns vollkommene Lehrer und vollkommene Gemeinden, ohne Sectengeist und Fanatism, ohne Leichtsinn und Versatilität; so werden sich die drei Confessionen eben so schnell vereinigen, als die Weiseren und Besseren unter

---

[41] Arznei 23; Hervhg. im Original
[42] Vgl. Arznei 24f

ihnen schon jetzt innerlich und im Geiste vereinigt sind. Ist
und bleibt hingegen in der streitenden Kirche auf Erden
Alles unvollkommen, so werden auch alle Bemühungen, sie
gänzlich zu verbrüdern, vergebens und fruchtlos seyn [...]."[43]

Seine Skepsis gegen eine "unvorsichtige" Vermischung der "bisher
abgesonderten Elemente" illustriert Ammon an der vermeintlichen Gefährdung der "am Worte und am Sacrament" festhaltenden "evangelische[n] Kirche" durch zwinglische Abendmahlsvorstellung und
"furchtbare" calvinische Prädestinationslehre, als ob diese Lehr-
bildungen nicht-evangelischen Kirchen eigneten und als ob vergleich-
bare Gefahren vom Katholizismus nicht drohten.[44]

Wie um seine Auffassung zu belegen, daß eine Vereinigung der
evangelischen Kirchen allenfalls auf dem Wege der Lehrverhandlung
zu erreichen sei, sucht er durch Anführungen aus der "Institutio"
den Nachweis zu führen, jedenfalls hinsichtlich des Abendmahlsdog-
mas sei Calvin "noch immer mit der Augsburger unveränderten Confession nicht unvereinbar".[45] Deshalb scheine wenigstens an diesem
einen Punkt "eine Ausgleichung der Mißverständnisse" möglich. Offen
bleibt allerdings, ob die so zu realisierende partielle "evangelische
Einheit der Lehre" ipso facto zur Union führen würde, doch "leuch-
tet" es Ammons Meinung nach "von selbst ein, daß uns zu diesem
Zwecke nicht einmal eine Veränderung unseres ersten Hauptbekennt-
nisses angesonnen werden kann."[46]

Nicht von ungefähr bringt der sich hier als entschiedener Lutheraner gerierende Oberhofprediger gerade das strittige Abendmahlsdogma
ins Spiel, denn seine Erwägungen kontrastieren dem pragmatischen
Vorgehen der Berliner Kreissynode, des eigentlichen Gegners, den er
nun im letzten Abschnitt seiner Schrift endlich beim Namen nennt,
indem er die in ihrer von Schleiermacher verfaßten "Amtlichen Erklärung" erfolgte Berufung auf die Praxis der Brüdergemeinde aus-

---

43 Arznei 25; Hervhg. im Original
44 Vgl. Arznei 25-27; zum Beleg der negativen Folgen der calvini-
    schen Prädestinationslehre zitiert Ammon eine Anekdote aus dem
    Leben der Tochter Friedrich Wilhelms I., Wilhelmine von Preu-
    ßen, spätere Markgräfin von Bayreuth (26f, Anm.17).
45 Vgl. Arznei 28f; Zitat 28
46 Vgl. Arznei 30

drücklich zurückweist.[47] Sie habe mutmaßlich dazu dienen sollen, "streitigen Erörterungen dieses Dogma's auszuweichen", was aber schon deshalb unstatthaft sei, weil auch die Brüder sich auf die CA verpflichtet und damit also seine Hauptbedingung für die Vereinigung erfüllt hätten.[48] Zudem träfe Herrnhut keinerlei Anstalten, sich etwa "mit den unirten, und zu unirenden neulutherischen und neureformirten Gemeinden kirchlich [...]" zu vereinigen. Dieser Zurückhaltung wegen sieht er sich zur rhetorischen Frage veranlaßt:

> "Warum soll eine große Kirche, die man noch dazu als altlutherisches Nachbild betrachtet, es nicht frei erklären, was sie besizt und wo ihre Grenzen stehen?"[49]

Spätestens aus dieser Formulierung, die in exponierter Stellung als letzter Satz die "Bittere Arznei" beschließt, erhellt, daß es Ammon mit seiner Schrift nicht eigentlich um eine Prüfung der Harmsschen "Thesen" geht, sondern vielmehr darum, in seiner Eigenschaft als geistliches Oberhaupt der sächsischen lutherischen Kirche ein Urteil über das preußische Unionsvorhaben zu fällen.

Dieses kirchenpolitische Motiv steht so sehr im Vordergrund, daß des Thesenstellers am Ende gar nicht mehr gedacht wird. Uneingeschränkte Zustimmung finden zuvor ohnehin nur die Thesen zur Union und die damit verbundenen konfessionalistischen Schlußsätze, so daß die Erörterung der übrigen wie eine bloße Hinleitung zum eigentlichen Thema erscheint. Ihre Besprechung gerät zudem eigentümlich distanziert, indem Ammon sie zur Bestätigung einer mit pronominalen Wendungen wie "man" und "wir" unbestimmt gehaltenen kritischen Diagnose kirchlicher Zustände einstreut. Auf diese Weise wird die eigene Auffassung geschickt kaschiert, während wirklich eindeutige Stellungnahmen nur an Punkten erfolgen, an denen Harms widersprochen wird, nämlich hinsichtlich der Bewertung der Altonaer Bibel, der Rechte der christlichen Gemeinde und des landesherrlichen

---

[47] Vgl. Arznei 30, Anm.20 zu "Amtliche Erklärung" (s. o. Kap. 3.1, Anm.136) 16 (SW I/5,306f)
[48] Vgl. Arznei 30f; bes. zur Verpflichtung auf die CA: "Wir gestehen frei, daß wir ohne die letzte Bedingung an keine vollkommene Vereinigung der bisher schon so nahe verschwisterten Kirchen glauben können." (31)
[49] Vgl. Arznei 32

Summepiskopats. Aufschlußreich ist auch, welche Thesen von einer Prüfung förmlich ausgeschlossen bleiben: abgesehen von einzelnen, etwa spezifisch holsteinisch-lokal geprägten Thesenaussagen (These 31.68.79.81) fehlen Harms' eindrückliche Würdigung des "alten Glaubens" (These 7.20-29) sowie weite Passagen der Polemik gegen den "neuen Glauben" bzw. die "Vernunftreligion" (These 13.22f.40-44.46. 48f.69f.72f)[50]; die so wichtige Entgegensetzung von Herz und Vernunft (These 34f.37-39) kommt gar nicht vor.

Ammon und Harms

Alle diese Kunstgriffe verfolgen das Ziel, unter dem Anschein der völligen sachlichen Übereinstimmung mit Harms sich gerade dessen antirationalistisches Grundanliegen nicht zu eigen machen zu müssen. Die "Thesen" geraten so zum Instrument Ammonscher Unionspolemik, wobei nicht nur das außerordentliche Geschick im Kaschieren inhaltlicher Differenzen bei Harms zunächst die Einsicht verhindert hat, wie wenig er tatsächlich mit dem Oberhofprediger theologisch zusammenstimmt. Hinzu kommt nämlich, daß Ammon bereits am 22. Mai 1817 mit ihm in eine dann bis 1819 fortgesetzte Korrespondenz getreten ist.[51]

Harms ist der darin unter der Maßgabe, "unsere Zeit" von ihrem durch "Glaubensnullität" geprägten Weg zur Verbrüderung mit dem "Heidenthum" abzubringen, vorgetragenen Bitte um Mitarbeit im "Magazin für christliche Prediger" durch Übersendung einiger Beiträge nachgekommen.[52] Interessanterweise erstrecken sich freilich auch im privaten Briefwechsel die deutlich ausgesprochenen Konvergenzen nur

---

[50] Was Ammon diesbezüglich zitiert (These 9.41.47.71.74), ist in charakteristischer Weise verkürzt.

[51] Ed. K. Rolfs/G. Ficker als "Harmsiana" in: SVSHKG.B 7 (1918), 104-113 (Nr. 4-7.9.11-13.15). Die Gegenbriefe Harms' sind laut Auskunft der sächsischen Landesbibliothek Dresden im dortigen Ammon-Nachlaß nicht vorhanden.

[52] Vgl. Brief vom 22.5.1817; Zitate Brief vom 7.9.1817 (Harmsiana 104). - Beiträge von Harms im "Magazin": "Abendmahls-Liturgie" (Bd 2/1, 1817, 239-245). "Ein Kirchengebet" (Bd 2/2, 1818, 503-505). "Altargebete am ersten Advent und Weihnachtstage" (Bd 3/ 2, 1819, 195-198). "Eine Homilie von den falschen Propheten" (Bd 4/1, 1819, 154-171)

auf das Motiv der Klage über kirchlichen Verfall und die Ablehnung der Berliner Unionsvorgänge.[53] Dagegen sind die Bemerkungen zu den "Thesen" merklich zurückhaltender. Unter dem 22. November 1818, während der Korrekturarbeiten an der "Bitteren Arznei", stellt Ammon fest:

> "Wir stimmen wenigstens in der Ueberzeugung, daß die delirende Zeit eines drastischen Mittels bedarf, und dann auch in der Wahl der Ingredienzen häufiger zusammen, als das sonst bei Collegen -- der Fall zu seyn pflegt."[54]

Angesichts der unheilvollen Gegenwart hält er also selbst Harms' harte Polemik für angemessen; die Billigung erstreckt sich im Rahmen des Klagemotivs jedoch nur auf die Thesentat, während die Theseninhalte nicht eigentlich bewertet werden. Etwas konkreter heißt es am 21. Februar 1818:

> "der evangelische Sinn und Geist Ihrer Thesen, der Viele mit höherer Gewalt ergreift, hat Ihre Sache zu der meinigen gemacht. [...] Aber der Kampf, den wir beginnen, gilt der heiligsten Anstalt Gottes zur Veredelung und Beglückung unseres Geschlechts. [...] Von einem höheren Geiste getrieben haben Sie das Schwert des Geistes gezogen, die erste Schlachtordnung des Unglaubens ist schon durchbrochen; [...] ein Wort der Wahrheit durchblitzt wohl die Nacht einer tollen Zeit, oder es muß ein zweites und drittes folgen, wenn sie weichen und verschwinden soll."[55]

Hier gibt Ammon Harms noch am eindeutigsten eine inhaltliche Zustimmung zu den "Thesen" zu erkennen, doch schon die ganz "rationalistische" Definition von Kirche markiert eine inhaltliche Differenz, die im weiteren Briefwechsel immer deutlicher zum Ausdruck kommt.

Sie tritt schon wenig später, in einer vom 29. Mai 1818 datierten Reaktion auf die "Verständigungsbriefe", die Ammon "mit dem höchsten Interesse wieder und wieder gelesen" hat, ungeachtet aller Be-

---

[53] Zum kirchlichen Verfall vgl. noch die folgenden Zitate (Anm.55f) sowie Brief vom 29.5.1818 (Harmsiana 110). – Zur Union: Brief vom 22.11.1817: "Die Schweizer schütteln zu der B-r Copulation bedenklich die Köpfe." (105) und Brief vom 12.11.1818: "Doch scheint es fast, als ob die Posaunen der falschen Propheten in eben dem Verhältnisse matter tönten, als das Unionsgeschäft sich fast überall zerschlägt." (111)

[54] Harmsiana 105

[55] Vgl. Harmsiana 108, wo Ammon auch auf Schleiermachers vom 7.2.1818 datierte Schrift "An Ammon" Bezug nimmt.

kundungen persönlichen Wohlwollens darin zutage, daß dem Oberhofprediger Harms' "schönste Antithese der Offenbarung und Vernunft"
als "dunkel" erscheint. Schließlich gebe es doch eindeutige Übereinstimmungen zwischen antiker Philosophie und Christentum, zwischen
Plato und Seneca einerseits, Johannes und Paulus andererseits. Zwar
wolle er nicht einem "materiellen oder dogmatischen Rationalismus"
das Wort reden, doch "ohne Vernunft" sei "der Glaube Kind", und
der [!] sei "zuletzt ebenso werthlos, als des Kindes Wissen."[56] Zweifellos hat sowohl Harms' Ablehnung der von ihm so genannten "rationalistischen Suprarationalisten" wie überhaupt die breit angelegte
Argumentation gegen ein Verständnis der Vernunft als religiöse Anlage[57] das Mißfallen des Oberhofpredigers erregt.

Von diesen vorsichtig-kritischen Bemerkungen an verliert der
Briefwechsel merklich an Intensität: Erst unter dem 12. November
1818 meldet Ammon sich wieder mit dem Wunsch, sein "Andenken"
bei Harms "zu erneuern", am 27. April 1819 erfolgt die Bedankung
für einige übersandte Magazinbeiträge und am 26. Juni desselben
Jahres der Hinweis auf die eigene öffentliche Kritik an Harms, mit
dem die Korrespondenz dann abbricht.[58]

---

[56] Vgl. Harmsiana 109f. Der zweite Kritikpunkt Ammons an Harms
      könnte auf die Beurteilung Schleiermachers gehen: "Einmal P.s...
      Meisterschaft, die ich ihm herzlich gern gönnen möchte, wenn
      ich nur wüßte, wo ich sie suchen soll. Mir war er immer nur ein
      Meister in Sophismen,-" (110). Da Harms nur Schleiermacher (im
      "namhaften Briefe"), aber keinen "P", als "Meister" tituliert,
      könnte Ammon hier auf diesen zielen, was einen guten Sinn er-
      gäbe. Textlücke und schlecht entzifferbare Handschrift Ammons
      lassen einen Übertragungsfehler als möglich erscheinen, der je-
      doch wegen Verlusts der Originale nicht korrigiert werden kann.
      – Zu Ammons Interpretation des "namhaften Briefes" vgl. seine
      Rezension der "Verständigungsbriefe" (Magazin für christliche
      Prediger Bd 3/1, 1818, 259): "Die Einleitung ist an Hrn. Schleier-
      macher gerichtet, welchem Doppelsinn, Schulmeisterei, Stolz und
      Mangelhaftigkeit des Glaubens vorgerükt wird." – Eine weitere
      Anspielung auf Schleiermacher könnte im Brief vom 27.4.1819
      ("Persönliche Beziehungen meide ich, wo ich kann, damit der Li-
      sterer in Breßlau einmal aufhöre, von Partheilichkeit zu schwät-
      zen.", Harmsiana 111) vorliegen, wenn statt "in" "aus" zu lesen wäre.
[57] Zitat Verständigung 284; vgl. insgesamt 284-299
[58] Vgl. Harmsiana 110f.111f.112f (hier zu Ammons "Ueberspannung"
      [s. u. Anm.85]). Auf die Existenz weiterer Briefe fehlt jeder Hinweis.

Daß dem Oberhofprediger bereits die vergleichsweise zurückhalten-
de antirationalistische Polemik der "Verständigungsbriefe", die doch
nur die Linie der geprüften "Thesen" auszieht und die erst in der
"Vernunftreligion" ihren Gipfel erreicht, widerstrebt, ist auch aus
seinem "Magazin für christliche Prediger" ersichtlich. Zunächst freilich scheint das Publikationsorgan ganz auf seiten Harms' zu stehen,
entstammt ihm doch die "Bittere Arznei" und werden dort doch nicht
nur das Zütphenbüchlein positiv besprochen und kleinere Beiträge des
Kielers abgedruckt, sondern sogar eine eigene Rezensionsabteilung
für Thesenschriften unter dem Titel "Orthodoxie und Skoliodoxie"
eingerichtet.[59]

Die gegenläufige Tendenz ist jedoch unübersehbar, denn schon die
Rezension der "Verständigungsbriefe" nimmt zwar Harms gegen persönliche Angriffe in Schutz, vertritt aber die Auffassung, jeder
christliche Theologe sei bestrebt, "überall den Vernunftglauben mit
der christlichen Offenbarung zu vereinigen" und beklagt, der Verfasser habe "der Vernunft die Gerechtigkeit versagt, die ihr die
rechtgläubigsten Theologen einzuräumen kein Bedenken trugen."[60]
Zudem wird die Rubrik "Orthodoxie und Skoliodoxie" bereits 1819 damit beendet, daß Ammon die Stellungnahme des Rationalisten Krug
zur zweiten Thesenschrift als "klare und bündige Rüge der in der
neuesten Schrift des Herrn Archidiaconus **Harms** vorkommenden Fehl-
schlüsse" bewertet.[61] Die schon in der "Bitteren Arznei" beobachtete
vorsichtige Distanzierung von Harms' Antirationalismus schlägt
schließlich um in offene Absage.

---

[59] Rezension des "Zütphen" Bd 2/2, 1818, 527f; Harms' Beiträge o.
Anm.52; die Rubrik "Orthodoxie und Skoliodoxie" Bd 2/2, 1818,
555–559. Bd 3/1, 1818, 249–262. 3/2, 1819, 262–277. Bd 4/1, 1819,
264f. Daneben findet sich eine feste Rubrik "Unionsschriften".
[60] Vgl. Bd 3/1, 1818, 258–261; Zitate 258
[61] Vgl. Bd 4/1, 1819, 264 (Hervhg. im Original); W. T. Krug: Daß es
mit der Vernunftreligion doch etwas ist. Für Herrn Claus Harms
und dessen Anhänger, Leipzig 1819. Die Entfremdung von Harms
zeigt sich auch in der Kritik an dessen Vorgehen gegen Senator
Witthöfft (Bd 4/2, 1820, 275; dazu F. Reimers: Pastor Claus
Harms gegen Senator Witthöfft-Kiel. Eine Glaubensfehde aus den
Jahren 1819/20, Kiel 1910) und am sprachlichen Ausdruck der
Sommerpostille 3. Aufl., 1820 (Bd 5/1, 1820, 211–213).

Etwas anders verhält es sich hinsichtlich der Unionspolemik, denn
hier entfällt für Ammon die schwierige Aufgabe, bei faktischer Divergenz Konvergenz suggerieren zu müssen. Dennoch läßt sich auch
in seinen Schriften zu diesem Thema, die durch Schleiermachers
Sendschreiben "An Herrn Oberhofprediger D. Ammon über seine Prüfung der Harmsischen Säze" veranlaßt worden sind, die immer deut-
lichere inhaltliche Abkehr vom Thesensteller beobachten.

Auf Schleiermachers Entlarvung der "Bitteren Arznei" als unter
dem Deckmantel der Thesenrezension vorgetragene Attacke auf die
Berliner Unionsvorgänge reagiert Ammon zuerst mit einer "Antwort
auf die Zuschrift des Herrn D. Fr. Schleiermacher, o. o. Lehrers der
Theol. a. d. Universität zu Berlin, über die Prüfung der Harmsischen
Sätze"[62]. Hier behauptet er, in seinen Schriften stets einen "rationalistischen **Supranaturalism**" vertreten zu haben, während er unter
"Rationalism [...] nicht das System der göttlichen, sondern der
menschlichen, individuellen und eben deßwegen von ieher wandelba-
ren Vernunft verstehe".[63]

Die Vereinigung beider protestantischer Kirchen will er zwar nicht
ausschließen, doch dürfe sie nicht "auf gemeinschaftlichen Indifferentism, auf Bucerische Schlauheit, auf geheime Mentalreservationen ge-
gründet" sein, sondern nur auf "**Einheit gemeinschaftlicher Grundsätze**".[64] Um die Notwendigkeit einer Lehrübereinkunft zu unterstreichen, insistiert er unter Berufung auf die Reformatoren auf den
überkommenen innerprotestantischen Kontroverspunkten in Abend-
mahls- und Prädestinationslehre.[65]

Dem Charakter der Schrift als Replik auf Schleiermacher gemäß
erscheint Harms eher am Rande. Seine Person wird kurz gegen Kritik
in Schutz genommen und die Thesen erneut weniger nach ihrem Inhalt, als nach ihrer Wirkung beurteilt: sie hätten Ammon "mit unge-
meiner Kraft und Innigkeit" angesprochen, weil sie "der Mehrzahl

---

[62] 1. Aufl., Hannover/Leipzig 1818; abgekürzt "Antwort" (s. u. Anm.
      133-139)
[63] Vgl. Antwort 7-13.13-18.31-39; Zitate 33.44 (Hervhg. im Original)
[64] Vgl. Antwort 43.45; Zitat 45 (Hervhg. im Original)
[65] Vgl. Antwort 27-31 (Abendmahl). 41-43 (Prädestination)

nach, von einem evangelischen Sinne und Geiste durchdrungen" seien. Zudem hätten sie mit "Freimüthigkeit und Unerschrockenheit [...] herrschende Irrthümer unser Tage angegriffen" und mit "Einsicht, Kraft und Würde" die "Göttlichkeit der christlichen Offenbarung" verteidigt.[66]

Da er selbst allerdings nicht "alle unterschreiben und vertheidigen mögte", habe er in der Rezension folgerichtig diejenigen ausgeschieden oder übergangen, die er nicht mit seinen "Ansichten zu vereinigen vermogte."[67] Diese Aussage bestätigt, daß die Auswahl der "Thesen" in der "Bitteren Arznei" keine zufällige ist, sondern zielgerichtet erfolgt. Trotz des Eingeständnisses sachlicher Nichtübereinstimmung aber versucht Ammon auch in der "Antwort" gelegentlich, den Gegensatz zur radikalen Haltung des Thesenstellers hinsichtlich der religiösen Relevanz der Vernunft zu verschleiern.[68]

Gegen die "Antwort" des Oberhofpredigers hat sich Schleiermacher Mitte März 1818 in einer "Zugabe zu meinem Schreiben an Herrn Ammon" verwahrt[69], worauf dieser nicht eigens mit einer Schrift reagiert, sondern lediglich unter dem 12. April die "Antwort" mit einer "Nachschrift an die Leser" in zweiter "verbesserter" Auflage herausgehen läßt, die den Streit beenden soll.[70] In den "Verbesserungen" heißt es, der Tadel, den die "Thesen" gefunden hätten, beweise ihren Wert; der sprachliche Ausdruck der "Arznei" lehne sich bewußt an die "Thesen" an und schließlich besitze Harms selbst "Kraft und

---

[66] Vgl. Antwort 12.18-20; Zitate 19f
[67] Vgl. Antwort 19.20
[68] Vgl. Antwort 37 hinsichtlich These 12 und 15: "Oder haben Sie auch nur die geringste Ursache, zu glauben, Herr Harms verwerfe die von Gott erleuchtete Vernunft, das von Gott erleuchtete Gewissen [...]?"
[69] Berlin 1818 (SW I/5,408-422), abgekürzt "Zugabe" (s. u. Anm.140-145). Zur Datierung vgl. Brief an Arndt, 14. 3. 1818 ("Mich hat es getrieben, daß ich mich in eine theologische Fehde verwickeln mußte, indem ich die hohlen Anmaßungen des Dresdener Papstes nicht ertragen konnte; er hat eben so wieder geantwortet, und ich habe heute eine Duplik in die Druckerei geschickt." [Meisner 2,271f]) und das "Hauptbuch des Verlages Georg Reimer" im Verlagsarchiv de Gruyter, Bd 2,804, wonach die "Zugabe" am 21. 3. an Schleiermacher ausgeliefert worden ist.
[70] Hannover/Leipzig 1818; die "Nachschrift" 54-56

Fleiß" genug, sich zu verteidigen.[71] Das gegenüber dem Thesensteller abweichende Verständnis des Verhältnisses von Vernunft und Offenbarung sucht er durch Berufung auf "Leibniz, Wolf, Bilfinger" und insbesondere auf Kant zu präzisieren, der "über die Unversöhnlichkeit und die fast unvermeidlichen Verirrungen einer bloßen Rationaltheologie so bedeutungsvolle Winke gegeben" habe.[72]

Solche Verwerfung nur des extremen Rationalismus vertritt Ammon auch in der vom 24. Juli 1818 datierten Abhandlung "Ueber die Hofnung einer freien Vereinigung beider protestantischen Kirchen"[73], mit der er den Streit um die Union fortsetzt. Die Rolle einer "bloßen Rationaltheologie" beschränke sich als eine Art Vorstufe der "heiligen und besonderen Dogmen des Christenthums" auf die "Entdeckung und Widerlegung des Irrthums" beispielsweise des "Mysticisms und des noch gefährlichern Pantheisms und Panlogisms."[74] Dagegen ist Ammon charakteristischerweise überzeugt, daß "ieder Rationalism eines besonnenen Geschöpfes sich zulezt in Supranaturalism auflößt."[75]

Abgesehen davon betont er wiederum die Bedeutung der Lehrdifferenzen zwischen Reformierten und Lutheranern, unterbreitet aber zugleich auf der Grundlage der CA Vorschläge für einen auszumittelnden Lehrkonsens, wobei jedoch letztlich offen bleibt,

> "ob es bei der großen Verwandtschaft unserer Kirchen nicht weiser und besser seyn würde, sie als abgesonderte Gesellschaften in ihrer eigenen Familienphysiognomie fortbestehen zu lassen [...]".[76]

Ganz ähnlich wie in der "Bitteren Arznei" wird Harms auch in dieser Schrift ungeachtet aller Unterschiede in den Dienst des dem Oberhofprediger so wesentlichen Klagemotivs über kirchlichen Verfall gestellt, hier hinsichtlich des Abendmahls.[77]

---

[71] Vgl. Antwort 2. Aufl. 21.22
[72] Vgl. Antwort 2. Aufl. 39f
[73] Ein Glückwünschungsschreiben an den Herrn Antistes Dr. Heß in Zürich bei der bevorstehenden dritten Jubelfeier der schweitzerischen Reformation, Hannover/Leipzig 1818; abgekürzt "Hofnung"
[74] Vgl. Hofnung 8f; Hervhg. im Original
[75] Vgl. Hofnung 21
[76] Vgl. Hofnung 28-43.56-65, Zitat 66. Die Vereinigung soll erfolgen durch "die Rükkehr zu der ewigen Wahrheit der einfachen und allgemeinen Christuslehre" (56).
[77] Unter Hinweis auf Verständigung 252: "Wie viel die Feier des

Wegen ihrer thematischen Ausrichtung auf die Union macht sich in
der "Hofnung" die zunehmende Tendenz zur inhaltlichen Abkehr vom
Thesensteller nur implizit bemerkbar, doch in der kurze Zeit später,
unter dem Datum des 30. Juli, erschienenen "Vierte[n], verbesserte[n]
Auflage" der "Bitteren Arznei" mit dem Untertitel "Ein besänftigendes Wort über die Harmsischen Sätze", tritt sie in großer Deutlichkeit hervor.[78] Obwohl nach Ammons Aussage die vorgenommenen
Veränderungen unwesentlich sein sollen[79], signalisiert bereits die bei
gleichem Satzspiegel eingetretene Vermehrung des Umfangs um sieben Seiten, daß erhebliche Eingriffe erfolgt sind. Zwar stellt die
überwiegende Zahl der Zusätze, Erläuterungen und Fortlassungen eine
direkte Reaktion auf Schleiermacher dar, doch auch des Thesenstellers wird ergänzend und verdeutlichend gedacht. Ammon unterstreicht
die Wertschätzung, die er sowohl Harms als Person, besonders aber
seiner Thesentat entgegenbringt: der "Muth" des Kielers, die
"Wahrheit" über theologischen und kirchlichen Verfall auszusprechen,
seine "edle und würdige Freimüthigkeit" also, sei "nach Verdienst zu
loben" gewesen, "wo sie zu loben war".[80]
Die Reduktion der "Thesen" auf ihre zeitkritische Funktion gerät
noch eindeutiger, indem Ammon die sie bestätigenden eigenen Beispiele vermehrt, wobei das unpersönliche "man" gelegentlich durch
die den Verfasser einschließende erste Person pluralis ersetzt wird;
so gelte die "wahre Reformation" jetzt "uns und unserem Unglau-
ben".[81] Was die Übereinstimmung in der Unionspolemik betrifft, hät-

---

Abendmahles unter uns, hier durch gemeine Beichte, dort durch
gemeine Lehre verlohren hat, bezeugen [...] die lauten Klagen
würdiger Prediger [...]." (19)

[78]   Hannover/Leipzig 1818
[79]   Vgl. Vorwort Arznei 4. Aufl. (4) und die Selbstrezension im "Magazin" Bd 3/2, 1819, 264, wonach die Änderungen "theils 'die
Idee einer fortschreitenden Reformation'", "theils die Form" bei
gleichbleibendem Inhalt beträfen.
[80]   Zitate Vorwort Arznei 4. Aufl. (3f); vgl. auch 9: "Würde daher
der Verfasser der Thesen von aller Welt geschmäht, [...] so würde ich ihn doch achten um des sich kräftig stämmenden Wortes
willen, daß das ewige Protestiren zuletzt das Christenthum nicht
zur Welt hinausprotestire."
[81]   Vgl. bes. Arznei 4. Aufl. 6.7–9; Zitat 6

ten weder Ammon noch Harms "ie einer christlichen Union beider
Kirchen widersprochen, sondern nur der Mischung und Verwirrung
beider, und namentlich einer Verschmelzung der lutherischen, die ihr
inneres Wesen zu verändern und aufzulösen drohte", wozu sie beide
berechtigt und berufen gewesen seien.[82]

Fortgelassen ist mit dem Zitat der 55. These auch die Distanzierung von Harms' Haltung zur Altonaer Bibel, die ersetzt wird durch
eine Präzisierung der eigenen Stellung zur Geltung der Bekenntnisschriften, die die Unbedingtheit der 50. These so modifiziert, "daß
weise und sinnig nachgebesserte Symbole die äussere Form des Glaubens und der Religion bilden, die ieder Kirche eben so unentbehrlich
ist, als ein Gesetzbuch, oder Landrecht dem Staate."[83]

An die Stelle der konditional formulierten Bezeichnung Harms' als
des Mannes, den Ammon "lange gesucht" habe, tritt eine Reflexion
über die Vernunft als "Gottes höchste Gabe", die der Prüfer ebenso
wenig verachtet wie die "Weisen der Vorzeit und Gegenwart", während er dem davon zu unterscheidenden "klügelnde[n] Verstand" miß-
trauisch gegenübersteht. Die Ausführungen gehen gegen Harms, denn:

> "Soweit sich der Verfasser der Thesen von diesem Bekennt-
> nisse entfernt, so fern ist er auch von dem, der so gern mit
> ihm eins seyn mögte in Wahrheit und Liebe."[84]

Hier spricht es Ammon als "Bekenntnis" erstmals in aller Deutlichkeit
öffentlich aus, daß er Harms in dessen Polemik gegen "die Vernunft"
nicht zu folgen vermag und benennt damit endlich eindeutig die von
vornherein bestehende grundlegende Differenz.

Daß die unterschiedliche Auffassung beider Theologen sogar exakt
den nach Harms' Ansicht eigentlichen Kontroverspunkt der gesamten
Thesensache betrifft, seine Frage nach dem "principium cognoscendae
religionis", ist endgültig dokumentiert in der rezensierenden Kritik,
die der Oberhofprediger im Juni 1819 der Harmsschen "Vernunftreli-

---

[82] Vgl. Arznei 4. Aufl. 27; hier getilgt das harte Lutherzitat gegen
      Einigkeit mit reformiertem Abendmahlsverständnis (vgl. 1. Aufl. 20)
[83] Vgl. Arznei 4. Aufl. 18 (1.Aufl. 12)
[84] Vgl. Arznei 4. Aufl. 15f mit oben Anm.22; fast wortgleich mit
      dem Brief vom 29.5.1818 (s. o. S.106) wird hier auf Kongruenz
      zwischen antiker Philosophie und Christentum hingewiesen.

gion" unter dem bezeichnenden Titel "Ammon an Harms über die Abspannung und Ueberspannung der Vernunft in der Religion" angedeihen läßt.[85]

Ammons als Brief stilisierte Abhandlung beginnt mit der Beteue-
rung, es sei eine "freie Herzensergießung" gewesen, die ihn und
Harms anläßlich der Reformationsjubelfeier zusammengebracht habe.
Die "Thesen" seien damals geschrieben worden "zur Erinnerung, daß
man Luthern nicht würdiger ehre, als durch ein treues Festhalten an
der reinen Lehre Christi und der Apostel" und stellten "nach der
Mehrzahl [...] reine Lichtfunken am Kirchenhimmel" dar.[86] Mit ihrer
Veröffentlichung habe Harms ein "großes, kühnes und herrliches
Werk" begonnen, denn obwohl den "Hypothesen aus ihrer Zahl" der
Untergang bestimmt sei, hätten doch "die reinen evangelischen Sät-
ze" darunter "ietzt schon in den Herzen von Tausenden eine Flamme
entzündet, welche nichts mehr dämpfen" könne.[87]

Doch diese Versicherungen verblassen ebenso wie die unter Hinweis auf "in einem heiligen Momente geschlossene Freundschaft" mit
Harms erfolgende Zurückweisung des Verdachts, Ammon wolle sich
nunmehr "auf eine glimpfliche Weise" aus dem Thesenstreit zurück-
ziehen[88], gegenüber der eingehenden Kritik, die hier geübt wird. Der
Rezensent kann nämlich Harms' Grundkonzeption, nicht die Vernunft
sei das Organ der Religion, sondern das Herz, nur als "Amphibolie
der Begriffe" verstehen[89], da die Vernunft zwar nicht als "constitu-
tives Princip", doch als "das regulative Princip und Organ der Religion" exakt "das Organ des Uebersinnlichen" sei.[90] Unter ständiger

---

85 Aus dem vierten Bande des Magazins für christliche Prediger,
    Hannover/Leipzig 1819; abgekürzt "Ueberspannung". Im "Magazin"
    Bd 4/1, 1819, 189-232 nicht wie "Arznei" als Abhandlung, son-
    dern getarnt in der "Kritischen Uebersicht der neuesten theolo-
    gischen Literatur". – Zu Harms s. o. Kap. 3.1, Anm.76
86 Vgl. Ueberspannung 3
87 Vgl. Ueberspannung 51f
88 Vgl. Ueberspannung 34f
89 Vgl. Ueberspannung 9 ("Wortstreit"; Vernunft als Harms' bloße
    "Namensfeindin"). 10 ("nicht üblicher Sprachgebrauch") und 17f,
    wonach Harms besser getan hätte, "das Wesen unserer Vernunft
    tiefer zu ergründen [...]"
90 Zitate Ueberspannung 6.15 (als nicht nachgewiesenes Jacobi-Zi-

Bezugnahme auf Harms gibt Ammon seiner Überzeugung Ausdruck,
die Vernunft, "ohne die man weder etwas wissen, noch glauben" könne, sei Grund einer der "natürlichen Offenbarung" entsprechenden
"natürlichen Gotteskenntniß" und "Rationaltheologie".[91] Da "Wissen
und Glauben [...] Strahlen eines Lichtes" seien, müsse der Zusammenhang zwischen Vernunft einerseits und Christusglauben wie Evangelium andererseits festgehalten werden; wer hier – wie Harms – eine
Trennung vornehme, mache sich des "Ultrasupranaturalism" schuldig.[92]

Der völlig unterschiedlichen Beurteilung der Vernunft korrespondiert ein verschiedenes Verständnis des Herzens. Harms' Interpretation seines theologischen Zentralbegriffs im Sinne des mystischen
"intellectus passivus" ist Ammon so unzugänglich, daß er den Terminus mit "passiver Verstand" übersetzt, um desto eindringlicher die
Bedeutung "des reflectirenden Verstandes" betonen zu können.[93]
"Herz" will er dagegen gerade als "Empfänglichkeit des Gemüthes für
moralische Gesinnungen" verstanden wissen und verwirft deswegen
aufs schärfste Harms' Polemik gegen die homiletische Regel "durch
den Verstand zum Herzen".[94]

Je eindeutiger Harms also im Verlauf des Thesenstreits seinen Antirationalismus im Kontrast zur Herzensvorstellung konturiert, desto
eindeutiger gibt der Oberhofprediger die Andersartigkeit seiner theologischen Position zu erkennen. Er betont, daß es dem Kieler mit
dessen zweiter Thesenschrift keinesfalls gelungen sei, die auch von
ihm vertretene "allgemeine Vernunftreligion" zu erschüttern; zudem
verleite die "Kürze" diesbezüglicher Aussagen zu "Mißverständnis-

---

tat; wegen der Anm. S.27 vermutlich aus "Von den Göttlichen
Dingen und ihrer Offenbarung", Werke ed. F. Roth/F. Köppen Bd
3, Leipzig 1816 [Nachdruck Darmstadt 1968], 245–460)

[91] Zitate Ueberspannung 13.38.6f.7f; vgl. neuerliche Betonung von
Übereinstimmungen zwischen antiker Philosophie und Christentum
(24), Verteidigung des ontologischen Gottesbeweises (26f), Berufung auf altkirchliche Apologeten (31) u. Exegese von Rö 1,19f (32f)

[92] Zitate Ueberspannung 54 (Schlußpassage). 8; vgl. 22 ("wohl aber
glaube ich an Christum mit Vernunft, durch Vernunft, zur Vernunft") und 35–37

[93] Vgl. Ueberspannung 30–33 (Zitate 30.33) zu Vernunftreligion 329

[94] Zitat Ueberspannung 43; vgl. den Argumentationsgang 43–50

sen".[95] Vor dem Hintergrund der konzeptionellen Harmonie von Vernunft und Offenbarung vermag Ammon erneut lediglich einige Motive der Harmsschen Zeitkritik zustimmend als Stärkung und Neubelebung des eigenen Glaubens aufzunehmen.[96]

Das abschließende uneingeschränkte Lob der vermeintlichen Aufforderung an "uns Priester" zur "Freimüthigkeit" und der Erinnerung an die eidliche Verpflichtung auf die CA[97] kann freilich ebensowenig wie das verschwommen formulierte Einverständnis "über die Fundamentallehren des Christenthums und namentlich über die wesentliche Einheit des Sohnes Gottes mit dem Vater" bei gleichzeitiger Verschiedenheit von "Ansichten der Grundsätze und Grundbegriffe unseres Systems" darüber hinwegtäuschen, daß Ammon bei Harms einen "Eifer [...] im Reiche des Glaubens" am Werke sieht, "welcher nicht minder zum Widerspruche reizt, als die Vernunfttyrannei des Unglaubens."[98]

Damit ist der Bruch zwischen beiden so ungleichen Theologen vollzogen. Während eine Reaktion auf Ammons briefliche Erläuterung zur "Ueberspannung", wonach die Differenz darin liege, daß er selbst "durch die Vorhalle des Wissens", Harms hingegen "wie es scheint, unmittelbar in das Heilige" einsehe, nicht vorliegt, spricht der Kieler gegenüber seinem Freund Eduard Schuderoff unter dem 27. Dezember 1819 deutlich aus:

"Ammon hat sich zwischen zwei Stühle gesetzt, wie das alle tun, deren System ein rationaler Supernat. oder ein supranat. Rationalismus ist, wie's schon zu seiner Zeit die Welt einsehen wird."[99]

Ein solches Ende der nur etwa zwei Jahre währenden Liaison zwischen Oberhofprediger und Archidiakon ist zwar implizit bereits in

---

95 Vgl. Ueberspannung 30 und 40–43 gegen Harms' Frage nach der "wahren Vernunft", antiaufklärerische Lichtmetaphorik (s. o. Kap. 3.1, Anm.131) und Kritik an Konfirmation und "Sokratik"
96 Vgl. Ueberspannung 37–40; aufgenommene Gegenstände der Kritik sind "die Idealisten", "die Predigt", die Glaubenslosigkeit der theologischen Wissenschaft und der "niedrige Stand" der Gegenwart.
97 Vgl. Ueberspannung 50f
98 Zitate Ueberspannung 52.53
99 Vgl. Ammon an Harms, 26.6.1819 (Harmsiana 112f) und Zillen 166

der "Bitteren Arznei" angelegt, doch obwohl Harms vor dem Thesenstreit zumindest Twesten gegenüber "von Ammon nie so gesprochen"
hat, "als wenn er ihn besonders schätzte"[100], mußte er den Dresdener schon wegen seiner Prominenz und der Tatsache, daß er öffentlich als erster für die "Thesen" Stellung zu nehmen schien, als
wichtigen Verbündeten ansehen.

Dennoch kann ungeachtet der persönlichen Korrespondenz und der
Mitarbeit im "Magazin für Prediger" im Verlauf des Thesenstreits
von einer daraus resultierenden "Zuneigung" gegenüber Ammon "aus
Dankbarkeit" nicht die Rede sein; fast als wolle Harms die immer
deutlicher hervortretende Differenz aus Loyalität überdecken, beruft
er sich nirgends in seinen Thesenstreitschriften auf den rational-
supranaturalistischen Dogmatiker, was bei seinem Bestreben, durch
Zitation bekannter Autoren Wissenschaftlichkeit nachzuweisen,
durchaus auffällig ist.[101] Sein Schweigen stellt ein Indiz dafür dar,
daß Schleiermachers in der Korrespondenz mit Twesten geäußerter
Wunsch, Harms' "böser Genius" möchte ihn "nicht etwa in ein Verhältnis mit Ammon [...], wovon er weder Freude noch Ehre noch Se-
gen haben könnte", hineinziehen[102], wenigstens zum Teil in Erfüllung gegangen ist.

---

[100] Vgl. Twesten an Schleiermacher, 6.4.1818 (Heinrici 313; s. u. Kap.
3.3, Anm.174–176). Twesten ist jedoch unsicher, ob nicht die eigene "von Anfang an sehr entschieden geäußerte Geringschätzung
gegen Ammons Theologie" dafür verantwortlich sei, zumal Harms
"zu denen" gehöre, "die durch augenblickliche Eindrücke sehr bestimmt werden" und sich "daher in Meinungen und Aeußerungen
ungleich" sei. "Natürlich ist es aber, daß er gegen Ammon aus
Dankbarkeit einige Zuneigung hat, da dieser der erste war, der
ihm [...] auch öffentlich seine Zustimmung versicherte. Auch höre ich, daß Ammon fortwährend mit ihm correspondirt, und
Harms ist sehr empfindlich gegen Lob und Tadel." (314)
[101] Ammon wird nur dreimal (im Zusammenhang seines Konflikts mit
Schleiermacher) genannt (s. u. Kap. 3.4, Anm.29f.42). Eine implizite Distanzierung liegt vielleicht in der Berufung auf eine dogmengeschichtliche Darstellung, die Ammon zu den "kritischen
Theologen" zählt (vgl. Schriften 1,255f, Anm.2).
[102] Vgl. Brief vom 19. März 1818, in dem Schleiermacher sich besorgt nach Harms' Reaktion auf sein Eingreifen in die Kontroverse erkundigt (Heinrici 313, s. u. Kap. 3.3, Anm.162).

Wenn Harms Ammon anfangs noch als willkommenen Verbündeten
in der "Thesensache" hat ansehen können, so ist schon relativ früh
der Versuch unternommen worden, diese Einschätzung zu korrigieren,
und zwar von niemand anderem als dem Autor der Reden "Über die
Religion". Den Angriff des Oberhofpredigers auf die Berliner Unionsvorgänge hat Schleiermacher nämlich nicht nur in seiner Schrift "An
Ammon" pariert, sondern sich wegen der darin enthaltenen Zurückweisung auch der "Thesen" veranlaßt gesehen, das Werk zusammen
mit einem erläuternden Schreiben an Harms zu versenden und so in
direkten Kontakt mit ihm zu treten. Sein vom 18. Februar 1818 da-
tierter Brief[103] verfolgt nicht zuletzt das Ziel, Harms über die wahre Motivation des Verfassers der "Bitteren Arznei" ins Licht zu setzen. So heißt es darin unmißverständlich:

> "Davon bin ich fest genug überzeugt daß Sie wenn Sie ir-
> gend des Mannes frühere Schriften kennen an Ammons Ge-
> meinschaft und wenn sie sich auch als die submisseste Schü-
> lerschaft anstellt keine Freude haben können. Fehlt Ihnen
> die Kenntniß des Mannes was ja leicht sein kann, so kann
> meine Schrift sie einigermaßen suppliren."[104]

Schleiermacher mißt also seiner Streitschrift die Kraft zu, den
Thesensteller durch den vollzogenen Nachweis dogmatischer Inkonsequenzen Ammons über die bestehende tiefgreifende theologische Differenz aufzuklären. Darüber hinaus behauptet der Brief, Ammon habe
Harms "nur gemißbraucht", "um ganz andere Absichten zu erreichen".
Noch dazu sei sein Engagement gegen die Union völlig unglaubwür-
dig, da es auf "einer sächsischen Feindschaft gegen Preußen" basiere,
die der erst seit 1813 in Dresden Ansässige nur vortäusche, um sich
"bei den Sachsen beliebt" zu machen, und er zudem Dritten gegenüber eine Mitarbeit am Unionswerk angeboten habe.[105]

---

[103] Im folgenden zit. n. dem Original in der Universitätsbibliothek
Leipzig, Sammlung Taut; orthographisch abweichend abgedruckt
bei Heinrici 310-312 (s. eingehender u. Kap. 3.3, Anm.10-16)
[104] Briefseite 2; vgl. Heinrici 311
[105] Zitate Briefseite 2f; vgl. Heinrici 311. - Von der Behauptung,
Ammon habe seine Mitarbeit angeboten, ist Schleiermacher nach
dessen Dementi (Antwort 9f) abgerückt (Zugabe 4; SW I/5,409).

Wieweit sich Harms diese scharfen Beurteilungen zu eigen gemacht
hat, läßt sich zwar im einzelnen nicht nachweisen, doch dürfte es
ihn kaum unberührt gelassen haben, daß sie von dem Manne stam-
men, dessen theologisches Erstlingswerk ihn so nachhaltig beeinflußt
hat und der ihm deshalb ungleich näher stehen mußte als der sich
ihm in seinen Briefen förmlich aufdrängende Ammon. Unversehens,
durch die ungewollte Vermittlung des Prüfers seiner "Thesen", tritt
der Redner persönlich an ihn heran. Harms wird dadurch verwickelt
in die Auseinandersetzung zweier führender Theologen der Zeit, deren Gegenstand und Ausmaß freilich den Rahmen des eigentlichen
Thesenstreits sprengt und ihn deshalb mehr am Rande berührt.

Schleiermachers kritische Einschätzung Ammons resultiert nämlich
aus einer lange bestehenden genauen Kenntnis der Theologie und in
gewissem Grade auch der Person seines Gegenspielers. Bekannt ist,
daß er schon für sein letztes Semester 1805/06 in Halle Dogmatik
"Ammonis summam theologiae christ. potissimum secuturus" angekündigt hat[106], wobei ein erster Grund gelegt worden sein dürfte für
den detaillierten Nachweis dogmatischer Inkonsequenzen zwischen der
"Bitteren Arznei" einerseits und den früheren Schriften Ammons, insbesondere dessen Dogmatik in erster und dritter Auflage, andererseits, ein Nachweis, mit dem er unter anderem auch Harms' "Kennt-
niß suppliren" möchte.[107] Daneben aber verbindet ihn eine Reihe
persönlicher Kontakte mit dem ehemaligen Fachkollegen, die sich
überwiegend nur aus einer bislang unveröffentlicht gebliebenen Korrespondenz rekonstruieren lassen, von der allein die Ammon-Briefe
erhalten sind.[108]

---

[106] Vgl. den "Catalogus praelectionum in Academia Fridericiana per
  semestre hiemale anni 1805 [...] instituendarum", Halle [1805], 7
[107] Schleiermacher belegt die Behauptung, Ammons "Summa theologiae christianae", 1. Aufl., Göttingen 1803, 3. Aufl. 1816 gefalle
  sich "mehr in einer skeptischen Auflösung der Begriffe, als in
  einer festen Schließung derselben" (An Ammon 20; SW I/5,344)
  mit Zitaten bezüglich Vernunft (7; 333), Bekenntnisschriften (10;
  335), Teufel und Höllenstrafen (27f; 350f), Christologie (28.33f.
  38f; 351.355f.360), Pneumatologie (29f; 351-353), Glaube (56; 375f)
  und Sakramenten (71.77; 388f.394). Wegen der engen Verquickung
  seiner Kritik mit der Diskussion der "Thesen" erfolgt eine genauere Darstellung im folgenden Kap. 3.3.
[108] Sieben Briefe aus den Jahren 1805-1829 (SN 238, Bl.1-12) die bis

Es handelt sich freilich nicht um einen kontinuierlichen Briefwechsel, sondern um vier durch längere Pausen deutlich voneinander
abgesetzte und unterschiedlich intensive Phasen des Kontakts. Die
erste Initiative dazu ist offenbar von Ammon ergriffen worden: Unter dem 11. Oktober 1805 drückt der zu diesem Zeitpunkt bereits als
theologischer Schriftsteller erfolgreiche dritte ordentliche Professor
an der Universität Erlangen dem noch außerordentlichen, doch nur
zwei Jahre jüngeren Hallenser Professor seinen Dank für dessen
"Grundlinien einer Kritik der bisherigen Sittenlehre" aus, da diese
ihm in einer "Periode der Gährung" und der Vorherrschaft "des kategorischen Imperativs [...] mächtig zu Hülfe gekommen" seien. Zwar
habe er vor einer Bedankung eigentlich das Erscheinen des Schleiermacherschen "moralischen Systems selbst [...] abwarten wollen", doch
wegen dessen Ausbleibens gibt er jetzt schon der "Wärme" seines
"Gefühls" Ausdruck, auch um der "ruhigen Weisheit" des Kollegen
"einen Schritt" hin zur Abfassung abzugewinnen und ihm dann "desto
gerührter und dankbarer von Neuem zu folgen." Abschließend kündigt
er die Übersendung des zweiten Bandes seiner "Religionsvorträge im
Geiste Jesu" sowie der vierten Ausgabe seiner "Moral" an, die beide
1806 erschienen sind.[109]

Den Hintergrund der Ausführungen bildet offenkundig die inhalt-
liche Abwendung Ammons von Kant, wie er sie 1800 in der dritten
Auflage seiner Sittenlehre ausgesprochen hat; zum Zeitpunkt der
Abfassung des kurzen Schreibens wird er mit ihrer Umarbeitung zum

---

auf das letzte, ein in diesem Zusammenhang irrelevantes Empfeh-
lungsschreiben für einen Studenten (Bl.12, 28.3.1829), unten im
Anhang (7.1) abgedruckt werden. Schon 1925/26 hat H. Meisner
vergeblich versucht, die Gegenbriefe Schleiermachers ausfindig
zu machen (vgl. AdW der DDR, Nachlaß Meisner 125); auch meinen entsprechenden Bemühungen war kein Erfolg beschieden.

[109] Vgl. Anhang 7.1, Nr.1; Ammon: Religionsvorträge im Geiste Jesu
für alle Sonn- und Festtage des Jahres, Bd 2, Göttingen 1806.
Vollständiges Lehrbuch der christlich-religiösen Moral, Göttingen
1806 [=4. Aufl. von: Die christliche Sittenlehre nach einem wissenschaftlichen Grundrisse, zunächst für seine Vorlesungen entworfen, Göttingen und Erlangen 1795; 2. Aufl. Erlangen 1797; 3.
Aufl.: Neues Lehrbuch der religiösen Moral und der christlichen
insbesondere, Erlangen 1800]

"Vollständigen Lehrbuch der christlich-religiösen Moral" beschäftigt
gewesen sein, in dem dann in der Tat häufiger, und nicht nur bei
der Diskussion Kants, auf Schleiermachers "Grundlinien" hingewiesen
ist.[110] Trotz - oder wegen - des übertrieben devot wirkenden Tons
und obwohl Ammons Gaben Schleiermacher erreicht zu haben scheinen, ist das Schreiben nicht zum Ausgangspunkt einer fortlaufenden
Korrespondenz geworden[111], denn die nächste Berührung beider geschieht erst fünf Jahre später.

Diesmal ist es Schleiermacher, der die Initiative ergreift. In seiner
Eigenschaft als Mitglied der Unterrichtsabteilung der Sektion für
Kultus und öffentlichen Unterricht im preußischen Innenministerium
übernimmt er es Ende August 1810, bei Ammon die Bereitschaft zum
Antritt einer Professur an der theologischen Fakultät der neuen Berliner Universität zu erkunden.[112] Dessen mit hohen finanziellen Forderungen verbundene Antwort vom 6. September, er sei nicht abgeneigt, "unter den Schutz einer Regierung zurückzukehren, die [er]
wie ein Sohn seinen Vater mit kindlicher Pietät verehre", schickt
Schleiermacher von seinem Urlaubsaufenthalt in Dresden aus unter
dem 14. September an den interimistischen Leiter der Einrichtungs-
kommission für die Hochschule, Nicolovius, weiter, schreibt aber

---

[110] Vgl. Ammon: Moral 4. Aufl. 4.25.70.89.122.231, bes. 80. - Zur Ab-
     wendung von Kant vgl. die hier abgedruckte Vorrede zur 3. Aufl.
     (XVII-XXVI, bes. XXVI); auch J. D. Schmidt: Wandlungen 31-35
[111] Auf dem Brief befindet sich kein Antwortvermerk Schleierma-
     chers; die beiden Werke Ammons sind im Rauchschen Auktions-
     katalog ("Tabulae librorum e bibliotheca defuncti Schleierma-
     cher", Berlin 1835 [abgekürzt "Rauch"] 11,408.05,58) verzeichnet.
     Mit Ammons höflichem Brief kontrastiert jedoch die die "Reden"
     treffende kritische Bemerkung der Vorrede jener 4. Aufl. seiner
     "Moral": "Mir sind die metaphysischen Schwärmereien der neue-
     ren Zeit, in welchen man [...] die Religion zur Ablegung aller
     Differenz durch die Identität mit dem Unendlichen [...] hinaufpo-
     tenzirt hat, keinesweges verborgen geblieben" (Xf).
[112] Schleiermacher war von 1810-1814 in der Unterrichtsabteilung
     tätig. Die Anfrage unternimmt er als Mitglied der Einrichtungs-
     kommission der Universität; vgl. dazu M. Lenz: Geschichte der
     königlichen Friedrich-Wilhelms-Universität zu Berlin, Bd 1: Grün-
     dung und Ausbau, Halle 1910, bes. 209-211.220-227. Vgl. auch
     Brief an Gaß, 1.9.1810: "[W.] Münscher hat uns abgeschrieben,
     und ich habe nun (ganz unter uns gesagt) ganz von weitem bei
     Ammon angeklopft." (Meisner 2,130)

auch noch "privatim" in dieser Angelegenheit an Ammon.[113] Die diesem im Anschluß von der Sektion direkt offerierte Berufung nach Berlin ist zwar wegen der von Schleiermacher übrigens nicht für unangemessen gehaltenen Forderungen nicht zustande gekommen, hat aber Ammons Avancement in Erlangen zur Folge gehabt.[114]

An diesen Vorgang knüpft Ammon noch vier Monate später in einem vom 12. Januar 1811 datierten Schreiben an. Obwohl sie sich bei jener Gelegenheit mit schließlich in "Mißtrauen" umschlagender "Vorsicht und Bedachtsamkeit" begegnet seien, wende er sich jetzt dennoch "mit Vertrauen und Zuversicht" an Schleiermacher, da man sich in Berlin nun wohl "besser und wohlfeiler" bedient habe und er selbst durch seine Beförderung "von allen Sorgen befreit" sei. Der Herausgeber des "Theologischen Journals", Gabler, habe ihm die "Direction" der Zeitschrift angetragen, doch eine Entscheidung über die Annahme der Offerte mache er abhängig davon, ob auch sein Berliner "Gönner und Freund" zur Mitarbeit bereit sei. Kurz berichtet er von Erlanger Universitätsinterna und "beugt sich" abschließend "tief und dankbar" vor Schleiermachers "Verdienste" und "Liebe".[115]

---

[113] Ammon-Zitat aus den Akten bei Lenz: Geschichte 1,227. Brief an Nicolovius Meisner 2,131; hier der Hinweis auf das nicht erhaltene private Schreiben, auf das Ammon offenbar Antwort 48 anspielt: "[...] da unser schon vor acht Jahren, und wie bedeutungsvoll, von Dresden aus begonnener Briefwechsel die Absicht hatte, eine nähere Verbindung einzuleiten." – Zu Schleiermachers Dresdenaufenthalt vom 5. bis 21. (25.) September 1810 vgl. sein Tagebuch 1810 im AdW der DDR, SN 439, Bl.37–39 (78)

[114] Schleiermacher hielt eine Regelung der geforderten Witwenpension für wünschenswert (an Nicolovius, 14.9.1810, Meisner 2,131). Ammon wurde zum Dank für seine Weigerung, unter den gebotenen Konditionen (vgl. Lenz: Geschichte 227) nach Berlin zu gehen, zum bayrischen "wirklichen Kirchenrat" befördert und für 1811/12 zum Rektor gewählt (vgl. J. D. Schmidt: Wandlungen 38f u. Brief an Schleiermacher, 12.1.1811, Anhang 7.1, Nr.2).

[115] Vgl. Anhang 7.1, Nr.2. Gemeint ist das 1804-1811 von J. P. Gabler herausgegebene "Journal für auserlesene theologische Literatur", das Ammon dann 1811-1823 tatsächlich als "Kritisches Journal der neuesten theologischen Literatur" gemeinsam mit L. Bertholdt fortgeführt hat (zuvor unter anderem Titel schon 1793-1795); vgl. dazu J. Kirchner: Die Zeitschriften des deutschen Sprachgebietes von den Anfängen bis 1830, Stuttgart 1969, Nr. 2326.2355 (auch 2257.2301.2420).

Noch vor dessen Antwort jedoch schickt er nur drei Tage später einen weiteren Brief, diesmal mit der Bitte, ihm "als einem treuen Collegen unter dem Siegel der Verschwiegenheit" anzuvertrauen, ob mit der ihm vom preußischen König überraschend angetragenen Stelle eines Greifswalder Generalsuperintendenten eventuell Nachteile verbunden seien. Dabei erinnere er sich gewisser Äußerungen Schleiermachers bezüglich der Berliner Professur im Sinne einer "schlauen" und von ihm "wohlverstandenen Absagung".[116]

Trotz des Fehlens der Schleiermacherbriefe läßt doch Ammons Rede von "Mißtrauen" und "Absagung" auf gewisse Vorbehalte schließen, die er aber durch übertrieben wirkende Höflichkeitsfloskeln und den Versuch, den Briefpartner in eigene Vorhaben einzuspannen, auszuräumen versucht. Tatsächlich gibt es Hinweise darauf, daß Schleiermacher die Aussicht einer Zusammenarbeit mit dem Erlanger eher zurückhaltend beurteilt hat[117]; ob die Spannungen mehr persönlicher oder sachlicher Natur sind, ist nicht auszumachen. Sie kommen wahrscheinlich auch darin zum Tragen, daß Schleiermacher sich nicht zu einer Mitarbeit am von Ammon schließlich übernommenen "Journal" hat verstehen können und die Korrespondenz für die Dauer von fast sieben Jahren abbricht.

Für Schleiermachers Einschätzung des späteren Oberhofpredigers dürfte dessen hier offenkundig preußenfreundliche Einstellung bedeutsam geworden sein. Ammon spielt mit dem Wunsch, unter den Schutz der preußischen Regierung zurückzukehren, auf die Jahre 1792-1794 und 1804-1806 an, während derer er als Erlanger Professor preußischer Untertan war. Der aus dieser Zeit herrührenden Protektion höchster Regierungskreise, die Schleiermacher bekannt gewesen ist, verdanken sich möglicherweise auch die ehrenvollen Berufungen

---

[116] Vgl. Anhang 7.1, Nr.3. Nach Schleiermachers Notizen auf Bl.3r.5r hat er Ammons ersten Brief am 19.9. erhalten und am 22.9. beantwortet, den zweiten entsprechend am 24.9. und 29.9.

[117] Vgl. Brief an J. E. C. Schmidt, 20.6.1810: "Ammon, gestehe ich Ihnen, scheint mir weder von Seiten der Gesinnung noch der Behandlung freundlich genug, um ihn eigentlich zu wünschen." (Meisner 2,129) sowie die Kontaktaufnahme "ganz von weitem" (an Gaß, s. o. Anm.112)

von 1810 und 1811.[118] Wenn Ammon ihnen nicht nachgekommen ist,
so liegt der Grund dafür keinesfalls in einer antipreußischen Gesinnung.

Um so erstaunlicher muß es auf Schleiermacher gewirkt haben, in
welcher Weise Ammon sich unter dem 28. Oktober 1817, also drei
Tage vor dem Reformationsjubiläum, unvermittelt und "vielleicht unter ungünstiger Constellation wieder" an ihn wendet und damit letztlich die literarische Kontroverse einläutet. Nur kurz nämlich nimmt
der jetzige Oberhofprediger auf die lange Unterbrechung der Korrespondenz Bezug, um sich desto ausführlicher in scharf antipreußischen politischen Anspielungen zu ergehen. So müsse er sich zwar
als "Sachse" wohl den Vorwurf der Heuchelei seitens der "Berliner
Zeitung" gefallen lassen, doch dessenungeachtet "ergebe" er sich
Schleiermacher "auf Gnade und Ungnade", da er ihn "gewiß nicht
strenger" behandeln werde als die preußischen "Friedenscommissarien"
in ihrem Vorgehen bei der Neuordnung der kirchlichen Verwaltung in
den ehemals sächsischen Gebieten. Die Beteuerung, er als "armer
Theologe, der einfältig ist und bleiben will sein lebenlang", könne
nichts anderes wollen, als sich der "nun schon halb verwundenen Dichotomie geduldig hinzugeben", unterstreicht nur die tiefe politische
Verärgerung über die zwei Jahre zuvor im Wiener Kongreßfrieden
festgelegten Gebietsabtretungen Sachsens an Preußen.[119]

Ammons Einlassungen, die mehr als die Hälfte des gesamten
Schreibens ausmachen, sind geprägt von kaum verhüllter Aggression

---

[118] Schlüssige Hinweise auf Protektion Ammons durch Hardenberg
bei J. D. Schmidt: Wandlungen 15.36–38. Danach (35, Anm.3) ist
Ammon 1801 zweimal der Posten als Konsistorialrat in Greifswald
mit Aussicht auf die dann 1811 angebotene Generalsuperintendentur offeriert worden. Hardenberg verwaltete 1791–1798 unter
Mitarbeit des späteren Kultusministers Altenstein die Provinz
Ansbach-Bayreuth. Darauf wohl zielt Schleiermachers Anrede "An
Ammon", er hätte die preußische Kirchenleitung vor der Union
warnen sollen, "da es Ihnen an Verbindung aller Art nicht fehlt,
und Sie gewiß in der Kunst, sie im rechten Augenblick zum besten zu benuzen, ein Meister sind" (43; SW I/5,364); evtl. auch
der Hinweis auf den "Ruhm und die Freunde" Ammons (35; 357),
zurückgewiesen von Ammon: Antwort 9–11.

[119] Vgl. Anhang 7.1, Nr.4

und dürften den Grund gelegt haben für Schleiermachers gegenüber
Harms geäußerte Vermutung einer noch dazu unlauteren politischen
Motivation des nunmehrigen "Sachsen", der doch in früheren Jahren
alles andere als antipreußisch eingestellt war. Den persönlichen Hintergrund bildet offenkundig der große Verlust an kirchlichem Einfluß,
den das jetzige Oberhaupt der sächsischen Kirche erlitten hat, doch
befremdet die gerade bei Gelegenheit der Wiederaufnahme des Kontakts nach langer Pause gewählte drastische Ausdrucksweise, gegen
die sich Schleiermacher in seinem Antwortschreiben vom 3. Dezember
1817 nur hat verwahren können.[120]

Ammon handelt das eigentliche Anliegen seines Schreibens demgegenüber merkwürdig knapp ab. Es seien ihm nämlich aus Preußen und
aus der Schweiz "lästige Synodalpredigten und Proclamationen gegen
die Vereinigung der beiden Kirchen" zur Veröffentlichung in seinem
"Magazin" zugesandt worden. Zwar habe er "sie aus guten Gründen
bisher beiseitegelegt", doch bittet er nun Schleiermacher, ihm von
seinem "Reichthume" einen Beitrag zuzusenden.[121] Die Botschaft ist
nicht eindeutig: einerseits macht Ammon kein Hehl aus seiner Ablehnung Preußens, andererseits scheint er kein ausgesprochener Feind
der dort geplanten Union zu sein, wenn er Proteste gegen sie unterdrückt und stattdessen bereit ist, eine Stellungnahme des seit den
"Unvorgreiflichen Gutachten" von 1804 als Unionsfreund bekannten
Schleiermacher zu publizieren.

Dementsprechend hat ihn letzterer in seinem schon erwähnten
Antwortschreiben vom 3. Dezember "herausgefordert", die eigene
Meinung "über den Gegenstand" zu erkennen zu geben, wie er später

---

[120] Zur Datierung vgl. Schleiermachers Notiz SN 238, Bl.7r; er hat
sich darin offenbar Ammons "scherzenden Ton über unsere politische Dichotomie" verbeten (so dessen Brief vom 12.12.1817, Anhang 7.1, Nr.5) und Präzisierung gefordert (s. u. Anm.122). – Zur
in Sachsen wegen des Verlustes der Hälfte des Territoriums und
über 40% der Bevölkerung noch 1817 vorherrschenden antipreußischen Stimmung vgl. R. v. Brück: Die Beurteilung der preußischen Union im lutherischen Sachsen in den Jahren 1817–1840,
Berlin 1981, 22f. Obgleich v. Brück viel unveröffentlichtes Archivmaterial verwendet, nimmt sie bei Darstellung des Konflikts
Ammon–Schleiermacher (22–47) deren Briefwechsel nicht zur Kenntnis.
[121] Vgl. Anhang 7.1, Nr.4

in der Streitschrift "An Ammon" betont.[122] Es sei grundsätzlich
falsch, Proteste gegen die Union aus "Furchtsamkeit" zurückzuhalten,
denn es könne dieser "wichtigen Sache" nur förderlich sein, wenn sie
"von allen Seiten besprochen würde".[123]

Dieser Aufforderung kommt Ammon in einem vom 12. Dezember
1817, also noch nach Abfassung der "Bitteren Arznei", datierten Brief
insofern nach, als er relativ deutlich die Union als "das politische
Zermalmen, oder Verschmelzen alter, vielleicht wesentlicher und der
Kirche zulezt zuträglicher Religionsformen" kennzeichnet, zugleich
aber seine Meinung in einem, wie Schleiermacher urteilt, "etwas dunkel gehaltenem Gleichniß" umschreibt: er vergleicht nämlich

> "beide Kirchen mit zwei Fürsten, welche die Güter der Kro-
> ne gemeinschaftlich, die des Hauses aber besonders verwal-
> ten. Iene drücken die gemeinen Lasten der Zeit, diese sind
> persönlich verschuldet und zur Veräusserung reif. Nun wirft
> man sie eilig auf neuen Credit zusammen, ist aber weder ei-
> nig über den Einsaz, noch über den Auszug. Wie man hier
> liquidiren kan ohne Inventar und Besizstand, vermag ich
> nicht abzusehn."[124]

Abschließend behauptet er, sich "darüber ofen genug erklärt" zu
haben, womit durchaus die "Bittere Arznei" gemeint sein könnte, und
erteilt Schleiermacher die Erlaubnis, ihn "dafür" zu "strafen [...] wo
und wie" er wolle.[125]

Schleiermachers Reaktion auf dies Angebot erfolgt unter dem 7.
Februar 1818 in Form seines Sendschreibens "An Ammon", das eben
nicht nur gegen die "Prüfung der Harmsischen Säze" geht, sondern
auch die private Korrespondenz des Jahres 1817 öffentlich fortsetzt.
Dies erhellt gleich aus dem ersten Satz:

> "Ew. Hochwürden werden sich vielleicht schon gewundert
> haben, daß ich Ihre lezte freundschaftliche Zuschrift vom

---

[122] Vgl. An Ammon 42f (SW I/5,363f), wo Schleiermacher auch den
Inhalt des Ammon-Briefs vom 28.10.1817 referiert.

[123] Vgl. An Ammon 42 (SW I/5,363f); "Furchtsamkeit" erschlossen
aus: Ammon an Schleiermacher, 12.12.1817 (Anhang 7.1, Nr.5)

[124] Vgl. Anhang 7.1, Nr.5; Schleiermacher: An Ammon 42 (SW I/5,
364). Im "Magazin" Bd 2/2, 1818, 561 veröffentlicht Ammon unter
dem Titel "Die Kirchenvereinigung, ein Bild" eine erweiterte und
geglättete Fassung (vgl. den Abdruck bei v. Brück, die annimmt,
Schleiermacher beziehe sich hierauf: Beurteilung 172, Anm.156).

[125] Vgl. Anhang 7.1, Nr.5

12ten Decemb. v. J. nicht auf der Stelle beantwortet; allein
die bildlichen Ausdrükke, in denen Sie größtentheils sprachen, wollten mir so wenig deutlich werden, daß ich lieber
meine Antwort aussezte, bis ich würde gelesen haben,
worauf Sie mich verwiesen, nämlich wie Sie sich über den
Hauptgegenstand Ihres Briefes, über die Angelegenheit der
Kirchenvereinigung öffentlich ausgesprochen."[126]

Erst vor kurzem aber habe er die "Bittere Arznei" als solche Stellungnahme wahrgenommen, auf die er nun "mit derselben Offenheit
und Unbefangenheit", die er "in dem wenigen Briefwechsel" mit Ammon "immer zu Tage gelegt habe", eingehen wolle. Nachdem er dies
durch einen fast die halbe Schrift umfassenden Nachweis dogmatischer Inkonsequenzen Ammons getan hat, kommt er wieder auf den
"Gegenstand unsers Briefwechsels" zurück, die übriggebliebene
"Hauptfrage" an den Kontrahenten richtend:

"Wie und wann Sie denn zu dieser bitteren Heftigkeit gegen
die an mehreren Orten und auch bei uns angefangene Vereinigung protestantischer Gemeinen von beiden Confessionen
gekommen sind?"[127]

Gerade dies habe er nach dem Inhalt des ersten Ammon-Briefes
vom 28. Oktober 1817 nicht erwarten können, zumal der Dresdener
von sich aus die Initiative zur Erörterung des Themas ergriffen habe.
Schleiermacher erwähnt den Bericht über das Zurücklegen von "Pro-
testationen gegen die Vereinigung" und unterstellt, Ammons Handlungsweise habe möglicherweise nur den Zweck verfolgt, danach mit
dem "starken und glänzenden" Protest der vorgeblichen Thesenrezension "allein und desto nachdrücklicher aufzutreten". Auch die politischen Anspielungen gibt er zurück: wenn bei der Union wirklich das
"Seelenheil" auf dem Spiel stehe, dann wäre es um so mehr Ammons
Pflicht gewesen, vorher vor dem "Frevel" zu warnen, als davon bald
auch Christen betroffen sein könnten, die "sonst" unter seiner "obersten Leitung standen".

Dieses Versäumnisses wegen würde er sogar von der Straferlaubnis
des zweiten Briefs Gebrauch machen, während seine vorherigen Angriffe noch gar nicht Strafe, sondern Erklärung gewesen seien.

---

[126] An Ammon 3 (SW I/5,329)
[127] Zitat An Ammon 41f (SW I/5,363); zu Inkonsequenz 6-41 (331-362)

Schließlich habe er auch aus dem Fürstengleichnis des zweiten Briefes nicht erahnen können, daß der Oberhofprediger "die Sache für so
gefährlich und seelenverderblich" halte, "sondern nur für schwie-
rig".[128] Das Motiv der Straferlaubnis greift Schleiermacher noch einmal mehr auf, wie überhaupt die ganze Schrift den Charakter einer
Strafepistel trägt, wenngleich am Ende der Wunsch des zweiten Ammon-Briefes nach Fortdauer des persönlichen Wohlwollens explizit
aufgenommen und "nach dieser Herzensergießung sicher genug" ge-
währt wird.[129]

Schleiermacher betont, sein Vorgehen gegen Ammon coram publico
bedürfe keiner Entschuldigung; niemand wünsche mehr als er, daß
dieser sich gegen alle Vorwürfe rechtfertigen könne und überdies
führe er hier "keine persönliche Fehde". Die Frage sei vielmehr:

> "Warum hat Herr Ammon seine Schrift so künstlich ineinan-
> der gearbeitet, daß man nicht weiß, ist es seine Hauptabsicht
> die Union in üblen Ruf zu bringen, und glaubte er dazu sich
> auf einmal auf dem strengsten symbolischen Gebiet festsezen
> zu müssen; oder war es seine Hauptabsicht zu erklären, daß
> er allmählig durch seine Untersuchungen hierhin gekommen,
> und folgt daraus nun auch sein Widerwille gegen die
> Union."[130]

Die Kirchenvereinigung aber sei ihm "lieb und werth", weshalb er
kein Bedenken trage, dem Gegner seinen "Brief zu senden, wie er
ist", solle er ihn doch, wie es im letzten Satz der Schrift unter Anspielung auf den Briefwechsel in direkter Anrede heißt, darüber ins
Licht setzen, "daß unter vier Augen in dieser Sache für uns beide
nichts mehr zu thun war."[131]

Öffentliche und private Kontroverse sind also vielfach miteinander
verschlungen; den Auftakt bildet im Grunde Ammons erstes Schreiben
vom 28. Oktober 1817. Daß Schleiermacher wiederum seine Schrift
auch als Abschluß der privaten Korrespondenz verstanden wissen

---

[128] Vgl. An Ammon 42f (SW I/5,363f)
[129] Vgl. die "Bestrafung" des Ammonschen Schauspielvorwurfs gegen
die Berliner Abendmahlsfeier durch Bezeichnung als "Insinuation"
(An Ammon 47; SW I/5,367). Zu "Wohlwollen" vgl. Anhang 7.1,Nr.
5 und An Ammon 87 (403) unter nochmaligem Anspielen auf die
Straferlaubnis
[130] Vgl. An Ammon 87.89; Zitat 90f (SW I/5,403.405.406)
[131] Vgl. An Ammon 91f (SW I/5,407)

will, unterstreicht er noch durch ihre direkte Übersendung an Ammon, die sich aus dessen letzten zur Sache gehörigen Brief vom 7. März 1818 erschließen läßt. Hier schlägt der "Sachse" des ersten Briefs seinerseits vor, sich "künftig auf die geschriebenen Visitencarten zu beschränken", bietet aber zugleich "mit fränkischer Biederkeit [...] die Hand zum Frieden".[132]

Es fügt sich freilich schlecht zu diesem privaten Friedensangebot, daß Ammon gleichzeitig mit der bereits erwähnten "Antwort" an Schleiermacher, die schon vom 23. Februar 1818 datiert ist, für eine Fortsetzung der öffentlichen Kontroverse gesorgt hatte. Auch in ihr fehlt es nicht an Bezugnahmen auf die Korrespondenz. So beklagt er besonders die "Auszüge" aus dem "ziemlich alten Briefwechsel", den Schleiermacher selbst begonnen habe.[133] Es sei zwar eine "alles Vertrauen von Grund aus zerstörende Zartlosigkeit", die "im vertraulichen Wechsel der brieflichen Unterhaltung gebrauchten Worte öffentlich auszustellen", doch er werde darauf verzichten, nun im Gegenzug Schleiermachers Briefe ohne dessen "Einstimmung zu verrathen, oder sie vollends durch den Druck Jedermann preißzugeben." Zudem sei die Zusicherung der vom Kontrahenten so nachhaltig ausgeübten "Strafgewalt" als "gewöhnliche[r] Euphemism" zu betrachten gewesen.[134]

Darüber hinaus ist Ammon bemüht, die Stichhaltigkeit der Argumente gegen seine "Bittere Arznei" als bloße "Coniecturalkritik" zu erschüttern. So habe sein Angriff nicht speziell der Berliner Abendmahlsfeier gegolten, sondern generell Unionsbestrebungen und "namentlich" den "Policeiunionen unserer beiden Kirchen am Altare in

---

[132] Vgl. Anhang 7.1, Nr.6 ("in der vorigen Woche"); vgl. auch Ammon: "In dem Augenblicke, wo ich aus den Händen **Eurer Hochwürden** mit einem Sendschreiben beehrt werde, von dem Sie zugleich eine beglaubte Abschrift in den Buchläden gefälligst niedergelegt haben, ergreife ich auch schon die Feder [...]." (Antwort 3) Nach dem Hauptbuch des Verlags G. Reimer im Verlagsarchiv de Gruyter Bd 2,804 erhielt Schleiermacher am 16. und 21. Februar 1818 Exemplare seiner Schrift.

[133] Vgl. Antwort 5; Ammon spielt also auf die Berufungsverhandlungen 1810 an, ohne der eigenen ersten Zuschrift von 1805 zu gedenken.

[134] Zitate Antwort 6.7.5

der Napoleonischen Periode", die ihn "noch iezt mit dem lebhaftesten Unwillen" erfüllten.[135] Ausführlich weist er den nach Schleiermachers Darlegungen unabweisbar erscheinenden Vorwurf der "Versatilität" und Heuchelei als "eine der häßlichsten Beschuldigungen" zurück; vielmehr habe er sich "stufenweise immer mehr zum reinen Kirchentone hinauf[ge]stimmt".[136]

Im Gegenzug unterstellt er Schleiermacher ein aus dem Vorsitz der Berliner Kreissynode resultierendes "Uebergewicht" seiner "Präsidialstimme", mit dem er ihn "in offenen Krieg verwickeln" wolle, und setzt dessen Schriften mit der Äußerung herab, er habe sie zwar fast alle gelesen, "aber auch leider bald vergessen".[137] Die Tiefe der bestehenden Verstimmung spiegelt sich im durchgängig polemisch-persönlichen Ton der Schrift, besonders aber auch in der Beschreibung des gegenseitigen Verhältnisses wider:

> "Dem deutschen Plato öfnet sich zuverlässig der Tempel des Ruhmes leichter, als dem deutschen Klotz, und attischer Honigseim fleußt lieblicher von den sanften Lippen des Redners, als attischer Essig von der Zunge des immer scheltenden Sykophanten [...]."[138]

---

[135] Vgl. Antwort 12 (noch ergänzt 2. Aufl. 12). Dies steht völig im Widerspruch zur mit der napoleonischen Herrschaft verbundenen Hoffnung auf eine "temperative Union" der christlichen Kirchen bei Ammon: Ausführlicher Unterricht in der christlichen Glaubenslehre für Freunde der evangelischen Wahrheit nach Grundsätzen, Bd 1/2, Nürnberg und Altdorf 1808, 490f. Schleiermacher zitiert die Stelle An Ammon 71 (SW I/5,389), wird also dessen positive Stellung zu Napoleon (weitere Belege bei J. D. Schmidt: Wandlungen 37, Anm.2) als weiteren Ausdruck politischer Differenz zur Kenntnis genommen haben.

[136] Vgl. Antwort 13–18 (Zitate 13.18); 31–34 (Zitate 33.32)

[137] Vgl. Antwort 13.39f, auch 21 ("warum rüsten Sie sich so gewaltig gegen eine kleine Schrift von zwei Bogen, in der doch Ihrer, etwa mit Ausnahme einer leichtanknüpfenden Stelle, gar nicht gedacht ist"? [s. o. Anm.19]); 40f ("Ueberhaupt scheint es mir anmaßend, dem ersten Lehrer der Theologie auf einer berühmten Universität in den Weg zu treten bei dem freien Streben nach einer Vollkommenheit, die Alles weiß, und Alles besser weiß und Alles am Besten weiß"). – Die Zuschreibung der Autorschaft der anonymen Schrift von [J. C. A. Grohmann:] Ueber Offenbarung und Mythologie, Berlin 1799 an Schleiermacher (17.33, wonach die Schrift ihn "anschnaubte") hat Ammon nach dessen Dementi in Zugabe (18; SW I/5,421f) in Antwort 2. Aufl. fortgelassen.

[138] Antwort 47

Ungeachtet dieser für Ammons Stil typischen Redeweise hält er auch jetzt noch, nachdem man sich durch "einige Herzensergießungen" das "Blut abgekühlt und erfrischt" habe, abschließend "eine recht aufrichtige Annäherung unter vier und hundert Augen" für möglich.[139]

Solche öffentliche Fortsetzung der Kontroverse hat Schleiermacher Mitte März 1817 zur Abfassung der "Zugabe" provoziert, die von seiner Seite aus ein letztes Mal auch die private Korrespondenz mit einbezieht. Zunächst jedoch weist er der Ammonschen "Antwort" Verwechselungen und falsche Zitate nach, die wohl aus der "Schnelligkeit" ihres Erscheinens zu erklären seien.[140] Weder aber habe der Oberhofprediger die Anregung aufgenommen, "wissenschaftliche Erörterungen" über die innerprotestantischen Kontroverspunkte in Prädestinations- und Abendmahlslehre zu führen, noch auch den Vorwurf dogmatischer Inkonsequenz widerlegt, da sich bei seinem "rationalistischen Supranaturalism" niemand "etwas gehörig bestimmtes" denken könne.[141]

Schleiermacher insistiert gegenüber Ammons neuerlichen Invektiven auf dem realen Charakter der begonnenen Union auch ohne Lehrkonsens und unterstreicht, daß er die Fehde mit ihm nicht in seiner Eigenschaft als Präses der Berliner Synode führe, zumal er diese "Function" während der gemeinsamen Abendmahlsfeier, auf die nach seiner durch die "Antwort" nicht erschütterten Überzeugung die feindseligen Anspielungen der "Bitteren Arznei" zielten, noch gar nicht ausgeübt habe.[142]

---

[139] Vgl. Antwort 48 (hier zum Briefwechsel von 1810; s. o. Anm.113)

[140] Vgl. Zugabe 3-6 (SW I/5,408-411); Zitat 3, wo erneut politisch auf die zukünftige Einbeziehung der "ehemals sächsischen Provinzen" in die Union angespielt wird. S. auch o. Anm.69.

[141] Vgl. Zugabe 6-8 (SW I/5,411f [Prädestination]). 8f (412f [Abendmahl]). 12-15 (416-419); Zitate 6.13f (411.417), 14: "Mir meines armen Theils wird schon ganz unheimlich, wenn ich das Ra und Irra und Supra daherrauschen höre, weil mir nehmlich vorkömmt als ob sich diese Terminologie immer krauser verwirre [...]."

[142] Vgl. Zugabe 9-11 (SW I/5,413-415 [Union]). 16 (419f [Synodalpräsidium]). Da C. Albrecht (Schleiermachers Liturgik, Berlin 1962, 118-120) nur die Anfänge der Amtstätigkeit als Synodalpräses hinreichend exakt schildert, mangelt es an einer entsprechenden

Ammons Klage über die Anführungen aus der Privatkorrespondenz veranlaßt Schleiermacher zu mehreren Richtigstellungen. Keineswegs sei diese "ziemlich alt", sondern umfasse einige "vor acht Jahren" auf seine Initiative hin gewechselte Schreiben sowie einen "von Herrn Ammon erneuerten aus zwei Briefen hin und her bestehenden Briefwechsel". Die Auszüge daraus seien korrekt zitiert und dadurch gerechtfertigt, daß sie entweder "unverfänglich" seien oder auf sachliche Spannungen zur "Bitteren Arznei" hinweisen sollten.[143] Entsprechend enthält sich Schleiermacher auch in der "Zugabe" nicht der Bezugnahme auf die Korrespondenz, indem er, ohne dies eigens kenntlich zu machen, die Schlußformel des letzten Briefs seines Kontrahenten vom 7. März 1818 aufgreift:

> "jetzt aber nehme ich lieber [...] die dargebotene Hand zum Frieden an, ohne zu fragen ob fränkische Biederkeit besser ist als sächsische, indem ich mich nicht bemühe die provinzialen Biederkeiten so genau zu unterscheiden, sondern mich lieber schlechthin an die deutsche halte."[144]

Mit dem unter kräftiger Ironisierung der bildreichen Sprache des Oberhofpredigers[145] geführten Nachweis, daß die Argumentation der "Antwort" die Einwände gegen die "Bittere Arznei" nicht entkräften könne, ist für Schleiermacher die Kontroverse beendet, während sie

---

Darstellung. Schleiermacher argumentiert aber gegenüber Ammon mehr formal. Die ihm am 1.10.1817 übertragene Funktion begann zwar erst am 11.11. (vgl. Briefe 4,224f), um dann bis Anfang Dezember fortgesetzt zu werden (Briefe 4,228f), doch mit Abfassung der "Amtlichen Erklärung" (vgl. dazu Meisner 2,269 und SN 469/1, Bl.2r: Ankündigung vom 24.10., sie den Amtsbrüdern im Entwurf vorzulegen; hier [Bl.1] auch Zirkularbrief vom 11.10.1817 an Synodale über die Versendung der Unterlagen einer Sitzung vom 7.10.) und anderen Aktivitäten zur Abendmahlsfeier (SN 469/2 Bl.1v: Zirkularschreiben bezüglich der Einrichtung der Feier) hat er sie doch faktisch wahrgenommen.

[143] Vgl. Zugabe 17f (SW I/5,420f). Die Ammonbriefe sind demnach in SN 238 vollständig erhalten.

[144] Vgl. Zugabe 15 (SW I/5,419)

[145] Vgl. z. B. Zugabe 15 (SW I/5,418) vor vorigem Zitat (in Bezug auf Antwort 32.45): "Sollte jedoch Herr Ammon [...] statt aller Musik von Monochorden und Harmonikons Bogenklavier und Käfergesumme, die er in seiner Antwort hören läßt, und statt aller geschraubten Redensarten [...] mich einer gründlichen Vertheidigung der streitigen Punkte [...] würdigen wollen: so würde ich den so hingeworfenen Handschuh gern aufnehmen [...]."

bei Ammon noch weiter nachklingt. So sucht er in den "Verbesserungen" der zweiten Auflage seiner "Antwort", die Schleiermacher betreffen, den Konflikt zu entschärfen und sich zu rechtfertigen[146]; in der "Nachschrift an die Leser" heißt es, die Publikation einer Replik auf Schleiermachers "öffentlichen Anruf" sei ein Gebot der Höflichkeit gewesen. Es handele sich jedoch insgesamt nur um einen "kurze[n] vorübergehende[n] Zwist der Meinungen", nicht aber um "persönliche Feindschaft", zumal "kleine dogmatische Controversen [...] in unsern Tagen sogar wünschenswerth" seien. Die "Zugabe" kenne er lediglich aus der "Berliner Zeitung" und Berichten von Freunden, weshalb er über sie keine "Sylbe weiter verlieren" mag. Die Vollständigkeit des Rückzugs erhellt aus dem Wunsch, einen "Tempel der Eintracht und des Friedens" zu "bauen, den keine Zuschrift und keine Antwort mehr erschüttern" werde.[147]

In diesem Sinne stellt die in der "Nachschrift" bereits angekündigte "Hofnung einer freien Vereinigung beider protestantischer Kirchen" keine Fortführung der persönlichen Kontroverse dar. Schleiermacher wird zitiert als "ein Ungenannter" Verfasser der "Unvorgreiflichen Gutachten", dessen "Scharfsinn" Ammon zwar "ehrt", dessen Anführung jedoch nur den Verdacht erhärten soll, die reformierte Kirche wolle mit der Union die lutherische unterdrücken und vertrete überhaupt ein unzulängliches Abendmahlsverständnis.[148]

Das eigene Verhalten im Thesenstreit erklärt Ammon ungeachtet der hier vorgetragenen Unionsvorschläge damit, daß er "bei Veranlassungen, die sich theils dargeboten, theils aufgedrungen haben, lieber ein ernstes Wort sprechen, lieber erst zu einem kalten und entschlossenen Zurückschreiten auf unsere alten Standpuncte auffordern" gewollt habe.[149] Indem er sich jedoch auch in dieser Abhandlung vehement gegen gemeinsame Abendmahlsfeiern und "der Conve-

---

[146] Neben Änderungen mehr stilistischer Art auch inhaltliche: Antwort 2. Aufl. 10.17.32.34.41.43 (auch Schleiermacher habe sich mit der Distanzierung von seiner "ehemaligen Vorliebe für Spinoza" theologisch fortentwickelt). 46
[147] Vgl. Antwort 2. Aufl. 54.55.56
[148] Vgl. Hofnung 50f.57; s. o. Anm.73
[149] Vgl. Hofnung 6

nienz des Augenblicks folgende Verbrüderungen" als "Unfug" und
"Leichtsinn" ausspricht, bestätigt er erneut, daß die Vorgänge in
Berlin am 30. Oktober 1817 von vornherein seinen Hauptangriffspunkt
darstellten.[150]

Die dann wenig später erschienene vierte Auflage der "Bitteren
Arznei" löst ihren Anspruch, "ein besänftigendes Wort" zu sein, insofern ein, als einige von Schleiermacher in "An Ammon" kritisierte
Passagen fortgelassen oder erläutert werden.[151] Der Oberhofprediger
registriert im Vorwort durchaus auch das "Mißfallen", das seine
Schrift "bei anderen Ungenannten aufgeregt und aufgereizt" habe,
doch da er "nicht für sich, sondern für die gute und heilige Sache
des Christenthums" spreche, wolle er "Vieles gern vergessen, wo er
überall nichts zu widerrufen und noch viel weniger etwas zu bereu-
en" finde.[152]

Er verwahrt sich gegen "Alles Geschrei von Mischung und Folge-
widrigkeit"; daß "Junge Männer [...] in der Theologie mit neuen Sy-
stemen" anfingen, bis sie später "reifen und alt" würden, gelte auch
für ihn selbst, wobei er sich der "Lebhaftigkeit eigener Versuche
deutlich genug bewußt [...] und keinesweges betroffen" sei, "wenn
sich Andere die Mühe" nähmen, ihn "daran zu erinnern".[153] Zwar
habe er gegen die Union als drohende Bildung "einer dritten Kirche
[...], die zur Zeit weder Name, noch Ansehen" habe, ankämpfen müssen, doch die daraus resultierende "Epistel-, Recensenten- und Zei-
tungsfehde" werde schließlich "mit stillem Verständnisse aufhör-
en".[154]

Die unübersehbare Tendenz Ammons, ohne gänzlichen Verzicht auf
Polemik doch durch Schweigen und Abwiegeln einen ehrenvollen
Rückzug zu gewinnen, tritt auch in der Rezension der Schleierma-
cherschen Streitschriften sowie der zweiten Ausgabe der eigenen
"Antwort" im "Magazin" zutage. Zwar wird dem Sendschreiben "An

---

[150] Zitate Hofnung 13f; vgl. 55.26 (Anspielung gegen die Kabinettsordre)
[151] Vgl. Arznei 4. Aufl. 25.27.28.31.33.34; s. o. Anm.78
[152] Vgl. Arznei 4. Aufl. 4
[153] Zitate Arznei 4. Aufl. 16.21
[154] Zitate Arznei 4. Aufl. 29f.27 (27 zur Union; s. o. Anm.82)

Ammon" hier "ein Spiel flüchtiger Dialektik und iener hohlen Arro-
ganz [...], die mit dem Ernste und der Würde des deutschen Charakters im geraden Widerspruche steht", attestiert und bei Besprechung
der "Antwort" der Spinozismus-Vorwurf erhoben, doch abschließend
heißt es, "bei diesen Grundsätzen und diesem Tone" könne "man solchen terroristischen Zwisten nicht früh genug ein Ende machen".[155]

Obwohl damit der aktuelle Konflikt beendet ist, kommt die tiefe
sachliche Differenz zwischen beiden Theologen auch später noch zum
Tragen. Es ist ein Ausfluß des "Thesenstreits", wenn Karl Gottlieb
Bretschneider in seinen "Aphorismen" zwar für die Union, aber explizit gegen Schleiermachers im Sendschreiben "An Ammon" vertretene
Auffassung, die Prädestinationslehre gehöre "mehr der Schule als dem
Leben" an, Stellung bezieht und dieser darauf mit einer Abhandlung
über die Gnadenwahl antwortet, gegen die wiederum Ammon antritt.[156]

Zudem publiziert gerade der Verfasser der "Bitteren Arznei" in den
Jahren 1825 und 1826 zwei Gutachten zugunsten der von Schleiermacher mit großem persönlichen Einsatz bekämpften königlichen Agende, die doch auf die endgültige Durchsetzung der Union in Preußen
abzielt.[157]

---

[155] Vgl. Magazin Bd 3/1, 1818, 252-255; Zitate 253.255
[156] Vgl. An Ammon 61 (SW I/5,380); K. G. Bretschneider: Aphorismen
    über die Union der beiden evangelischen Kirchen in Deutschland,
    ihre gemeinschaftliche Abendmahlsfeier und den Unterschied ih-
    rer Lehre, Gotha 1819; Schleiermacher: Ueber die Lehre von der
    Erwählung; besonders in Beziehung auf Herrn Dr. Bretschneiders
    Aphorismen, in: Theologische Zeitschrift 1 (Berlin 1819), 1-119
    (SW I/2,393-484); Ammon: Ueber die Folgerichtigkeit des evange-
    lischen Lehrbegriffes von der sittlichen Unvollkommenheit des
    Menschen und seiner Erwählung zur Seligkeit. Gegen die Einwür-
    fe des Herrn Schleiermacher, Hannover/Leipzig 1820
[157] Vgl. Ammon: Die Einführung der Berliner Hofkirchenagende ge-
    schichtlich und kirchlich beleuchtet, Dresden 1825. Die Einfüh-
    rung der Berliner Hofkirchenagende kirchenrechtlich beleuchtet,
    Dresden 1826. Nach der Akte betr. die über die neue evangeli-
    sche Kirchenagende erschienenen Schriften Bd 1,1823-1827 (EKU,
    Oberkirchenrat 7, Generalia VIII Nr.23 im EZA Berlin) hat Am-
    mon die zweite Schrift bereits unter dem 23.12.1825 direkt an
    das preußische Kultusministerium übersandt, wohl um seine guten
    Beziehungen zur Regierung des Nachbarstaats zu pflegen. — R. v.

Abgesehen von diesen späteren Wandlungen Ammons ist Schleiermacher 1817/18 vollkommen von der Unaufrichtigkeit des Oberhofpredigers in der Thesensache überzeugt gewesen. So heißt es über
ihn in einem Brief an Ludwig Gottfried Blanc vom 21. Februar 1818:

"[...] dieser erscheint mir auch offenbar heuchlerisch und
boshaft. Denn eine solche Art einzulenken, und dabei zu
versichern man wäre seinen Principien treu geblieben, ist
nicht ehrlich. Und seine Ausfälle auf hier sind offenbar boshaft."[158]

Ammons "Antwort" nennt er dann eine "flausenmacherische" und
attestiert dessen dogmatischer Argumentation "Ungründlichkeit und
Schwebbelei".[159] Seinem Schwager Arndt gegenüber betont er die
Unerträglichkeit der "hohlen Anmaßungen des Dresdener Papstes",
während er mit dem Freund Joachim Christian Gaß über seine "Am-
monsbeize" korrespondiert.[160] Den Grund solcher scharfen Urteile

---

Brück (Beurteilung 73) erklärt Ammons "Inkonsequenz im Urteil
über die Union" aus dessen "konservativ-monarchistischer Grundhaltung"; er sei gegen eine synodale, aber für eine königliche
Initiative. – Zu Schleiermachers Kampf gegen die Agende, der
hier nicht eingehend erörtert werden kann, s. u. Kap. 3.4, Anm.83
[158] Briefe 4,230
[159] Vgl. Brief an Blanc, 23.3.1818 (Briefe 4,233)
[160] S. o. Anm.69 und Brief an Gaß, 11.5.1818 (Meisner 2,276). Aufschlußreich an Blanc, 17.1.1820 zum Streit über die Prädestinationslehre ("Was Ammon darüber geschrieben, habe ich noch
nicht gelesen. Mich ekelt im Voraus vor dem Brei, denn eines
ordentlich dialektischen Verfahrens ist er einmal nicht fähig. [...]
Er hat seinen Aufsatz unserm Minister geschickt, um auch da
etwas zu wirken." [Meisner 2,312]) und der Bericht über die persönlichen Begegnungen auf einer Reise (s. u. Kap. 3.4, Anm.76),
in Plauen, 6.8.1823, ohne über die "Fehde" zu reden (vgl. Briefe
4,315f. Dilthey liest fälschlich "Nauen"), und Dresden, 6.10. ("In
Dresden aber konnte ich es ihm doch nicht ganz schenken von
unserer Differenz zu sprechen. Ich fragte ihn nämlich wie sie es
nun in Sachsen zu halten gedächten, ob sie mit unserer evangelischen Kirche würden Kirchengemeinschaft halten oder nicht. Da
erklärte er sich denn höchst milde und freundlich und sagte
gleichsam entschuldigend man sei in Sachsen allgemein der Meinung gewesen, die lutherische Kirche solle durch diese Union
untergestellt werden bei der reformirten. Darüber bedeutete ich
ihn denn bestens und sagte hernach zu Böttiger, es thäte mir
leid daß Ammon nicht bessere Erkundigungen eingezogen; denn
wenn er nicht so gewaltig gegen unsere Union losgefahren wäre,
würde es mir niemals eingefallen sein eine Zeile gegen ihn zu
schreiben." [An de Wette, 19.1.1824, bisher unveröffentlicht;

hat Ammon selbst zunächst durch sein privates Herantreten an
Schleiermacher gelegt, denn schon seine politischen Anspielungen
wirken alles andere als freundlich und stehen im Widerspruch zum
früheren Briefwechsel. Noch mehr gilt dies in der Frage der Union,
wo Schleiermacher seit dem Erscheinen der "Bitteren Arznei" Ammons Urteil gespalten erscheinen mußte zwischen privater Zurückhaltung und öffentlicher Polemik. Wegen dieser zwielichtig wirkenden
Einstellung hält sich der "deutsche Plato" für völlig berechtigt, die
theologischen Schwankungen des Gegners nicht nur hinsichtlich der
Union, sondern auch anderer dogmatischer Themen in scharfer Form
vor aller Öffentlichkeit zu demonstrieren, wobei persönliche und
sachliche Gesichtspunkte ineinander übergehen.[161]

Was das Oberhaupt der sächsischen Kirche letztlich zu seinem Einschreiten gegen die unionsstiftende Abendmahlsfeier in Berlin bewogen hat, ist angesichts seiner Haltung vor und nach 1817 schwer zu
ermitteln.[162] Er hat dafür den hohen Preis des Verlustes theologischer Glaubwürdigkeit entrichten müssen, wenngleich er mit gewissem Recht die Kontinuitätsbehauptung aufstellt, da sein taktisches
Kalkül es schon in der "Bitteren Arznei" überaus geschickt vermeidet, dem eigenen "rationalen Supranaturalismus" widersprechende Äußerungen zu tun und er während der gesamten Kontroverse den Eindruck zu erwecken sucht, er plädiere für die Bildung einer Konsens-

---

SBPK Autograph I/1118]). – Kritisch zu Ammons Agendenschrift:
Briefe 4,337.

[161] Vgl. die "Apologie" über den "Ton" gegen Ammon im Brief an
Twesten, 11.7.1818: "[...] ich konnte nur so schreiben oder gar
nicht. Wie wenig ich auch Künstler bin in der Ausführung, so
sehr bin ich es doch in der Conception. Der Impuls zum Werk
entsteht mir nicht anders als mit den Grundzügen und dem Ton
desselben zugleich, und ich kann nur entweder ganz folgen oder
mir die Sache ganz aus dem Sinn schlagen. Daß ich nun das
letztere hier nicht gethan, thut mir noch immer nicht leid, und
ich bin in der vollkommensten Ruhe über alles, was noch daraus
entstehen mag." (Heinrici 322f)

[162] J. D. Schmidt (Wandlungen 60) sieht den Grund "am ehesten [...]
in der leidigen Kirchenpolitik"; Ammons "pseudolutherische" Phase fällt zeitlich weitgehend mit der Regierung des konservativ-
orthodoxen Kabinettsministers v. Einsiedel zusammen, während er
nach 1830 wieder freiere Auffassungen vertritt (vgl. dazu z. B.
v. Brück: Beurteilung 25f).

union. Dem theologischen Publikum dürften diese argumentativen Feinheiten angesichts der massiven Anschuldigungen Schleiermachers allerdings weitgehend verborgen geblieben sein.

Der Versuch Ammons, die "Thesen" für seine Zwecke zu instrumentalisieren, ist von vornherein mit Problemen behaftet gewesen, da zwischen ihm als "Rationalisten vom halben Wege"[163] und dem zur Orthodoxie hinneigenden Schleiermacher-Schüler Harms theologische Übereinstimmung nur in der Überzeugung vom religiösen Verfall der Gegenwart und in der Gegnerschaft zur Union besteht. Selbst diese Konvergenz aber trägt Spannungen in sich, denn weder gilt dem "rationalen Supranaturalisten" der Rationalismus als alleinige Ursache der Misere, noch auch ist Harms überhaupt am Diskurs über Möglichkeiten der Unionsbildung interessiert.

Ammons Bedeutung für das Verhältnis Harms' und Schleiermachers zueinander liegt in seiner Mittlerfunktion: Erst sein Angriff auf die Berliner Abendmahlsfeier veranlaßt den "Meister", öffentlich auch zu den "Thesen" des "Jüngers" Stellung zu beziehen. Zwar geschieht dies in kritischer Weise, doch der eigentliche Gegner dabei ist der Oberhofprediger. Dieser Sachverhalt erscheint Schleiermacher als so wichtig, daß er den Thesensteller persönlich davon überzeugen will, in seiner Schrift nicht ihn und Ammon "in einen Topf geworfen" zu haben.[164] Insofern hat Ammon unbeabsichtigt auch den ersten und einzigen direkten Kontakt beider Theologen vermittelt.

Offenbar hat Schleiermacher aufgrund seiner Kenntnis des Dresdeners klar gesehen, wie wenig dieser mit Harms theologisch zusammenstimmt; sein Schreiben verfolgt jedenfalls den Zweck, beide voneinander zu trennen, und gegenüber Blanc gibt er seiner Freude Ausdruck, daß in Harms' erster Thesenschrift "vom Ammon gar wenig die Rede ist".[165]

---

[163] So E. Hirsch: Geschichte Bd 4,57
[164] Vgl. Brief an Harms, 18.2.1818, Briefseite 3 (Heinrici 311f). Dagegen meint J. D. Schmidt in seiner kurzen, Schleiermacher-kritischen Darstellung der Kontroverse, "in Wirklichkeit" richte Schleiermacher "seinen Angriff ebenso auf Harms wie auf A[mmon]" (Wandlungen 55-59, Zitat 57).
[165] Vgl. Brief vom 20.6.1818 (Briefe 4,235)

Der sowohl mit Harms wie mit Schleiermacher in Kontakt stehende
Twesten wertet dann Ammons Versuch, nach Erscheinen der "Vernunftreligion" einen "ehrenvollen Rückzug zu gewinnen", als Erfüllung einer Schleiermacherschen Prophezeiung, was wiederum nicht
ohne Wirkung auf Harms bleiben werde.[166] Wenn es Schleiermacher
also gelungen zu sein scheint, die Beziehung zwischen Ammon und
Harms nachhaltig zu stören, so hat er doch die Entwicklung einer
aus seiner Stellungnahme zu den "Thesen" resultierenden Kontroverse
mit seinem Schüler nicht aufhalten können.

---

[166] Vgl. Brief an Schleiermacher, 20.7.1819: "Haben Sie die letzte
    Schrift von Harms gegen Lehmus gesehen? Dabei ist ihm doch
    auch Ammon wieder abgefallen, der überhaupt einen ehrenvollen
    Rückzug zu gewinnen sucht. Harms ist empfindlich; mich freut,
    daß Ihre Vorhersagung eingetroffen ist." (Heinrici 349f)

3.3 Schleiermacher im Thesenstreit

Im Unterschied zur "Bitteren Arznei" haben die "andern 95 Sätze" des Kieler Archidiakons Schleiermacher offenbar nicht zu beeindrukken vermocht, denn in seinen Briefen ist keine direkte Reaktion auf sie überliefert. Daß ihn überhaupt erst der Angriff Ammons auf die gemeinsame Berliner Abendmahlsfeier zu öffentlicher Stellungnahme veranlaßt, hängt nicht nur mit der vorauslaufenden gemeinsamen Korrespondenz zusammen, sondern hat auch mit dem Unterschied an kirchenpolitischem Gewicht zwischen dem Oberhaupt der Kirche des sächsischen Nachbarstaats und dem zweiten Prediger einer weit entfernten kleinen dänischen Universitätsstadt zu tun.

Generell scheinen die "Thesen" sowohl wegen ihres mehr holsteinischen Gepräges wie wegen der für sich betrachtet wenig originellen Klage über kirchlichen Verfall in Berlin kaum Aufsehen verursacht zu haben; auch ihre Unionspolemik hat den vorherrschenden Willen zur Vereinigung[1] nicht erschüttern können. Entsprechend negiert Schleiermacher gleich eingangs seiner Schrift "An Ammon" für Berlin die außerordentlichen Wirkungen, die der "Prüfer" ihnen zuschreibt; man habe hier im Gegenteil "von diesen Thesen einige Tage nach beiden Seiten hin gesprochen, sehr ruhig in Lob und Tadel" und sie dann augenscheinlich vergessen, was ihm wegen ihrer "sehr viele[n] Blößen" auch im Sinne Harms' für wünschenswert erscheint. Zum Beleg dieser als "Ruhe und Mäßigung" charakterisierten Reaktion verweist er ohne Namens- und Titelnennung auf die Schrift Karl Heinrich Sacks.[2]

---

[1] Schleiermacher unterstreicht die Unionswilligkeit mit der rhetorischen Angabe, die Gegner der gemeinsamen Abendmahlsfeier umfaßten "nicht den funfzigsten Theil" der Berliner Geistlichkeit (Zugabe 16; SW I/5,419); nach der auf Quellenauswertung beruhenden Darstellung von W. Wendland: Die Reformationsjubelfeiern in Berlin und Brandenburg, in: JBrKG 15 (Berlin 1917), 66-109 nahmen 63 Berliner Prediger an der gewissermaßen unionsstiftenden gemeinsamen Abendmahlsfeier am 30.10.1817 teil (81).
[2] Vgl. An Ammon 3f (SW I/5,329f)

Dessen Stellungnahme "Für die Vereinigung der lutherischen und
der reformirten Kirche"[3] bestätigt schon darin Schleiermachers An-
gaben, daß sie die einzige Replik eines Theologen aus Berlin auf
Harms' Protest darstellt. Sie verdient auch deswegen Beachtung, weil
Schleiermacher sich noch mehrfach positiv auf sie bezieht und der
Verfasser ihm persönlich nahesteht.[4]

Sack bezeichnet Harms als "in der Kirche wohlbekannten und
hochgeehrten Mann", mit dessen ersten 74 Thesen er nicht "streiten"
wolle.[5] Widerspruch fordere jedoch heraus, daß der durchaus mit
Sympathie betrachtete Thesensteller "so ängstlich denkt und redet
über die Vereinigung beider protestantischen Kirchen". Unter Betonung des der lutherischen wie der reformierten Kirche Gemeinsamen
unternimmt Sack zunächst eine Einzelkritik der Thesen 75–82, macht
generell auf das Problem der unklaren thematischen Zuordnung der
"Verwirrungsthesen" 83–89 aufmerksam und bespricht These 90–95
wiederum je für sich.[6] Seiner Meinung nach sind historisch bedingte
"Vorstellungen" Grund der innerprotestantischen Trennung gewesen,
während es gegenwärtig Aufgabe der Kirchen sei, sich gemeinsam an
die "Grundlehre von der Versöhnung durch den Sohn Gottes und den
Glauben an ihn" zu halten.[7] Gerade die "Bildung einer äußeren neu-
en, aber völlig mit der Schrift und der Reformation übereinstimmen-
den Kirche" sei angetan, den von Harms beklagten Mißständen zu
wehren.[8] Sacks unpolemische Zurückweisung der Thesen gegen die

---

[3] Zum Titel s. o. Kap. 3.1, Anm.144; abgekürzt "Vereinigung"
[4] Vgl. An Ammon 15.89 (SW I/5,340.404); zum Verhältnis zum Schüler
und (Winter 1817/18 als Berliner Privatdozent) Kollegen Sack vgl.
bes. Friedrich Schleiermacher. Briefe an einen Freund, ed. H. W.
Schmidt, Weimar 1939, aber auch die Klage über die "Befangenheit"
und "höchst buchstäbliche Orthodoxie" der "beiden jungen Sacks"
im Brief an Gaß vom 5.7.1817 (Meisner 2,256).
[5] Vgl. die Bewertung: "Die meisten sind trefflich, d. h. gläubig, biblisch, lebendig, und was hin und wieder seltsam oder schief oder
irrig darin sein mag, kann den Eindruck nicht schwächen, den der
Erguß dieses gläubigen, christlicheifrigen, freiredenden Mannes machen muß auf Jeden, der an das Evangelium glaubt und die [...]
Gebrechen der Kirche in unsern Tagen beklagt." (Vereinigung 3)
[6] Vgl. Vereinigung 4–13.14–20 (bes.16; s. o. Kap. 3.1., Anm.145). 20–25
[7] Vgl. Vereinigung 9 (Zitate); 6f.15.26.28
[8] Zitat Vereinigung 18; vgl. 21

Union ist getragen von der Überzeugung, Preußen sei berufen, dem übrigen protestantischen Deutschland mit der Kirchenvereinigung voranzugehen und mahnt abschließend für ihre Durchführung weises und bedachtsames Handeln an.[9]

In Schleiermachers Hinweis auf diese Ausführungen Sacks spiegelt sich wahrscheinlich ebenso wie in der Beschreibung der Aufnahme der "Thesen" in Berlin die eigene erste Reaktion auf sie wider: er wird sie wahrgenommen und diskutiert, aber als den Fortgang der Union nicht gefährdend angesehen haben, um sie anschließend, zumal nach ihrer baldigen Widerlegung, aus dem Blick zu verlieren. Eine inhaltliche Würdigung erfahren sie erst dank Ammons Vermittlung in der gegen ihn gerichteten Schrift.

Daß Schleiermachers Verhältnis zu Harms dabei nicht von genereller Gleichgültigkeit geprägt ist, erhellt aus der zunächst überraschenden Tatsache, daß er dem Kieler die Streitschrift kurz nach deren Erscheinen persönlich zusendet und in dem dazugehörigen Begleitschreiben vom 18. Februar 1818 die Gründe des Bruchs seines ursprünglich schweigenden Hinwegsehens über die "Thesen" mitteilt. Sein Schreiben, das eine ganze Reihe aufschlußreicher selbstinterpretatorischer Aussagen enthält, beginnt mit dem Ausdruck des Bedauerns darüber, daß der eigene Kielaufenthalt vom 4. bis 6. September 1816 "zu früh" gelegen habe, um den zwar schon gewählten, jedoch noch nicht als Archidiakon installierten Harms persönlich kennenzulernen.[10]

Desto betrüblicher sei es, daß nun "das erste unmittelbare und persönliche Verhältniß", das er mit ihm aufnehme, in der Übersendung der Schrift "An Ammon" bestehe, in der er doch "des Gegen-

---

[9] Vgl. Vereinigung 28.29
[10] Vgl. Heinrici 310; zur Überlieferung des Briefs s. o. Kap. 3.2, Anm.103. Schleiermacher hat seine Schrift erst zwei Tage zuvor ausgeliefert bekommen (s. o. Kap. 3.2, Anm.132). Die Quellen zu seinem Kielaufenthalt dokumentiert R. Bülck: Schleiermacher in Kiel, in: Die Heimat, Monatsschrift des Vereins zur Pflege der Natur- und Landeskunde in Schleswig-Holstein 59 (1952), 203f. Harms wurde am 8.7.1816 gewählt und trat am 1. Advent sein Amt an (vgl. dazu G. E. Hoffmann: Johann Georg Fock als Gegner von Claus Harms, in: SVSHKG.B 10 (1950), 65-85, hier 67).

standes wegen" die "Thesen" nicht habe "lobend" erwähnen können. Damit jedoch Harms "die Sache sehen und nehmen" möge, "wie sie ist", erhalte er das "corpus delicti" samt dazugehöriger Erläuterungen direkt aus seiner Hand. Mit ihnen verfolgt Schleiermacher – wie schon erwähnt – die Absicht, Aufschluß über Ammons Motive zu geben[11], Harms seines persönlichen Wohlwollens zu versichern und sich zugleich für die Kritik an ihm zu rechtfertigen. Entsprechend schreibt er anfangs:

> "Vielleicht hätte ich die herzliche Achtung, die ich für Sie hege, dabei noch wärmer ausdrüken, und die Uebereinstimmung die sonst zwischen uns stattfindet stärker ins Licht sezen können; allein das würde doch in dieser Verbindung zu geflissentlich ausgesehn und also den rechten Eindruck verfehlt haben. Darum habe ich mich dessen enthalten, oder vielmehr darum ist es mir nicht eingefallen."[12]

Mehr aus argumentationstaktischen Gründen also will Schleiermacher Harms in seiner Schrift nicht freundlicher behandelt haben. Falls ihre "Form" jedoch in manchem einen "unangenehmen Eindruk" auf ihn mache, so solle er diesen "nicht zu tief wurzeln" lassen und "bedenken wie vieles gerade hiervon nicht sowol gegen Sie gerichtet ist als gegen die Art wie Ammon Ihre Thesen ergriffen hat."[13]

Neben solchem Werben um Verständnis für den eigenen polemischen Tonfall, das recht eindeutig auf vorhandene Übereinstimmungen abhebt, steht jedoch die gegenläufige Tendenz, die inhaltliche Differenz zu den "Harmsischen Säzen" noch zu unterstreichen:

> "Sonst kann ich freilich von meinem Tadel Ihrer Thesen nichts zurüknehmen, und ich kann nur wünschen daß Sie selbst bei ruhiger Ueberlegung nicht das wesentliche von dem was ihnen dabei vorgeschwebt aber die ganze Art und Weise zurükwünschen mögen. Kann meine Kritik dazu etwas beitragen so werde ich mich freuen."[14]

Bei aller persönlichen Sympathie, die auch im unvermittelt ausgesprochenen Lob der Harmsschen Reformationspredigten[15] durch-

---

11 Zitate Briefseite 1f; vgl. Heinrici 311. S. o. Kap. 3.2, Anm.104f
12 Briefseite 1; vgl. Heinrici 311
13 Vgl. Briefseite 4 (Heinrici 312)
14 Briefseite 3f; vgl. Heinrici 312
15 S. u. Anm.113

schimmert, erfolgt doch privatim keine Revision des einmal öffentlich gesprochenen Urteils.

Erkennbar zielt Schleiermacher darauf ab, den Thesensteller von einer Fortsetzung der Kontroverse abzuhalten. Seinerseits werde er jedenfalls, soweit es seine Person betreffe, "das ruhigste Stillschweigen [...] beobachten" und nur eingreifen, falls ein "Mißverständnis" über seine Differenzierung zwischen Harms und Ammon aufkomme. Daß andererseits der Kieler es "nöthig finden" sollte, sich gegen ihn "öffentlich [...] zu vertheidigen", nehme er nicht an, hofft aber, "bald ein wo möglich beruhigendes Wörtchen zu hören" und wünscht wie in seiner Schrift, "daß Freunde und Feinde" Harms "Ruhe lassen mögen".[16]

Abgesehen von der aktuellen Funktion des Schreibens als "beruhigendes Wort" enthält es komprimiert alle inhaltlich bedeutsamen Aspekte, von denen Schleiermachers Position gegenüber Harms bestimmt wird, nämlich die Wertschätzung der Person, die grundsätzliche theologische Übereinstimmung und die Kritik des Thesenwerks. Alle drei Aspekte lassen sich in seinen Äußerungen während der aktuellen Auseinandersetzung verfolgen, wobei freilich vor der Öffentlichkeit der kritische weit überwiegt, denn seine Streitschrift ist zwar von vornherein direkt "An Ammon" gerichtet, unterzieht jedoch auch die "Thesen" einer vernichtenden Kritik.

Kritik der "Thesen"

Gleich die erste Anfrage an die "Bittere Arznei", die Verneinung der von ihr den "Thesen" zugeschriebenen außerordentlichen Wirkungen für Berlin, bietet Gelegenheit, sich ihnen selbst zuzuwenden. Dabei hebt Schleiermacher kompositorisch geschickt zunächst die Person Harms' von dessen Werk ab, dem er ja baldiges Vergessenwerden wünscht:

> "Ich achte Herrn Harms als einen wohlgesinnten geistreichen und von einem edlen Eifer beseelten wahrhaft christlichen Mann, und freue mich seiner ausgebreiteten Wirksamkeit; er wird gewiß immer ein gesegneter Geistlicher sein, und ich

---

16 Vgl. Briefseite 3f (Heinrici 312); An Ammon 4 (SW I/5,330)

wünsche nur, daß ihm Freunde und Feinde Ruhe lassen, sich in seiner rechten Stellung festzusezen."[17]

Die in der Diktion stark an Sack erinnernde Bezeugung "herzlicher Achtung" für den Kieler erfährt freilich sogleich eine Teilrevision, indem Schleiermacher einschränkt, er habe "von jeher manches an ihm [...] zu tadeln gehabt", nämlich explizit die "neuen zehn Gebote" des "Kleinen Katechismus" von 1810, den er "nie gebrauchen" und "Predigten ohne Bibeltext", die er, besäße er eine kirchliche Leitungsfunktion, "gewiß nicht dulden" würde.

Ganz offenkundig will Schleiermacher mit dieser Kritik, die allerdings in Spannung steht zur wenig später erfolgenden Bemerkung, Harms habe "sonst schon soviel Schönes hervorgebracht"[18], genauere Kenntnis des literarischen Schaffens des Kielers demonstrieren. Er hebt jedoch einen für die von Harms in den Jahren 1808-1817 publizierten 72 Predigten eher marginalen Gesichtspunkt hervor, da von diesen lediglich 10 "ohne Bibeltext", also ohne explizite Nennung einer zugrunde gelegten Perikope stehen[19], freilich ohne daß es ihnen an vielfältigen biblischen Bezügen mangelte. Einzig in der "Sommerpostille" tritt das Merkmal in immerhin sieben von 36 Predigten signifikant hervor, doch Schleiermacher hat das Werk offenbar nicht besessen[20] und es ist nicht nachweisbar, ob er sein möglicherweise darauf bezogenes Urteil aus eigener Lektüre oder aus Rezensionen schöpft.

---

[17] Vgl. An Ammon 4
[18] Vgl. An Ammon 5f (SW I/5,331)
[19] Vgl. nur das "Verzeichnis der gedruckten Predigten und Textregister", Nr.2-73 bei F. Wintzer: Harms 186-189
[20] Rauch verzeichnet an Harms-Titeln nur die "Beleuchtung des vielfältigen Tadels, mit welchem [...] das neue Berliner Gesangbuch angegriffen worden ist", Berlin 1830 (36,1119; s. u. Kap. 4), die "Pastoraltheologie. In Reden an Theologiestudierende. Erstes Buch: Der Prediger, Kiel 1830; Zweytes Buch: Der Priester, Kiel 1831 (21,670.671; nach dem Hauptbuch des Verlags Georg Reimer Bd 3, S.13rv erworben am 4.12.1830 bzw. 13.11. 1831) und immerhin zwei Bände "Harmsiana, Sammlung von Streit-Schriften" (26, 814-815), deren Existenz auf ein großes Interesse am Thesenstreit schließen läßt, deren Verbleib jedoch trotz intensiver Bemühungen nicht ausfindig gemacht werden konnte.

Das gleiche gilt für die Kenntnis des "Kleinen Katechismus" von 1810, wobei freilich berücksichtigt werden muß, daß Schleiermacher 1810/11 in seiner Eigenschaft als Mitglied der Sektion für das Unterrichtswesen im preußischen Innenministerium mit der Frage der Einführung eines einheitlichen Landeskatechismus befaßt gewesen ist und sich dazu unter dem 20. Januar 1811 gutachtlich geäußert hat.[21] Sein Votum plädiert nachdrücklich gegen eine durch behördlichen Zwang erreichte Einheitlichkeit und erlaubt den Rückschluß, daß er verschiedene Katechismen, also womöglich auch denjenigen Harms', der ja in rascher Folge drei Auflagen erlebte und zudem in Brandenburg Verwendung fand, vor Augen gehabt hat.[22]

Andererseits moniert beispielsweise auch die sonst empfehlende Rezension der Leipziger Literaturzeitung vom November 1810 gerade die in der Beschränkung auf "Nächsten- und Selbstpflichten" liegende Auslassung der "Pflichten gegen Gott" in den neuen zehn Geboten[23], so daß die Lektüre des Werks durch Schleiermacher eine nur auf die große zeitliche Nähe zwischen Erscheinungsdatum und Gutachten gestützte Vermutung bleiben muß. Selbst wenn er aber sein Urteil lediglich auf eine Rezension stützen sollte, so ist doch bemerkenswert, daß er sich 1818 noch an Einzelheiten zu erinnern scheint.

---

[21] Vgl. Acta betreffend die Anfertigung, Herausgabe, Einsendung neuer, wie auch den Gebrauch und die Anschaffung der schon vorhandenen und der neu herauskommenden Gesangbücher (EZA Berlin, EKU Oberkirchenrat 7, Gen.VIII Nr.17 Bd I, Bl.30f), veröffentlicht von W. Delius: Schleiermacher und die Katechismusfrage, in: JBBKG 38 (1963), 103–105

[22] Vgl. Schleiermachers Gutachten: "Nun tragen einige Katechismen genug Theoretisches vor dem Praktischen, einige zuerst Theologie, dann Anthropologie, andere noch anderes. Ist es möglich, daß eine dieser Anordnungen allen Lehrern zusage? Und sollte nicht eben deshalb eine Behörde gar sehr bedenken, eine von ihnen als die beste zu sanktionieren. Ja, selbst die äußere Form, Frage, Aphorismen, Selbstgespräch, Imperativ [...] hängen jede mit gewissen Anstalten teils an der Religion selbst, teils an dem Lehrschluß zusammen und sind hier anderen unbequem." (zit. n. Delius, a.a.O. 104f). – Zum KK s. o. Kap. 2, Anm.20; dessen Verwendung in Brandenburg ist belegt durch das begeisterte Schreiben des Garnisonspredigers G. F. Ziehe an Harms, 27.5.1811 (Harmsiana, SVSHKG.B 7,101f; vgl. Harms: Lebensbeschreibung 103f).

[23] Vgl. Neue Leipziger Literaturzeitung (2.11.1810), 131. Stück, Sp. 2090–2093; hier 2091

Durch solcherlei kritische Einwände erhält das Lob der Person des
Thesenstellers gleichsam den Charakter einer, wie Ammon es nennt,
"Stachelrose"[24], zumal die Bekundung des Mißfallens an textungebun-
dener Predigtweise und an einer Neufassung des Dekalogs den Vorwurf mangelnder Rechtgläubigkeit impliziert. Ihn spitzt Schleiermacher noch zu, indem er, wohl unter Anspielung auf die Klage der 14.
und 30. These über fehlende Kirchenaufsicht, andeutet, Harms' Predigtweise sei kirchenamtlicherseits eigentlich nicht duldbar und sein
Katechismus praktisch unbrauchbar. Den von der eigenen Orthodoxie
und zugleich von der besonderen Dignität der Predigt überzeugten
Kieler hat gerade dieser Angriff besonders getroffen.[25]

Im Argumentationszusammenhang der Schrift "An Ammon" bereitet
die Kritik früherer Werke die Erörterung der "Thesen" insofern vor,
als diese nun nicht als erste und einzige Fehlleistung des Kielers
erscheinen. Der beschriebenen Vorbehalte wegen nämlich will Schleiermacher, als ihm das Werk angekündigt wurde, "gleich bange" geworden sein darüber, "wie sich der liebe Mann aus dieser Sache würde gezogen haben". Generell sei die gewählte Form, wie er aus eigener Erfahrung wisse, "nicht wenig schwer und gefährlich" zu handha-
ben, doch das noch weitergehende "Unternehmen", die Thesen des
Reformators zu übersetzen und auf die Gegenwart zu transformieren,
erscheine ihm geradezu als "ein sehr gewagtes und fast anmaßen-
des".[26]

Bereits die sachlogisch unmögliche einleitende Rede von "Irr- und
Wirrwissen" verrate keine Verwandtschaft mit der "Kernsprache Luthers", der zudem zwischen dem Abusus der Ablaßprediger und römi-
scher Kurie zu unterscheiden gewußt habe, während Harms keineswegs in gleicher Weise "säuberlich" gegen die von ihm angeführten
zwei Päpste "für einen, die Vernunft und das Gewissen" verfahre.[27]
Insgesamt bestehe eine so tiefe qualitative Differenz zu "dem gründlichen Ernst, der einfachen Kraft und der frommen Milde der luthe-

---

[24] Vgl. Antwort 1. Aufl. 18 zur Stelle
[25] S. u. Kap. 3.4, Anm.11-15
[26] Vgl. An Ammon 4 (SW I/5,330)
[27] Vgl. An Ammon 5 (SW I/5,331) zu These 9

rischen Thesen"[28], daß sie Schleiermacher nicht hätten beeindrucken können

> "mit ihrem Hin- und Herfahren über gemeinsame Gebrechen und locale, über nahes und fernes, über dem Verfasser bekanntes und unbekanntes, mit ihren halbwahren Orakelsprüchen und ihren die Mühe nicht lohnenden Räthseln, mit ihrem bunten aus verschiedenen Manieren gemischten Stil, mit ihrem Haschen nach Schimmer und Wiz [...]."[29]

Das in jeder Hinsicht vernichtende Urteil wird in Wendung gegen Ammons dramatisierende Metaphern in der "Bitteren Arznei" zusammengefaßt: Die "Thesen" wirkten nicht wie "Blize",

> "sondern wie Raketen, von denen die meisten theils nicht steigen wollen, theils zu früh plazen, und nur wenige ihren Lauf schön und regelmäßig vollenden; aber auch die sind dann doch nur ein vergängliches Lustfeuer."[30]

Mit dieser allgemeinen Kritik ist das Thesenwerk als Ganzes in einer Weise bewertet, die in der Tat auf Harms einen "unangenehmen Eindruk" gemacht haben dürfte. Abgesehen davon aber hat Schleiermacher im weiteren Argumentationsgang tatsächlich den in seinem Brief geltend gemachten Grundsatz, es sei "vieles" weniger gegen Harms gerichtet, "als gegen die Art wie Ammon" dessen Opus "ergriffen" habe, zur Ausführung gebracht.

So bereitet die Abweisung der Blitzmetapher nur die erneute Hinwendung zum Oberhofprediger vor. Schleiermacher verleiht seiner Verwunderung darüber Ausdruck, daß gerade Ammon "diese fünf und neunzig Säze sammt und sonders für alte Wahrheiten" habe ansehen können, obwohl sie in eklatantem Widerspruch zu Aussagen seines dogmatischen Lehrbuchs, der vielgelesenen "Summa theologiae christianae", ständen.[31]

Der stilistische Kunstgriff der direkten Frage an den Kontrahenten erlaubt es, einen detaillierten Nachweis inhaltlicher Unstimmigkeiten zu führen, wobei die "Thesen" gleichsam als Vehikel dienen, Ammon der Unglaubwürdigkeit zu überführen, ganz ähnlich wie der "Prüfer" selbst die "Harmsischen Säze" für seine Zwecke instrumentalisiert

---

28 Vgl. An Ammon 6 (SW I/5,331)
29 Vgl. An Ammon 5
30 Vgl. An Ammon 6
31 Vgl. ebenda. Zur "Summa" s. o. Kap. 3.2, Anm.107

hatte. Wenn Schleiermacher in diesem Zusammenhang bis auf wenige
Ausnahmen[32] konsequent nur diejenigen "Thesen" aufgreift, die auch
in der "Bitteren Arznei" zitiert worden waren, so belegt dieser Sachverhalt nachhaltig sein primäres Interesse an einer Zurückweisung
der Dresdener Attacke gegen die gemeinsame Abendmahlsfeier, der
gegenüber er den Angriff aus Kiel als unbedeutend empfindet.

Doch auch die vorrangige Orientierung am Oberhofprediger und die
methodisch praktizierte Unterscheidung zwischen den "Thesen" selbst
und ihrer Rezeption bietet Schleiermacher Raum genug, gleichsam
nebenher eine Diskussion einzelner Harmsscher Aussagen zu vollzie-
hen, die die am Anfang seiner Schrift geübte Generalkritik der "Thesen" um vielfältige Aspekte ergänzt und die eine der wichtigsten
Quellen seiner Sicht der theologischen Position Harms' darstellt.

So gilt zwar die erste seiner Fragen zunächst der Aufnahme der in
der 15. These geübten Kritik an Calixt und Kant durch Ammon, der
doch selbst, wie der Helmstedter, "eine Moral" als ein von seiner
"Dogmatik ganz getrenntes Buch" verfaßt und noch dazu darin den
kategorischen Imperativ positiv gewürdigt habe.[33] Doch auch Harms'
Argumentation erscheine als in sich fragwürdig, da er ganz offenkundig die von Calixt zuerst vorgenommene Trennung von Dogmatik
und Ethik "in seinem wohlgemeinten Eifer" verwechsele mit der nach
Behauptung von These 12-14 stattgehabten Trennung des Gewissens
vom Worte Gottes und daher "den braven Mann" Calixt zu Unrecht
"verunglimpfe". Wenn zudem seiner in These 9 geäußerten Auffassung
nach "Glaube" und "Handeln" je ihren eigenen "Antichrist" besäßen,
sei es doch nur angemessen, "jedem dieser Antichristen eine eigne
Lehrfestung entgegenzustellen."[34] Schlaglichtartig wird so die mangelnde wissenschaftliche Grundlegung des Thesenwerks aufgedeckt.

In der "Bitteren Arznei" hatte der "rational-supranaturalistische"
Dogmatiker Ammon es zwar überaus geschickt vermieden, die Harmsschen Invektiven gegen die Vernunft nachzusprechen, doch mit min-

[32] Es handelt sich um These 24.27.34.38f.46.73.79
[33] Vgl. An Ammon 6 (SW I/5,332) als Bezugnahme auf Ammons
      "Kritik" Kants in Moral 4. Aufl. 76
[34] Vgl. An Ammon 7 (SW I/5,333)

destens ebenbürtigem Geschick sucht Schleiermacher nun den gegenteiligen Eindruck zu erwecken und diesen mit der positiven Sicht der Vernunft in der "Summa" zu kontrastieren.

Den Sachverhalt, daß Ammon nur die Schlußformel der 14. und 30. These von der mangelnden "Wacht" in der Kirche zitiert, nicht aber die zuvor darin konstatierten "Operationen" der Trennung des Gewissens vom Wort Gottes bzw. der Verwerfung der geoffenbarten Religion, stellt Schleiermacher so dar, als handele es sich hier eindeutig um die Inanspruchnahme gerade der vernunftkritischen 30. These als "alte Wahrheit", da der "Prüfer" sie zwar nicht zur Gänze angeführt, ihr aber auch nicht explizit widersprochen habe. Durch uminterpretierende Neuformulierung des Harmsschen Satzes zur Aussage, "daß die christliche Religion ganz verworfen werden muß, wenn sie soweit verworfen werden soll, als sie nicht mit der Vernunft übereinstimmt, daß heißt also, daß sie gar nicht mit derselben übereinstimmt", wird dann die Basis zur Frage gewonnen, wie letzteres mit dem Ammonschen System im Einklang stehe.[35]

Gleichzeitig führt Schleiermacher auch die bei Harms zugrunde liegende doppelte Vernunftdefinition sowohl als "Inbegriff aller Geisteskräfte" als auch als "besondere Geisteskraft" (These 34) ad absurdum. In Ammons "Summa" scheine von der allgemeiner gefaßten Vernunft die Rede zu sein, in These 30 dagegen von der eingeschränkten, die "Religion weder lehrt, noch sich lehren läßt". Tatsächlich aber könne es einen solchen "doppelten Sprachgebrauch des Wortes Vernunft" gar nicht geben, denn sie bezeichne keineswegs den "Inbegriff der den Menschen auszeichnenden Geisteskräfte", sondern sei vielmehr die eine Kraft, durch die die menschlichen Kräfte "ihr dienend andere und höhere geworden" seien, wodurch wiederum überhaupt erst die menschliche Natur als vernünftige angesprochen werden könne.[36]

Von daher sei evident, daß Harms "seine Sprache [...] für Thesen, die neben den lutherischen angeschlagen werden sollen", ganz "unvollkommen [...] gewählt und ausgebildet" habe. Wenn er noch dazu

---

[35] Vgl. ebenda
[36] Vgl. An Ammon 7f (SW I/5,333)

aber in der 38. These die Vernunft sich "herzlich und gemüthlich" gebärden und sprechen lasse, so sei das ein so "unerhörter Sprachgebrauch", daß ihm, Schleiermacher, dabei "grün und gelb vor den Augen" werde, was genauso für die in These 39 erfolgte Apartsetzung je eines "Verstandes" für Vernunft und Herz gelte.[37]

Gegen die Verwendung des Vernunftbegriffs als Chiffre für "Rationalismus", wie sie in den Thesen vorliegt, reklamiert Schleiermacher, der sich gewiß selbst zu denen rechnet, "die sich in diesen Dingen gern klarer Gedanken erfreuen", also einen philosophisch sauberen Sprachgebrauch gegenüber einem "Spiel mit Worten"[38] und enthüllt so die dem Thesenwerk inhärente unklare Gedankenführung. Allerdings bleibt es ihm von dieser Voraussetzung her verwehrt, die gerade die Argumentation der Thesenreihe 34–39 bestimmende Harmssche Konzeption vom Herzen als religiösem Organ als solche zu erkennen und der eigenen systematischen Grundlegung als verwandt zuzuordnen. Dem steht besonders die ganz individuell geprägte Redeweise des Kielers, die statt an klarer Distinktion einseitig am Ziel populärer Breitenwirkung orientiert ist, als eminentes Verstehenshemmnis entgegen. Für den Philosophen Schleiermacher sind offenbar auch die bedeutsamen Hinweise der Thesen 35–37 auf das eigentlich Gemeinte nicht nachvollziehbar, wenngleich sein Hinwegsehen über diese Aussagen mit der vorrangigen Ausrichtung auf die "Bittere Arznei" zusammenhängen mag.[39]

Die nun folgende Anfrage, wieweit These 67 als "alte Wahrheit" zu gelten habe, da doch schon Luthers "Stuhl" vom "alten Glauben gesetzt" worden sei, spielt polemisch auf die Stellung des sächsischen Oberhofpredigers an, dem ja in der Tat ein dem Katholizismus angehöriger Landesherr "zu essen gibt".[40]

Während Schleiermacher also diese These eindeutig nur gegen Ammon wendet, zielt die anschließende Auseinandersetzung mit der 50.

---

[37] Vgl. An Ammon 8 (SW I/5,333f)
[38] Vgl. An Ammon 9 (SW I/5,334)
[39] Ammon zitiert nur These 36 (Arznei 9); zur zentralen Bedeutung der Thesen 34–39 s. o. Kap. 3.1, Anm.76ff.
[40] Vgl. die direkte Frage: "Wollen Sie diese Thesis anschlagen in Herzog Georgens Hauptstadt?" (An Ammon 9; SW I/5,334)

und 83. These über die Bedeutung der symbolischen Bücher wieder mit auf Harms. Bevor er nämlich im Detail auf die Unstimmigkeit zwischen ihrer Rezeption in der "Bitteren Arznei" und bekenntniskritischen Passagen der ersten und dritten Auflage der "Summa" eingeht, erhebt er ihnen gegenüber den Katholizismus-Vorwurf. Wenn, wie er die Aussage der beiden Thesen versteht, die Bekenntnisse zur "feste[n] Norm aller Auslegung und aller dogmatischen Speculationen" erhoben würden, dann sei "eine Kirche, welche dies behauptet, ihrem Princip nach nicht evangelisch [...], sondern traditionell wie die römische".[41] Damit ist der zwischen ihm und Harms bestehende Grunddissens über die bindende Kraft der Bekenntnisschriften, der im späteren Verlauf ihrer Auseinandersetzung noch eine gewichtige Rolle spielt[42], bereits in aller Prägnanz zur Sprache gebracht.

Eine weitere tiefgreifende Differenz drückt sich darin aus, daß Schleiermacher seine ehrliche Empörung zu erkennen gibt über das in der – von Ammon nicht zitierten – These 46 rationalistischen Predigern gegenüber erfolgte "eben so oberflächliche als harte Absprechen in Pausch und Bogen". Zwar weiß er sich selbst in seiner "theologischen Denkungsart" von denjenigen geschieden, "denen, was Herr Harms den neuen Glauben nennt, vorzuwerfen ist", doch die Verdächtigung, es würden von Vertretern der Predigtmaxime "durch den Verstand zum Herzen" die Hoheitsprädikate Jesu in religiös heuchlerischer Weise als "leeres Compliment" verwendet und somit der Erlöser nicht mehr anerkannt, ruft ihn zur Verteidigung der "redliche[n] Rationalisten".[43]

Die undifferenzierte Polemik des Kielers stößt ihn, der aufgrund eigener Erfahrung von der ernsthaften Religiosität gerade auch der älteren Rationalisten überzeugt ist, ab. Seine eigene Theologie fußt zu sehr auf den kritischen Erkenntnissen der Aufklärung, als daß er deren so radikale Verwerfung ertragen könnte, zumal für ihn der

---

[41] Vgl. An Ammon 9–11; Zitat 9 (SW I/5,334–336)
[42] S. u. Kap. 3.4, Anm.45–56
[43] Vgl. An Ammon 11 (SW I/5,336). Sie seien zu unterscheiden von "denen, welche ihre Gemeine in der Fremde des Irrglaubens Hunger und Kummer leiden lassen", wie es in Anspielung auf These 73 heißt.

theologische Rationalismus ebenso wie die Orthodoxie nur eine Einseitigkeit religiösen Denkens darstellt. Die explizite Aufnahme der
46. These steht deshalb gleichsam als pars pro toto einer generellen
Zurückweisung der maßlosen antirationalistischen Polemik der "Thesen", deren Fragwürdigkeit Schleiermacher noch dadurch unterstreicht, daß er ihr Luthers beispielhafte Reinigung von aller Leiden-
schaft vor Abfassung seiner Thesen kontrastierend entgegenstellt:
Hätte Harms sich ebenso verhalten, hätte er

> "Buße gethan von allem eiteln Wesen, dann würde er etwas
> besseres geschrieben haben, als Epigramme, denen die Sta-
> cheln ausfallen, wenn man sie etwas herzhaft anfaßt, und
> man würde dann mehr als jezt gefühlt haben, daß alles nur
> zu Gottes Ehre gemeint, und von Luthers Andenken erfüllt
> sei!"[44]

Die wiederholte Behauptung tiefer Diskrepanz zwischen Thesensteller
und Reformator ist hier in einer Weise zugespitzt, die Harms in seiner Selbsteinschätzung empfindlich getroffen haben dürfte.

Wenn sich Schleiermacher im Anschluß daran der Kritik der letzten
Thesenreihe (These 92-95) widmet, vertritt er deutlich die eigene
Sache direkt gegen Harms "in seinem Eifer gegen die Reformirten",
denn die einleitende kurze Anknüpfung an ihre lobende Rezeption
und Erläuterung durch Ammon ist eher kompositorisch veranlaßt.[45]
Er könne zwar nicht entscheiden, ob der Thesensteller aus "Eigen-
sinn" oder im Zuge einer "kleine[n] Vernachläßigung" die katholische
Kirche mit dem sie gerade von den protestantischen Konfessionen
trennenden Prädikat "evangelisch" auszeichnet (These 92), doch in
der Tatsache, daß "die lutherische Kirche als gleich weit abstehend
gesetzt wird von der reformirten und der katholischen", erblickt er
wie K. H. Sack eine "unprotestantisch[e] Ansicht".[46]

Zugleich bestreitet er faktische Richtigkeit wie logische Möglichkeit der von Harms getroffenen Charakterisierung sowohl der Kirchen selbst als auch ihres Verhältnisses zueinander unter dem Gegensatz von "Wort und Sakrament". Weder vernachlässige die katholi-

---

[44] Vgl. An Ammon 11f; Zitat 12 (SW I/5,336f)
[45] Vgl. An Ammon 12 (SW I/5,337), wonach Schleiermacher Ammons
      diesbezügliche "Zusammenstimmung" mit Harms nicht "begreift".
[46] Vgl. ebenda; Bezugnahme auf Sack 15 (SW I/5,340)

sche Kirche das Wort Gottes, noch überbetone sie den Gebrauch des
Sakraments; auch das Wesen der reformierten Kirche sei falsch gefaßt. Vor allem aber sei es unmöglich, der lutherischen Kirche den
"Mittelweg" eines "gleichmäßigen" Sich-Haltens an Wort wie Sakrament (These 94) zuzuweisen, da sie dann im negativen Falle auch die
spezifischen Mängel beider anderen Kirchen in sich vereinigte und so
hinter beiden zurückstände, im positiven aber "das ganze eigentliche
Wesen der katholischen Kirche in sich" trüge. Selbst die Möglichkeit,
daß sie "zwar mehr am Wort halte als die katholische, aber doch weniger als die reformirte, [...] mehr am Sakrament als die reformirte,
aber doch weniger als die katholische" Kirche sei nicht gegeben, wie
gerade der innerprotestantische Vergleich beweise, da das hier allenfalls vorliegende unterscheidende Merkmal eines "mehr" an "äußeren
Gebräuchen" im lutherischen Kirchentum auch von Harms nicht unter
den Begriff "Sakrament" gefaßt werden könne.[47]

Die Ausgangsbasis solch' scharfer dialektischer Kritik gewinnt
Schleiermacher, indem er das Wort "vorzugsweise", das sich übrigens
nur in der die katholische Kirche betreffenden 92. These findet, so
interpretiert, als werde damit gerade die Vernachlässigung je eines
der beiden Glieder des Gegensatzpaares "Sakrament und Wort" als
Charakteristikum der betreffenden Konfessionskirche angesehen.
Schon aus der Bezeichnung beider nichtlutherischen Kirchen als
"herrlich" (These 92f) geht jedoch hervor, daß Harms eine gleichsam
negative Charakteristik ebensowenig im Blick gehabt hat wie die
dann aus ihr resultierenden Konsequenzen, die Schleiermacher mit
Scharfsinn und Ironie demonstriert.

Seiner nicht ganz ungekünstelt wirkenden Argumentation liegt aber
ein festes, der Thesenreihe 92-94 diametral entgegengesetztes Prinzip
zugrunde:

> "Mir steht die katholische Kirche auf der einen Seite und
> die protestantische auf der andern, und der Unterschied der
> beiden Confessionen der protestantischen Kirche erscheint
> mir als eine Kleinigkeit im Vergleich mit jenem Unter-
> schied."[48]

---

[47] Vgl. An Ammon 13f (SW I/5,338f)
[48] An Ammon 19 (SW I/5,343)

Für Schleiermacher sind die beiden protestantischen Kirchen nicht nur formal dadurch von der katholischen getrennt, daß allein sie die historisch bedingte Bezeichnung "Confession" verdienen, sondern vor allem des ihre Theologie gemeinsam fundierenden "sola fide" wegen, also weil sie im Unterschied zu Rom das "Verhältnis zum Erlöser [...] in unserer Lehre von der Gerechtigkeit durch den Glauben" bestimmen.[49]

Doch auch diese eingehende Kritik der letzten Thesenreihe mündet schließlich in einen Angriff auf die Art, wie die "Bittere Arznei" sie ergriffen hat. Die "kurze Erklärung", die Ammon ihnen angedeihen läßt, indem er die katholische Kirche als geprägt von dem "Christenthume der Anschauung", die reformierte als von dem "des Verstandes" und die lutherische als von dem "des Gemüthes" bezeichnet[50], muß sich die Frage gefallen lassen, ob sie "nicht statt zu erklären umdreht?" Ein reformiertes "Christenthum des Verstandes" hätte Harms gemäß These 46 "gar nicht herrlich nennen" können; solle das Wort jedoch nicht "durch den Verstand" gehen, dann müsse es doch "das Gefühl und die Einbildungskraft ergreifen", und diese Möglichkeit stehe nach These 93 eben auch der reformierten Kirche zu Gebote und nicht nur, wie von Ammon behauptet, der katholischen. Da also die Erklärung der "Bitteren Arznei" Harms' Distinktion nicht treffe, könne dieser selbst kaum mit ihr zufrieden sein.[51]

Der Nachweis sachlicher Differenzen zwischen Thesensteller und Prüfer dient gewiß dem Zweck, beide geschickt auseinanderzudividieren; er entspringt aber vor allem der tiefen Verärgerung über Ammons Charakterisierung der reformierten Kirche als religiös unzulänglich und letztlich intolerant[52]. Sollte sich nämlich Ammons Unterstellung als zutreffend erweisen, sie ermangele der der lutheri-

---

[49] Vgl. ebenda: "die katholische Kirche hat keine Confession bei irgend jemand abgegeben, und wir können ihr keine andichten, sondern nur für die protestirenden Kirchen schickt sich dieser Ausdrukk." – Berufung auf den "articulus stantis et cadentis ecclesiae": An Ammon 15f (SW I/5,340)
[50] Vgl. Ammon: Arznei 24f
[51] Vgl. An Ammon 14f (SW I/5,339f)
[52] Vgl. Ammon: Arznei 15

schen Kirche "eigenthümlichen Vollkommenheit" der Verbindung von
"Glaube und Liebe durch die innige Gemeinschaft des Wortes und Sa-
cramentes", dann müsse er, Schleiermacher, sich aus Gewissensgrün-
den von ihr lossagen.[53] Bis dahin aber gelte:

> "[...] wenn man gleich bei uns die Vereinigung beider Kir-
> chen betreibt: so weiß ich doch meines Theils daß ich mich
> immer zu der theologischen Schule der Reformirten halten
> werde."[54]

Diese prononcierte Erklärung entstammt zwar dem Kontext der Abwehr eines lutherischen Alleinvertretungsanspruchs und der Verteidigung der Berliner Abendmahlsfeier gegen Ammons Angriff; sie ist jedoch von Gegnern der Union wie dem Leipziger Johann August Heinrich Tittmann (1773-1831) als Indiz für das Streben der reformierten
Kirche in Preußen nach Vorherrschaft gewertet worden und hat auch
auf Harms ihre Wirkung nicht verfehlt.[55]

Indem Schleiermacher die Ammonsche "Erklärung" der konfessionalistischen Schlußthesen ad absurdum führt – nach ihr sei die lutherische Kirche "eigentlich gar nichts"[56] – distanziert er sich zugleich
insbesondere von der Verherrlichung der lutherischen Kirche als die
anderen Konfessionen überbietend und einschließend. Er macht konsequent gerade diese für Harms so eminent wichtige Vorstellung zum
Opfer vernichtender öffentlicher Kritik, indem er die 95. These unter
Hinweis auf die romantische Konversionsbewegung zum Katholizismus,
deren Träger "fast alle aus der lutherischen Kirche gekommen" seien,

---

[53] Vgl. An Ammon 16f (SW I/5,341)
[54] An Ammon 17; vgl. z.B. an Arndt, 9.12.1817: "Uebrigens freue ich
mich sehr zu den Reformirten zu gehören, denn der entschieden
liberalere Geist findet sich durchaus bei diesen." (Meisner 2,269)
[55] Vgl. J. A. H. Tittmann: Ueber die Vereinigung der evangelischen
Kirchen. An den Herrn Präsidenten der berlinischen Synode,
Leipzig 1818, 4 und passim. Dazu Schleiermacher an Blanc, 20.6.
1818: "Ich habe im Tittmann geblättert soviel ich konnte ohne
aufzuschneiden, und das war schon genug um unmuthig zu werden [...]. Hernach bin ich im zweiten Bogen sitzen geblieben [...]
der reinen Langeweile wegen [...] am Ende könnte jeder sächsi-
sche Pfarrer von hinterm Zaune her glauben, er dürfe nur einen
Brief an mich drucken lassen: so müsse ich auch antworten. Da
heißt es also principiis obsta." (Briefe 4,235) – Zu Harms s. u.
Kap. 3.4, Anm.23
[56] Vgl. An Ammon 18 (SW I/5,342)

umkehrt zur Aussage, daß sich wohl vielmehr "allmählig alles aus
[der lutherischen Kirche] herausbilden" werde.[57] Ein tiefes Unver-
ständnis klafft zwischen der romantischen Ekklesiologie der Harmsschen "Thesen" und Schleiermachers Festhalten am protestantischen
Prinzip in seiner reformierten Ausprägung.

Gegen Ammons wie Harms' ekklesiologische Theorie steht Schleiermachers feste Überzeugung von der innerprotestantischen Gemeinsamkeit gegenüber dem Katholizismus, für die er sogar Luther selbst in
Anspruch nimmt, der sich im Marburger Religionsgespräch wohl kaum
mit katholischen Theologen "so leicht über vierzehn solche Haupt-
punkte würde vereinigt haben" wie mit reformierten geschehen.[58]
Dabei stellt die Berufung auf den Konsens von Marburg eine Zurückweisung des Beharrens der 78. These auf dem 1529 festgestellten
Dissens in der Abendmahlslehre als auch für die Gegenwart relevant
und so eine Union verunmöglichend dar.

Schleiermacher interpretiert die Marburger Artikel ohnehin nicht
als Dokument des Scheiterns protestantischer Übereinkunft, sondern
umgekehrt als Beleg des Bestehens einer solchen, womit ihnen auch
für die preußische Union eine besondere Bedeutung zukomme. So sei
die Abendmahlslehre des letzten Artikels geradezu das "bestimmte
Symbol" der Union und dessen Dissensfeststellung geeignet, die gemeinsame Feier zu rechtfertigen, nur daß man der Formulierung "eine andere Wendung" geben müsse,

> "sagend, Und weil wir einsehn, daß dasjenige, worüber wir
> uns nicht vergleichen können, zu der Hauptsache, nämlich
> der geistlichen Wirkung des Leibes und Blutes Christi, nichts
> austrägt, wollen wir als Brüder das Abendmahl des Herrn
> miteinander feiern, und uns dabei enthalten den streitigen
> Punkt auf die Bahn zu bringen, Gott übrigens bittend, daß
> er uns in dem rechten Verstand immer mehr bestätigen
> wolle."[59]

---

[57] Vgl. An Ammon 18 (SW I/5,343); Schleiermacher nennt die Kon-
      vertiten Friedrich Leopold v. Stolberg [1800], Friedrich Schlegel
      [1808], Adam Heinrich Müller [1805], Johann Friedrich Heinrich
      Schlosser [1814] und Zacharias Werner [1810] (19).
[58] Vgl. An Ammon 19f (SW I/5,343f)
[59] Vgl. An Ammon 70f (SW I/5,388). Schleiermacher zählt hier irr-
      tümlich die Konsensfeststellung des letzten Artikels als 14., des-

Die Betonung solcher von vornherein bestehender Lehrübereinstim-
mung innerhalb des Protestantismus geht bei Schleiermacher einher
mit dezidiertem Festhalten an reformierten Traditionen. Demgegenüber sei für Ammons Ablehnung der Union seine gänzlich negative
Bewertung der reformierten Kirche konstitutiv. Eingehend widmet
Schleiermacher sich deshalb den diesbezüglichen, auf Interpretation
der 93. These fußenden Behauptungen der "Bitteren Arznei" und
weist sie unter Hinweis auf zeitgenössische reformierte Gottesdienst-
praxis, herausragende Gestalten gefühlsbetonter Frömmigkeit reformierter Provenienz sowie seiner Meinung nach in den Arminianischen
Streitigkeiten, ja von Zwingli selbst bewiesener "Duldung und Sanftmuth" zurück.[60]
Der Apologie der reformierten Kirche mißt Schleiermacher einen so
hohen Stellenwert bei, daß er nach vollzogener Widerlegung der
Fehlurteile Ammons auch die Sicht des Thesenstellers selbst rügt,
der "freilich noch viel weiter" gegangen sei. Zwar folge aus These
87, "daß auch die reformirte Kirche auf der Bibel nach einer von ihr
angenommenen Auslegung beruhe", doch dem widerspreche die harte
Aussage der 82., wonach "die Vernunft" die Ausbildung eines geord-
neten reformierten Kirchenwesens verhindert habe und "die Vereinigung der reformirten Kirche mit der lutherischen [...] eine Aufnahme
der Vernunft in die lutherische Kirche sein" würde.[61]
Aufgrund dieser Formulierungen sieht Schleiermacher folgerichtig
die Reihe der "Verwirrungsthesen" (83–89) als Unionspolemik an,
wenngleich er dabei Harms' unpräzise Diktion, die in den Thesen 87–

---

sen von ihm umformulierte Dissensformel als 15. Die Zählung
schwankt seinerzeit noch (vgl. z. B. P. Marheineke: Geschichte
der teutschen Reformation Bd 2, Berlin 1816, 396: 14), was wohl
darin begründet ist, daß alte Ausgaben der Werke Luthers, so
auch die von Schleiermacher benutzte (D. Martin Luthers Werke,
ed. J. G. Walch Bd 17, Halle 1732, 2360f [Rauch 10,3211]), den
ursprünglich 14. Artikel (zur Kindertaufe) fortgelassen haben
(vgl. zum Problem WA 30/3,98, Anm.2). Schleiermachers Auftei-
lung des gemeinten letzten Artikels findet sich sonst nicht.-
Weitere Bezugnahmen auf Marburg: An Ammon 20 [korrekte Zäh-
lung]. 22f.52.67.75 (343f.346f.372.385.392f)
[60] Vgl. An Ammon 20–23 (SW I/5,344–347)
[61] Vgl. An Ammon 23f (SW I/5,347)

89 unvermittelt wieder "die Vernunftreligion" namhaft macht, berücksichtigt. Daraus entstehe nämlich der Anschein, als sei die Union für
die lutherische Kirche gleichbedeutend mit der "Aufnahme der Vernunftreligion", also der nach These 32 "von Vernunft oder Religion
entblößten Religion". Mit beißendem Spott malt Schleiermacher die
Konsequenzen aus:

> "Freilich die schreklichste Sache! denn wenn nun in die lu-
> therische Kirche, die bis jezt die Vernunft noch nicht in
> sich aufgcnommen hat, nun gar noch eine von Vernunft ent-
> blößte Religion aufgenommen wird: welche complicirte Un-
> vernunft muß daraus entstehen! Oder wenn in die lutherische
> Kirche, die bis jezt die Vernunft noch nicht in sich aufge-
> nommen hat, eine auch von Religion entblößte Religion auf-
> genommen wird, welche gänzliche Leerheit an Vernunft und
> Religion müßte daraus entstehn!"[62]

Was Schleiermacher mit dieser erneuten Bloßstellung gedanklicher
Inkonsequenz verdeutlichen will, ist:

> "[...] Herr Harms hat die rechte Thesensprache nicht in sei-
> ner Gewalt, und dem Wahren, was er meint, hat er nothwen-
> dig gar sehr geschadet durch die schielende Art, wie er es
> ausdrükt."[63]

Fast als werde ihm bewußt, wie verletzend diese Worte auf Harms
wirken müssen, zeigt er jedoch gleich anschließend Verständnis für
dessen "Ansicht von der reformirten Kirche". Der übereifrige Thesensteller habe "ohnedies schon einen schweren Stand gegen die Gleichgültigen und gegen die Unchristen", weshalb es "ganz natürlich" sei,
daß er "etwas neues" wie die Union mit Abwehr betrachte, da er es
nicht richtig einschätzen könne. Aufgrund seiner Fixierung auf die
"Altonaer Bibel" bringe er nun auch alles "unheimische" mit ihr in
Verbindung, wobei seine "unrichtige Vorstellung" des Reformierten-
tums auf geographisch bedingter Unkenntnis beruhe.[64]

Während Schleiermacher also scheinbar großzügig bei Harms theologische Inkompetenz in diesen Fragen konzediert, will er "es" Ammon, an den er sich direkt wendet, als "eine[m] der ersten unter den
gelehrten Theologen unseres Vaterlandes [...] so leicht nicht geben".

---

[62] Vgl. An Ammon 24; s. o. Kap. 3.1, Anm.145
[63] Vgl. ebenda
[64] Vgl. ebenda (SW I/5,347f)

Gerade seiner anerkannten theologischen Kompetenz wegen sei der Oberhofprediger nachgerade verpflichtet gewesen, Harms über seine Irrtümer aufzuklären und ihm etwa zu verdeutlichen, daß der "Protestantismus der Reformirten" keine "Vernunftreligion" sei; daß wie Luther nicht in der Abendmahls-, so Calvin nicht in der Prädestinationslehre hätte nachgeben können, weil beiden "der Text zu gewaltig war"; daß im Harmsschen Sinne gemäß der 90. und 91. These die reformierte Kirche "beinahe besser" ausgebaut sei als die lutherische, "weil verhältnismäßig bei ihr in mehreren Gegenden" nicht der landesherrliche Summepiskopat herrsche und ebenso das Pfarrwahlrecht der Gemeinden besser gewährleistet sei, und schließlich darauf, "daß der sogenannte Rationalismus weit stärker und lauter in der lutherischen Kirche gespukt habe als in der reformirten", weshalb die Thematisierung der Vernunftreligion in den "Thesen" besser überhaupt unterblieben wäre.[65]

Geschickt wird in dieser rhetorischen Wendung der Eindruck vermittelt, als richte sich die Anklage unter gleichzeitiger Schonung des Thesenstellers einzig gegen Ammon, doch der Sache nach ist die hier gleichsam nebenher vorgebrachte Kritik der Thesen gegen Union und reformierte Kirche so massiv, daß Schleiermachers Argumentation ganz ohne Zweifel mehr auf ihren Inhalt zielt und weniger auf die Art, wie sie "ergriffen" wurden. Die Bloßstellung des Kielers als in gewichtigen theologischen Fragen minder kompetent erfährt durch ihre Kontrastierung zum Bildungsstand des Dogmatikers Ammon eine bedeutende Verschärfung. Insgesamt deutet die Härte der Polemik auf den hohen Rang der Thematik bei Schleiermacher.

Solches Hervorheben der tiefgreifenden Differenz in der Beurteilung von Union und reformierter Kirche beendet allerdings die im Rahmen der Zurückweisung der "Bitteren Arznei" erfolgende Auseinandersetzung mit den "Thesen" und ihrem Autor selbst. Harms ist nun gewissermaßen endgültig abgefertigt, und statt seiner rückt eindeutig wieder der Dresdener Oberhofprediger in den Mittelpunkt der Betrachtung. Die innerhalb der restlichen drei Viertel der Schleier-

---

[65] Vgl. An Ammon 24f (SW I/5,348f)

macherschen Schrift gelegentlich noch auftauchenden Anspielungen
auf einzelne Thesen stehen ganz im Dienste der Entlarvung inhaltlicher Inkonsequenzen Ammons.

Den Ausgangspunkt der Gedankenführung bildet die rhetorische
Frage, warum der "Prüfer" so vieles im Thesenwerk habe billigen
können, was er hätte "besser wissen müssen, und was auch mit [sei-
nen] öffentlich dargelegten Ueberzeugungen" streite.[66] Schleiermacher stellt sie nicht nur sich selbst, sondern auch "anderen" und
gewinnt so die Möglichkeit, die eigenen Erwägungen in Form eines
fiktiven Dialogs mit Freunden vorzutragen. Letzteren gegenüber verteidigt er Ammon mit der Vermutung, manche Inhalte der "Thesen"
seien wohl bereits vorher bei ihm zu finden gewesen, doch seine
Dialogpartner wollen ihn davon überzeugen, daß, wie er sie in Anspielung auf Ausdrücke der "Bitteren Arznei" sprechen läßt, vielmehr
erst "der Harmsische Spiegel" dem Oberhofprediger gezeigt habe, wie
er "bisher gestaltet gewesen" und ihm daher aus Harms' "stille[r]
Wolke einiger derber Hagel auf die nakten Stellen um Hals und
Schulter gefallen sei".[67] Die "Thesen" seien damit das Mittel gewesen, Ammon die Unzulässigkeit zuvor vertretener rationalistischer
Anschauungen schmerzhaft bewußt zu machen.

Um die für diese Behauptung vorausgesetzte inhaltliche Diskontinuität zwischen Akzeptanz der "Thesen" und früheren Aussagen zu
beweisen, führen die fiktiven Gesprächspartner zunächst die dem
"Unmuth der 24sten Thesis darüber, daß man neuerlich den Teufel
todt geschlagen und die Hölle zugedämmt" widersprechenden einschlägigen Paragraphen 71-73 sowie 177 und 178 der jüngst erst erschienenen dritten Auflage der "Summa" an, aus denen ersichtlich
sei, daß "Ammon selbst den Teufel ein wenig todtgeschlagen und den
Leichnam nur zu guten Absichten in Spiritus aufbewahrt" und noch
dazu der Hölle "eine bequeme Hinterthüre, zu der jeder wieder her-
auskann", aufgetan habe. Daneben ließen die Paragraphen 124 und
125 zur Sündenvergebung gerade, wie in These 18 moniert, den "Be-

---

[66] Vgl. An Ammon 25f (SW I/5,349)
[67] Vgl. An Ammon 26 (SW I/5,349f)

griff von göttlichen Strafen ganz verschwinden" und verträten überhaupt eine Theorie, wie Harms sie mit der Klage der 21. These, man
"bediene sich selbst" mit der Absolution, im Sinn gehabt habe.[68]

Auch trage Ammons Darstellung der Christologie in einzelnen
Punkten Züge dessen, was in der 45. These als dem Islam gleichzu-
stellende Herabwürdigung des "Heiligen des Glaubens" genannt werde,
wie überdies die "Summa" öfter den "Mahomed ganz mit Ehren" an-
führe.[69] Im Detail weisen Schleiermachers fiktive Gesprächspartner
anhand der Lehraussagen zu Heiligung, Trinität und Verbalinspiration
in erster wie dritter Auflage der Ammonschen Dogmatik nach, daß
dessen Pneumatologie "gar nicht weit ab von der Altonaer Bibel" stehe, er also ein solches nicht-orthodoxes Geistverständnis vertrete,
wie es nach These 74 die "gegenwärtige Finsternis im wahren Christentum" begründet.[70]

Auf diesem Hintergrund sei die Zustimmung der "Bitteren Arznei"
zu Harms' "alten Wahrheiten" einzig daraus erklärlich, daß erst etwa
die Thesen 10 und 34 gegen Gewissen und Vernunft Ammon den he-
terodoxen Charakter des eigenen theologischen Systems offenbart
hätten und er sich im Erschrecken darüber nun gemäß der 50. These
"inniger mit den symbolischen Büchern" verbinden wolle und "stillschweigend das Verdammungsurtheil über alles Aufnehmen der Vernunft in die Religion" teile.[71] Mit Nachdruck vertreten Schleiermachers "Freunde" die Auffassung, daß Harms "mit seinen wenigen Sta-
chelworten ausgerichtet" habe, "was früherhin alle orthodoxen Syste-
matiker die Herr Ammon gründlich studirt hat, nicht ausrichten
konnten".[72]

---

[68] Vgl. An Ammon 27f (SW I/5,350f). Nach dem Hauptbuch des Verlags Georg Reimer (Bd 2, 804) hat Schleiermacher Ammons Summa 3. Aufl. erst am 30.9.1817 erworben.

[69] Vgl. An Ammon 28 (SW I/5,351). Zitiert wird aus §§ 54.57.

[70] Vgl. An Ammon 28-30 (SW I/5,351-353).Bezugnahmen auf Ammon:
Summa 1. Aufl. §§ 55.53.123.126.127f; 3. Aufl. §§ 59.51-61.58.61.
132.134.137.139; Inbegriff der evangelischen Glaubenslehre, nach
dem lateinischen zu academischen Vorlesungen bestimmten Lehrbuche von dem Verfasser selbst bearbeitet, Göttingen 1805, §§ 11f

[71] Vgl. An Ammon 30f; Zitate 31 (SW I/5,353f)

[72] Vgl. An Ammon 28 (SW I/5,351)

Indem er in der Form des Dialogs die aktuelle Motivation des
Oberhofpredigers zum Gegenstand der Erörterung macht, gewinnt
Schleiermacher Gelegenheit, rationalistische Elemente Ammonscher
Lehrart aufzudecken, ohne für den darin enthaltenen Vorwurf der
Unglaubwürdigkeit mit seiner Person verantwortlich zeichnen zu
müssen. Er gibt im Gegenteil vor, anderer Meinung zu sein als seine
Gesprächspartner. Von einer plötzlichen dogmatischen Schwankung
könne seiner Ansicht nach keine Rede sein, denn wenn Ammon tatsächlich erst jetzt, durch die "Thesen" veranlaßt, zu der "theologischen Ansicht [...], die bei Herrn Harms zum Grunde liege", über-
gegangen wäre, so hätte "ein Mann von einem solchen Ansehn" seine
früheren Werke bei dieser Gelegenheit förmlich revozieren müssen.
Nachdem ein Widerruf jedoch unterblieben sei, müsse die Behauptung
der Diskontinuität durch den Nachweis eines anderen "Uebergangs"
von der rationalistischen Ansicht zu der der "Bitteren Arznei" in
Ammons Schrifttum untermauert werden, um ihn, Schleiermacher, zu
überzeugen.[73]

Diesem Einwand, der doch den Vorwurf der Schwankung keineswegs entkräftet, läßt Schleiermacher die Behauptung wieder anderer
Freunde begegnen, die "Bittere Arznei" sei lediglich Fortsetzung des
von Ammon seiner kirchenleitenden Funktion halber gewählten ein-
lenkenden Verfahrens im "Streit der Rationalisten und Supernaturali-
sten". Es bestehe darin, "sich so zwischen beide Partheien zu stellen,
daß man beiden scheinen könne anzugehören, der einen durch das alte was man nicht wegwischt, der andern durch das was man künst-
lich an andern Stellen einschiebt", um auf diese Weise ihren Streit
völlig zu verwirren.[74]

Auch für diese Unterstellung führt Schleiermacher Indizien an, indem er die Freunde, wiederum anhand der ersten und dritten Auflage
der "Summa", nachweisen läßt, wie der rationale Supranaturalist das
"Kunststükk" vollbracht habe, "die Supranaturalisten durch wohlange-
brachte allgemeine Aeußerungen zu befriedigen, und die Rationalisten

---

[73] Vgl. An Ammon 31–33; Zitate 32 (SW I/5,354f)
[74] Vgl. An Ammon 34f (SW I/5,356f)

im einzelnen, wo es weniger bemerkt wird, aber dafür desto reichli-
cher zu entschädigen für den scheinbaren Verlust". Im Zusammenhang
dieser wohl schärfsten Polemik gegen das systematisch-theologische
Opus des ehemaligen Göttinger und Erlanger Professors fällt das
Diktum:
"So lavirt das Schiffchen! so schlüpft der Aal!"[75]
Die Schwere solcher persönlichen Beleidigung ist nur scheinbar da-
durch gemildert, daß Schleiermacher sie seinen "Freunden" in den
Mund legt.

Diese sind es auch, die implizit den Vorwurf rein taktischen Verhaltens erheben, indem sie Schleiermacher mit ihrer Argumentation
angeblich davon überzeugen wollen, daß Ammons uneindeutiges dog-
matisches Verfahren ihm gerade "jezt wo alles große Neigung verra-
the zu den strengern Offenbarungstheorien zurükzukehren", das
Recht verliehen habe, als "alter Theilnehmer" der orthodoxen "Denkungsart" aufzutreten. Zwar seien auch sie nicht sicher, was Ammon
letztlich dazu veranlaßt habe, sich durch das "Anschließen an die
Harmsischen Säze" so eindeutig zu Bibel und CA zu bekennen, doch
ein Grund sei vielleicht, daß "das Volk nicht zufrieden sein kann mit
den Obercommissarien der Kirche, die dem neuen Glauben zugethan
sind".[76]

Auf dem Hintergrund des vollzogenen Nachweises "rationalistischer
Winkel der Ammonschen Dogmatik"[77] dient diese boshafte Anspielung
auf die 66. These dazu, das Oberhaupt der sächsischen Kirche als In-
korporation der von Harms des Abfalls vom "Glauben der Kirche" inkriminierten Kirchenleitungen erscheinen zu lassen und so nicht nur
erneut Kieler gegen Dresdener auszuspielen, sondern insbesondere
den Oberhofprediger als heimlichen, nur dem augenblicklichen supra-

---

[75] Vgl. An Ammon 35-39; Zitate 39 (SW I/5,357-361;360f)
[76] Zitate An Ammon 34.40.41 (SW I/5,356.362); vgl. die Mutmaßung
      zur Motivation Ammons: "Nur ist zu besorgen, daß die Veranlas-
      sung zu diesem Entschluß nicht die angenehmste gewesen, indem
      unverkennbar die ganze Schrift eine verdrüßliche Reizbarkeit
      eine üble Laune verräth, welche des Mannes sonst ebenen und
      ruhigen Stil auf eine wunderliche Weise in die Höhe geschraubt
      und in die Quere gezogen hat." (41)
[77] An Ammon 40 (SW I/5,361)

naturalistischen Anpassungsdruck gehorchenden Rationalisten zu entlarven. Die eher beiläufig verwandte Harmssche These ist hier ganz
Mittel zum Zweck.

Apologie der Union

Nachdem Schleiermacher so die Rede der "Freunde" hat ausklingen
lassen, findet das Stilmittel des Dialogs keine weitere Verwendung;
stattdessen richten sich die nun folgenden längeren Ausführungen
zur "Hauptfrage" der Unionsbildung direkt an Ammon. Dessen Ver-
spottung der Berliner Abendmahlsfeier als "Schauspiel" weist er
zurück[78], bestreitet die Notwendigkeit eines Lehrkonsenses für die
Union[79], erklärt die innerprotestantisch strittige Prädestinationslehre
für "mehr der Schule als dem Leben" angehörig[80] und legt dar, daß
die Differenz in der Abendmahlslehre nicht als kirchentrennend zu
betrachten sei[81]. Nirgends wird dabei des Kieler Archidiakons gedacht. Erst als diese mehr dogmatisch-kirchengeschichtlichen Betrachtungen auslaufen in die von Schleiermacher verneinte Frage,
ob die preußische Union sich als "neue dritte Kirche" verstehe, geraten wieder einige von Ammon "nachgesprochene" Thesen gegen die
Union in den Blick.

Zunächst stimmt Schleiermacher der Behauptung der 80. These, es
genüge "eines einzigen Lutheraners oder Reformierten Protestation"
gegen die Verbindung, zu, jedoch nur im Hinblick auf die Person des
Dissidenten, dem gegebenenfalls das Abendmahl nach dem überkommenen Ritus gespendet werden könne. Keinesfalls aber dürfe er im
Bewußtsein, als einziger nicht "vom Glauben der Kirche abgefallen"
zu sein, wie es unter Aufnahme der Schlußfrage von These 77 heißt,
für sich in Anspruch nehmen, stellvertretend "für alle" zu protestie-
ren. Bereits aus der "Amtlichen Erklärung" hätte Ammon ersehen
müssen, "daß niemand dieser Verbindung wegen von seinem Glauben
abzufallen braucht", weshalb seine Rezeption dieser These unver-

---

78 Vgl. An Ammon 41-47 (SW I/5,363-368)
79 Vgl. An Ammon 47-57 (SW I/5,368-377)
80 Vgl. An Ammon 57-62 (SW I/5,377-381); s. dazu o. Kap. 3.2, Anm.156
81 Vgl. An Ammon 62-72 (SW I/5,381-390)

ständlich sei. Dagegen sei deren Autor zu Gute zu halten, daß er bei ihrer Abfassung "unsere Erklärung [...] noch nicht haben konnte". Offenkundig verfolgt Schleiermacher hier das Ziel, Harms von Ammon zu trennen, zumal er nicht vergißt, darauf anzuspielen, wie sehr die Formulierung "vom Glauben der Kirche abfallen" auf die "ehemaligen Aeußerungen" des Dresdeners zuträfen.[82]

Der Verfasser des Berliner Unionsdokuments bekräftigt noch einmal die darin ausgesprochenen Grundsätze, nämlich daß, da die Kraft des Sakramentes einzig auf seiner Einsetzung, nicht aber auf der Gleichartigkeit des Glaubens der Kommunizierenden beruhe, die differierende Abendmahlslehre nicht notwendig die Kirchengemeinschaft ausschließe, und daß unter Berücksichtigung dieser Tatsache auch weiterhin "die reformirte und lutherische Lehre vorgetragen werde[n dürfe] nach jedes Ueberzeugung, wo es Noth thut diese Sache zu behandeln [...]".[83] Unter dieser Prämisse wird eine Stellungnahme auch zum ersten Satz der 77. These abgegeben:

> "Wer aber läugnen will, daß die Zeit auch diese Scheidewand zwischen beiden Confessionen aufgehoben habe, daß man verschiedener Meinung sein könne über diese Punkte, ohne daß die Innigkeit der kirchlichen Gemeinschaft darunter leide, der warte wenigstens, bis er sich auf den Erfolg berufen kann."[84]

Dabei geht der Gesamtzusammenhang der Schleiermacherschen Argumentation hier ganz gegen Ammons Vorwurf, die Union spalte sich von "der großen Völkergemeinde [...], mit der man bisher religiös verbrüdert war" ab, also von den Angehörigen der jeweiligen protestantischen Konfession außerhalb Preußens, und ändere "nach eigener Willkühr [...] Namen, Sitte und Grundsätze".[85]

Schon der Widerspruch zwischen der Behauptung, es seien Grundsätze geändert worden, und der Zustimmung zur 80. These, wonach die Verbindung doch lediglich eine "äußerliche" sei, "unter beiderseitigem Vorbehalt des Innerlichen", sei offenkundig. Empört weist

---

[82] Vgl. An Ammon 73f; Zitate 74 (SW I/5,391f)
[83] Vgl. An Ammon 74; Zitat 75 (SW I/5,392f;393)
[84] An Ammon 76 (SW I/5,393)
[85] Vgl. An Ammon 73-84 (SW I/5,391-400) zu Ammon: Arznei 22f

Schleiermacher derartige Unterstellungen gegen die Berliner Abendmahlsfeier zurück, da nicht zutreffe,

> "daß die Verbindung gleichgesinnter und zusammengehöriger
> Menschen zum gleichen geistigen Genuß nur eine äußere, die
> Verbrüderung aber entfernter und nicht in demselben Grade
> in religiöser und geselliger Hinsicht zusammengehöriger zu
> der gleichen Vorstellung von der Art und Weise des Zusam-
> menhangs zwischen dem äußeren und dem sakramentlichen
> Genuß der Ungläubigen eine innerliche sei".[86]

Was die von Ammon geforderte Abstimmung mit den ausländischen
protestantischen Kirchen betreffe, so sei sie nicht nur überflüssig,
sondern unter anderem deswegen unpraktikabel, weil, wie es unter
Anspielung auf These 94 heißt, "in der wenn auch noch so herrlich
ausgebauten lutherischen Kirche [...] die Gemeinen [nicht] so organisirt" seien, daß man sie zur Union befragen könne, sondern "in den
meisten Gegenden erst nach einer solchen Organisation" gestrebt
werde.[87] Es ist Schleiermachers Überzeugung, daß "die Geistlichkeit
die Gewissen der Gemeinen" nicht "in ihrer Gewalt haben" dürfe, daß
also die Beratungen über die Union von diesen mitgetragen werden
müßten. Insofern steht die eher spöttische Bezugnahme auf Harms'
Verherrlichung der lutherischen Kirche in sachlicher Nähe zu denjenigen Thesen, in denen auf die aus dem reformatorischen Prinzip des
allgemeinen Priestertums resultierenden Rechte der Gemeinden rekurriert wird (These 63–65.91).

Ammons Behauptung, es seien "Namen" geändert worden, veranlaßt
Schleiermacher schließlich zu Ausführungen über die Begriffe "evangelisch", "lutherisch" und "reformiert", innerhalb derer er zum letzten Male in seiner Schrift namentlich Harmsens gedenkt. Gleich anfangs spricht er die Vermutung aus, der Oberhofprediger habe wohl
nicht den Namen "protestantisch" gemeint und fährt fort:

> "Herr Harms zwar hat eine mitleidige Anspielung darauf ge-
> macht, als ob er uns hier verboten wäre. Nur Schade, daß er
> in dieser Stelle selbst dem ungeschichtlichen Vorurtheil hul-
> digt, als ob jener Name von protestiren überhaupt herkäme.
> Sie sehen indeß, daß dieser Name uns nicht verboten ist. Wir
> leben gegen unsere Obern, Gott sei Dank, in einem sehr li-

---

[86] Vgl. An Ammon 76f; Zitat 77; zu These 80 bereits 73 (SW I/5,393f.391)
[87] Vgl. An Ammon 81f; Zitat 82 (SW I/5,398)

beralen Verhältniß; und wenn sie uns einen Rath geben, so benuzen wir ihn nach unserer Ueberzeugung, und damit sind sie zufrieden."[88]

Diese Aufgreifen der 79. These, wonach der "Protest" gegen die Union "in Dänemark noch unverboten" sei, ist in mehrfacher Hinsicht interessant. Zwar ist wenig wahrscheinlich, daß Harms die Auseinandersetzung in Preußen um die Bezeichnung "protestantisch" bekannt gewesen ist, er also tatsächlich eine "mitleidige" politische Anspielung auf liberalere Verhältnisse in seinem Heimatstaat hat machen wollen, doch seine Formulierung bietet Schleiermacher Gelegenheit zu einem Seitenhieb auf die preußische Regierung, die sich in einem "Circularschreiben" an die evangelische Geistlichkeit vom 30. Juni 1817 wegen der vermeintlichen Mißbrauchsmöglichkeit gegen die Verwendung des Begriffs ausgesprochen hatte[89].

Dem von reaktionärer Seite gehegten Verdacht, es sollten politische Umtriebe damit kaschiert werden, begegnet Schleiermacher unter Hinweis auf dessen historischen Ursprung und behauptet zugleich, das Verhältnis zu eben der Regierung, die das "Circularschreiben" für nötig befunden hatte, gestalte sich so freiheitlich, daß der Rat, sich des Begriffs nicht zu bedienen, auch ignoriert werden könne, wie er selbst es praktiziert. Überhaupt ist er bestrebt, Preußen als das "Land der größeren Freiheit" erscheinen zu lassen[90], was angesichts der tatsächlich herrschenden Verhältnisse als Versuch verstanden werden muß, sie in seinem Sinne zu beeinflussen. Der liberal gesinnte preußische Patriot nutzt die Gelegenheit, seine Regierung beim Geist der Reformzeit zu behaften, indem er sie loyal gegen ausländische Beschuldigungen und Einmischungsversuche verteidigt.[91]

---

[88] Vgl. An Ammon 79–81; Zitat 79 (SW I/5,396–398)
[89] Vgl. Circularschreiben des Königl. Ministeriums des Innern an die evangelische Geistlichkeit der Preuß. Monarchie (v.30.6.1817), in: Annalen der Preußischen innern Staats-Verwaltung, Bd 1/3 (Berlin 1817), 66–69; entscheidende Passagen abgedruckt in KGA I/7.3,389
[90] Vgl. An Ammon 83 (SW I/5,399)
[91] Vgl. z. B. die Rückfragen an Sachsens ersten Konsistorialrat: "[...] welcher [ausländischen Kirche] wären wir denn und zu welchem Behuf Rede und Antwort schuldig? Oder welche hätte denn ein Recht, sich auf irgend eine Art in unsere, der protestantischen Kirche des preußischen Staates, Angelegenheiten zu mi-

Es geschieht dies auch, um der eigenen Vorstellung Nachdruck zu
verleihen, nach welchen Prinzipien die Unionsstiftung zu geschehen
habe, nämlich als Initiative der betroffenen Gemeinden und ihrer
Amtsträger, keinesfalls aber als Ergebnis obrigkeitlichen Zwangs.
Entsprechend werden die Aktivitäten Friedrich Wilhelms III. in ihrer
Bedeutung herabgemindert:

> "Was unser König [...] gethan hat durch seine Erklärung, ist
> nichts anders, als daß er nur das Bedürfniß [nach Kirchen-
> vereinigung], wo es sich findet, frei walten lassen will. Was
> er sonst mitgewirkt hat, das hat er theils gethan als ange-
> sehenes Mitglied einzelner Gemeinen, theils hat er es bera-
> then [...]."[92]

Wenn dabei der Eindruck von "Willkühr" entstanden sein sollte, so
könne dies "nur die Schuld derer sein, die er zu Rathe gezogen" und
ihn davor nicht ausreichend gewarnt hätten. Auf diese Weise werden
der Monarch und seine Berater in geschickter Weise für die eigenen
liberalen Grundsätze vereinnahmt, die so zugleich als von höchster
Stelle legitimiert erscheinen. De facto bestand jedoch eine solche
Harmonie zwischen Schleiermacher einerseits, dem König und den
Mitgliedern seiner Liturgischen Kommission andererseits nicht, sondern wird in der Argumentation gegen Ammon nur konstruiert.

Schon der Hinweis auf die geistlichen Räte – gemeint sind die
Mitunterzeichner der "Amtlichen Erklärung", die Berliner Pröpste
Konrad Gottlieb Ribbeck (1759–1826) und Gottfried August Hanstein
(1761–1821) – entbehrt ja nicht der Kritik. Sie klingt in der Schrift
"An Ammon" auch in dem Bemerken an, "die Männer, welchen der
König besonders aufgetragen hat, sich diese Sache angelegen sein zu
lassen", seien weit mehr als er selbst berufen gewesen, die Union zu
verteidigen.[93] Darüber hinaus fällt Schleiermacher in privaten Briefen sehr harte Urteile über das Vorgehen der eigenen Regierung bei

---

   schen?" (An Ammon 73; SW I/5,390)
[92] Vgl. An Ammon 78f (SW I/5,395)
[93] Vgl. An Ammon 89 (SW I/5,404); auch die Frage des Schlußmono-
   logs: "Bist du sicher, daß nicht auch die Freunde der Sache
   durch Ungründlichkeit, durch Uebereilung, durch Kleinlichkeit,
   die gar leicht lächerlich gemacht werden kann, ihr noch schlimmer schaden werden? [...] Aber wer falsche Schritte thut, mag
   auch seine Haut selbst zu Markte tragen." (91f; 406f)

der Kirchenvereinigung und über die Person der daran beteiligten Theologen.[94] So erläutert er seinem Freund Blanc die diesbezüglichen Anspielungen seiner Streitschrift:

> "Auch habe ich mich nicht enthalten können, denen Leuten, die uns die Unionssache verderben durch ihre abgeschmackte Maaßregeln, einen Wink zu geben, daß sie nicht etwa denken, ich [...] würde ihnen auch gelegentlich die Kastanien aus dem Feuer holen. Hanstein war sehr gespannt auf die Schrift; er hat sie nun, hat aber noch kein Wörtchen hören lassen [...]. Und so hoffe ich, wird sie mir keine königliche Gnade zuziehn."[95]

Gerade weil Schleiermacher von der Wichtigkeit der Union durchdrungen ist, sieht er sie nicht nur durch Angriffe von außen, sondern auch durch verfehlte Maßnahmen der preußischen Kirchenleitung gefährdet. Die späteren Vorkommnisse um die Einführung der Agende haben ihn in dieser Einschätzung bestätigt.

Kennzeichnend für sein Verständnis der aktuellen Unionsbemühungen ist, daß er ihre Gegenläufigkeit zur verbreiteten, auch von Harms und Ammon geteilten Vorstellung gegenwärtigen religiösen Verfalls hervorhebt: Wenn nämlich in so vielen preußischen Gemeinden gemeinsame Abendmahlsfeiern abgehalten, die Union also gleichsam von der Basis her in Angriff genommen worden sei, so habe dies gerade "in dem Fortschritt der religiösen Entwiklung einen innern und natürlichen Grund."[96] Der nunmehr gewonnene "neue Urbesiz" der Abendmahlsgemeinschaft werde mit der Zeit "schon fest und hei-

---

94 Vgl. z. B. an Gaß, 11.5.1818: "Die geistlichen Räthe im Ministerium sind gar zu erbärmlich [...]." (Briefwechsel mit J. Chr. Gaß, ed. W. Gaß, Berlin 1852,150); auch an Blanc, 20.6.1818 (Briefe 4,235f)

95 Brief vom 21.2.1818 (vgl. Briefe 4,230; den oben nach dem jetzt in Kraków, Biblioteka Jagiellońska befindlichen Original zitierten letzten Satz hat Dilthey [aus politischen Gründen?] fortgelassen.)

96 Vgl. An Ammon 78 (SW I/5,395). Zur Rolle der Gemeinden vgl. an Blanc, 20.6.1818: "Im einzelnen geschieht übrigens fortwährend manches, und das halte ich jetzt für den besten Weg. Jede wirklich unirte Gemeine ist ein Pfeiler, der nicht leicht wieder umzureißen ist, und auf diese wird hernach das Gewölbe aufgesetzt." (Briefe 4,236) und an Gaß, 11.5.1818: "Und geht auch die Sache so lahm, so sollte man nur die Union einzelner Gemeinden durch besondere Commissionen möglichst begünstigen, dann würde allmählich die Sache den andern über den Kopf genommen." (Briefwechsel mit Gaß 150)

lig werden"[97]; entsprechend kann die Argumentation gegen die Ammonsche Unterstellung von Willkür in das selbstbewußte, "getrost und ruhig" ausgesprochene Bekenntnis münden:

"Wir sind ächte Söhne der Reformation, und keine Bastarde."[98]

Das innere Engagement, das aus Schleiermachers Worten spricht, ist ein erneuter deutlicher Hinweis auf die zentrale Bedeutung, die er der Unionsbildung beimißt, wie überhaupt die Schrift gegen Ammon in weiten Passagen den Charakter einer Apologie der Union trägt. Bevor er sich in einem Schlußwort noch einmal im Rückgriff auf den privaten Briefwechsel persönlich an den Oberhofprediger wendet, trägt er in einer Art Exkurs grundsätzliche Erwägungen über Entstehung der Reformation, Verhältnis der protestantischen Kirchen zueinander und Kirchenvereinigung vor, die Ammons Prophezeiung vom baldigen Scheitern der preußischen Union widerlegen sollen.[99]

So rührten die bestehenden innerprotestantischen Unterschiede in Lehre und Sitte bereits daher, daß die Reformation als historisches Phänomen, obwohl sie auf "demselben Geist", "demselben Einen Grund", mithin auf demselben "Princip" beruhe, doch ganz unterschiedliche inhaltliche Ausgangspunkte genommen habe und "unter sehr verschiedenen Umständen zugleich" entstanden sei.[100] Zunächst habe in der Vielfalt der aufbrechenden Differenzpunkte zur römischen Kirche gar die Möglichkeit der "Verbesserung" der Gesamtkirche gelegen. Bei der stattdessen eingetretenen Kirchenspaltung jedoch wäre es nur "natürlich gewesen, daß die neue Bildung in Ein Ganzes zusammentrat", die von Rom getrennten reformatorischen Strömungen sich also zu einer einzigen neuen Kirche vereinigten.

Den inneren Grund des Unterbleibens solcher Vereinigung erläutert Schleiermacher anhand des seiner Ansicht nach auch hier wirksamen Widerspiels von Attraktions- und Repulsionskraft. Einmal sei das "auseinanderhaltende" Bestreben im reformatorischen Prinzip in

---

[97] Vgl. An Ammon 79 (SW I/5,396)
[98] An Ammon 84 (SW I/5,400)
[99] Schlußwort An Ammon 87-92 (SW I/5,403-407); Exkurs ("eine geschichtliche Betrachtung der Sache") 84-87 (400-403) in Rekurs auf Ammon: Arznei 25-27
[100] Vgl. An Ammon 84f (SW I/5,400f)

"schnell vorübergehende[n], sich selbst und manches um sich her zerstörende[n] Erscheinung[en]" wirksam geworden, zu denen er "Schwarmgeister", "wilde "Wiedertäufer" und "Ordnungsfeinde" rechnet. Solche "Mißgeburten und Zerrbilder" nun hätten das entgegengesetzte "einigende Bestreben" vor allem dadurch behindert, daß an ihnen sich auch die legitimen Träger der Reformation bis hin zur Annahme einer gewissen "Aehnlichkeit" orientierten, die es wiederum diesen als "Gestalten des Wahren und Guten" verunmöglichte, "sich untereinander selbst vollständig zu erkennen".

Schleiermacher erklärt also aus der Existenz von Nebenströmungen der Reformation das Mißverständnis der Hauptströmungen untereinander: erst sie etwa hätten Luther veranlaßt, die Schweizer mit "Sakramentirer[n]" zu verwechseln, ähnlich wie das Auftreten heimlich noch römisch gesinnter "falscher Brüder" die Schweizer zum entsprechenden Verdacht gegenüber den Sachsen, "die ihnen noch zu römisch aussahen", bewogen habe. Aufgrund dieser natürlich-anthropologischen Deutung des Auseinandergehens in lutherische und reformierte Kirche als Resultat des durch Einseitigkeiten hervorgerufenen Übergewichts der der Reformation von vornherein inhärenten Repulsionskraft vermag Schleiermacher der Sonderung selbst eine gewisse historische Berechtigung zuzuerkennen, habe sie doch auch "die allgemeine Verbreitung mancher Einseitigkeiten, die sich bald der einen, bald der anderen Kirche bemächtigten", verhindert.[101]

In der Gegenwart aber sei diese "heilsame" Funktion der Kirchentrennung recht eigentlich überflüssig geworden, da "die Gewalt schroff hervortretender Einseitigkeiten [...] allmählig" abnehme, so daß sie wohl nicht mehr "allgemein werden" könnten. Das Verhältnis zwischen auseinanderhaltendem und einigendem Bestreben habe sich durch mehrere Faktoren zugunsten des letzteren verändert, nämlich äußerlich durch "ruhige Berührung" der Kirchen untereinander und Verschwinden der Ursachen des "Mißkennens". Vor allem aber hätten zwei wesentliche inhaltliche Gesichtspunkte dazu beigetragen: die allgemeiner werdene Übereinkunft über "das Verhältniß [...], in wel-

---

[101] Vgl. An Ammon 85 (SW I/5,401)

chem im Protestantismus die Freiheit des Einzelnen und die bindende
Kraft des Ganzen gegen einander stehen müssen" sowie das aus "höheren Gründen" erwachsene Zugeständnis, "wie nahe die Kunst auch
der Kirche angehört".[102]

Damit vertritt Schleiermacher die Auffassung, daß sowohl die in
der lutherischen Kirche institutionell gewordene stärkere Betonung
der Rechte der kirchlichen Organisation gegenüber denen des einzelnen Christen als auch die aus dem Bilderverbot des Dekalogs herge-
leitete stärkere Abneigung der reformierten Kirche gegenüber künst-
lerischer Ausgestaltung von Kirchengebäuden und Gottesdiensten als
spezifische Einseitigkeiten für den Gegenwartsprotestantismus zugunsten einer ausgewogeneren Sicht mehr und mehr obsolet geworden
seien.

Wenn sich jedoch seit der Reformationszeit wegen der Schwäche
des einigenden Bestrebens das auseinanderstrebende in "festgeworde-
nen Bildungen fixirt" habe, so bedeute dies nicht, daß damit die Geschichte abgeschlossen sei. Vielmehr erscheint Schleiermacher das
Vereinigungsstreben "als eines was mit Recht fortwirkt", ja mehr
noch: das Verhältnis beider entgegengesetzter Kräfte könne sich sogar soweit umkehren, daß "der ganze Protestantismus Eins" werde,
wobei dann die Repulsionskraft, ohne die Einheit zu stören, dazu
diene, "kleinere Differenzen zu fixieren". Da inzwischen die Trennung beider Kirchen "keine innere Kraft mehr" besitze, sondern "nur
noch zufolge der Gewöhnung auf eine mechanische Weise" bestehe,
sei der Sieg der Attraktionskraft unausweichlich, wenngleich nicht
aufgrund intellektueller Einsicht, sondern nur aufgrund eines wirksamen "besondere[n] Bedürfnis[ses] der Einigung".[103] Wo dieses allerdings nicht wirke, könne die "abstoßende Thätigkeit", die, wie vielleicht mit einem Seitenblick auf Harms formuliert wird, "[...] eine
ganz natürliche und, in wiefern sie in den rechten Grenzen bleibt,
auch tadellose Erscheinung" sei, womöglich noch die Oberhand behalten.[104]

---

[102] Vgl. An Ammon 85f (SW I/5,401f)
[103] Vgl. An Ammon 86 (SW I/5,402)
[104] Vgl. An Ammon 87 (SW I/5,403)

Bei sich aber und den unionsgesinnten Protestanten Preußens sieht Schleiermacher das postulierte, die Union anthropologisch fundieren- de Einigungsbedürfnis, das auch das weitere Vorgehen bestimmen soll, walten:

> "Wir, in denen das Bedürfnis wirkt, müssen uns auch im Handeln nur einfach und kindlich dieses Bedürfnisses bewußt sein."[105]

Zwar wagt Schleiermacher auch auf diesem Hintergrund keine end- gültige Prognose, ob sich die gemeinsame Abendmahlsfeier als taugli- ches "Mittel" zur Herstellung einer echten Kirchengemeinschaft er- weisen werde; dessenungeachtet aber hofft er, "daß für uns auch schon diesmal etwas ersprießliches herauskommen wird, [...] weil et- was geschehen ist, was nicht ganz mehr zurükgehen kann."[106] In diesen systematischen Ausführungen, die gleichsam den krönen- den Abschluß der Argumentation bilden, verläßt Schleiermacher vor- übergehend das polemische Grundmuster seiner Schrift und verdeut- licht endgültig, daß ihr zentrales inhaltliches Anliegen in der theo- logischen Begründung und Legitimation der Unionsbildung besteht. Ganz ihrem Titel gemäß erfolgt freilich die Apologie der Union ge- nerell gegenüber Ammons Angriff: Aussagen der "Bitteren Arznei" können zum Ausgangspunkt wichtiger positioneller Bestimmungen werden, während Schleiermacher dem Protest der "Thesen" offenkun- dig keinen die Union ernsthaft gefährdenden sachlichen Gehalt bei- mißt. Soweit sie hinsichtlich dieser Sachfrage nicht einfach über- gangen werden, dienen sie nurmehr als Stichwortlieferant für An- spielungen.
Die übrigen Rekurse auf Harms, auf seinen Antirationalismus und Konfessionalismus, stehen tatsächlich weitgehend unter dem Vorzei- chen, die Illegitimität ihrer Akzeptanz durch Ammon zu verdeutli- chen. Dies stilistische Verfahren, auf das Schleiermacher in seinem Brief an Harms quasi entschuldigend verweist, hat ebenso wie die gleichzeitige direkte Anrede des Oberhofpredigers den Effekt, daß

---

[105] An Ammon 87 (SW I/5,402)
[106] Vgl. ebenda

der Kieler Archidiakon als theologisch minder kompetent und als
nicht ebenbürtiger Gesprächspartner erscheint.

Dieser Eindruck wird von Schleiermacher noch verschärft in der
einzigen Bezugnahme, derer er Harms in seiner wenig später folgenden "Zugabe" würdigt. Nach dieser selbstinterpretatorischen Aussage,
die auf eine Wendung der gesamten Auseinandersetzung hin zu "man-
cherlei wissenschaftliche[n] Erörterungen" über die zwischen Reformierten und Lutheranern "streitigen Punkte" in Prädestinations- und
Abendmahlslehre abzielt, habe er schon in "An Ammon" eben diese
dogmatische Abklärung befördern wollen, wozu er "von den theils
unrichtigen theils unbestimmten Aeußerungen des Herrn Harms und
dem in diesen Realpunkten ziemlich dürftigen Commentar, den Herr
Ammon darüber gegossen", den Ausgang genommen habe.[107]

Schleiermacher disqualifiziert die "Thesen" durch Kritik ihrer
Form, durch einseitige Instrumentalisierung gegen Ammon sowie
durch bloße Nichtbeachtung und vermeidet so eine direkte Auseinandersetzung. Dies gilt etwa für Harms' Unionspolemik, die eher indirekt, in einer Korrektur der gröbsten Vorurteile über die reformierte
Kirche, zurückgewiesen wird. Dabei herrscht gerade in dieser für
Schleiermacher grundlegenden Sachfrage ein schneidender Dissens:
Von seiner tiefen Überzeugung, die vielerorts praktizierten gemeinsamen Abendmahlsfeiern hätten im "Fortschritt der religiösen Entwiklung" ihren "innern und natürlichen Grund"[108] zur im Banne der
Verfallsidee stehenden Auffassung des Thesenstellers, hier drohe
nichts als Verwirrung, ist schlechterdings kein Brückenschlag möglich.

Freilich läßt die Art der vor dem theologischen Publikum vollzogenen Behandlung der "Thesen" und ihres Autors leicht Schleiermachers in seiner Schrift gegebene Hinweise darauf übersehen, daß er
eine gewisse Wertschätzung für Harms empfindet und in Grenzen
auch Verständnis für dessen Anliegen hegt. Dies Motiv klingt etwa
in der deutlichen Kontrastierung des Kielers vom Oberhofprediger, im

---

[107] Vgl. Zugabe 6 (SW I/5,411)
[108] Wie Anm.96

mehrmaligen Erwähnen seines "edlen" oder "wohlgemeinten Eifers"
und der Differenzierung zwischen dem "Wahren und Halbwahren" der
"Thesen" an, mit denen offenbar auch etwas "Wahres" gemeint sei.[109]
Darüber hinaus hält Schleiermacher Harms zugute, daß sein Fehlurteil
über die reformierte Kirche aus lokal bedingter Unkenntnis erwachsen sei und er die theologische Rechtfertigung der Berliner Unionshandlung in der "Amtlichen Erklärung" nicht habe berücksichtigen
können.[110] Schließlich räumt er Harms "einen schweren Stand gegen
die Gleichgültigen und gegen die Unchristen" ein sowie ein gewisses
Recht, "ergrimmt [zu] sein über manche Mängel in der Kirche".[111]

In solchen Andeutungen spiegeln sich allerdings "die herzliche
Achtung" und die "Uebereinstimmung", von denen Schleiermacher in
seinem Begleitschreiben an Harms vom 18. Februar 1818 spricht[112],
nur sehr schwach wider. Die Schrift "An Ammon" trägt auch gegenüber Harms primär polemischen Charakter, weshalb Nachweise der
von Schleiermacher behaupteten Verhältnisbestimmung aus ihr kaum
geführt werden können und an anderer Stelle aufgesucht werden
müssen. Als wichtiger Fingerzeig kann dabei eine Bemerkung des genannten Briefs dienen:

> "Ihre Reformationspredigten haben mich sehr erfreut, und
> ich lege eine von mir, die wol nicht in den Buchhandel ge-
> kommen ist bei. Es ist vielleicht schwer einen stärkeren Ge-
> gensaz in der Behandlungsweise bei einer so großen Ueber-
> einstimmung in den Grundsäzen zu finden, und darum wollte
> ich gern daß Sie beide neben einander stellen könnten."[113]

Drei Reformationspredigten

Bemerkenswerterweise sind es also gerade die von den kirchlichen
Behörden zum Anlaß des Verfahrens gegen Harms genommenen Reformationspredigten, in denen Schleiermacher eine so große "Uebereinstimmung in den Grundsäzen" erblickt, daß er den Kieler durch

---

[109] Zu "Eifer" vgl. An Ammon 4.7.24 (SW I/5,330.332.347), zu "Wah-
rem" 24.32 (354)
[110] Vgl. An Ammon 24 und 74 (SW I/5,347f.391)
[111] Zitate An Ammon 24 und 11 (SW I/5,347.336)
[112] Vgl. Briefseite 1 (Heinrici 311)
[113] Briefseite 4; vgl. Heinrici 312

Übersendung seiner eigenen "Predigt am zweiten Tage des Reformations-Jubelfestes in der Dreifaltigkeits-Kirche gesprochen"[114] dazu
ermuntert, sich durch einen Vergleich selbst davon zu überzeugen.
Dieser Sachverhalt läßt es als sinnvoll erscheinen, die Predigten
beider Theologen auf inhaltliche Konvergenzen hin zu untersuchen.[115]

Direkte Vergleichspunkte ergeben sich naturgemäß nur an den von
beiden Predigern anläßlich des Reformationsjubelfestes gemeinsam
verhandelten Themen. Wenn Harms in seinen zwei Predigten thema-
tisch einen weiteren Horizont abschreiten kann, liegt darin schon
ganz äußerlich wenn nicht ein "Gegensatz", so doch ein Unterschied
in der "Behandlungsweise". Schleiermacher konzentriert sich ausgehend vom "Kinderevangelium" Mt 18,5f auf die pädagogische Vermitt-

---

[114] Berlin 1818; Kleine Schriften und Predigten Bd 3, ed. E. Hirsch,
Berlin 1969, 294-305; abgekürzt "Predigt"; der genaueren Ortsan-
gabe wegen zit. n. der auch bei Hirsch verzeichneten Originalseitenzählung. – Zu Harms' im folgenden so abgekürzten "Reformationspredigten 1 bzw. 2" s. o. Kap. 3.1, Anm.4, zum behördlichen Verfahren Anm.15f

[115] W. v. Meding hat unlängst (Kirchenverbesserung 172-176.185-188)
Harms' und Schleiermachers Reformationspredigten einer durch
ausführliche Zitation gestützten Interpretation unterzogen. Während Harms' Predigten – ebenso wie die "Thesen" (170-172, vgl.
172: "sind vom Rationalismus aus zu verstehen", "In einem 'pro-
grammatisch-romantischen Vorspiel' wird das der Selbstverherrli-
chung dienende spätaufgeklärte Denken in Antithesen zum kritischen Maßstab der eigenen religiösen Zeit"; bes. auch 179, Anm.
55) – scharfer Kritik unterzogen werden (174: "nicht angemessen"; 175: Harms "verwirrt"; 176: "zusammenhanglos, widersprüchlich, nur von der Antithese zusammengehalten", "sachliches Un-
genügen"; [im Vergleich zur Predigt Nissens:] 177: "Harms' anti-
thetische[r] Einseitigkeit"; 178: Nissen scheint "einen Schritt
näher dem Evangelium zu predigen als Harms"), wird Schleiermachers "Schulpredigt" positiv eingeschätzt und der Harmsschen
entgegengestellt: "[...] sie überwindet die Aufklärung von ihrem
Zentrum aus, Harms beschämend, indem sie die Rechtfertigung
nicht als Lehre abhandelt, vielmehr ermuntert zum Leben aus der
Gerechtigkeit, die vor Gott gilt. So erfüllt sie das praktische
Lebensinteresse der Aufklärungsprediger." (187) Gegenüber v.
Medings Zensurierung, deren Maßstab mutmaßlich im Beitrag des
jeweiligen Predigers zur "Überwindung" kirchlicher Aufklärung
liegt, verfolgt die hier angestellte – zunächst unabhängig von ihr
entstandene – Vergleichung lediglich das Ziel, möglicherweise
vorhandenen inhaltlichen Übereinstimmungen nachzuspüren.

lung der durch die "Verbesserung der Kirche" anvertrauten "Güter",
die er vornehmlich als auf dem freien Schriftgebrauch und der erneuten Feststellung der Rechtfertigung sola fide basierend betrachtet.[116] Demgemäß entfaltet er die zwei Vorsätze, der Jugend "behülf-
lich" zu sein "zum freien Gebrauch des göttlichen Wortes" und sie zu
"erziehen [...] zu der Gerechtigkeit, die aus dem Glauben kommt."[117]
Er aktualisiert den biblischen Text in seiner Predigt zum Schulgot-
tesdienst anläßlich des Säkularfestes also im Sinne einer sittlichen
Verpflichtung zur pädagogisch zu realisierenden Wahrung des reformatorischen Erbes und widmet sich weit weniger dem historischen
Erinnern.

Dagegen sind Harms' Predigten beide in hohem Maße vom Kasus
der Jubiläumsfeier bestimmt, wenn er etwa in der ersten Predigt ausgehend vom vorgeschriebenen Text Eph 2,8-10 die Bedeutung des
"wiedergewonnenen Glaubenssatz[es]: 'Aus Gnaden werden wir selig
und aus den Werken nicht'" in der vergangenen Reformationszeit, der
Gegenwart und der Zukunft erörtert[118] und gleich eingangs der "andern Predigt" die Exklusivität der Aussage von Hebr 13,8 der Rolle
des Papstes, aber auch der Person Luthers kontrastiert und abschließend Ausblick hält auf die Säkularfeier 1917.[119]

Der unterschiedliche Stellenwert, den beide Theologen dem aktuellen Predigtkasus beimessen, erschwert eindeutige Aussagen über Ge-
meinsamkeiten im Reformationsverständnis. Wegen der primär prak-
tisch-pädagogischen Ausrichtung seiner Predigt blickt Schleiermacher
nur ganz allgemein auf die "herrlichen" oder "göttlichen Wohlthaten"
der Reformation, auf ihre "großen Segnungen" zurück, und trotz
vielfältiger historischer Bezugnahmen auf das gefeierte Ereignis will
auch Harms sich nicht eigentlich "verbreiten [...] über alle segens-
reichen Folgen der Reformation, wie sich dieselben im Geistlichen
offenbart und im Weltlichen nicht versteckt" hätten.[120]

---

[116] Vgl. Predigt 6
[117] Vgl. Predigt 7-13.13-17; Zitate (im Original hervorgehoben) 7
[118] Vgl. die Gliederung von Reformationspredigten 1 in Teil I (9-14),
II (14-19), III (19-24); Zitat 8
[119] Vgl. Reformationspredigten 2,31-33 (Papst). 33-35 (Luther). 48-52
(Ausblick)
[120] Vgl. Schleiermacher: Predigt 4, Harms: Reformationspredigten 1,7

Zweifellos vorhandene Übereinstimmungen in der Sicht des historischen Faktums sind eher unspezifisch, wenn etwa Schleiermacher die Reformatoren "theure Rüstzeuge des Herrn", "große herrliche Männer" und "Männer Gottes"[121] nennt und ihr Werk als "Kirchenverbesserung" oder "Läuterung christlicher Lehren und Sitten" beschreibt[122], sich also hinsichtlich dieser Frage ganz im Rahmen der 1817 üblichen Predigtweise bewegt. Damit stimmen Harms' Aussagen denn auch wesentlich überein; allerdings setzt er in seiner volkstümlich-kräftigen Ausdrucksweise die Akzente ein wenig anders, indem er von Errettung "aus der Finsterniß zum Licht", von "großem Werk und Kampf", "Wiederherstellung des [...] christlichen Glaubens" und Herausführung "aus der römischen Sclaverey" spricht[123] und Luthers Person trotz Abwehr einer auf sie gerichteten Heiligenverehrung etwa in Apostrophierung als "Kirchenvater" besonders hervorhebt.[124]

Solche verklärende Sicht der Reformationszeit, die auch der Gegenwart eine "Kraft" des Wortes Gottes herbeiwünscht, wie "zu den Zeiten Lutheri, als bey Tausenden und Millionen sich sammleten um diesen Mann [...]"[125], ist ungeachtet ihrer partikularistischen Engführung auf die lutherische Kirche der Schleiermacherschen nicht unähnlich, die den Hörern ihren Zusammenhang mit den Reformatoren "und ihrer großen kräftigen Zeit mit ihren Anstrengungen und Kämpfen" ans Herz legt, das "Gefühl unserer Vorfahren, als ihnen das Wort Gottes gleichsam neu und frisch vor Augen lag" vorzustellen auffordert und überhaupt an "das ganze begeisterte Gefühl jener Zeit" gemahnt, deren Gedächtnis den Gegenwärtigen wiederum das "Gefühl aus welchem Zustande der Erniedrigung sie sind errettet worden [...]" wachhalten soll.[126]

---

[121] Zitate Predigt 4.11.13; vgl. 18
[122] Zitate Predigt 4 (auch 6).5; vgl. 7: "großes Verbesserungswerk"
[123] Vgl. Reformationspredigten 1,6.11. 2,28.33
[124] Zitat Reformationspredigten 2,27; vgl. 1,6.10f.14.17.23f. 2 passim, bes. 33-35 u. die behördlich inkriminierte Stelle: "hätte er [Christus] der Welt keine andre Seite zugewendet als seine menschliche, so möchten wol jene Abbildungen [in der Nicolaikirche] umgewendet werden müssen, Luthers oben, Christi unten. (Lutherischen Christen geht die Wahrheit über jedwede Rücksicht.)" (2,40)
[125] Vgl. Reformationspredigten 1,6
[126] Zitate Predigt 4.7.8.18

Schleiermacher hat zwar immer die gesamte Reformation ohne jede konfessionelle und personelle Reduktion im Blick, doch gerade deshalb vermag er an einer Stelle pointiert von Martin Luther als "selige[m] Mann Gottes" zu sprechen.[127] Die in dieser Formulierung anklingende inhaltliche Nähe zu Harms weist jedoch zugleich auf eine wesentliche Differenz, die das Hauptverdienst betrifft, das nach Schleiermachers Ansicht der Reformator sich erworben hat, nämlich die "Uebersetzung der heiligen Schrift", mit der die Voraussetzung des in seiner Predigt propagierten "freien Gebrauchs des göttlichen Wortes" geschaffen wurde.[128]

Während Schleiermacher durchgängig die zentrale Bedeutung des Umgangs gerade von Nicht-Theologen wie etwa der "Jugend" mit der Bibel als reformatorische Errungenschaft hervorhebt und ihn in seiner Themenwahl programmatisch neben die reformatorische Rechtfertigungslehre stellt, also die Exklusivpartikel des "sola scriptura" und des "sola fide" aufnimmt und in praktischer Anwendung neuinterpretiert, denkt Harms hier ungleich kirchlich-institutioneller. Es mangelt bei ihm an Erwägungen zur Relevanz des allgemein-priesterlichen Schriftgebrauchs, wohingegen er von "Instrumenten" spricht, die der "Kirche übergeben" seien, nämlich "die Sakramente und das Wort Gottes"; zudem weist er hin auf lautere Evangeliumspredigt, Beendigung des Ablaßhandels und Reinigung der Sakramentspraxis[129], woraus sein vorrangiges Interesse an der Verwaltung der Gnadenmittel durch die Kirche — und das heißt ja auch durch ihn selbst — erhellt, das sich deutlich von der Schleiermacherschen Betonung des "Laienelements" abhebt.

Diese völlig unterschiedliche Behandlungsweise der Interpretation und Wertung des "sola scriptura" korreliert zwar offenkundig einer fundamentalen Differenz im Amtsverständnis, darf aber nicht übersehen lassen, daß beide Theologen jedenfalls in der Überzeugung von der zentralen Funktion der reformatorischen Rechtfertigungslehre übereinstimmen. Schon äußerlich schlägt sich dieser Sachverhalt in

---

[127] Vgl. Predigt 5
[128] Vgl. Predigt 7
[129] Vgl. Reformationspredigten 1,13 (Zitate) und 2,35

beider Predigtdisposition nieder, wenngleich Harms die charakteristischerweise als "Glaubenssatz der lutherischen Kirche" entfaltete Thematik durch den für die erste Predigt verordneten Predigttext vorge-
geben ist[130], während Schleiermacher sie aus freier Wahl neben die
Erörterungen zur Bibel stellt.

Grundlegend ist in beiden Fällen die Antithetik des "sola fide"
bzw. "sola gratia" zur Werkgerechtigkeit. In Schleiermachers Diktion
handelt es sich um "die große Lehre des Christentums von der Ver-
geblichkeit aller äußern Werke und von der Gerechtigkeit allein
durch den Glauben", die er abzweckt auf das Erziehungsziel der "Gerechtigkeit, die aus dem Glauben kommt."[131] Wie der Terminus "äußere Werke" bereits andeutet, ist eine vermittelnde Adaption der reformatorischen Lehre auf die Gegenwartserfahrung der Hörer inten-
diert, zumal ein hinreichender Bekanntheitsgrad mit der Thematik
vorausgesetzt wird: darüber "als wäre es etwas unbekanntes, zu reden" hält Schleiermacher für "jetzt [...] nicht nöthig".[132] Stattdessen kann angeknüpft werden an das gemeinsame Gefühl der Freude
darüber, "daß wir losgekommen sind von dem irrigen Wahn, als könne
der Mensch durch äußerliches Betragen Gott und sich selbst zufrieden stellen".[133]

Das Neue, das Schleiermacher mitzuteilen hat, liegt in der von ihm
den Hörern nahegelegten pädagogischen Transformation des theologischen Grundsatzes: Kinder und Jugendliche sollen aus dem elterlichen
Verhalten spüren können, daß nicht die Ausübung der ihnen abver-
langten "äußern Tugenden" wie "Gehorsam und Pünktlichkeit" die
Grundlage der elterlichen Liebe darstellt und darum auch nicht Veranlassung geben darf, aus ihr das Bewußtsein einer "anderen" oder
"falschen und verkehrten" Gerechtigkeit sowie des damit verbundenen
"Hochmuths" zu entwickeln. Vielmehr gilt es ihnen zu verdeutlichen,
daß es gegenüber dieser "äußere[n] Seite des Betragens [...] etwas
höheres", "anderes und besseres" gibt, nämlich eben jene "Gerechtig-

---

[130] Eph 2,8–10 (vgl. Reformationspredigten 1,7f)
[131] Vgl. Predigt 6
[132] Vgl. Predigt 13
[133] Vgl. Predigt 16

keit, die aus dem Glauben kommt".[134] In die "Gemeinschaft dieser
Gesinnung", in die als Lebenswirklichkeit erfahrene iustificatio sola
fide, wie sie im Kontrast zum "äußerlichen Wesen" exemplifiziert
wird, sollen die Kinder aufgenommen werden.[135]

Die Beschreibung des solche Glaubensgerechtigkeit konstituierenden
"höheren und besseren" geschieht allerdings in zurückhaltender Weise, indem etwa die Kinder sich fragen sollen, ob sie "Gott im Herzen" haben oder generell von den "Güter[n] [...], die dem Menschen
im Glauben kommen und durch den Glauben", die Rede ist.[136] Als
Zielvorstellung gilt dabei das Hindurchdringen

"zur wahren Freiheit der Kinder Gottes, die darin besteht,
daß der Mensch sich ergebe ein Knecht zu sein der wahren
Gerechtigkeit frei von jedem aufgeblasenen Wahn und eiteln
Hochmuth."[137]

Schleiermachers Konzeption ist getragen von der an das Bewußtsein der Hörer anknüpfenden Überzeugung, daß das in sorgfältiger
Annäherung umschriebene Gefühl der iustificatio wie in den Eltern
lebendig, so in den Kindern zu erwecken sei und sich darüber hinaus
in der Gesellschaft immer mehr ausbreiten werde.[138] Sie faßt von
vornherein die Bedeutung der reformatorischen Grundaussage für die
christliche Sitte, für das gesellschaftliche Leben überhaupt ins Auge,
ohne Beschränkung auf den innerkirchlich-theologischen Bereich.[139]

Ein eigentlich forensischer Charakter liegt dieser bewußt weitgehend auf traditionelle Diktion verzichtenden Explikation der Rechtfertigungslehre nicht mehr bei, sondern taucht, soweit er nicht im
Begriff der "Gerechtigkeit" schon implizit vorhanden ist, lediglich in
der rhetorischen Frage auf, ob es nicht "Schuld" der Erwachsenen

---

[134] Vgl. zum Ganzen Predigt 13-16; Zitate 14.16.13.15.16.14.15.16
[135] Vgl. Predigt 15
[136] Vgl. Predigt 16.17
[137] Predigt 17
[138] Vgl. die Freude darüber, "daß es [...] immer mehr den Eindruck
macht, unser Volk bestehe aus solchen, welche ihren Werth und
ihre Beruhigung nur in dem Besitz der Güter suchen, die dem
Menschen im Glauben kommen und durch den Glauben, und daß
alle äußeren Rechte und Ordnungen nur darauf hinzielen, diese
Bestrebungen immer freier gewähren zu lassen und immer sicherer
zu stellen." (ebenda)
[139] Vgl. das "Gelübde", "fortwährend das Leben zu reinigen" (ebenda)

sein werde, wenn die Kinder "einst dem strafenden Geist einen leeren und falschen Ruhm entgegenstellen?"[140] Der traditionelle Sün-
denbegriff findet nur in exemplifizierender Aufnahme von Röm 7 für
die Entwicklung der kindlichen Moralität Verwendung, indem verste-
hendes Erfassen und Anwenden der Aussagen Röm 7,23 und 25 auf
die eigene Person als ein Resultat des Eingehens auf das "Bedürfniß
des höheren und göttlichen" in den Kindern herausgestellt wird.[141]

Während Schleiermachers zeitgemäße Neuinterpretation also mehr
den effektiven Charakter der Rechtfertigung in den Vordergrund
rückt, setzt Harms sie direkt in Beziehung zur traditionellen Sündenlehre und betont ihren forensischen Charakter. Er faßt von vornherein "die lutherische Kirche" ins Auge, der der "Glaubenssatz" von
der Rechtfertigung sola gratia "Wehr", "Wacht" und "Weg" sei[142] und
bedient sich durchgängig orthodoxer Terminologie, worin wohl der
stärkste "Unterschied in der Behandlungsweise" liegt. Gleich anfangs
zitiert er wörtlich aus CA IV als in seinem Sinne predigttextgemäßer
Auslegung und weist auf die tröstende Funktion des "Glaubenssatzes"
gegenüber dem "Richterstuhl Gottes".[143]

Die Anwendung der Rechtfertigungslehre auf die Gegenwart ist
keine anknüpfende, sondern eine kontrastierende, indem attestiert
wird, "vielleicht niemalen" sie die "**Werkheiligkeit** [...] größer gewesen als zu unsrer Zeit", weshalb auch die lutherische Kirche "einen **stärkeren Ton**" auf "diesen ihren Glaubenssatz" legen müsse.
Harms will damit die Rechtfertigungslehre im Sinne einer sichernden
"Wacht" für seinen Kampf gegen den Rationalismus instrumentalisieren, dessen Kennzeichen es sei, daß er sein "Vertrauen" auf die
"nach Pflicht und Gewissen vollbrachten [...] Werke" setze und auf
diese Weise "das Papstthum mitten im Lutherthum" erneuere.[144]

---

[140] Vgl. Predigt 15
[141] Vgl. Predigt 10f
[142] Vgl. die Disposition Reformationspredigten 1,8
[143] Vgl. Reformationspredigten 1,10.12; auch 11, wonach der "Glau-
       benssatz, das ganze Evangelium" umfasse, "womit Luther [...] so
       viele tausend Seelen [...] aus dem Rachen der Hölle befreyete [...]."
[144] Vgl. Reformationspredigten 1,15; Hervhg. im Original

Harms' Gegenüberstellung von Werkheiligkeit des Rationalismus und traditioneller Lehre, die unter mehrfacher expliziter Berufung auf lutherische Bekenntnisschriften geschieht, trägt, wenngleich sie sich von den weitaus schärfer formulierten "Thesen" deutlich abhebt[145], ungleich stärker antithetischen Charakter als Schleiermachers Überbietung der äußeren Werke durch "etwas höheres", zumal bei ihm die für Harms aktuelle Frontstellung gegen den Rationalismus nur am Rande in der rückblickenden Schau auf die "Zeit des verderblichen Klügelns über göttlichen Dingen des zerstörenden Meisterns an heilsamen Einrichtungen"[146] vorkommt.

Ungeachtet der unterschiedlichen Formung als an die Erfahrung der Hörer positiv anknüpfende Neuinterpretation oder als ihnen kritisch entgegenzuhaltender Lehrsatz der Tradition scheint das beiden Theologen Gemeinsame im Verständnis der iustificatio nicht nur äußerlich in der Verhandlung des Themas überhaupt zu liegen, sondern in der Ablehnung jeglicher Überbewertung des sittlichen Handelns im Hinblick auf den Glauben.[147] In diesem Fall würde hier für beide die Rechtfertigungslehre jenes "mehr" und andere gegenüber dem Anspruch etwa der kantischen Postulatentheorie auf die Religion repräsentieren. Die Tatsache, daß Harms den Gedanken der Befreiung von Religion aus moralischer Funktionalisierung gerade aus der Redenlektüre genommen und festgehalten hat, stützt die Vermutung, daß beider energische Zurückweisung äußerer Gesetzlichkeit Ausdruck einer ganz wesentlichen diesbezüglichen Übereinstimmung ist.

Eine weitere substantielle theologische Gemeinsamkeit zwischen beiden Theologen besteht darin, welchen Stellenwert sie in ihren Predigten der Christologie beimessen: Beide vertreten eine christologisch zentrierte Auffassung des Christentums und bringen damit das reformatorische "solus Christus" zur Geltung.

---

[145] Berufung auf lutherische Symbole Reformationspredigten 1,16.23. 2,37; antirationalistische Bezüge z. B. 1,14−17. 2,36.39f.41.43.47
[146] Vgl. Predigt 12
[147] Vgl. bes. Harms' Polemik gegen ein moralistisches Verständnis der Lehre Christi, "Weil kein Mensch sie anfict, diese allen Farben auf der Erde bekannten und von allen auch angenommenen Glaubenssätze und Sittenregeln." (Reformationspredigten 2,42)

Schleiermacher etwa formuliert in direktem Anschluß an seinen
Predigttext im Hinblick auf den Erlöser, "ihn aufnehmen" sei "gewiß
[...] das größte, was dem Christen als Erfolg seiner Bemühungen kann
verheißen werden."[148] Des weiteren ruft er dazu auf, sich das Gefühl
der Zeitgenossen der Reformation vorzustellen, als ihnen ein "neues
Licht" aufging "über das Wesen des Christenthums", indem "das über-
stäubte und verloschene Bild des Erlösers plötzlich vor ihren Augen
hergestellt ward, und sich in seiner ganzen Liebenswürdigkeit den
Herzen eingrub".[149] Die Möglichkeit gleichartiger Erfahrung auch in
der Gegenwart sieht Schleiermacher gewährleistet durch den Geist,
"der aus dem Schatz des Erlösers nimmt und es den Seinigen ver-
klärt."[150] Solche "christologisch zentrierte Pneumatologie"[151] vermittelt die Erfahrbarkeit Gottes im Herzen eben als "Wirken des göttlichen Geistes in uns".[152]

Bei Harms ist die zentrale Rolle der Christologie bereits durch die
als Entfaltung von Hebr 13,8 verstandene Disposition der "Anderen
Predigt" gegeben, die zwar in abgrenzender Negation erfolgt, zugleich jedoch seine eigene Position zum Ausdruck bringt, wenn es
etwa deklamatorisch heißt:

> "Auf der besten Stelle deines Herzens, mein Christ, soll
> Christus seinen Platz haben, in gewissem Verstande muß es
> ganz erfüllet seyn von ihm."[153]

Auch der Kieler Prediger sieht die gegenwärtige Erfahrbarkeit
Christi pneumatologisch, dabei aber zugleich gebunden an die kirchlichen Gnadenmittel gewährleistet. So hat Christus

> "durch das Wort und die Sacramente dir seinen heiligen
> Geist zum Führer und Tröster gegeben, der obwol erhöhet

---

[148] Vgl. Predigt 6
[149] Vgl. Predigt 7
[150] Vgl. Predigt 18
[151] So K. Nowak: Schleiermacher und die Frühromantik 65
[152] Zitat Predigt 10; vgl. 16, auch 15
[153] Reformationspredigten 2,37; die Disposition lautet: "Unser Text
sey unser Thema, die einzelnen Theile der Predigt seyen diese:/
I. kein Papst!/ II. auch Luther nicht!/ III. noch irgend ein
Mensch!/ IV. selbst der Mensch Christus nicht!/ V. so wie das
nicht, was man gemeiniglich seine Lehre nennt!/ VI. und eines
Jeden eigene Ansicht gar nicht!/ sondern: Jesus Christus,
gestern und heute, derselbe auch in Ewigkeit!" (30f)

von der Erde doch bey dir ist auf der Erde mit heiliger
Gegenwart, der in deinen bessern Stunden, die du nach innerer Erfahrung selbst heilige Stunden nennst, anklopfet
bey dir [...]".[154]

Auf dem Hintergrund dieser Vorstellung vom sakramental vermit-
telten Christus praesens wehrt Harms die Berechtigung einer Berufung auf den historischen Jesus und dessen als Sittenregeln verstandene Lehren ab.[155] Er hat der im theologischen Rationalismus gängi-
gen Argumentation allerdings lediglich die Zitation neutestamentli-
cher, besonders johanneischer christologischer Aussagen und den
Hinweis auf das in diesen "Sprüchen" bewahrte "Geheimniß" des "ver-
borgene[n] Leben[s] mit Christo in Gott" entgegenzustellen und faßt
seine Meinung in das "Bekenntniß":

> "Sein Christenthum lernen heißt sein Christenthum üben,
> man denkt und lehret sich nicht hinein, sondern man lebt
> und betet sich hinein."[156]

Ebenfalls präsentisch wirksam gedacht ist Christi Mittlerfunktion,
wie Harms überhaupt und schon in der "Ersten Predigt" mit starken
Worten von der spürbaren Effizienz Christi kündet, der das "Verlangen nach sich selber, [...] den Hunger und Durst nach sich" selbst
hervorrufe.[157] Gegenüber diesem volkstümlich-kraftvollen Tonfall erweist sich Schleiermachers Diktion als ungleich verhalten-distanzier-
ter, doch trägt beider pneumatologisch bestimmte Christologie bei
allen Unterschieden durchaus verwandte Züge.

Insgesamt scheint in Schleiermachers Predigt stärker das Bild einer
Gemeinde "freie[r] evangelische[r] Christen" durch, in der der Geist
wirksam ist und sich ruhig verbreitet[158], während Harms trotz der
hier vergleichsweise zurückhaltenden Stellungnahmen zum Rationalismus mehr die Bedrohung zentraler christlicher Gehalte zu sehen
scheint, deren Schutz bei ihm immer auf irgendeine Weise institutio-
nell-ekklesiologisch bewerkstelligt werden muß. Hier sind Unterschiede im Naturell beider Theologen wirksam. Die Intensität des religiö-

---

[154] Vgl. Reformationspredigten 2,37f; schon 1,5; auch 2,41
[155] Vgl. Reformationspredigten 2,39-42. 42-45
[156] Vgl. Reformationspredigten 2,44f; Zitat 45
[157] Vgl. Reformationspredigten 2,48; Zitat 1,21
[158] Zitat Predigt 9; vgl. 10.14.17.18

sen Gefühls richtet sich bei Schleiermacher mehr auf das Bewußtsein
der evangelischen Freiheit des Einzelnen, bei Harms mehr auf die
Liebe zur eigenen lutherischen Kirche.

Der Sachverhalt hindert nicht die Entstehung von Parallelen in
einzelnen Motiven, die durchaus ähnlichen Grundüberzeugungen entspringen können. Besonders augenfällig ist solche überwiegend stim-
mungsmäßige, dabei aber inhaltlich nicht belanglose Konsonanz in
der gemeinsamen Zielvorstellung, der Jugend die Errungenschaften
der Reformation weiterzuvermitteln. Schleiermachers Predigt stellt ja
insgesamt die Entfaltung dieses in "zwei Vorsätze[n]" gefaßten Bestrebens dar, das im Gelübde gipfelt, "unsere Jugend soviel an uns
ist auf denselben Weg hinzuleiten"[159]. Analog formuliert Harms, allerdings erst am Schluß der "Andern Predigt" im Ausblick auf 1917
"das Gelübde: Unsern Glauben vererben wir von Vater auf Sohn!"[160]
Die hieraus entwickelte Schlußansprache an Eltern, Lehrer, Professoren, Studenten, Obrigkeit und Bürgerschaft, deren Gefühlsintensität
sich auch heute noch überträgt[161], dürfte auf Schleiermacher nicht
ohne Eindruck geblieben sein, zumal sie seiner pädagogischen Intention am nächsten kommt und er ja nach eigenem Bekunden durch alle Volkstümlichkeit und plakativ-orthodoxe Terminologie hindurch eine Gemeinsamkeit hat erspüren können.

Für eine Näherbestimmung des Verhältnisses beider Theologen zueinander stellen sich freilich die Ergebnisse des Vergleichs ihrer Reformationspredigten als zu unspezifisch dar. Vielleicht sieht Schleiermacher die "Uebereinstimmung in den Grundsätzen" in dem auch

---

[159] Zitate Predigt 7.15
[160] Vgl. Reformationspredigten 2,49
[161] Vgl. Reformationspredigten 2,48-52; W. v. Meding dagegen wertet
    die Passage mit ihrer "Mischung aus Rationalismus [...] und Emp-
    findung" als "Zeichen für die Schwäche der Predigt" (Kirchen-
    verbesserung 175). – Aufschlußreich die Anrede des "wissen-
    schaftsfeindlichen" Harms an die Kieler Professoren: "Was auch
    der besondere Inhalt eurer Lehrvorträge sey, so ist ja religiöses
    Element in jeglicher Wissenschaft, das werdet ihr nimmer aus-
    scheiden wollen, sondern es hervortreten lassen und mit der Zu-
    that aus der eignen begeisterten Brust vermehrt, verstärkt, ein
    wahrhaft lebendiges Wort legen in die Brust derer, die um euch
    sitzen." (50)

bei Harms vermuteten Bemühen um die gemeinsame Sache der kirchlichen und religiösen Erneuerung und Wiederbelebung. Dieser gleichsam romantische Grundzug, der gewiß eine Wesensverwandtschaft
beider Prediger darstellt, kommt in der Tat in Harms' Reformationspredigten in ganz anderer Weise konstruktiv zum Tragen als in den
überwiegend destruktiv ausgerichteten "Thesen", denen Schleiermacher denn auch nur mit Mühe Verständnis abringen kann.

Was am jungen Harms beobachtet werden konnte, daß nämlich der
Einfluß des Redners "Über die Religion" sich auch im emotional-
stimmungsmäßigen der religiösen Ausdrucksweise bemerkbar macht,
scheint Schleiermacher nun, da er von seinem Schüler Notiz nimmt,
zu spüren, doch kann sich solche untergründige Übereinstimmung nur
allgemein-emotional, eben als "Freude" äußern.

Insgesamt bleibt das, was Schleiermacher Harms mit der Anregung
eines Vergleichs der Predigten an inhaltlicher Konvergenz signalisieren will, in der Schwebe des nicht exakt Darstellbaren; umgekehrt
fehlt jeder Hinweis darauf, daß Harms sich durch die Berliner Refor-
mationspredigt, die er doch sicherlich neben die seinen gelegt haben
wird, sonderlich hätte beeindrucken lassen. Schleiermachers Stellung
zu Harms behielte damit den ambivalenten und eher ins Negative
tendierenden Charakter der öffentlichen Aussagen in der Schrift "An
Ammon", wenn nicht eine ganze Reihe von Briefzeugnissen die Auf-
richtigkeit seiner gegenüber Harms privat geäußerten positiven Bekundungen bestätigen würde.

Briefzeugnisse

An erster Stelle steht hier seine vom 19. März 1818, also bereits
einen Monat nach dem Schreiben an Harms datierte Nachfrage bei
Twesten, welche Wirkung denn seine "Missive", die doch "ganz herzlich und wirklich dringend gewesen" sei, gehabt habe.[162] Es ist offenkundig Ausdruck aufrichtigen Interesses an Harms' Person, wenn
Schleiermacher auf das Ausbleiben des erwünschten "beruhigenden
Wörtchens" mit dem Versuch reagiert, sich auf andere Weise Gewiß-

---

[162] Vgl. Heinrici 313 (s. o. Kap. 3.2, Anm.102)

heit darüber zu verschaffen, wie sein Bemühen, den Thesensteller
von weiterer Konfrontation abzuhalten, aufgenommen worden ist.

Selbst als Harms dann doch öffentlich mit seinem "namhaften Briefe an Herrn Dr. Schleiermacher" antwortet[163], hält Schleiermacher
nicht inne, sich um ein freundlicheres Verhältnis zu seinem Kieler
"Jünger" zu bemühen. Er verfaßt ein weiteres Schreiben an ihn, das
er jedoch vorsichtigerweise als Einlage dem Brief an Twesten vom
11. Juli 1818 beifügt und das deshalb Harms nicht erreicht hat.[164]
Darin bedauert Schleiermacher zunächst, daß sein erster Brief nicht
anders als ein bloßes "freundliches Achselklopfen" gewirkt habe, sagt
aber voraus, der "Unmuth", den Harms gegen ihn empfinde, werde
"sich wieder verlieren".[165] Kritisieren müsse er allerdings die mißverständlichen öffentlichen Rekurse auf sein privates Schreiben, die
eigentlich nur durch einen Abdruck zurechtgerückt werden könnten,
der freilich wiederum "wegen dessen was über Herrn Ammon darin
steht" nicht tunlich sei.

Die "Sache" des Thesenstreits beurteilt Schleiermacher so, daß
zwar die "allgemeine Theilnahme" daran eine "erfreuliche Erscheinung", daß jetzt aber auch "die gute Wirkung, die davon ausgehen
muß, [...] schon sichergestellt" sei. Entsprechend erneuert er seinen
Wunsch, Harms möge trotz ungebrochener Kampfeslust aus dem
Streiten "in Ruhe" kommen und faßt sein diesbezügliches "reines
Wohlmeinen"[166] in die Worte:

> "Mir ist aber bange, daß Sie selbst durch längeren Streit
> sich in einer Einseitigkeit festsetzen möchten, in der Sie
> sich auf die Länge nicht wohlbefinden können, und durch
> welche Sie bei dem großen persönlichen Einfluß, den Sie im-
> mer haben werden, leicht einen Nachtheil stiften können,
> der nicht wenig von dem Guten wieder aufhebt, was Sie be-
> wirken."[167]

Wohl zum Zeichen seines guten Willens und zur Widerlegung des
Verdachts, er sei in einseitiger Weise dem Calvinismus zugetan, bit-

---

163 Vgl. unten Kap. 3.4
164 Abgedruckt bei Heinrici 323–326; zur Nichtweitergabe s. u. Anm.188
165 Vgl. Heinrici 323
166 Vgl. Heinrici 324f
167 Heinrici 324

tet Schleiermacher Harms abschließend um Mitarbeit bei der Einrichtung einer Stiftung zur Unterstützung noch lebender Verwandter Luthers, die er zu "einer Nationalangelegenheit der deutschen Protestanten" machen möchte.[168]

Zwar wirkt der Tonfall dieser Einlage nicht mehr ganz so herzlich
wie der des ersten Schreibens und jedenfalls so, daß Twesten sich zu
einer Weitergabe nicht hat entschließen können, doch bleibt es bemerkenswert, wie weit Schleiermacher Harms entgegenzukommen bereit ist und wie konstant er sich ungeachtet der öffentlichen Konfrontation um ihn bemüht.

Seine Handlungsweise ist dabei offenkundig nicht taktisch bedingt,
sondern entspringt echtem Bedauern darüber, in einen Konflikt mit
dem Kieler geraten zu sein. Dies bestätigen mehrere Äußerungen
Dritten gegenüber, die – mit Ausnahme Twestens – zu Harms in keinerlei verpflichtender Verbindung stehen. So heißt es schon in dem
bereits erwähnten Brief an Ludwig Gottfried Blanc vom 21. Februar
1818:

> "Daß der Harms mit dran gemußt hat thut mir leid; ich hät-
> te ihm sonst seine Thesen gern geschenkt aber nun ging es
> nicht. Ich habe ihm einen freundlichen und möglichst beru-
> higenden Brief dazu geschrieben, und bin gespannt auf den
> Effekt."[169]

Ähnlich schreibt Schleiermacher unter dem 11. Mai 1818 an
Joachim Christian Gaß, daß ihm bei aller Zufriedenheit mit der gelungenen Abfuhr Ammons "leid thu[e], [...] daß sich Harms die Eitelkeit und den Ammon hat blenden lassen", und berichtet von seinem

---

[168] Vgl. Heinrici 325; auf Anregung Twestens ist in den "Kieler
Blättern" Bd 1 (1819), 247f ein von Schleiermacher verfaßter
"Plan zum Besten der Verwandten unsers Reformators, Doctor M.
Luthers" (vgl. Brief an Twesten, 12.8.1818; Heinrici 334) veröf-
fentlicht worden. – Zum Projekt vgl. z. B. Schleiermacher an
Alexander zu Dohna, 27.11.1818 (Meisner 2,286) und an Gaß, 31.8.
1818 (Briefwechsel mit Gaß 156f)

[169] Zitiert nach dem Original (s. oben Anm.95), da Dilthey statt
"dran gemußt" "davon gewußt" liest (Briefe 4,230); in Blancs Antwort vom 28.2.1818 heißt es: "Dem ehrlichen Harms ist eine solche kleine Abkühlung auch schon recht, er ist wirklich etwas
verwöhnt und nicht wenig eitel." (Briefe von Ludwig Gottfried
Blanc an Schleiermacher, ed. H. Meisner/E. Schmidt, Mitteilungen
aus dem Litteraturarchive in Berlin, NF 6, Berlin 1912,64)

"höchst freundlichen Briefe", in dem er den Kieler "recht brüderlich" vor dem Oberhofprediger gewarnt und ihm seine "aufrichtige Schätzung seines Bestrebens im Ganzen" versichert habe, freilich ohne Erfolg, da dieser nach Twestens Auskunft nun doch "gedruckt antworten" wolle. Die eigene Haltung dazu lautet:

> "Indeß hoffe ich, es soll ihm nicht gelingen, mich in einen weiteren Streit mit ihm zu verwickeln, der ohne allen Nutzen nur den Wahn der flachen Rationalisten mehren würde, als ob ich einer ihrer Genossen wäre. Dies ist mir ärgerlich genug, indeß ich denke, es soll sich bald von selbst aufklären."[170]

Wenige Tage später, am 16. Mai 1818, gibt Schleiermacher dem in Italien weilenden Philologen Immanuel Bekker einen kurzen Bericht über den unbefriedigenden Fortgang der "Unionssache", durch die er sich in Streit "mit der ganzen Welt" verwickelt sieht. Er vermutet hier, Ammon habe Tittmann zu seinem "ungeheuer dumme[n] und gemeine[n] Buch gegen die Vereinigung" angestiftet und fährt fort:

> "Auch Harms hat gegen mich geschrieben, ohnerachtet ich ihn aufs freundlichste dagegen gewarnt und ihn auf das vertraulichste versicherte, er thäte sehr unrecht, wenn er es thäte, denn ich wäre gar nicht sein Gegner und wollte es niemals sein. Ich habe seine Schrift noch nicht gesehen und weiß also auch noch nicht, was ich dabei thun werde – am liebsten, wenn es irgend möglich ist, schweige ich; wo nicht, so will ich mich bemühen, feurige Kohlen auf sein Haupt zu sammeln."[171]

In der Anspielung auf die Röm 12,20 empfohlene christliche Umgangsweise mit Feinden liegt ein deutlicher Fingerzeig auf die Intention Schleiermacherschen Verhaltens Harms gegenüber, die sich auch nach Kenntnisnahme der "Verständigungsbriefe" nicht ändert.

Nachdem nämlich Blanc in einem Brief vom 13. Juni 1818 diese erste Thesenschrift als "entsetzlich unbedeutend und confus" und das

---

[170] Vgl. Meisner 2,276f; Zitat 277
[171] Vgl. Schleiermachers Briefwechsel mit August Boeckh und Immanuel Bekker 1806–1820, ed. H. Meisner, Mitteilungen aus dem Litterarchive in Berlin, NF 11, Berlin 1916, 84; hier, im zuvor zitierten Brief an Gaß sowie in dem an Twesten vom 12.8. 1818 (Heinrici 335) kündigt Schleiermacher eine Abhandlung über Supranaturalismus und Rationalismus für die neue "Theologische Zeitschrift" an, statt derer seine "Erwählungsschrift" erschien (s. o. Kap. 3.2, Anm.156). – Zu Tittmann s. o. Anm.55

"namhafte Schreiben" als Ausdruck "verletzte[r] Eitelkeit und gereiz-
te[r] Persönlichkeit" bewertet hatte[172], antwortet ihm Schleiermacher
unter dem 20. Juni:

> "Um Harms thut es mir aufrichtig leid; er wird sich durch
> diese Briefe um keinen Schritt weiter bringen, sie sind we-
> der gründlich, noch geistreich genug um das Ungründliche zu
> verbergen, und der an mich ist gar schlecht. Ich will aber
> soviel an den Mann wenden, daß ich ihm noch einmal ge-
> schrieben schreibe, um ihm die Beharrlichkeit in meiner gu-
> ten Meinung und meine guten Wünsche zu zeigen."[173]

Als besonders aufschlußreich für Schleiermachers Stellung zu
Harms, aber auch zum Thesenstreit insgesamt, erweist sich seine
Korrespondenz mit August Twesten, dem er ja durch die Nachfrage
vom 19. März die Rolle des Hauptinformanten zuweist. Twesten ant-
wortet darauf unter dem 6. April, die ganz negative Wirkung der
Schrift "An Ammon" auf Harms sei auch durch Schleiermachers Be-
gleitschreiben nicht gemildert worden, weshalb mit einer gedruckten
Reaktion zu rechnen sei.[174]

Neben dem Einfluß des Oberhofpredigers hebt Twesten Harms'
Empfindlichkeit für Lob und Tadel hervor und fährt fort:

> "Daraus werden Sie denn auch begreifen, daß Ihr Tadel ihm
> um so mehr wehe thun mußte, je mehr er Sie schätzte. Der
> Grund desselben leuchtet ihm aber aus eben dem Mangel we-
> niger ein, durch welchen er ihn verdient hat, aus Mangel an
> Wissenschaftlichkeit. Da er nun die Folgen empfindet – den
> Triumph seiner Gegner, die nicht aufhören, ihm Ihr Urtheil
> als Bestätigung des ihrigen vorzuhalten – da seine Bewunde-
> rer nicht verfehlen, Sie gegen ihn zu tadeln: so tritt ihm
> das, was er zu Ihrer Rechtfertigung von Ihnen selbst, von
> andern, ja von sich sonst wohl zu vernehmen vermögend
> sein würde, zurück gegen das Gefühl der Kränkung, die er
> dadurch glaubt erfahren zu haben, daß Sie ihm die Fehler
> des Ausdrucks wegen dessen, was er beabsichtigte, nicht
> verziehen; [...]."[175]

---

[172] Vgl. Mitteilungen aus dem Literaturarchive NF 6,65f; Blanc über
Harms: "Man möchte den Mann gern lieb haben und es geht doch
nicht [...] wie ist es möglich, daß der Mann der sich Ihren Schüler nennt Sie bisher so wenig gekannt [...]." (ebenda)
[173] Vgl. Briefe 4,235 (s. o. Kap. 3.2, Anm.165)
[174] Vgl. Heinrici 313 (s. o. Kap. 3.2, Anm.100)
[175] Heinrici 314

Er selbst, Twesten, urteile noch schärfer als Schleiermacher in
"An Ammon", da seiner Ansicht nach "selbst Harmsens Persönlichkeit,
seine sonstigen Ansichten, seine ganze Behandlung des Christenthums
ihm die Sprache der Theses nicht erlaubten". Es sei ihm allerdings
unmöglich, Harms eine differenzierte Betrachtungsweise nahezubrin-
gen; ärgerlich stimme ihn darüber hinaus, daß sich "seichte Köpfe",
von denen Harms mit "Gemeinheit [...] zerrissen und beschmutzt"
werde, nun ausgerechnet auf Schleiermacher beriefen.[176]

Diese Hinweise auf die bei Harms vorhandene Wertschätzung
Schleiermachers, auf seine emotional bedingte aktuelle Unfähigkeit,
dessen Kritik zu akzeptieren, auf gewisse heterodoxe Anschauungen
sowie auf die schwierige Lage in Kiel dürften ihre Wirkung auf den
Berliner Professor kaum verfehlt haben, zumal er etwa die Information über Harms' Publikationspläne an Gaß weitergibt.

Eine direkte Reaktion auf Twestens Bericht erfolgt allerdings erst
am 11. Juli 1818 in jenem Brief, dem die Einlage an Harms beigefügt
ist.[177] Schleiermacher schreibt hier, er habe beinahe geahnt, daß
sein Bemühen, den Thesensteller von weiterer öffentlicher Auseinandersetzung abzuhalten und von der gegenseitigen Übereinstimmung zu
überzeugen, vergeblich bleiben würde, wofür er nicht nur den "Mangel an Wissenschaftlichkeit", sondern auch einen "gewissen Ueberfluß
von Persönlichkeit, den [Harms] je länger je mehr in diese Sache"
lege und der ihr schade, verantwortlich macht.[178] Zu Harms' Schrift
heißt es:

> "Die Briefe habe ich wirklich nicht ordentlich durchlesen
> können, sie sind gar zu Holsteinisch, und auch in dieser
> Hinsicht hat die Persönlichkeit geschadet, indem sie eine
> kleinliche Behandlung veranlaßt hat. Ich bin durch diese
> Briefe ordentlich irre geworden, ob Harms nicht von vorne-
> herein vielleicht nur eine provinzielle Absicht gehabt
> hat."[179]

Sollte er indessen mit den "Thesen" nicht nur Holstein und die
"Altonaer Bibel" gemeint haben, sondern "die ganze Kirche", dann

---

[176] Vgl. Heinrici 314f
[177] Vgl. Heinrici 318–323
[178] Abgedruckt bei Heinrici 318f
[179] Heinrici 319

hätte er nicht so "völlig provinziell fortfahren" dürfen. Das Fazit
lautet:

> "Im großen Publicum hat er sich und der Sache durch diese
> Briefe gewiß Schaden gethan. Den an mich verzeihe ich ihm
> gern, aber für heilsam halte ich es auch nicht, daß er da-
> durch den Wahn unterhält, als gehöre ich seinen Gegnern
> an. Desto fester steht bei mir der Entschluß, jede Gelegen-
> heit wahrzunehmen, um das Gegentheil zu zeigen. Nur in die
> Fehde selbst möchte ich mich nicht noch einmal mi-
> schen."[180]

Aus dem Thesenstreit kann nämlich nach Schleiermachers Ansicht
"wenig ersprießliches mehr herauskommen", weshalb er auch hier
wünscht, Harms möge sich "nun des weiteren Schreibens enthalten",
ein Wunsch, den er "Wohlverstanden" nur auf die aktuelle Kontroverse bezogen wissen will.[181] Den Brief abschließend stellt er es Twesten frei, die ungesiegelte Einlage an Harms weiterzugeben, wobei er
nicht mit einem Zurückhalten zu rechnen scheint, kann er doch
"nichts schlimmes davon erwarten", da sie ihm "so ganz aus dem
Herzen gekommen ist".[182]

Schleiermachers Rede von der "Sache", die Harms verfolge und zugleich behindere, entspricht seiner Andeutung in der Schrift "An
Ammon", die "Thesen" enthielten auch etwas "Wahres"; zu denken
ist vermutlich an die "Uebereinstimmung in den Grundsätzen" des
Strebens nach religiöser und kirchlicher Erneuerung. Erneut kritisiert
er die unsachgemäße Form, in der Harms sein Anliegen verfolgt; als
Ursache dieser Fehlleistung benennt er jetzt jedoch einen "Ueberfluß
an Persönlichkeit". Er scheint im Verlauf der Kontroverse also die
Überzeugung gewonnen zu haben, Harms leide an einer Art Charakterschwäche, die sich etwa in gewisser Eitelkeit äußert, aber auch in
der unausgeglichenen und unreflektierten Heftigkeit, mit der er im
Thesenstreit agiert.

Wohl veranlaßt durch die Problematik einer Weitergabe der Einlage
antwortet Twesten bereits unter dem 19. Juli auf Schleiermachers

---

[180] Ebenda
[181] Vgl. ebenda; Schleiermacher zur behördlichen Untersuchung, von
der er gehört hat: "Darüber kann er sich nur freuen; etwas gün-
stigeres für ihn hätten seine Gegner nicht aussinnen können [...]."
[182] Vgl. Heinrici 323

Schreiben, indem er ihm ausführlich über "die Harmsischen Angelegenheiten" berichtet.[183] Auf ihn selbst hätten die "Harmsischen Briefe", insbesondere der "namhafte", einen "so unangenehmen Eindruck
gemacht", daß es zu einer persönlichen Verstimmung zwischen ihm
und Harms gekommen sei. Zwar sei ihm aufgrund von mehreren Dis-
kussionen über Schleiermachers ersten versöhnlichen Brief, den ihm
Harms zu lesen gegeben habe, eine "empfindliche Beantwortung"
wahrscheinlich erschienen, "aber keine so durchaus schiefe und
wahrhaft Ammonsche, keine solche, die nicht einmal von dem wirklichen, sondern von einem affectirten Harms ausgegangen" sei.[184]

Diesen Vorwurf der Unaufrichtigkeit verschärft Twesten noch, indem er äußert:

> "Dies wird mir immer mehr bei seinem Treiben das Widrige,
> daß er sich nicht nur in seinen Einseitigkeiten festrennt und
> der gereizten Persönlichkeit immer größeren Einfluß gestat-
> tet, sondern daß er sich auch in ein Wesen gewaltsam hin-
> einarbeitet, was gar nicht das seinige ist, daß er unwahr
> wird und ganz andere Vorstellungen von sich zu erwecken
> sucht, als der haben kann, der ihn kennt."[185]

Von solcher theologischer Unwahrhaftigkeit seien schon die "Thesen" mit Ausnahme der ekklesiologischen Schlußreihe geprägt, noch
mehr aber die im "namhaften Brief" geäußerte "Besorgniß" wegen
Schleiermachers Calvinismus, die bei jemandem, "der nicht selten
seltsam genug über Bibel und biblische Personen (ihre Autorität, ihre
Inspiration u.s.w.) urtheilt", einfach "zu arg" sei.[186]

Twesten hat also die eigenwilligen theologischen Gedankenführun-
gen des Harms vor 1817 durchaus zur Kenntnis genommen, mißt ihnen konstitutive Bedeutung für dessen theologischen Charakter bei
und empfindet infolgedessen das in den "Thesen" relativ unvermittelt
hervorbrechende und sich im Verlauf der Kontroverse immer mehr
verfestigende Bekenntnis zur Orthodoxie als dazu in Widerspruch
stehend. Diese interessante Einschätzung soll jedoch nach Twestens
Wunsch nicht bewirken, daß Schleiermacher "hierüber schlimmer

---

[183] Vgl. Heinrici 326–334; Zitat 326
[184] Vgl. Heinrici 327
[185] Ebenda
[186] Vgl. Heinrici 327f (s. o. Kap. 3.1, Anm.153)

[denke], als es in Harms wirklich ist." Deshalb gibt er eine psychologische Erklärung für dessen uneindeutiges Verhalten:

> "Es geht bei ihm aus von eigener Unsicherheit und nöthig gehaltener Unterwerfung unter das, was er für Charakter der Kirche hält, der er dient; es führt eben oft hin auf Aeußerungen, wobei ich nicht mehr begreife, wie derselbe Mann darauf kommen kann, den ich in anderen Dingen so ganz entgegengesetzt habe urtheilen hören."[187]

Schließlich müsse auch der fortwährend schädliche Einfluß sowohl der Kontroverse wie Ammons berücksichtigt werden.

Das Werben um Verständnis für Harms' Motivation trübt jedoch keineswegs Twestens realistischen Blick für die Schwächen des Thesenstellers, wie aus seiner Einschätzung der potentiellen Wirkung der Schleiermacherschen Einlage erhellt. Von einer Weitergabe habe er bisher Abstand genommen, weil dadurch vermutlich nur Harms' Eitelkeit vermehrt worden wäre und er sich in der bereits hinsichtlich des ersten Briefes bestehenden Auffassung, Schleiermacher trachte lediglich danach, ihn auf seine Seite zu bringen, bestätigt fände.

Dessenungeachtet wäre Twesten zwar auf ausdrücklichen Wunsch Schleiermachers bereit, die Einlage abzugeben, was wegen Harms' vorübergehender Abwesenheit auch noch möglich sei[188], doch dies widerstrebt ihm, weil er das nach seinem Empfinden angemessene Verhältnis zwischen den Kontrahenten gefährdet sieht, indem Schleiermacher sich "etwas gegen [Harms] vergeben" würde. Es wirft dabei erneut kein günstiges Licht auf Harms, wenn Twesten sich überhaupt vorstellen kann, Schleiermachers durchaus nicht in servilem Ton gehaltener Brief könne ihn in ein "nicht angemessenes Verhältniß" zum Empfänger stellen.

Seine Vorbehalte begründet Twesten mit der persönlichen Kenntnis des Archidiakons; die schwere Verstimmung im Verhältnis zu ihm äu-

---

[187] Heinrici 328
[188] Die von Heinrici (328) ausgelassene diesbezügliche Angabe lautet: "Sie brauchen mir nur mit der nächsten Post zu schreiben, daß ich ihn dennoch abgeben solle; eine Reise, die er morgen nach Dithmarschen macht und von der er erst in reichlich 8 Tagen zurückkommt, läßt mir die Möglichkeit offen, ihn erst nach Empfang Ihrer Antwort an ihn abzugeben, weil ich ihm denselben doch nicht hätte nachschicken können." (SN 408, Bl.29v)

ßert sich in der Annahme, Schleiermacher würde seinen Brief nicht geschrieben haben, wenn er gleich ihm "den Mann [...] vor sich" hätte.[189] Im übrigen verneint er die von Schleiermacher vermutete "bloß Holsteinische Tendenz der Thesen", bestätigt aber das Vorhandensein eines "Überflusses an Persönlichkeit"[190], "der sich leider bey aller Gelegenheit zu sichtbar" äußere[191].

Die "Verständigungsbriefe" seien sowohl Ausdruck dieser Charakterschwäche als auch von der durch das behördliche Verfahren hervorgerufenen "Ueberreilung" geprägt; sie sollten Belesenheit demonstrieren und sich in klare Schematisierung gliedern, doch sei es Harms nicht gelungen, "seine ohnehin verworrenen Gedanken noch mehr sich klar zu entwickeln", so daß "zuletzt [...] alles bunt durch einander" gehe.[192]

Der informationsreiche und kritische Bericht endet bemerkenswerterweise mit dem Wunsch, Schleiermacher möge gelegentlich ein Votum zugunsten Harms' einlegen. "Um der Sache wegen" müsse klargestellt werden, daß mit der Kritik der "Thesen" nicht "die Flachheit und Erbärmlichkeit, die sich in den Ansichten seiner Gegner meistens an den Tag" lege, durch Schleiermachers Ansehen begünstigt werden solle; "um Harms willen" aber, daß Schleiermacher "seine Talente wie seine christliche Denkungsart zu achten nicht" aufhöre. Twesten erbittet eine publizistische Reaktion auf Tittmans Angriff gegen die Union, die dann auch die Möglichkeit böte, Harms "gegen die öffentlichen ihm widerfahrenen Beschimpfungen durch ein ehrenvolles Urtheil [...] in Schutz" zu nehmen.[193]

Der Wunsch ist Ausdruck des Loyalitätskonflikts, in den Twesten durch die Thesenauseinandersetzung geraten ist. Die enge Verbundenheit zu seinem Lehrer Schleiermacher streitet mit der zum Kieler

---

[189] Vgl. Heinrici 328, wo Twesten vermutet, die Verbindung zu Ammon würde Harms eine Mitwirkung an Schleiermachers Projekt zur Förderung der Luthernachkommen (s. o. Anm.168) verunmöglichen. Unter dem 25.9.1818 jedoch "denkt" er, "auch Harms dafür in Bewegung zu setzen". (338)

[190] Vgl. Heinrici 329

[191] Zit. n. SN 408, Bl.30r, da bei Heinrici 329 fortgelassen

[192] Vgl. Heinrici 329

[193] Vgl. Heinrici 330

Weggefährten Harms. Jede Stellungnahme zugunsten des einen kann
als Affront dem anderen gegenüber mißdeutet werden und besonders
im vom Thesenstreit bewegten Kiel ungewünschte Folgen zeitigen.
Trotz Mißbilligung der "Thesen" will Twesten weder in die Gegnerschaft derer geraten, die mit Harms und bisher auch in Gemeinschaft
mit ihm selbst meinen, den "alten Glauben" verteidigen zu müssen,
noch auch wünscht er, seinen Berliner Lehrer und sich selbst von
holsteinischen Rationalisten vereinnahmt zu sehen. Die von ihm an-
gestrebte Konfliktlösung besteht darin, daß Schleiermacher coram
publico eine Ehrenerklärung für Harms abgeben und damit auch Twestens Position "zwischen den Fronten" legitimieren soll. Ganz in
diesem Sinne erfolgt die briefliche Beteuerung,

> "daß auch mir Harms, so böse ich bisweilen auf ihn bin, im
> ganzen doch noch immer lieb und werth bleibt; daß ich be-
> dauere, ihn oft auf so falschem Wege zu erblicken, daß
> aber doch das Gute und Achtungswerthe an ihm das Schlim-
> me in meinen Augen bei weitem überwiegt [...]."[194]

Twesten versucht also, zwischen Kiel und Berlin zu vermitteln.
Diesem Zweck soll offenbar auch das nicht zur Ausführung gelangte
Vorhaben dienen, sich in den "Kieler Blättern" zum Thesenstreit zu
äußern[195]. So heißt es in dem erhaltenen Manuskript der Vorarbeiten
zu diesem Aufsatz etwa:

> "Der Hauptgrund, weshalb Schleier[macher] schrieb, war weil
> Harms in einigen seiner Thesen so unbesonnen gegen die
> Kirchenvereinigung losfuhr, ihn allein würde S. schwerlich
> berücksichtigt haben allein da Am[mon] auch darauf einging,
> war das bedeutender und S. machte sich auf zu vertheidigen
> was ihm so sehr am Herzen liegt."[196]

Twestens Vermittlungsbemühungen ist zwar zunächst kein Erfolg
beschieden gewesen, doch darf sein Einfluß sowohl auf Harms als
auch auf Schleiermacher nicht zu gering veranschlagt werden. Auf-

---

[194] Vgl. ebenda
[195] Vgl. die Ankündigung des Vorhabens im Brief an Schleiermacher,
6.4.1818 (Heinrici 316); Schleiermachers Wunsch, dies möge das
"Schlußwort" des Thesenstreits sein (an Twesten 11.7.; 319); die
Aufgabe des Plans wegen des "unangenehmen Eindrucks" der
"Verständigungsbriefe" (an Schleiermacher 19.7.; 327).
[196] Nachlaß Twesten in der LB Kiel, Cb 55.33:3 "[Zum Harms'schen
Thesenstreit]", Bl.5r; abgedruckt unten im Anhang 7.2

fällig ist die Übereinstimmung zwischen ihm und Schleiermacher hinsichtlich der Beurteilung Harms', die auch im Verlauf des Thesenstreits keine wesentliche Modifikation erfährt: Beide betonen ihre
trotz aller Einschränkungen bestehende Wertschätzung seiner Person
und seines kirchlichen Wirkens. Wieweit sie sich in dieser Sichtweise
gegenseitig beeinflußt haben, läßt sich nicht definitiv abmachen, da
in der überlieferten Korrespondenz beider vor 1818 Hinweise auf
Harms fehlen. Ein entsprechender Informationsfluß auf dem Wege
über nach Berlin wechselnde Theologiestudenten ist zwar nicht aus-
zuschließen, aber wenig wahrscheinlich, da Harms ja erst seit Ende
1816 seinen Einfluß in Kiel hat geltend machen können. Das von enger Zusammenarbeit zeugende Bonmot "Twesten bekehrt seine Zuhörer und Harms tauft sie alsdann"[197] entstammt späteren Umständen.

Da Twesten also nachweislich nur während der Kontroverse mit
Schleiermacher über Harms korrespondiert hat, muß die Frage offen-
bleiben, ob und wieweit er für das 1818 schon bestehende Harmsbild
seines Lehrers verantwortlich zeichnet. Sollte bei Schleiermachers
Kielbesuch 1816 die Rede auch auf die bereits erfolgte Wahl Harms'
zum Archidiakonus gekommen sein, für die Twesten sich eingesetzt
hatte[198], so ist davon nichts Inhaltliches bekannt. Zu diesem Zeitpunkt hat offenbar noch keine persönliche Bekanntschaft Twestens
mit Harms bestanden; die erste Schilderung des neuen Predigers, die
an den Freund Christian August Brandis (1790–1867) gerichtet ist,
spart dann nicht mit Kritik.[199] Immerhin scheint Schleiermacher

---

[197] Zit. n. Harms: Lebensbeschreibung 128
[198] Zu Schleiermachers Kielaufenthalt und zur Wahl Harms' s.o. Anm.
10; zu Twestens Beteiligung an letzterer vgl. Heinrici 303 und
den bislang unveröffentlichten Brief Harms' an ihn vom 4.2.1816
(Nachlaß Twesten, LB Kiel, Cb 55.56, unten im Anhang 7.3)
[199] Vgl.Brief vom 20.4.1817, wo Twesten zwar den "herrlichen Geist"
und das "ungemeine Talent" in Harms' Postillen und Predigten
rühmt, dann aber fortfährt: "Leider scheint er mir aber eine gewisse Eitelkeit zu haben, [...] die aber durch die [...] Vergötte-
rung, die ihm [...] besonders von Frauenzimmern gezollt wird,
nur zu sehr genährt wird; dazu gesellt sich ein hierarchischer
Geist, der den [...] Kleriker [...] zu einer Art Propheten, ja
Christus im Kleinen erhebt [...]; was aber das schlimmste ist, so
hat ihm [...] das Positive kaum eine größere Dignität, als die ei-

doch einigermaßen über den engen Kontakt beider Kieler im Bilde zu sein, wenn er in der besorgten Anfrage vom 19. März 1818 von Twesten Auskunft über Harms' Reaktion auf sein Eingreifen in den Thesenstreit erwartet.

Zu dessen ausführlichen Bericht vom 19. Juli 1818 indes hat Schleiermacher nur kurz Stellung genommen. Unter dem 12. August 1818 billigt er das Zurückhalten seiner Einlage an Harms, da es in der Tat darauf ankomme, "den Mann vor sich zu haben"; der Lübecker Prediger Johannes Geibel (1776-1853), der ihn gerade besucht und der Harms zu kennen scheint, urteile in dieser Frage wie Twesten.²⁰⁰ Es bestehe allerdings eine gewisse Gefahr, daß Harms von der Existenz der Zeilen erfahre, da er, Schleiermacher, sie "ein paarmal gelegentlich" Dritten gegenüber erwähnt habe.²⁰¹ Twestens Wunsch nach einer öffentlichen Stellungnahme zugunsten Harms' weist er ab:

> "Mich über Harms und die Thesen noch einmal zu erklären, finde ich unter den gegenwärtigen Umständen gar nicht nöthig. Was ich zu Harms' Lobe gesagt, ist ja so vollkommen ernsthaft und klar, daß es hieße mir selbst nicht trauen, wenn ich es noch einmal wiederholte. Und wie wenig ich

---

ner kräftigen in die Wirklichkeit getretenen Form, der er [...] glaubt treu bleiben zu müssen, ohne jedoch dem Rechte, auch das seine hinzuthun, zu entsagen. [...] Mir ist es schmerzlich gewesen, [...] hier wieder auf eine jener Gestalten zu stoßen, die einen wohl eher irre machen könnten [...]." (Heinrici 306) - Auch Brief vom 10.10.1817 (zum Wunsch nach christlicher Erneuerung): "Aber die Männer, die jetzt in einem solchen Sinn das Wort führen, sind zum Theil so einseitige (wie Kleuker und [...] Neander) zum Theil so noch mit sich selbst uneinige und zweideutige (wie Marheineke und selbst auch unser lieber Harms) [...]." (302)

²⁰⁰ Heinrici 334-336, wo die Geibel betreffenden Passagen fehlen; nach dem Original (Stadt- und Landesbibliothek Dortmund, Handschriftenabteilung Nr.13554) lautet die erste Auslassung (334): "Geibel denkt übrigens völlig eben so wie Sie." (Bl.1r); Bl.2r wird Geibels Besuch erwähnt und Bl.2v heißt es nach Inaussichtnahme der Zustellung des Briefes durch ihn: "Geibels Bekanntschaft habe ich erst jezt gemacht (denn in Lübeck war ich zu elend) und er ist mir ein sehr lieber Freund geworden." (vgl. Heinrici 335)

²⁰¹ Vgl. Heinrici 334. Dazu Twesten, 25.9.1818: er werde Harms "im schlimmsten Falle [...] geradezu sagen, daß und warum" er die Einlage "nicht habe übergeben wollen", da dieser "gewohnt" sei, "daß ich ihm meine Meinung gerade und aufrichtig sage." (338)

seinen Gegnern angehöre, wird sich wohl noch bei manchen Gelegenheiten zeigen."[202]

Diese Aussage stellt gleichsam das Schlußwort zur Kontroverse dar, denn in Schleiermachers weiterer bekannter Korrespondenz bis 1830 sind weder Harms noch "Thesen" noch Thesenstreit mehr Gegenstand eigener Erörterungen.[203] Bedeutsam ist, daß Schleiermacher mit solchem Nachdruck die Ernsthaftigkeit seiner positiven Äußerungen über Harms betont. Sie sind nicht, wie offenbar von Harms selbst vermutet, lediglich Ausdruck der taktischen Absicht, den Kieler auf seine Seite zu ziehen und so von Ammon zu trennen, sondern entspringen unverstellter ehrlicher Überzeugung. Woher dieses Harmsbild rührt, ob aus – möglicherweise rudimentärer – Kenntnis der Postillen und Katechismen oder aus Berichten Dritter, bleibt dabei im Dunkeln.

Die Verweigerung weiterer öffentlicher Stellungnahmen zum Thema folgt konsequent der von vornherein bestehenden Intention, sich nicht in den Thesenstreit verwickeln zu lassen. Schleiermachers ohnehin mäßiges Interesse an dem überwiegend regional geprägten Konflikt ist vollends erlahmt, und da seinem nachhaltigen Bemühen um Harms der Erfolg verwehrt bleibt, ist für ihn die Angelegenheit auch in dieser Hinsicht beendet. Weder gilt es, die Aussagen über Harms öffentlich zu modifizieren noch auch die an den "Thesen" geübte Kritik zu revidieren.

Interessant ist Schleiermachers Ausblick auf die Zukunft, der ein doch recht weitgehendes Vertrauen auf die gleiche Ausrichtung des theologischen und kirchlichen Wollens verrät, wenngleich auch hier in der Rede von sich eröffnenden "Gelegenheiten" offen bleibt, worin konkret die inhaltlichen Konvergenzen bestehen. Schleiermacher ist

---

[202] Heinrici 335
[203] Nur im Brief an Twesten vom 14.3.1819 taucht Harms am Rande auf: "Aber denken Sie, daß [der nach Bonn berufene Kieler Philologe] Heinrichs [!], von Harms lutherisirt, den guten Delbrück verführt hat, und daß diese beiden förmlich dagegen protestirt haben, man solle die protestantische Gemeinde in Bonn nicht als eine evangelische einrichten, sie möchten die neue Religion nicht." (Heinrici 343; zum Fall vgl. Brief an Sack vom Sommer 1819, Briefwechsel mit einem Freund 14). Vgl. auch Twestens Antwort vom 20.7.1819 (s. o. Kap. 3.2, Anm.166)

sich bewußt, daß der Eindruck hat entstehen können, als sei er zu
Harms' Gegnern zu rechnen, doch er hält dies für ein vorübergehen-
des, auf den Thesenstreit begrenztes Phänomen. Getrennt weiß er
sich vom Lager jener "flachen Rationalisten"[204], deren "Erbärmlichkeit" Twesten ihm so eindringlich geschildert hat; in der "Ammonschen Geschichte", wie er die Kontroverse bezeichnenderweise gegenüber Gaß nennt, hätten "die Schlechten ihn zu den Ihrigen" ge-
zählt[205].

Insgesamt ist bemerkenswert, mit welcher Konstanz Schleiermacher
im Thesenstreit bei dem einmal über Harms gefaßten Urteil beharrt.
Auch angesichts der "Verständigungsbriefe" und namentlich des offenen Briefs an ihn rückt er nicht von seiner persönlichen und sachlichen Wertschätzung Harms' ab, die freilich durchaus nicht unkritisch
ist. Wenn in dieser Haltung überhaupt Modifikationen eintreten, dann
schlagen sie sich vielleicht im Schweigen der weiteren Korrespondenz
über die Person des Kielers nieder.

Von vornherein zeigt sich ein deutliches Gefälle zwischen Professor und Archidiakon. Dies gilt nicht nur hinsichtlich der Bewertung
der polemischen Schriften des Kielers, sondern etwa auch bezüglich
der Einschätzung Ammons, den Schleiermacher als überlegener Analy-
tiker sogleich als "Schlechten" kennzeichnet, während Harms erst
nach längerer Zeit die eigene Differenz zu ihm erkennen kann. Wenn
schließlich beide darin einig sind, daß sie dessen "rationalen Supranaturalismus" für theologisch unzulänglich halten, dann aus ganz unterschiedlichen Gründen. Harms wird geleitet von einem grundlegenden emotionalen Antirationalismus, der das eigene Anliegen zunehmend nur im Rückgriff auf orthodoxe Terminologie und Inhalte for-
mulieren kann; dagegen könnte Schleiermachers Position vielleicht

---

[204] S. o. Anm.170
[205] Vgl. Brief vom 10.1.1819 im Vergleich mit Steffens' Auseinandersetzung mit dem Turnwesen (Briefwechsel mit Gaß 168; dazu Gaß
an Schleiermacher, 1.1.1819, a.a.O. 162-164). – Auf Gaß' Bemerkung zu "Verständigung": "über des H. Brief an Dich und des gewiß gutmütigen Mannes Empfindlichkeit habe ich lächeln müssen. Was er diesem Briefe angehängt hat, sind fruchtlose Klagen,
schon ad nauseam gehört, und helfen nichts." (Brief Juli/August
1818, a.a.O. 153) hat Schleiermacher nicht explizit reagiert.

als die eines "höheren Antirationalismus" gekennzeichnet werden, der die im theologischen Rationalismus bewahrten kritischen Impulse der Aufklärung in ein neu zu schaffendes System integrieren will und nur dort protestiert, wo die moderne Theologie zu verflachen droht, d. h. sich vereinseitigt.

Es ist ja überhaupt Schleiermachers theologisches Grundanliegen, jeder Einseitigkeit des Systems, sei es in orthodoxer oder in rationalistischer Ausprägung, zu wehren und die ganze Kräftigkeit des christlichen Glaubens unter neuzeitlich-aufgeklärten Prämissen zu wahren. Von daher kann er Harms' Angehen gegen einen extremen Rationalismus eine gewisse Berechtigung beimessen, sieht aber zugleich die viel größere Gefahr des Sich-Festsetzens in der extrem orthodoxen Gegenposition.

Dies zu verhindern und die dem eigenen theologischen Anliegen gleichgerichteten Impulse bei Harms zu verstärken ist er bestrebt, muß aber mindestens für die Zeit des Thesenstreits den Mißerfolg dieses Bemühens hinnehmen, da Harms sich mangels eigener systematischer Kraft nicht zu einer Einseitigkeiten vermeidenden Neufassung christlicher Tradition erheben kann und die ihm dazu vom einst hoch verehrten Lehrer angebotene Hilfestellung verschmäht. Zu einer inhaltlich fruchtbaren und weiterführenden Kommunikation ist es bei dieser Gelegenheit des direkten Kontakts nicht gekommen, weil Harms trotz der interpretatorischen Hinweise Schleiermachers die Schrift "An Ammon" nur als beleidigenden Angriff auf sich hat werten können und sich nun in Abwendung von seinem "Meister" verstärkt der immer schon vorhandenen Tendenz zu orthodoxer Einseitigkeit hingibt.

3.4 "Jünger" und "Meister"

Harms' erste Reaktion auf Schleiermachers Eingreifen in den Thesenstreit, der seinen "Verständigungsbriefen" vorangestellte "namhafte
Brief"[1], ist genuiner Ausdruck des besonderen Verhältnisses zum Autor der Reden "Über die Religion". Die Lektüre der Schrift "An Ammon" geschieht ja unter der Prämisse des "Stoßes zu einer ewigen
Bewegung"; der in ihr ausgesprochene Tadel mußte Harms, wie Twesten berichtet[2], um so härter treffen, je mehr er den Urheber des
Umschwungs seiner frühen theologischen Entwicklung schätzte. Der
hier bestehende Zusammenhang erhellt nicht nur aus der Tatsache,
daß er dem Berliner Theologen eigens ein gesondertes Kapitel der
ersten "Thesenschrift" widmet, was ja bloßer Reflex auf dessen Prominenz sein könnte, sondern vor allem aus der zu keinem Zeitpunkt
sonst erreichten Eindeutigkeit des Bekenntnisses zur Schülerschaft
Schleiermachers.

Nachdem in den erhaltenen Selbstzeugnissen seit dem Brief an
Oertling vom 1. Mai 1804[3] vom Einfluß Schleiermachers explizit
nicht mehr die Rede gewesen ist, dürfte nicht zuletzt der seit 1816
bestehende enge Kontakt zum ausgewiesenen Schleiermacher-Schüler
Twesten Harms veranlaßt haben, sich der Wirkung der Redenlektüre
wieder stärker bewußt zu werden. Dieser Effekt ist durch die persönliche Zuwendung Schleiermachers in seinem Begleitschreiben zur
Schrift "An Ammon" gewiß noch intensiviert worden.

Es tritt daher eine dramatische Wende in Harms' theologischem
Selbstverständnis ein, nun er sich nicht mehr im Einklang wissen
kann mit dem, dessen theologischem Erstlingswerk er zentrale Motive
der eigenen theologischen Entwicklung verdankt, nämlich die in den
"Thesen" vorläufig gipfelnde Abkehr von rationalistischer Theologie

---

[1] Im folgenden zit. n. Schriften 1, 230-234
[2] Vgl. Brief an Schleiermacher, 6.4.1818 (s. o. Kap. 3.3, Anm.175)
[3] S. o. Kap. 2, Anm.28

samt der sie tragenden Vorstellungen der Trennung von Religion und
Moral, des Herzens als religiösem Organ und des romantisch über-
höhten Kirchen- und Amtsverständnisses. Harms reagiert darauf zunächst nach Manier eines wegen ungerechtfertigter Maßregelung ge-
kränkten Schülers und verharrt mindestens während des Thesenstreits in dieser Haltung. Im Laufe der Zeit jedoch verliert sich,
sicher auch unter dem Einfluß Twestens, das Gefühl der Verstimmung
und weicht einer ruhigeren Betrachtung, die am Ende die Dankbarkeit für Schleiermachers Verdienste um die eigene Person öffentlich
in den Vordergrund rückt.

Zunächst jedoch überwiegt der Eindruck der erlittenen Kränkung
und verschafft sich in dem offenen Brief an Schleiermacher mit starken Worten Luft. Das Dokument stellt trotz der darin vorherrschenden Dissonanz ein entscheidendes Selbstzeugnis für Harms' persönliches Verhältnis zum "Kirchenvater des 19. Jahrhunderts" dar. Er thematisiert diesen Sachverhalt gleich anfangs, indem er die von ihm
gewählte "kahle und kalte" Anrede Schleiermachers mit "Herr Doctor"
als solche explizit kennzeichnet und rechtfertigt.[4]

Zwar hätte er "früher" eine "bessere" gewählt, doch erschienen
Höflichkeitsformeln wie "Verehrtester", "Theuerster" oder "Vereh-
rungswürdiger" ihm wegen ihres ironischen Gebrauchs gegenüber Ammon[5] als unangemessen. Unter den gegebenen Umständen würde er
den Vokativ "Ὦ δαιμόνιε" passend finden, wenn dafür nicht, wie er
vielleicht unter Anspielung auf Schleiermachers Platoübertragung
meint, bereits eine "schon bekannte Übersetzung" vorläge.[6] Neben
polemischer Stilkritik will Harms mit dieser umständlichen Erörterung

---

[4] Vgl. Namhafter Brief 230
[5] Vgl. An Ammon 4.5.14 u. passim (SW I/5,330.331.339)
[6] Vgl. Namhafter Brief 230. Harms hat Schleiermachers Plato-Über-
setzung benutzt (Vernunftreligion 325f). Die zeitlich in Frage kommenden Übersetzungen des Vokativs sind einerseits freundliche An-
reden (Phaidros 235c: "du Theurer", ed. Schleiermacher Bd 1/1,
Berlin 1804, 96; Neuausgabe Bd 5, Darmstadt 1983, 30; Politikos
277c: "Bester", Bd 2/2, Berlin 1807, 293; Bd 6, 1970, 470); andererseits kommt in Gorgias 517b ("O Wunderlicher", Bd 2/1, Berlin
1805, 150; Bd 2, 1973, 476) und Theaitetos 180b ("du Wunderlicher",
Bd 2/1,261; Bd 6, 470) der ambivalente Charakter des griechischen
Wortes, auf den Harms vermutlich anspielt, deutlich zum Tragen.

von Formfragen ausdrücken, daß seine Sicht Schleiermachers bislang
eine durchaus positive gewesen ist und er auch in der gegenwärtigen
Konfliktsituation noch eine gewisse von ihm ausgehende, freilich
eher ambivalente Faszination verspürt.

Die Tatsache, daß er Schleiermachers freundliches Privatschreiben
coram publico beantwortet, bedarf in Harms' Augen keiner Entschuldigung, da der negative Eindruck der Schrift "An Ammon" bei ihm so
sehr überwiegt, daß er den beigefügten Brief als "in manchem Widerspruch" dazu stehend bewertet. Damit ist Schleiermachers Versuch,
der Konfrontation die Schärfe zu nehmen, vollständig mißlungen. Zu
groß ist die empfundene Demütigung; Harms legt soviel Persönlichkeit
in die Affäre, daß er es als mit seinem "Ehrgefühl" für unvereinbar
erklärt, durchgehen zu lassen, "wenn jemand mich öffentlich verhöhnt und privatim durch treuherzig gesprochenes Lob sich wieder,
wie er's meint, mit mir versöhnt." Auf diese Weise kehrt der in "An
Ammon" und in der "Zugabe" erhobene Vorwurf inhaltlicher Diskrepanz zwischen privater Korrespondenz und Publikation wieder, denn
indem Harms ihn nun gegen Schleiermacher wendet und ihn seinerseits der Unaufrichtigkeit bezichtigt, bedient er sich eines wichtigen
Motivs der Polemik gegen den Oberhofprediger.[7]

Solchen argumentativen Schroffheiten läßt Harms indessen sein
schon zitiertes eindrückliches Bekenntnis zur Schülerschaft Schleiermachers folgen, das von tiefer emotionaler Betroffenheit zeugt.[8] Es
ist gewiß mehr als Rhetorik, wenn er voll "dankbaren Erkenntnisses"
sowohl die Bedeutung der "geistvollen Schriften" Schleiermachers –
also nicht allein der "Reden" – für den eigenen bisherigen Werdegang
würdigt, als auch noch angesichts der Auseinandersetzung zukünftige
und unverbrüchliche Anhängerschaft gelobt. Wie hochgradig das Verhältnis zum Autor der "Reden" emotional besetzt ist, verrät insbesondere die Wahl des Bildes von Jünger und Lehrer.

Harms treibt die Emotionalisierung gar bis zur Projektion, Schleiermacher habe womöglich um diese seine "Gesinnung" gegen ihn ge-

---

[7] Vgl. Namhafter Brief 230; Schleiermacher: An Ammon 3.41–43. Zugabe 17f (SW I/5,329.363f.420f)
[8] S. o. Kap. 2, Anm.6

wußt und deshalb mit so großer Sicherheit den Finger auf eben den empfindlichen Punkt gelegt, um die größtmögliche Wirkung zu erzielen. Tatsächlich sieht der Kieler Archidiakon sich "vor einem großen Publikum" und aus "in verdrießlicher Stunde" gefaßter Laune heraus schulmeisterlich behandelt. In seiner Darstellung erscheint Schleiermachers Verhalten als schwerwiegender Treuebruch gegen die aufrechte Zuneigung eines Anhängers.

Besonders diejenigen Formulierungen in der Streitschrift gegen Ammon, mit denen Schleiermacher seine Wertschätzung der Person Harms' sogleich wieder relativiert, sein "Tadel" also und seine "Bangigkeit" darum, wie der "liebe Mann" die Thesensache bewältigen werde, sind es, die den Kieler empfindlich verletzt haben. Das "Bild", das Harms dabei benutzt, um Schleiermachers Handlungsweise zu charakterisieren, ist beredtes Zeugnis seiner Gefühle:

> "So tut ein Schulmeister, der bei Gelegenheit, da er doch
> einmal im Strafen begriffen ist, einem anderen Schüler, der
> auch nicht ganz rein vor seinen Augen erfunden, zugleich
> einige Hiebe abgibt und dabei die Worte herablächelt: Da
> siehst du doch, wer ich bin und wer du bist."[9]

Eine solche Behandlung von oben herab ist Harms deswegen unerträglich, weil sich sein Selbstwertgefühl wesentlich aus seiner Amtsführung, aber auch aus seinem fortgeschrittenen Alter nährt. Seine äußerlich gefestigte Position als erfolgreicher Kanzelredner und Geistlicher der Universitätsstadt seines Heimatlandes verleiht ihm "zumal während des Thesenstreits" den nötigen Rückhalt. Um so mehr berührt es ihn, daß Schleiermacher ihn gerade an dieser "Stelle [...] getroffen" hat, die er in der ihn gewiß schwer belastenden Konfrontation "für die gesichertste hielt".[10]

Auch Schleiermachers eher beiläufig als Beleg für das seit jeher an Harms Tadelnswürdige vorgebrachte Kritik an "Predigten ohne Bibeltext" hat ihre Wirkung nicht verfehlt. In Verbindung mit dem ausgesprochenen Lob der Reformationspredigten fügt sie sich freilich auch gut in Harms' Deutungsmuster der Inkongruenz zwischen Druckschrift

---

9   Vgl. Namhafter Brief 230f; Zitat 231. Schleiermacher: An Ammon
    4 (SW I/5,330)
10 Vgl. Namhafter Brief 231

und Privatbrief. Selbstbewußt lehnt er es ab, sich für die gelegentliche Herausgabe von Predigten ohne Textangabe zu rechtfertigen, da selbst diese möglicherweise "nicht einmal ohne Text" gehalten worden seien und er es im übrigen für ausreichend ansieht, wenn sie "nur überhaupt biblisch" seien, eine "Eigenschaft", an der Schleiermachers Predigten ihm "beiläufig [...] einen Mangel zu haben scheinen".

So wird der implizite Vorwurf mangelnder Rechtgläubigkeit mit einigem Geschick auf den Urheber zurückgewendet. Das hier erstmals auftretende Motiv der Kritik an Schleiermachers Predigtweise erhält seine Bedeutung für das Verhältnis beider Theologen zueinander daraus, daß es später in der "Lebensbeschreibung" dazu dient, die Rolle Schleiermachers im eigenen theologischen Werdegang auf das singuläre Erweckungserlebnis bei der Lektüre der "Reden" zu reduzieren.[11] Es speist sich von Harms' Seite vielleicht auch aus der unterschwellig empfundenen Konkurrenzsituation zweier in hohem Maße erfolgreicher Kanzelredner.

Eine eigene Problematik des Schleiermacherschen Tadels an Harms' "Predigten ohne Bibeltext" liegt in dem Bemerken, er "als geistlicher Obere" würde sie "gewiß nicht dulden"[12]. Nicht nur, daß Harms' Empfindung, von oben herab behandelt zu werden, hier einen realen Anhaltspunkt hat; weit schwerer wiegt der, Schleiermacher freilich zur Abfassungszeit seiner Schrift unbekannte, Tatbestand der Konfiskation der Reformationspredigtkonzepte des Kielers durch dessen tatsächliche "geistliche Obere", aus dem sich dann das behördliche Verfahren in der Thesensache entwickelte, von dessen Bevorstehen er bei Niederschrift der "Verständigungsbriefe" bereits informiert gewesen ist.[13]

Auf diesem Hintergrund ist sowohl Harms' Hinweis, seine Vorgesetzten hätten ihm hinsichtlich der Schriftgemäßheit seiner Predigten "zum wenigsten keinen Tadel zu erkennen gegeben", als auch seine empörte Reaktion auf diesen polemischen Einfall Schleiermachers zu

---

[11] S. dazu o. Kap. 2, Anm.15-17
[12] Vgl. An Ammon 4 (dazu o. Kap. 3.3, Anm.24f)
[13] Zum behördlichen Verfahren s. o. Kap. 3.1, Anm.15f. 3.3, Anm.192

verstehen, der angesichts des schwebenden Verfahrens geradezu als
Aufforderung an die Behörden zum Einschreiten gelesen werden
kann. Nicht ganz zu Unrecht hält er dem reformierten Prediger entgegen, daß man sich solcher Ausdrucksweise, "mit dieser Superiorität,
wenn man sie hat", wohl kaum bedienen würde; im vorliegenden Falle
aber, wo ein Abhängigkeitsverhältnis in der Tat nicht vorliegt, gebe
Schleiermacher sich damit "dem Verdacht des Stolzes und eines lä-
cherlichen Stolzes hin."[14]

Hier hat Schleiermacher eine Angriffsfläche geboten, die Harms
sogleich ausnutzt, um die Unionspolemik der "Thesen" fortzusetzen.
Er wirft die Frage auf, ob der Berliner Prediger sich etwa durch
seine "größere Aufmerksamkeit, als von lutherischen Oberen selbst
bewiesen wird", der lutherischen Kirche als Leitungspersönlichkeit
andienen wolle und bringt die Angelegenheit vor das Forum seines
Konstrukts der lutherischen Kirche: Sie nämlich werde sich fragen,
ob "die Vereinigung der beiden protestantischen Kirchen schon so
weit gediehen" sei, daß ein Reformierter ein solches Amt in ihr erhalten könne. Über diese "Befürchtung" jedoch vermag er, Harms, sie
mit dem Hinweis auf einen nicht zur Ausführung gekommenen Vorschlag zur Unionsbildung aus dem Jahre 1703 zu "beruhigen". Als Pa-
radigma des weiteren Fortgangs des "jetzt in einigem Umfange bereits gelungenen Versuch[s]" in Preußen könne der angeführte historische Vorgang deshalb gelten, weil damals der Ausgangspunkt ebenfalls bei den "Kirchen-Zeremonien" genommen worden sei.[15]

Solcher Versuch, die Notwendigkeit des Scheiterns der preußischen
Union dadurch zu erhärten, daß das von der Berliner Synode gerade
auch wegen der Erfolglosigkeit früherer auf Lehrkonsensbildung fu-
ßender Unionsversuche gewählte pragmatische Verfahren sich historisch als undurchführbar erwiesen habe, vermag freilich schon deshalb nicht zu überzeugen, weil aus Harms' Anführung nur zu entnehmen ist, der damalige Vorschlag sei von Rechenberg inhaltlich wider-

---

[14] Vgl. Namhafter Brief 231. H.Mulert nennt Schleiermachers "Stelle
      vom Geistlichen Oberen unbedacht" (Schleiermacher und Harms 571).
[15] Vgl. Namhafter Brief 231f

legt worden, nicht aber, ob damit überhaupt ein ernstzunehmendes Unionsvorhaben verbunden war.[16]

Als sei ihm die Schwäche seiner Beweisführung bewußt, nimmt Harms gleich darauf Schleiermacher wieder direkt an, indem er die persönliche noch enger mit der Polemik gegen die Union verknüpft:

> "Beides, der Zeit nach durch Ihr Gutachten von 1804 und Ihrem jetzigen Range nach, sind Sie einer der ersten Lehrer der neuen, wie sie genennet wird, evangelischen Kirche, aber am Glauben, mittelst dessen Macht Kirchen gebaut, gefüllt und geherrlicht werden, an diesem, wie anerkannt groß und vielbegabt Sie in manchem anderem Betrachte sind, am Glauben gerade scheinen Sie mir und vielen anderen noch mehr einigen Mangel zu leiden."[17]

Das Grundschema der Thesenpolemik – Glaube gegen Vernunft – läßt sich also seiner Allgemeinheit wegen auch auf Schleiermachers Engagement für die Union applizieren, da er die Sache "mit den Fingerspitzen der Vernunft" statt "mit der vollen Hand des Glaubens" angreife. In die gegnerische Phalanx der vernunftdominierten Theologen gerät Schleiermacher aufgrund seiner "Unvorgreiflichen Gutachten", was insofern überrascht, als besonders die Kirchenreformvorschläge des zweiten Gutachtens in manchem mit Harms' Erneuerungsbestrebungen konvergieren[18], so daß eigentlich diese Schrift vom Inhalt her gerade zu den "geistvollen Schriften" zählen könnte, derer er so dankbar gedenkt.

Der doch 1817 gewissermaßen zur Ausführung gelangte Vorschlag des ersten Gutachtens zur Vereinigung der beiden protestantischen Kirchen in Preußen[19] wird gar nicht eigens diskutiert, sondern dar-

---

16 Vgl. Namhafter Brief 232; Schleiermacher: Amtliche Erklärung 9f. An Ammon 47ff, bes. 51 (SW I/5,301f.368ff.371)
17 Namhafter Brief 232f
18 Dies gilt z. B. für die Ausführungen zum Kirchengesang ("Über die Mittel, dem Verfall der Religion vorzubeugen", in: Kleine Schriften und Predigten Bd 2, ed. H. Gerdes, Berlin 1969, 71–76), wo in Abgrenzung zum aufklärerischen "Sittenlied" (72) für "eine religiöse Poesie [...], die eine bleibende und kräftige Wirkung auf das Herz bei empfänglichen Menschen nicht verfehlt" (73), plädiert wird, sowie für die geforderte Abkehr von der einseitigen Moralpredigt (76–78). Wichtiger als manche Detailübereinstimmungen ist die beiden Theologen gemeinsame Grundüberzeugung, es sei ihre konkrete Aufgabe, "dem Verfall der Religion vorzubeugen".
19 Vgl. "Von der schicklichen und ausführbaren Art der Vereini-

auf lediglich angespielt mit dem Bemerken, Schleiermacher habe sich
damit frühzeitig als eines der geistigen Häupter der "neuen Kirche"
zu erkennen gegeben. Stattdessen liefert Harms für den schweren
Vorwurf des Glaubensmangels "nur einen kleinen Beleg" aus einer
schon durch ihren Charakter als Anmerkung und die vorsichtige Art
der Diktion minder gewichtigen Stelle am Ende der Gottesdienstre-
formvorschläge des zweiten Gutachtens, wo Schleiermacher die Ansicht vertritt, man solle "Menschen, die nicht religiös werden wollen", nicht zwingen, nach ihrer Konfirmation "in heuchlerischer Weise" am Abendmahl teilzunehmen, sondern sie ungeachtet der Nichtzu-
gehörigkeit zum kommunizierenden "näheren Bund der Christen" dennoch "in jeder bürgerlichen Hinsicht" als Christen ansehen.[20]

Dieser liberale Vorschlag, der religiösen Freidenkern die Bürger-
rechte sichern würde, ist für Harms nur aus Schleiermachers "Man-
gelhaftigkeit [des] Glaubens und aus einer glaubenswidrigen Überge-
walt [seiner] anderen Geisteskräfte" erklärlich, da er "auf eine Kirche mit dem Abendmahl und auf eine Kirche ohne das Abendmahl"
hinauslaufe.[21] Es ist nicht ersichtlich, welcher Bezug zur Union hier
bestehen soll, doch für Harms ist diese vereinzelte Äußerung Grund
genug, von der "neuen Kirche [...] noch neue Dinge" zu erwarten für
den Zeitpunkt, da sie ein "eigenthümliches Glaubensbekenntnis" erhalten haben werde. Dann nämlich werde die Union noch "auf andere
Art gefährlich" werden als durch ihren faktisch bestehenden "dogmatischen Indifferentismus". Im übrigen will Harms diese Sicht der Berliner Vorgänge, die ganz im Gefolge der Ammonschen bleibt, nicht
als "Sekten-", sondern als "Kirchengeist" verstanden wissen.[22]

Was er hier als Unionskritik vorträgt, ist in der Argumentation zu
undurchsichtig und zu sehr mit persönlichen Invektiven gegen Schleiermacher versetzt, als daß sich daraus eine theologisch begründete
Stellungnahme erkennen ließe wie etwa die, nur über Lehrkonsensbildung sei die Vereinigung möglich. Eindeutig ist nur die Ablehnung,

---

gung", ed. Gerdes 43–62, bes. 47f
[20]   Vgl. 2. Gutachten, ed. Gerdes 94
[21]   Vgl. Namhafter Brief 233
[22]   Vgl. ebenda

doch wenn Harms den Weg zur Union über die Abendmahlsgemeinschaft verwirft, da er einseitig vernunftbestimmt sei und stattdessen
ein glaubensbestimmtes Verfahren verlangt, dann impliziert dies doch
die Möglichkeit einer auch von ihm gebilligten Vereinigung, was wiederum dem vehement verfochtenen Alleinvertretungsanspruch der lutherischen Kirche widerstreitet.

Mehr als die Union selbst scheint ihn sein individuell geprägter
Konfessionalismus zu bewegen, wie aus den wieder direkt an Schleiermacher gerichteten Schlußbemerkungen des "Namhaften Briefes"
hervorgeht. Als Grund "vor allen", weshalb beider persönliches Verhältnis nunmehr "sehr gestöret" sei, nennt er seinem Gegner,

> "daß Sie in Ihrer Schrift wider Herrn Dr. Ammon so laut
> und rein und stark Ihre feste fernere Anhänglichkeit an dem
> Lehrbegriff der reformierten Kirche ausgesprochen und alle,
> die anders von Ihnen dachten in diesem Punkt, die Refor-
> mierten freilich beruhigt, aber die Lutheraner beunruhigt ha-
> ben."[23]

"Schmerz" empfinde er darüber, nun aus Berlin zurückkehrende
junge Theologen "mit voriger Freude und Hoffnung nicht begrüßen"
und die Studienempfehlung "Geht zu Schleiermacher" nicht mehr "mit
voriger Zuversicht" aussprechen zu können.

In diesen Worten liegt die versteckte Drohung, den eigenen Einfluß
auf Kieler Theologiestudenten nicht länger zugunsten Schleiermachers
geltend zu machen. Gewiß darf Harms' bis 1818 tatsächlich bestehende Einwirkungsmöglichkeit auf die nachwachsende Theologengenera-
tion nicht überschätzt werden, doch es ist glaubhaft und für sein
Verhältnis zu Schleiermacher bedeutsam, daß er entsprechende Emp-
fehlungen ausgesprochen und entsprechende Erwartungen an ein Studium in Berlin geknüpft hat.[24] Gewiß spielt dabei der Wunsch eine

---

23 Vgl. ebenda
24 Vgl. dazu Lebensbeschreibung 128, wo Harms Schleiermacher und
   Neander seinen Dank für ihren Einfluß auf die "Schleswig-Hol-
   steiner" ausspricht. Bemerkenswerterweise steht diese Passage
   am Schluß seiner Bewertung der Resultate des Thesenstreits!
   Ähnlicher Dank (an Neander, mit Nennung von 29 Namen) auch
   im Vorwort zu den Augustana-Predigten 1847 (IVf; s. o. Kap. 2,
   Anm.9). - Vgl. auch Schleiermachers "Einlage" an Harms vom 11.
   7.1818: "Was meine Verhältnisse zur Lutherischen Kirche betrifft,

Rolle, auch andere Theologen in eine der eigenen Entwicklung möglichst nahekommende Richtung zu drängen, wobei das gute Verhältnis
zu Twesten bestätigend gewirkt haben dürfte.

Zudem "weiß" Harms, "welchen Dienst" Schleiermacher "der lutherischen Kirche geleistet" habe durch seine Theologie und wünscht dessen "auch für die Zukunft gewiß" zu sein, doch fürchtet er die aus
der "rückwirkende[n] Kraft" des "offene[n] Bekenntnis[ses]" zum Protestantismus reformierter Prägung erwachsende Neigung zur konfessionellen Einflußnahme. Der Schleiermacherschen Bemerkung, er wolle
sich "immer zu der theologischen Schule der Reformirten halten"[25],
dürfte freilich kaum Bekenntnisrang im Harmsschen Sinne zukommen,
wie denn auch die konstatierte rückwirkende Kraft eines persönlichen Konfessionsaktes weit geeigneter ist, Harms' eigenes verstärktes
Hinneigen zu orthodoxer Einseitigkeit als unmittelbare Wirkung der
Thesenveröffentlichung zu beschreiben, als Schleiermachers faktisches
Desinteresse an einem reformierten Konfessionalismus. Bezeichnenderweise rechnet ja auch Twesten primär diese "Besorgniß dem Einfluß eines Calvinistischen Lehrers auf Lutherische Theologen" gegenüber zu dem, wodurch Harms "unwahr" werde.[26]

Wie immer aber die Bedeutung des konfessionellen Motivs hier zu
werten sein mag, so schwingt doch gerade in diesem Abschnitt deutlich die bisherige Wertschätzung des Berliner Professors mit. Sie
bildet auch den Hintergrund des den "namhaften Brief" abschließenden Wunsches, die nun folgenden eigentlichen "Verständigungsbriefe"
möchten doch Schleiermacher "weniger mißfällig sein und verächtlich,
als die Thesen es leider gewesen sind."[27] Darin mischt sich Enttäuschung darüber, durch die Streitsätze in Gegensatz zum "Meister"
geraten zu sein, mit der freilich unrealistischen Hoffnung, sich durch

---

so werden sie immer dieselben bleiben, die sie immer gewesen
sind, [...] und unsere Holsteinischen Jünglinge mögen Ihnen ferner berichten, wie ich mich darin halte." (Heinrici 325)

[25]   Vgl. An Ammon 17 (SW I/5,341). Ob die schon vom 25.4.1818 datierte Unionspolemik Tittmanns (s. o. Kap. 3.3, Anm.55) Harms
zu seinen "Befürchtungen" inspiriert hat, ist nicht ersichtlich.

[26]   Vgl. Brief an Schleiermacher, 19.7.1818 (s. o. Kap. 3.3, Anm.185f)

[27]   Vgl. Namhafter Brief 234

die neue Schrift die erwünschte Anerkennung der eigenen theologischen Ansicht zu verschaffen.[28]

Die "Verständigungsbriefe" selbst allerdings geben dann keinen Anhaltspunkt, daß der versöhnlich klingenden Schlußbemerkung Rechnung getragen werden soll. Eher beiläufig wird zwar Schleiermachers
Prominenz als Beleg für die Wichtigkeit der "Thesensache" in Anspruch genommen[29], doch in einer längeren Passage wiederholt
Harms seinem fiktiven Korrespondenten gegenüber die aus dem "namhaften Brief" zulänglich bekannte Sicht der Dinge:

> "Schleiermachers Schreiben an Ammon ist schon gelesen, und
> Sie begehren meine Meinung darüber zu wissen. Lieber
> Freund, als ob man über jeden Mann eine Meinung haben
> dürfte, haben könnte! Dagegen als eine Neuigkeit für Sie
> und für Ihren Kreis, welche diesen gewiß höchst interessie-
> ren wird, gebe ich zu wissen: Schleiermacher hat selbst mir
> sein Buch übersandt und daneben an mich geschrieben, in
> welchem Briefe er mir so freundschaftlich auf die Achsel
> klopft, wie er in seiner Schrift mir von seinen Dornen um
> die Schläfe windet."[30]

Diese Aussage schwankt zwischen der angesichts des "namhaften
Briefes" wenig glaubhaften Andeutung, Schleiermacher als Person sei
eigener Erörterung nicht wert, und dem heimlichen Stolz darauf, dem
Publikum eine engere Verbindung mit dem prominenten Gegner offen-
baren zu können. Mit ihr scheint sich für Harms dann das Problem
der Schleiermacherschen Stellungnahme im Thesenstreit erledigt zu
haben.

Interessanterweise jedoch nimmt er in seiner ersten Thesenschrift
noch zwei weitere Male auf Schleiermacher Bezug, indem er Motive
der für sein Denken so bedeutsam gewordenen "Reden" aufgreift. An
der einen Stelle erläutert er die seiner Ansicht nach für den Verfall
der Religiosität verantwortliche, auf die kantischen Postulate redu-
zierte "Religionslehre" der Gegenwart unter expliziter Aufnahme einer Formel der "Apologie": "jetzt" nämlich werde "noch geglaubt [...],

---

28 Schleiermachers Urteil über "Verständigung" o. Kap. 3.3, Anm.173.179
29 Vgl. die dem fiktiven Briefpartner unterlegte kritische Rückfrage
    an einen Gegner: "Sollen Männer von Bedeutung sich daran [scil.
    den "Thesen"] interessieren? Ammon und Schleiermacher geraten
    auf Veranlassung ihrer in Streit!" (Verständigung 248)
30 Verständigung 263f

was Schleiermacher schon vor beinahe zwanzig Jahren eine 'schlanke Religion' nannte [...]."[31]

Neben diesem erneuten Beleg für die einseitig antiaufklärerisch ausgerichtete Rezeption der "Reden" und deren zentrale Bedeutung in Harms' Denken auch ungeachtet der aktuellen persönlichen Verstimmung steht andererseits der freilich nur als Anspielung formulierte bekannte Spinozismus-Vorwurf, der allgemein gegen "unsere Philosophen" ergeht, die statt vom orthodoxen Gottesbegriff "vom Absoluten ausgehen": "Oh nehmt uns mit! Nehmt das Christenvolk mit an den Altar, da ihr den Manen des göttlichen Spinoza opfert."[32] Das abgewandte Zitat aus den "Reden" ist gewiß auch als direkte Spitze gegen dessen Urheber zu verstehen, doch wird ihm ja solcher Heterodoxie ungeachtet das Verdienst der frühen Gegnerschaft zum aufklärerischen Religionsverständnis konzediert. Zwar ist der so entstehende Eindruck insgesamt ambivalent, doch daß und wie Harms in den "Verständigungsbriefen" gerade auf die "Reden" anspielt, zeigt exemplarisch, wie sehr die aus ihrer Lektüre empfangenen Anregungen zum Grundbestand seines theologischen Denkens gehören.

Auch nach der Publikation der "Verständigungsbriefe" bleibt das Problem des Verhältnisses zu Schleiermacher weiterhin präsent, obwohl Harms ja dank Twestens Eingreifen dessen Antwortbrief nicht erhalten hat und von Schleiermachers Seite auf eine Fortsetzung der Kontroverse bewußt verzichtet worden ist. In der Zeit des Thesenstreits, die nach Harms' eigener Aussage "1823 so gut wie völlig vorüber" war[33], finden sich nämlich noch eine ganze Reihe von Zeugnissen, aus denen hervorgeht, daß sein Interesse am Wirken des Berliner Lehrers keineswegs nachgelassen hat. Dies gilt natürlich in besonderem Maße für die im engeren Sinn zum Thesenstreit gehörigen Schriften.

---

[31] Vgl. Verständigung 267; Schleiermacher: Reden 21 (KGA I/2,197,37)
[32] Vgl. Verständigung 275; Reden 54 (KGA I/2,213,26f). In den Zusammenhang Harmsscher Rekurse auf die biographisch so bedeutsamen "Reden" gehört auch der versteckte Hinweis auf das Bekehrungserlebnis (Verständigung 242; s. o. Kap. 2, Anm.10).
[33] Vgl. Lebensbeschreibung 138

So enthält zwar die zeitlich als nächste auf die "Verständigungsbriefe" folgende "Kurze Lebensgeschichte des Archidiakonus Harms in
Kiel. Von ihm selbst mitgetheilt" in der Jenaer "Oppositionsschrift",
zu der er sich durch eine an die kritische Rezension seiner ersten
Thesenschrift angehängte Bitte des Herausgebers Klein an das Publikum um genauere Informationen über seinen Werdegang veranlaßt gefühlt hat[34], keinen Hinweis auf Schleiermacher, doch ist gerade dieses Schweigen beredt genug. Während hier nämlich religiöse Einflüsse
der Kindheit und das jugendliche Hinneigen zu aufklärerischem Gedankengut detailliert geschildert werden, verweigert Harms jegliche
Auskunft über die Einflüsse der Studienzeit, "d.h., wer mir meinen
Studienplan gemacht, bei welchen Professoren ich Collegia gehöret,
[...] welchen Büchern ich nachgegangen sei [...]", da er es "bewand-
ten Umständen nach nicht [für] rathsam" hält. Es gebe freilich "Viele", die darüber Kenntnisse besäßen und diese statt seiner publizieren
könnten.[35]

Er beantwortet also Kleins Frage nach dem psychologischen Hintergrund seiner antirationalistischen "Unsinnigkeiten"[36] selbst unter
Auslassung des jedenfalls später als entscheidend hervorgehobenen
Bekehrungserlebnisses der Redenlektüre, das ja unausgesprochen auch
den Hintergrund der Schülerschaftsbezeugung des "namhaften Briefes"
bildet. In solcher durch die aktuelle Verstimmung bedingter Darstel-
lungsweise wirkt seine theologische Entwicklung durch das Fehlen
eines wichtigen Bindeglieds eigentümlich inkonsistent; die Diskretion
wird auffälligerweise gerade und nur an diesem Punkt sorgsam gewahrt.

---

34 Für Christenthum und Gottesgelahrtheit Bd 2/2 (Jena 1819), 331–
    337; nach der Datierung des angehängten "Antwortschreibens"
    von Friedrich August Klein (337–341) hat Harms sie Ende 1818
    (vor dem 30.12.) geschrieben. Wiederabgedruckt von Zillen (1–7).
35 Vgl. Zillen 7
36 So Klein schon in Bd 2/1, 184 der "Oppositionsschrift" am Ende
    der außerordentlich polemischen ("Harms, du rasest", "Zelot aus
    Kiel") Rezension von "Verständigung"; wiederholt Bd 2/2, 332
    Anm. Klein vermutet eine Analogie zwischen dem Schicksal des
    als geisteskrank geltenden katholischen Mystikers Thomas Pöschl
    (1769–1837) und Harms, "der als Mensch sehr achtbar seyn soll".

Dagegen enthält schon die zweite große Thesenschrift "Daß es mit der Vernunftreligion nichts ist" als nächste Veröffentlichung gleich mehrere Bezugnahmen auf Schleiermacher, freilich nicht zu seiner Eigenschaft als "Meister", sondern eher im Blick auf ihn als immer noch zu bekämpfenden aktiven Gegner in der Thesensache.

Eine Ausnahme hiervon bildet lediglich die Zitation einer Stelle aus der Schleiermacherschen Übersetzung von Platos "Phaidon", die belegen soll, daß auch das Reich der Ideen nicht unter dem ausschließlichen Primat der Vernunft stehe, sondern vielmehr eines "festeren Fahrzeuge[s], etwa einer göttlichen Rede" bedürfe. Harms setzt letztere mit seinem Verständnis von "Offenbarung" gleich und erörtert den ebenfalls partiell zitierten "leisen Verdacht" aus Schleiermachers Note zur Stelle, "daß hier ein christlicher oder jüdischer Leser die Hand im Spiele gehabt" habe, dahingehend, die zeitgenössischen Offenbarungsgläubigen sollten nicht "eifersüchtiger" sein als die auch den Heiden eine Offenbarung zugestehenden Kirchenväter. Wenngleich Harms Schleiermacher trotz dessen Anmerkung "weit entfernt" von solcher Eifersucht sieht, ist die ganze Passage in ihrem verkrampften Bemühen um Wissenschaftlichkeit zu wenig aussagekräftig, als daß sich aus ihr eine weitere Facette im Verhältnis beider Theologen erschließen ließe.[37]

Etwas eindeutiger ist die – freilich durch das Diktum des aktuellen Kontrahenten Lehmus, bei Nichtvorhandensein der Bibel müßte der Ausleger selbst eine solche verfertigen können, veranlaßte – Absage an den Protest der zweiten Schleiermacherschen "Rede" gegen das orthodoxe Schriftverständnis, die jedoch nicht unter der von Lehmus genannten Bedingung steht, auf die Harms sich ausdrücklich bezieht. Dem kühnen "Nicht der hat Religion, der an eine heilige Schrift glaubt, sondern welcher keiner bedarf, und wohl selbst eine machen könnte" des Redners hält er hier entgegen: "Der ich doch auch ein Ausleger der heiligen Schrift sein soll nach meinem Amte, ich wüßte keinen zweiten, dritten Brief Johannis selbst zu schreiben [...]."[38]

---

[37] Vgl. Vernunftreligion 325f; Platons Werke von F. Schleiermacher 2/3, Berlin 1809, 69 (Phaidon 85d); Note: 470f
[38] Vgl. Vernunftreligion 321, wo es zur Stelle in Anrede an Lehmus

Die an diesem Punkt faktisch bestehende Differenz zum "Meister" wird allerdings nicht direkt ausgetragen, zumal sie sich einer Assoziation bei der Lektüre des Werks eines Dritten verdankt.[39]

Daß Harms Schleiermacher aber immer noch als konkreten Gegner im Thesenstreit ansieht, gegen den es anzutreten gilt, ergibt sich eindeutig aus mehreren anderen Stellen der "Vernunftreligion", wobei die Zurückweisung des Vorwurfs der fehlenden Unterscheidung zwischen "Tetzels und Kurialisten", also der undifferenzierten Betrachtung des Rationalismus, als sachlich unerheblich, sogar noch einmal kurz auf die Schrift "An Ammon" rekurriert.[40]

Weit schwerer wiegt jedoch der Tatbestand, daß er Schleiermachers 1819 erschienene Abhandlung "Ueber den eigenthümlichen Werth und das bindende Ansehen symbolischer Bücher"[41] als weiteren Beitrag zum Thesenstreit begreift und sich dementsprechend mit ihr auseinandersetzt. Gleich in den einleitenden Bemerkungen der "Vernunftreligion" zur Problematik der "Disputierlichkeit" der gerade auch die persönliche Religiosität betreffenden Kontroverse zieht er ein vorläufiges Fazit des Thesenstreits:

"An hundert Schriften sind nunmehr gewechselt [...] und sind wir weiter gekommen? Die eine Spitze sagt: Ammon hat Schleiermacher in den Lüften frei erstickt; die andere Spitze: Ammons Autorität ist durch Schleiermacher zu Boden geschlagen und nun verschwunden wie Nebel vor der Sonne. Fast möchte man das ein Resultat nennen, zu welchem wir gekommen wären. Disputierlich ist die Thesensache nicht. Sie kann, wie sie geführt wird, nimmer ausgemacht werden, oder wie Schleiermacher freilich aus anderen Gründen sagt in seinem Aufsatze über die symbolischen Bücher, ein Streit

---

heißt: "(Sie haben selbst die Schuld [...], wenn ich auf gewisse Äußerungen von Ihnen so oft in andere Bücher komme [...].)"; Schleiermacher: Reden 122 (KGA I/2,242,15–17).
[39] Vgl. auch Vernunftreligion 318, wonach Lehmus die von ihm zitierte "Geburtsstunde alles Lebendigen in der Religion" (Reden 75; KGA I/2,222,9) jedenfalls nicht "in den Hörsälen" erlebt habe
[40] "Ich unterscheide die Tetzels und die Kurialisten nicht, gibt man mir Schuld. Sind denn die Cajetane und Miltitze nicht ebenfalls vom glaubenswidrigen Bekenntnisse und um so gefährlichere Feinde [...]?" (Vernunftreligion 365); s. dazu o. Kap. 3.3, Anm.27
[41] Erschienen im "Reformationsalmanach auf das Jahr 1819", ed. F. Keyser, Erfurt o. J., 335–338; im folgenden zit. n. ed. Gerdes (Kleine Schriften und Predigten Bd 2, 143–166); abgekürzt "Werth"

innerhalb der Kirche kann nicht ausgemacht werden, er muß in sich selbst verbluten."[42]

Bemerkenswert ist zunächst, daß Harms hier die Frontstellung der Auseinandersetzung auf die zwei Parteihäupter Ammon und Schleiermacher zuspitzt, zwischen denen der Sieg unausgemacht sei. Wie Ammon als Protagonist des Supranaturalismus erscheint, so Schleiermacher als der des Rationalismus; ein differenzierteres Urteil scheint dem Thesensteller, der seine Rolle als Hauptbeteiligter hier eigentümlich reduziert, im Eifer des Gefechts nicht möglich zu sein.

Hinzu tritt die Anwendung eines Schleiermacherschen Gedankens auf die aktuelle Situation. In der Schrift über die symbolischen Bücher werden die nach außen gerichteten Bekenntnisschriften, in denen als "erste öffentliche Darlegung protestantischer Denkart und Lehre [...] überall die Aufstellung eines bestimmten Gegensatzes gegen die katholische Kirche die Hauptsache" sei, unterschieden von den nach innen gerichteten "bei Gelegenheit einzelner Streitigkeiten genommenen allgemeinen kirchlichen Beschlüssen". Letztere seien von minderem Rang, da es "nach echt protestantischen Grundsätzen nicht möglich" sei, innerprotestantische Kontroversen, sofern sie nicht die Selbstunterscheidung vom Katholizismus berührten, "kirchlich" zu entscheiden; stattdessen seien sie dazu bestimmt, "in sich selbst [zu] verbluten", wofür als historischer Beleg die nicht stattgehabte allgemeine Anerkennung der Konkordienformel in der lutherischen wie des remonstrantischen Schismas in der reformierten Kirche gelten könne.[43]

Indem Harms nun die Wendung aus diesem Zusammenhang löst und sie zur Deutung der eigenen Situation heranzieht, scheint er dem Gedanken in seiner Allgemeinheit zunächst zuzustimmen. Tatsächlich aber ist das Relativieren sowohl des gegenwärtigen wie früherer innerprotestantischer Gegensätze ihm zuwider: Er möchte gerade nicht resigniert den Thesenstreit bei offenem Ergebnis abbrechen lassen, sondern ihn "doch anders [...] zu Ende geführt sehen, womöglich auf dem Wege einer literarischen Verhandlung", da auch "kirchenhisto-

---

[42] Vgl. Vernunftreligion 304f; Zitat 305
[43] Vgl. Werth 162f

risch" letztlich die Entscheidung zugunsten einer Partei "nimmer" ausgeblieben sei, von "verbluten" also nicht die Rede sein könne.[44]

Die hier aufbrechende Differenz ist weniger marginal als sie zunächst erscheint, denn ihren Hintergrund bildet die völlig verschiedene Einschätzung des "eigenthümlichen Werthes" und "bindenden Ansehens" der Bekenntnisschriften. Zwar verzichtet Harms auf eine eingehende Erörterung des Schleiermacherschen Aufsatzes, doch ist der tiefe Graben zwischen dem, der "in der rechte[n] Hand" die Augsburgische Konfession haltend den Rationalisten Meineid vorwirft und dem, der in Sorge um die evangelische Freiheit mit vielfältigen Argumenten jedem Bekenntniszwang widerrät[45], unübersehbar. Besondere Prägnanz gewinnt die tiefe Nichtübereinstimmung in Harms' Anrufung seiner Gegner:

> "Ihr möchtet gerne das Symbol abtun, nicht wahr, oder bloß wider die Katholiken es ferner brauchen? Als wenn die Christenheit es nicht viel nötiger brauchte wider Euch und Eurem Unchristentum!"[46]

Was hier parallel zur völligen Aufhebung der Bekenntnisbindung steht, ihre vermeintliche Reduktion auf die Abgrenzungsfunktion gegenüber dem Katholizismus, bildet gerade den Kernpunkt der – freilich nicht als Eidesverpflichtung gedachten – Formel, mit der Schleiermachers Vorschlag nach jeder protestantische Geistliche seine Zustimmung zu den Symbolen signalisieren sollte, um sich so als "wahren Protestanten" zu erkennen zu geben.[47] Der eigentümliche Wert

---

44 Vgl. Vernunftreligion 306
45 Vgl. Vernunftreligion 361 (s. o. Kap. 3.1, Anm.116) mit Schleiermachers Abweisung der Meinung, den Symbolen müsse bindendes Ansehen beigelegt werden (Werth 145–159). Vgl. jetzt M. Ohst: Schleiermacher und die Bekenntnisschriften. Eine Untersuchung zu seiner Reformations- und Protestantismusdeutung, Tübingen 1989
46 Vernunftreligion 362f
47 "Ich erkläre, daß ich Alles, was in unsern symbolischen Büchern gegen Irrthümer und Mißbräuche der römischen Kirche – besonders in den Artikeln von der Rechtfertigung und den guten Werken, von der Kirche und von der kirchlichen Gewalt, von der Messe, vom Dienste der Heiligen und von den Gelübden – gelehrt ist, mit der heiligen Schrift und der ursprünglichen Lehre der Kirche völlig übereinstimmend finde; und daß ich, so lange mir das Lehramt anvertraut ist, nicht aufhören werde, diese Lehren vorzutragen, und über den ihnen angemessenen Ordnungen in der

der Bekenntnisschriften beruht für ihn eben wesentlich auf ihrem
Charakter als "erste öffentliche Darlegung protestantischer Denkart
und Lehre" sowie als Feststellung des "Gegensatz[es] gegen die Katholischen"[48], was dem überhöht-romantischen Verständnis Harms'
völlig kontrastiert und einen entscheidenden Unterschied markiert.

Über das Problem einer konkreten Ausformung der Bekenntnisbindung hinaus hat der ganze Ansatz der Schleiermacherschen Schrift
die anläßlich der "Thesen" aufgebrochene sachliche Divergenz ver-
tiefen und verdeutlichen müssen, besonders was die unterschiedliche
Bewertung des Rationalismus betrifft. So gibt Schleiermacher etwa
gleich zu Beginn seiner Abhandlung dem Befremden darüber Ausdruck, daß in den literarischen Beiträgen anläßlich des Reformationsjubiläums "Einige sich anstellen, als könnten sie einen ganzen uns
wohlbekannten und nicht unbedeutenden Zeitraum wie ungelebt machen, die Charaktere, die er unserer Geschichtstafel eingegraben, wie
mit einem Schwamme wegwischen, und so [...] die Schrift des sieben-
zehnten Jahrhunderts [...] uns für unsere eigene anrechnen", obwohl
doch "bis vor gar nicht langer Zeit so viele ehrenwerte und unver-
geßliche Männer [...], welche sich allem Zwange der symbolischen
Bücher widersetzten und in ihren eigenen Ansichten ganz offenkundig von ihnen abwichen", großen Einfluß besessen hätten.[49]

Damit insistiert er erneut und mit Nachdruck auf der bleibenden
Bedeutung der Erkenntnisse der Aufklärung, die es zu bewahren gelte und deren kirchliche Vertreter vor Verketzerung geschützt werden
müßten. Solche differenzierte Sichtweise von Aufklärungstheologie
und älterem Rationalismus ist dem Kieler Antirationalisten unerträglich:

> "Es ließe doch ein solcher Zeitraum wie der zuletzt ver-
> flossene sich nicht auswischen, meint Schleiermacher. Warum
> nicht? Er enthält ja nichts Eigenes als menschliches Wissen,
> das löschet der gottgewirkte Glaube aus wie mit einem
> Schwamm bis auf das Jota inclusive."[50]

Kirche zu halten." (Werth 164)
[48] Vgl. Werth 163
[49] Vgl. Werth 143
[50] Vernunftreligion 366

Angesichts dessen hält Harms auch das Lob, das andere seiner Gegner den wissenschaftlichen Leistungen der Rationalisten zollen, für
unerheblich.

Der Thesensteller hat sich also von den Ausführungen Schleiermachers, der ja bereits in der Schrift "An Ammon" die harte Kritik am
Rationalismus "in Pausch und Bogen" scharf gerügt hatte[51], direkt
angesprochen gefühlt. Und in der Tat bietet die Abhandlung über die
symbolischen Bücher manche Anhaltspunkte dafür, daß sie auch eine
inhaltliche Abrechnung mit Harms' Position sein soll, obwohl Schleiermacher doch den Briefzeugnissen nach beider Kontroverse nicht
hatte fortsetzen wollen. Den weitaus größten Raum seiner Ausführungen nämlich nimmt die Widerlegung der Auffassungen einer "Parthei"
ein, die "dem bedenklichen Zustande" der Kirche nicht anders meine
abhelfen zu können als durch ein bindendes Ansehen der Bekenntnisschriften, "kraft dessen ihr Inhalt die Norm der öffentlichen Lehre
wenigstens in allen gottesdienstlichen Handlungen seyn würde", während der anderen Partei, die eine fortwirkende Bedeutung der Symbole verneint, zwar auch "Einseitigkeit" attestiert wird, sie sich
jedoch im wesentlichen lediglich ihren "gänzlichen Mangel an ge-
schichtlichem Sinne" vorhalten lassen muß.[52]

Zunächst bestreitet Schleiermacher die Sicht der ersten Gruppie-
rung, daß aus dem reichsrechtlichen Charakter der CA die juristische
Verbindlichkeit aller einzelnen Lehrbestimmungen resultiere; dementsprechend erscheinen ihm juristische Schritte gegen "Dissentirende"
als ungeeignetes Mittel. Dagegen steht Harms' seit der noch unbestimmt formulierten 50. These sich verhärtende und oft wiederholte
Überzeugung von der − freilich landesrechtlich begründeten − juristischen Wirkkraft der CA, die auch die Möglichkeit des Vorgehens
gegen Rationalisten beinhalte.[53]

Ein weiteres Argument Schleiermachers ist dies, daß eine Bekenntnisverpflichtung untauglich sei, die Christen vor der Verbreitung

---

[51] S. o. Kap. 3.3, Anm.43f
[52] Vgl. Werth 144, Zitat 159. Die schwerpunktmäßig verteilte Erörterung der beiden Parteien: 145-159 (=gegen Harms). 159-163
[53] Vgl. Werth 145-148; zu Harms s. o. Kap. 3.1, Anm.108-112

"leeren Unglaubens" zu schützen; die entgegengesetzte Meinung sei
"nur als der Ausbruch eines wohlgemeinten, aber nicht ganz überleg-
ten Eifers" zu verstehen – eine Formulierung, mit der er ja bereits
Harms' Thesenwerk kommentiert hatte[54], was dieser kaum übersehen
haben wird.

Auch der folgende kritische Einwand gegen eine Bekenntnisverpflichtung:

> "Wenn, wie schon Andere bemerkt haben, das biblische Wort
> durch Deutungen gedreht wird, werden nicht auch die sym-
> bolischen Worte nach denselben Regeln und Künsten können
> gedreht werden?"[55]

dürfte von Harms mit Recht als direkte Bestreitung seiner 50. These
verstanden worden sein, nach der die Bekenntnisse die Bibel vor
Fehlinterpretation sichern. Schleiermachers Regeln der "höheren Auslegung" der Symbole lassen sich ebensowenig mit Harms' Anliegen in
Einklang bringen wie der ausführliche Einspruch gegen ein auf der
Bekenntnisverpflichtung der Geistlichen fußendes Recht der Gemeinden, über deren Einhaltung zu wachen.[56]

Insgesamt ist die aus der romantischen Verherrlichung der lutherischen Kirche resultierende Repristination insbesondere der CA als
ihrem "eigentlichen" Symbol, die Harms zu einem herausragenden
Vertreter der von Schleiermacher vornehmlich kritisierten kirchlichen
Richtung macht, unvereinbar mit der freiheitlichen, jedem Bekenntniszwang abholden Ausrichtung des Unionstheologen. Insofern wird
durch die präzisen Erwägungen der Abhandlung über die symbolischen Bücher deutlicher noch als in dem Schreiben "An Ammon" auf
den Punkt gebracht, worin "Meister" und "Jünger" spätestens seit
1817 differieren.

Mit den Reflexen der "Vernunftreligion" auf Schleiermacher bricht
dann allerdings auch Harms die direkte Konfrontation ab; seine übrigen Bezugnahmen auf den Berliner Lehrer während der "Thesenzeit"
dokumentieren in erster Linie das bleibende Interesse an dessen Wirken. So findet sich in der 1820 erschienenen, insgesamt scharf anti-

---

[54] Vgl. Werth 148; zu Harms' "Eifer" s. o. Kap. 3.3, Anm.109
[55] Werth 149
[56] Vgl. Werth 151f.152–154 mit Harms: These 63–66

rationalistisch gehaltenen kleinen Sammlung von Vorreden und Auf-
sätzen unter dem Titel "Einige Winke und Warnungen betreffend Angelegenheiten der Kirche"[57] sogar die positive Würdigung einer Predigt Schleiermachers.

Harms erklärt, er habe mit der Neuherausgabe der Hofmannschen
"Auslegung der Fragstücke im Kleinen Katechismo Lutheri" einen to-
ten Lehrer hervorrufen wollen zum "mitkämpfen" bei der "Behauptung" des lutherischen Glaubens und fährt unter Berufung auf Hebr.
13,7 fort:

> "Ein schönes Beispiel solcher Hinweisung auf einen im Glau-
> ben entschlafenen Lehrer haben vor kurzem Schleiermacher
> und Hanstein gegeben; auf den wohlseligen Prediger an der
> St. Gertrauds-Kirche zu Berlin, Dr. Hermes, weisen sie hin
> und lassen sie reden."[58]

Interessant ist dabei nicht nur, daß Harms die in der kurzen
Druckschrift "Nachricht von der Leichenbestattung des [...] Dr. Hermes" befindliche "an seinem Sarge von dem Professor Dr. Schleiermacher gehaltene Rede"[59] überhaupt registriert, sondern daß diese ihn
offenbar so sehr angesprochen hat, daß er sich nicht scheut, sie als
exemplarisch für ein eigenes im Zusammenhang des Thesenstreits
stehendes literarisches Vorhaben anzuführen.

Inhaltlich bedeutsamer als dieser eher marginale Hinweis ist freilich Harms' Stellungnahme zur Kotzebue-Ermordung in der gleichen
Vorrede, auch wenn dabei Schleiermacher nur indirekt in Erscheinung tritt. Seine hier bereits im Erstabdruck 1819 vorgetragene Deutung der Mordtat Sands als Bestätigung der 88. These ergänzt er in
den "Winken und Warnungen" noch um eine längere Fußnote zum Fall
des wegen seines Trostbriefes an die Mutter Sands entlassenen
Schleiermacher-Kollegen de Wette.[60] Danach habe ihn "besonders be-

---

57 Kiel; bis auf den Aufsatz gegen Witthöfft abgedruckt Schriften
   1,377-408 (im folgenden danach zit., abgekürzt "Winke")
58 Vgl. Winke 381; G. A. Hanstein: Trauerpredigt bei der Gedächtnisfeier des Dr. Hermes. Am 31. Januar 1819 gehalten, Berlin 1819
59 Nachricht von der Leichenbestattung des wohlseligen Predigers
   an der St. Gertrauds-Kirche zu Berlin Dr. Hermes nebst der an
   seinem Sarge von dem Professor Dr. Schleiermacher gehaltenen
   Rede, Berlin 1819, hier 9-21 (SW II/4, 859-864)
60 Vgl. [ed.Harms] Carl Gottlob Hofmann: Auslegungen zu den Frag-

trübt", "daß, wie der Herr Doktor in seinem Trostschreiben fast allein daran gedacht hat, Sand's Mutter zu trösten, so die hochwürdi-
ge Fakultät fast allein daran gedacht hat, den Herrn Doktor zu trösten".[61]

Harms bezieht sich damit auf das in de Wettes "Aktensammlung"
über seinen Fall publizierte Schreiben der Berliner Fakultät an den
Entlassenen, nach dem sie sich im "Schmerz" über seinen "Austritt
gehemmt und gelähmt" fühlt und ihren Dank für "kollegialische
Freundschaft" und "musterhaften Eifer" im Lehramt verbindet mit
den "besten Wünschen" für seine wissenschaftliche Zukunft.[62] Es ist
an erster Stelle von Schleiermacher gezeichnet[63], wodurch dessen in
vielen Privatbriefen hervortretende scharfe Ablehnung der Demission
des Kollegen[64] gewissermaßen auch öffentlich dokumentiert wird.

---

stücken des Kleinen Katechismus Luther's in 27 Buß- und Abendmahlsandachten zum neuen Abdruck besorgt mit Abänderungen
und Zusätzen, Kiel 1819 (Wiederabdruck der dazugehörigen Vorrede "Winke" 381-391, neue Fußnote 386f). Zur Kotzebue-Ermordung s. o. Kap. 3.1, Anm.148; schon Vernunftreligion 362 Anm.
muß Sand als Negativbeispiel einer zu laxen Abendmahlspraxis
und als Beleg für These 89 herhalten.

[61] Vgl. Winke 386f. Dazu Harms an seinen in Berlin studierenden
Schüler Martens (1800-1848): "melde ich Dir, daß in diesen Tagen
ein paar Bogen von mir gedruckt werden [...] sie kommen nach
Berlin, schon wegen einer Note, betreffend die de Wettesche Aktensammlung, über welche ich mich mißfällig geäußert habe [...]"
(Februar 1820, Zillen 169). Vgl. "Aktensammlung über die Entlassung des Professors D. de Wette vom theologischen Lehramt zu
Berlin. Zur Berichtigung des öffentlichen Urtheils von ihm selbst
herausgegeben", Leipzig 1820; bes. 41-43: "Schreiben der theologischen Facultät zu Berlin an den Professor de Wette" vom 25.10.1819

[62] Vgl. Aktensammlung 41.42.43

[63] Vgl. Aktensammlung 43 (mitunterzeichnet von Marheineke und Neander)

[64] Vgl. Hinweis auf die sich anbahnende Affäre und eigene Proble-
me mit "den neuesten Reactionen" im Brief an Twesten, 30.9.1819
(Heinrici 352); dann an E. M. Arndt, 6.12.1819, wonach de Wettes
"Entsezung freilich eine gräuliche Geschichte ist" und Schleiermacher sich in seiner "Universitätsthätigkeit" wirklich wie auf
einer Seite gelähmt" [!] fühlt (Briefe 2,368; vgl. auch Briefe 2,
365f). Über sein Eintreten an Bekker, 6.12.1819: "Für de Wette
[...] hat sich die Universität beim König unmittelbar verwandt,
aber nur eine lange Nase bekommen, die mir sehr sauer geworden sein würde ruhig einzustecken [...]" und 18.3.1820: Es
"scheint noch ein großes Ungewitter über dem Haupte meiner
Wenigkeit zu schweben. Man soll wüthend sein über den Brief

Der Kieler Archidiakon wird Schleiermachers Unterschrift nicht
übersehen haben. Um so bedeutsamer ist es, daß er sein völliges Un-
verständnis gegenüber der "Tröstung" de Wettes durch die Fakultät
an so auffälliger Stelle zur Geltung bringt. Ihm erscheint diese maßgeblich von Schleiermacher getragene Haltung zur behördlichen
Strafaktion deswegen als tadelnswert, weil er in ihr eine inhaltliche
Rechtfertigung des inkriminierten de Wetteschen Trostbriefes erblickt, den er, wie schon die Mordtat selbst, nur als Ausfluß eines
nicht durch die Offenbarung "in Zaun gehaltenen" Rationalismus verstehen kann.[65]

Demgemäß ruft er schon im Erstabdruck der Vorrede nach "Maßre-
geln" und spielt auf die Karlsbader Beschlüsse mit dem Bemerken an,
die deutschen Fürsten hätten das Attentat offenbar "verstanden" und
müßten darauf nur richtig antworten.[66] Schwerlich könnte die tiefe
politische Differenz zum in der Folgezeit auch wegen des Eintretens
für de Wette von der Demagogenverfolgung besonders betroffenen
Schleiermacher[67] schärfer akzentuiert werden. Der sonst in politicis

---

der Facultät an de Wette und gar zu gern mir darüber zu Leibe
wollen [...]." (Mitteilungen a. d. Litteraturarchive Berlin NF 11, 118.119)

65 Vgl. Winke 386.385-388. Unabhängig von der Affäre nimmt Harms
in Vernunftreligion de Wette generell (361) und hinsichtlich
seiner Abhandlung "Ueber den sittlichen Geist der Reformation
in Beziehung auf unsere Zeit" in: Reformations-Almanach auf das
Jahr 1819, ed. F. Keyser, 2. Jahrgang, Erfurt o. J., 212-334 als
Rationalist in Anspruch (366).

66 Vgl. Winke 385f. Dagegen Schleiermacher zum Mord (an Arndt,
28.4.1819): "Seit dem ist nun Kotzebue todt, und gewiß, was der
alte Sünder auch verbrochen hat, es kann keine Hölle für ihn
geben, wenn er weiß, welchen Lärm sein Tod auf dieser armen
Erde macht; denn seligeres Futter giebt es nicht für seine Eitelkeit. Noch hat ja die Furcht nicht ganz aufgehört, daß er noch
alle Universitäten mit sich in die Grube ziehen werde." (Briefe
2,357; vgl. auch 356)

67 In Schleiermachers Briefwechsel vielfach dokumentiert. Twesten
hat angesichts der Bedrohung gar die dänische Regierung aufge-
fordert, Schleiermacher nach Kiel berufen zu lassen, "ehe es [...]
zum äußersten käme" (Brief vom 24.4.1820, Heinrici 361f, wonach
sich "der König nicht ungeneigt gezeigt haben" soll, "bedenklich
aber die Minister"). Schleiermachers Reaktion darauf: "es wäre
mir sehr wohl erwünscht, wenn ein Unfall mich träfe, bei einer
Regierung, die sich immer noch verhältnismäßig liberal gezeigt
hat, Schutz und Zuflucht zu finden. Dagegen möchte ich mich

nicht furchtsame Harms stellt sich hier im Banne seines Antirationalismus auf die Seite der Reaktion, von der er Schutz vor den die eigene vergangenheitsorientierte Theologie angeblich bedrohenden liberalen Strömungen erwartet.[68] Die Tat Sands eignet sich ihm vorzüglich als Anschauungsmaterial einer Ketzerpolemik, die den Gegner schwerster sittlicher Verfehlungen bezichtigt.

Mit dieser impliziten politischen Konfrontation endet freilich der Reigen der öffentlichen Rekurse auf Schleiermacher während der "Thesenzeit". Während Harms in den von ihm im Zeitraum von 1820 bis 1823 publizierten Predigten und Schriften noch häufiger die Feder gegen den Rationalismus ergreift und so gewissermaßen den Thesenstreit prolongiert[69], scheint das Bedürfnis nach einer Fortsetzung der Kontroverse mit dem Lehrer in seinem Bewußtsein nun nicht mehr obenan zu stehen.

Privat vermag er im Gegenteil schon im August 1820 seinen im Aufbruch zum Studienaufenthalt in Berlin befindlichen engen Schüler Anton Nikolaus Martens mit einer expliziten Berufung auf Schleiermacher zu grüßen:

---

freilich auch schwer entschließen, ohne die größte Noth meine hiesigen Verhältnisse zu verlassen, wenn sich nicht etwa entschiede, daß auch an die verheißene Kirchenverfassung nicht ferner zu denken sei." (Brief vom 6.5.1820, Heinrici 363)

[68] Charakteristisch für Harms' eigenwillige Haltung ist der scharfe Protest gegen die Karlsbader Zensurbeschlüsse schon im März 1820 ("die Predigt [muß] völlige unbeschränkte Freiheit haben", "der Apostel Paulus ließ seine Briefe [...] nicht censiren") im Vorwort zu den ihretwegen außerhalb des Deutschen Bundes in Schleswig verlegten "Zwey Reformationspredigten, gehalten an den jährlichen Reformationsfesten 1818 und 1819" (4-6).

[69] Vgl. ebenda S. 3 gegen J. H. Voß, der ihn "Kryptokatholik" genannt habe (tatsächlich fordert Voß Sophronizon 110 [s. o. Kap. 3.1, Anm.100] Harms zum Kampf gegen die ihn mißbraucht habende Reaktion auf). "Predigten über das heilige Abendmahl, an Gründonnerstagen gehalten und als Beyträge zu Communion-Andachten mitgetheilt", Kiel 1822, Vorrede (bes. Vf Einordnung der "Thesen" ins eigene Opus). "Drei Reformationspredigten, gehalten an den jährlichen Reformationsfesten 1820, 1821, 1822", Altona 1823, Vorrede (bes. VIII-XIII gegen Rationalismus und dessen Vorwürfe) und Anmerkungen zur letzten Predigt (73-82 gegen A. H. Niemeyer u. a.). "Zu Herrn Compastor Funk's Geschichte der neuesten Altonaer Bibelausgabe, einige Äußerungen und Mittheilungen", Lübeck 1823 (Aufsätze 295-320)

"Was aber mein Brief Dir nütze, das frag' ich nicht, Du be-
gehrst ihn ja, und wenn ich auch nur Einen Blick in mein
Herz Dich thun lasse, dazu ist Zeit genug, so hat's einen
gewissen Wert – wie auch Schleiermacher in der Vorrede zu
seinen Monologen angibt."[70]

Harms zitiert offenbar aus dem Gedächtnis und transformiert dabei
die Aussage der Schleiermacherschen "Darbietung" in die eigene Terminologie, indem er das "Innerste des Gemüths" dem eigenen Zentral-
begriff "Herz" gleichsetzt. Die völlige Freiheit der Zitation signalisiert eine gewisse Geläufigkeit des Gedankens bei Harms, so daß
vermutet werden kann, die "Monologen" gehörten zu den "geistvollen
Schriften", denen er ausweislich des "Namhaften Briefs" so viel verdankt. Aus diesem Hinweis kann aber für das Jahr 1820 noch keine
Normalisierung des Verhältnisses zu Schleiermacher geschlossen werden, denn Harms trägt Martens keine Grüße an diesen auf und erwähnt dessen Namen im Gegensatz zu anderen auch im weiteren
Briefwechsel mit dem in Berlin studierenden Schüler auffälligerweise
nicht.[71] Martens hat offenbar keine Verbindung herstellen können
oder wollen.

Die nächste Erwähnung Schleiermachers geschieht dann in einem
Brief vom 30. April 1823 und belegt das bleibende Interesse Harms'
an der theologischen Arbeit des Kontrahenten von 1818. Seinem ehemaligen Hauslehrer und jetzigen Diakonus in Neuendorf, Johannes
Andreas Hansen, der ihn offenbar um die Zusendung theologischer
Literatur gebeten hatte, übersendet er August Neanders Chrysosto-
mus-Biographie mit dem Ausdruck des Bedauerns, daß dessen "Denkwürdigkeiten aus der Geschichte des christlichen Lebens" nicht im
Hause sei. Andere Bücher wisse er nicht durch Weitergabe auszu-
zeichnen, außer noch "Schleiermachers Dogmatik, aber die soll, die
muß ich diesen Sommer doch, was man heißt, studieren."[72] Harms hat

---

[70] Zillen 181; vgl. [Schleiermacher:] Monologen. Eine Neujahrssgabe,
      Berlin 1800, 3f (KGA I/3,5,2–5, ed. G. Meckenstock)
[71] Vgl. Zillen 183. Im Brief an Martens, der bei Schleiermacher ge-
      hört hat (168 Anm.), vom 3. Advent 1820 ist die Rede von einem
      "Völklein Christusjünger in Einer Stadt" sowie vom Hauptvertre-
      ter der Erweckungsbewegung in Berlin, H. E. v. Kottwitz (1757-
      1843) (186; vgl. auch 87f).
[72] Vgl. Zillen 203; A. Neander: Der heilige Johannes Chrysostomus

also die Glaubenslehre schon bald nach deren vollständigem Erscheinen[73] besessen und die Absicht bekundet, sich damit eingehend zu
beschäftigen.

An dieser Notiz, die doch auf eine gewisse Entspannung mindestens
im sachlich-theologischen Verhältnis zu Schleiermacher hinweist, ist
besonders der Zeitpunkt bedeutsam. Nicht lange darauf hat Harms
nämlich die ihm wegen einer Gemütskrankheit verordnete einzige
Deutschlandreise seines Lebens angetreten, die 49 Tage währte und
ihn vom 11. bis 15. September 1823 auch nach Berlin führte. Dort
traf er unter anderen mit den Hofpredigern Franz Theremin und
Gerhard Friedrich Strauß, den Professoren Friedrich Bleek und Philipp Marheineke sowie dem preußischen Außenminister Christian Gün-
ther Graf Bernstorff und dem Direktor der Geistlichen Abteilung im
Kultusministerium Georg Heinrich Ludwig Nicolovius zusammen.[74]

---

und die Kirche, besonders des Orients, zu dessen Zeitalter, 2
Bde, Berlin 1821/22. Denkwürdigkeiten aus der Geschichte des
christlichen Lebens, 3 Bde, Berlin 1823/24

[73] F. Schleiermacher: Der christliche Glaube nach den Grundsätzen
der evangelischen Kirche im Zusammenhange dargestellt, 2 Bde,
Berlin 1821/22 [abgekürzt "CG¹"] (KGA I/7.1f, ed. H. Peiter;
hier zum Erscheinungstermin XXX.XXXIII)

[74] Zu den biographischen Umständen der Reise vgl. Lebensbeschreibung 138-141; detaillierter die handschriftlichen Aufzeichnungen
im Nachlaß Harms, Convolut Nr. 9. Danach der Reiseverlauf: 7.8.
Abreise; bis 16.8. Altona; 16.8. Harburg-Soltau; 17.8. Celle; 18./
19.8. Hannover; 20./21.8. Lauenstein; 22.8. Einbeck; 23.-25.8.
Göttingen; 25.8. Kassel; 26./27.8. Eisenach/Wartburg; 27.8.-2.9.
Salzungen; 2.9. Gotha; 3.9. Erfurt-Weimar; 4.9. Jena; 5.9. Altenburg; 6.-9.9. Leipzig; 9.9. Halle; 10.9. Wittenberg; 11.-15.9.
Berlin; 15.9. Fehrbellin; 16./17.9. Perleberg; 18.9. Wittenberge;
19.9. Ratzeburg-Lübeck; 20.-23.9. Hamburg/Altona; 23.9. Uetersen;
24. Kiel (Bl.1r). - "Neue Bekanntschaften" (Bl.1v) machte Harms
u. a. folgende: in Göttingen Planck, in Weimar Röhr, in Jena
Schott, in Leipzig Tzschirner, in Halle Knapp u. Vater (vgl. Bl.
2r). Die Eintragung Bl.2v zu Berlin: "Theremin u. Fr[au]. Strauß
u. Fr[au] u. Schwieger[sohn] v.d. Heydt. Marheinike. Couard.
Staatsr[at] Nicolovius. Staatsm[inister] Bernstorf. Graf von Grö-
ben. v Meyer Badenscher Ges[an]dter. v. Schönberg, Präsid[en]t.
u. mehrere. Jänike. Cons[istorialrat] Nicolai. b[ei] Anna die
Seeback [mit] Kindern. (Bleek u. Schulz früher.)". - Zur Reise
vgl. auch Zillen 207-215 und den bisher unveröffentlichten Brief
an Hegewisch vom 28.8. (s. Anhang 7.4). Harms' Berlinaufenthalt
ist knapp überliefert von der Frau des Außenministers Bernstorff

Seine Reise fällt genau in den Sommer, für den das "Studium" der
Glaubenslehre vorgesehen war, und angesichts des entsprechenden
brieflichen Zeugnisses, das von Verstimmung nichts mehr ahnen läßt,
ist kaum anzunehmen, daß Harms auf die Gelegenheit verzichtet hätte, seinem Berliner Lehrer persönlich gegenüberzutreten. Zu solcher
gewiß interessanten Begegnung zwischen Jünger und Meister, in der
die früheren Bekundungen gegenseitiger Wertschätzung hätten auf die
Probe gestellt werden können, ist es jedoch nicht gekommen, da
Schleiermacher sich ebenfalls auf einer ausgedehnten Urlaubsreise
befand. Nachdem er im Jahre 1822 wegen der gegen ihn erhobenen
politischen Verdächtigungen einer partiellen Urlaubssperre unterlegen
war, hatte er sich um die Erlaubnis zu dieser Reise besonders bemüht.[75] Sie begann bereits am 4. August 1823 und beinhaltete zunächst eine dreiwöchige Kur in Franzensbrunn/Eger; danach besuchte
Schleiermacher Regensburg und Salzburg, von wo aus er gerade während Harms' Berlinaufenthalt eine Alpenrundreise über den Brenner
nach Meran und über das Inntal zurück nach München unternahm,
um schließlich über Regensburg, Prag und Dresden am 8. Oktober
wieder in Berlin einzutreffen.[76]

("Gräfin Elise von Bernstorff geborene Gräfin von Dernath. Ein
Bild aus der Zeit von 1789–1835. Aus ihren Aufzeichnungen", Bd
2, Berlin 1896, 9).

[75] Die behördlichen Bestrebungen, Schleiermacher aus politischen
Gründen aus dem Professorenamt zu entlassen, dokumentiert bei
M. Lenz: Universitätsgeschichte Bd 2/1, bes.172-175. – Zu den
Vorgängen 1822 vgl. Briefe 4,430-443, hier bes. Schleiermachers
Protest gegen das Urlaubsverbot 1822 (430f mit Plan der 1823
ausgeführten Route) an den König, die Gewährung eines Kurzur-
laubs vom 6.9.1822 (433), der Urlaubsantrag vom 2.7.1823 an Al-
tenstein und dessen Genehmigung vom 18.7. (434f)

[76] Vgl. Brief an Gaß, 20.12.1823 (Briefe 4,316f). Die Reiseroute läßt
sich nach Schleiermachers Tagebucheintragungen rekonstruieren
(SN 444, Bl.34-43): 4.8. Abreise; 5.8. Altenburg; 6.8. Plauen (hier
das Treffen mit Ammon; s. o. Kap. 3.2, Anm.160); 7.8. Adorf-
Franzensbrunn/Eger; 8.8.-29.8. Kur; 29.8. Weiden; 30.8.-3.9. Regensburg; 3.9. Altötting; 4.9.-10.9. Salzburg und Umgebung; 11.9.
Reichenhall-Wörgl/Inn; 12.9. Rattenberg; 13.9. Schönberg-Brenner;
14.9. Bozen-Meran; 15.9. Mals; 16.9. Nassereith; 17.9. Schongau;
18.9.-21.9. München; 21.9.-29.9. Regensburg und Umgebung; 29.9.
Nittenau; 30.9. Pilsen; 1.-3.10. Prag; 4.10.-7.10. Dresden (6.10.
Treffen mit Ammon); 7.10. Herzberg; 8.10. Berlin [Notiert sind

Mutmaßungen über Inhalt und Auswirkung einer persönlichen Begegnung beider Theologen sind zwar reizvoll, zugleich aber müßig.
Sie würde sich, hätte sie stattgefunden, gewiß in weiteren Äußerungen niedergeschlagen haben. So aber fließen die späteren Quellen
eher spärlich. Unter dem 8. September 1826, also drei Jahre nach
Abschluß der Deutschlandreise, schreibt Harms seinem Freund Eduard
Schuderoff:

> "Gelesen wird in diesen Tagen die jüngst erschienene Dog-
> matik unsres Professors Twesten. Ihre Absicht ist, ebenso
> wissenschaftlich wie Schleiermachers, aber zugleich christ-
> licher, gläubiger wie diese zu sein. Ich weiß noch nicht, ob
> ich das Erstere von ihr sagen kann, das Letztere – mit
> hellem Ja."[77]

Das Twestens Absicht charakteristisch vereinfachende Urteil, seine
Darstellung sei "christlicher, gläubiger" als die Schleiermachers, ist
nicht weiter verwunderlich. Der engere Anschluß der "Vorlesungen
über die Dogmatik der evangelisch-lutherischen Kirche" an die traditionellen kirchlichen Lehrinhalte mußte Harms stärker ansprechen als
die oft zur kritischen Destruktion des Überlieferten führenden
scharfsinnigen Erwägungen der Glaubenslehre. Wahrscheinlich liegt in
der hier ausgesprochenen positiven Stellungnahme zu Twestens Werk
ein Hinweis darauf, daß Harms in dessen anschaulich-traditionell for-
mulierter Explikation und Transformation Schleiermacherscher Prinzipien, etwa hinsichtlich des Wesens der Religion[78], einen adäquaten
wissenschaftlichen Ausdruck eigener Anschauungen gefunden hat.

Damit unterliegt Schleiermachers Glaubenslehre jedoch noch keinem
grundsätzlich ablehnenden Verdikt. Ihres streng wissenschaftlichen
Charakters halber aber hat ihr "Studium" den "Jünger" offenkundig
nicht so nachhaltig berührt wie das anderer "geistvoller Schriften"

---

nur Etappenziele in moderner Schreibweise, um der genaueren
Wiedergabe der kritischen Edition nicht vorzugreifen.]

[77] Zillen 247; A. Twesten: Vorlesungen über die Dogmatik der
Evangelisch-Lutherischen Kirche, nach dem Kompendium des
Herrn Dr. W. M. L. de Wette, Bd 1, Hamburg 1826; 2., verbes-
serte Aufl., Hamburg 1829

[78] Vgl. z. B. die vorangestellte grundsätzliche Berufung auf "Reden"
und CG¹ Einleitung (2. Aufl.2) sowie die an Harms' Diktion ge-
mahnende ("Stimme des Herzens" u.a.) anthropologische Verortung der Religion im "Gefühl" (11)

des "Meisters", denn es sind keine weiteren Äußerungen dazu überliefert. An diesem Punkt könnte sich erneut Harms' mangelndes Vermögen zu systematischer Durchdringung bemerkbar gemacht haben.

Daß sein fortwährendes sachliches Interesse an Schleiermacher ein-
hergeht mit dem völligen Abklingen der persönlichen Verstimmung,
ist belegt durch den "Grußzettel von Harms", den er kurz vor dem
15. Juli 1827 Twesten mit auf dessen bis Oktober währende Reise gegeben hat.[79] Unter den in Berlin zu grüßenden Personen steht der
Name Schleiermachers an erster Stelle, was zwar zunächst Twestens
besonderer Beziehung zu diesem Rechnung trägt, aber durchaus auch
als Signal des Wunsches nach Versöhnung mit Schleiermacher gewertet werden kann. Wie dieser freilich den Gruß aufgenommen hat, ist
nicht bekannt.

Von 1827 ab schweigen die überlieferten Harmsbriefe dann über
Schleiermacher. Gleichwohl bleibt er in Harms' Denken weiter präsent: schon Ende 1828/Anfang 1829 zeichnet er ja die überaus auf-
schlußreiche "autobiographische Skizze" auf, in der erstmals die einschneidende Wirkung der Redenlektüre beschrieben ist.[80] Zu demjenigen, was Harms der "Theilnahme" mutmaßlicher Leser der dann nicht
zur Publikation gelangten neuen "Norderdithmarsischen Predigergeschichte" empfiehlt und was er "allein ihnen zu berichten im Stande"
ist, gehört maßgeblich, daß gerade die "Reden" ihm "die Rationalisten
todt" geschlagen hätten.[81] Dieses Bekenntnis des Antirationalisten
wäre Schleiermacher des abgelegenen Orts der Veröffentlichung wegen zwar kaum vor Augen gekommen, doch als Ausdruck der erreichten völligen Normalisierung des Verhältnisses zielt es offenkundig
auf Wirkung beim einheimischen Publikum.

Hierauf folgen dann nur noch die bereits am Anfang dieser Arbeit
zitierten Aussagen von 1847 und 1851 als Zeugnisse der Gesinnung
des älteren Harms gegenüber Schleiermacher. Dazwischen liegen le-

---

[79] Original in LB Kiel, Nachlaß Twesten Cb 55.56, Bl.6; abgedruckt
Zillen 254f. Danach in Berlin zu grüßen: "Schleiermacher, Neander, Bleek nebst Frau, Strauß u. Theremin Pelt [...]." – Zu Twestens Reise vgl. Heinrici 399–410
[80] S. o. Kap. 2, Anm.8
[81] Zitate autobiographische Skizze VII.X

diglich die ganz ohne Bitterkeit formulierte Erinnerung des Harmsschen Hauptwerks, der "Pastoraltheologie", an Schleiermachers Tadel
der "Predigten ohne Bibeltext"[82] sowie einige Bemerkungen im selben
Opus zur neuen preußischen Agende, von denen jedoch nur eine implizit auf Schleiermachers Kritik daran Bezug nimmt.[83] Außerdem
spielt Harms in der Einleitung zu seiner 1835 an der Kieler Universität gehaltenen, aber erst posthum veröffentlichten Vorlesung über
die "Kirchenkunde und Schulenkunde der drei Herzogtümer" auf
Schleiermachers Vorschlag zur Einrichtung des Fachs der "Kirchlichen Statistik" in der "Kurzen Darstellung des theologischen Studiums" an.[84] In diesem Zusammenhang steht schließlich auch, daß zu

---

[82]   Vgl. "Erstes Buch: Der Prediger" von 1830: "Man hat Predigten
       ohne allen biblischen Text. Und ich selber habe ein paar Mal
       solche Predigten gehalten, – von **Schleiermacher** namentlich dar-
       über getadelt. Ja, eine Predigt kann [...] ohne einen biblischen
       Text sehr biblisch [sein]. Indessen, nur ausnahmsweise möcht'
       ich selber dies doch nur passieren lassen [...]." (zit. n. Schriften
       2,56; Hervhg. im Original)

[83]   Vgl. Pastoraltheologie 117.119 (Kritik unter Berufung auf Besuch
       der Domkirche 1823: "empfahl sie mir durchaus nicht") 136.166.
       Impliziter Bezug auf Schleiermacher: 32, wo Harms an der von
       diesem mitunterzeichneten "Vorstellung" von 12 Berliner Predi-
       gern gegen die Agende die Auffassung tadelt, die Predigt sei die
       "Hauptsache" im evangelischen Gottesdienst (vgl. an E. Schude-
       roff, 7.1.1827, Zillen 251f). – Zu Schleiermachers Kampf gegen
       die Agende, zu dem die Unterzeichnung der "Vorstellung" 1826
       gehört, vgl. "Ueber das liturgische Recht evangelischer Landes-
       fürsten. Ein theologisches Bedenken von Pacificus Sincerus",
       Göttingen 1824 (ed. Gerdes 173–219). "Gespräch zweier selbst
       überlegender evangelischer Christen über die Schrift: Luther in
       Bezug auf die neue preußische Agende", Leipzig 1827 (SW I/5,
       537–625) sowie die im historischen Detail nicht immer klare Dar-
       stellung C. Albrechts (Liturgik 136–161). Zum Teil unausgewerte-
       tes Material befindet sich im EZA Berlin (z. B. Konsistorium
       Berlin-Brandenburg 14/ 2402 "Die Einführung der neuen Agende
       in Berlin 1825–27" mit Verhörprotokollen etc.). Auch Briefe 4,443ff

[84]   Vgl. "Claus Harms' akademische Vorlesungen über den Kirchen-
       und Schulstaat der drei Herzogtümer", ed. Chr. Harms, in:
       SVSHKG.B 1/2 (1898), 45–87, hier 48: "Schleiermacher hat vor
       wenigen Jahren gesagt, sie [die Disziplin "Kirchliche Statistik"]
       sei noch nimmer in Berlin gelesen, und selbst, was er gelesen
       hat und Stäudlin [...], das ist nicht, was ich meine." Angespielt
       ist vermutlich auf Schleiermacher: Kurze Darstellung des theolo-
       gischen Studiums zum Behuf einleitender Vorlesungen, 2. Aufl.,
       Berlin 1830, § 95; vgl. auch § 232–250 (Kritische Ausgabe, ed. H.

den vielen von Harms beeinflußten holsteinischen Theologiestudenten, die in Berlin studiert haben, auch der eigene Sohn zählt: Christian Harms verbrachte 1830/31 1 1/2 Jahre dort und hörte ausweislich eines Testats Schleiermachers mehrere wichtige Vorlesungen bei ihm[85]. Harms wird diesen Studienschwerpunkt sicherlich zur Kenntnis genommen haben, doch ob der Sohn in irgendeiner Weise verbindend gewirkt hat, ist nicht mehr ermittelbar.

Weder die geringe Zahl der aufgeführten expliziten Rekurse auf Schleiermacher nach 1823 noch ihr eher marginaler Charakter bedeuten jedoch, daß Harms als Folge der Kontroverse von den einmal aus der Redenlektüre gewonnenen Inhalten abgerückt wäre. Der Herzensbegriff als Transformation des Gedankens der "religiösen Provinz im Gemüth" behauptet auch in der Pastoraltheologie, besonders aber im für Harms' Predigtlehre bedeutsamen und immerhin in den Schleiermacher nahestehenden "Theologischen Studien und Kritiken" erschienenen Aufsatz "Mit Zungen!! lieben Brüder mit Zungen reden!" von 1833 sein bleibendes Recht.[86] Ähnliches gilt hinsichtlich der fortdauernden Polemik gegen aufklärerisch-rationalistische Predigtweise, der Äußerungen seiner persönlichen Religiosität, die freilich endgültig

---

Scholz, 3. Aufl., Darmstadt 1961, 40f.89-96). Vgl. H. J. Birkner: Schleiermachers "Kurze Darstellung" als theologisches Reformprogramm, in: Text und Kontext, Kopenhagen/München 1986, 59-81

[85] "Herr Stud. Chr. Harms aus Holstein hat im Sommerhalbjahr 1830 meine Vorlesungen über die Dogmatik, im Winterhalbjahr 1830/31 die über die praktische Theologie mit rühmlichen Fleiß besucht welches ich demselben hierdurch bezeuge. Imgleichen im laufenden Sommerhalbjahr die Vorlesungen über die christliche Sittenlehre u. den Brief an die Römer eben so gehört. Berlin d. 23t. Aug. 1831 Schleiermacher" (UB Leipzig, Sammlung Taut). Vgl. Zillen 288. Lebensbeschreibung 197. – Zu Studenten s. o. Anm.24.

[86] Darauf hat schon Dietrich Rössler in seinem Göttinger Habilitationsvortrag "Zwischen Rationalismus und Erweckung. Zur Predigtlehre bei Claus Harms" (ZKG 73, 1962, 62-73) hingewiesen. Bei Harms ist "Predigtlehre Lehre von der Erfahrung des Predigers" (65) und Religion lebendige Wirklichkeit (70). – Im übrigen kann im Rahmen der hier vorgelegten Untersuchung die Theologie des älteren Harms nicht zur Gänze dargestellt werden, weshalb auf F. Wintzers Darstellung verwiesen sei, die freilich den fortdauernde Einfluß sowohl romantischen wie Schleiermacherschen Gedankenguts eher unterbewertet (vgl. z. B. Harms 92). Zum Aufsatz "Mit Zungen" (Schriften 2,386-399) s. o. Kap. 2, Anm.27

die traditionell-orthodoxe Diktion zu ihrer eigenen gemacht hat, und
nicht zuletzt hinsichtlich seines "priesterlichen" Selbstverständnisses.

Gewiß ist sich Harms dieser starken inhaltlichen Abhängigkeit von
Schleiermacherschem Gedankengut nicht in aller Deutlichkeit bewußt
gewesen, wie schon seine erinnernde Reduktion der "Reden" auf ihren antirationalistischen Gehalt zeigt. Es ist aufgrund seines mehr
aufs Praktisch-volkstümliche gerichteten Charakters auch wenig
wahrscheinlich, daß er die Bestimmung der Frömmigkeit vom unmittelbaren Selbstbewußtsein des Menschen her als konsequente Fortführung des theologischen Ansatzes der "Reden" hat rezipieren können. Dieser Sachverhalt ändert jedoch nichts daran, daß seine religiöse Individualität die einst von Schleiermacher angestoßene Bahn
nicht verlassen hat.

4. Der Streit um das Berliner Gesangbuch von 1829

Schleiermacher und Claus Harms sind zu ihrer beider Lebzeiten nachweislich nur noch einmal in Berührung geraten, und zwar anläßlich der Auseinandersetzung um das 1829 eingeführte neue Berliner Kirchengesangbuch[1]. Dieses Zusammentreffen kommt nicht von ungefähr, geht es doch um ein Problem, dem beider Theologen praktisch-theologisches Interesse und Wirken in besonderem Maße gegolten hat.

Schon in dem zweiten der beiden "Unvorgreiflichen Gutachten" von 1804 hatte Schleiermacher ja mit Nachdruck für eine Reform des zeitgenössischen Kirchengesangs plädiert.[2] Ab 1818 ergab sich dann für ihn die Möglichkeit, auch praktisch für die Verbreitung von Liedern zu wirken, die seiner Vorstellung von "religiöser Poesie" entsprachen. Die Berliner Kreissynode nämlich, die ihn 1817 zu ihrem Präses gewählt hatte, ernannte ihn zum Mitglied einer mit der Erarbeitung eines neuen Gesangbuchs betrauten Kommission aus mehreren Geistlichen, die – anders als die Synode selbst – ihre Aufgabenstellung vollenden konnte.[3] Schleiermachers Mitarbeit ist äußerlich dokumentiert durch die Mitunterzeichnung des Vorworts zum Gesang-

---

[1] Gesangbuch zum gottesdienstlichen Gebrauch für evangelische Gemeinen. Mit Genehmigung eines hohen Ministerii der geistlichen Angelegenheiten, Berlin 1829 (abgekürzt "Berliner Gesangbuch")

[2] Vgl. ed. Gerdes 71–76

[3] Vgl. zum Ganzen C. Albrecht: Liturgik 117–135, hier bes. 118–121. Albrechts Darstellung ist in ihrer primär hymnologischen Ausrichtung trotz des herangezogenen Quellenmaterials historisch in vielem undeutlich. So sind z. B. die "Akten des Konsistoriums über das BG 1829 und seine Vorarbeiten" nicht im Kriege verbrannt (120, Anm.7), sondern (vermutlich vollständig) erhalten im EZA Berlin, 7 Generalia VIII, Nr.17, Bde I–IV (1809–1833); auch 14 Brandenburg 878 (1825–1840). Nachfolgende Darstellung muß sich dennoch auf Albrecht stützen und verweist generell auf dessen Darlegungen zum Inhalt des Gesangbuchs; sie kann sich nur um Ergänzung (z. B. anhand von Schleiermacherbriefen) bemühen, soweit dies für den Gesangbuchstreit selbst sinnvoll erscheint. Eine angemessene Aufarbeitung der Mitarbeit Schleiermachers am Berliner Gesangbuch bleibt damit Desiderat der Schleiermacherforschung.

buch, in dem die Kommission insgesamt Rechenschaft über die sie leitenden Prinzipien ablegt.[4]

Noch in der Schlußphase 1829 bedurfte das Resultat der elfjährigen Beratungen intensiver Überarbeitungen. Seinem Freund Gaß berichtet Schleiermacher mehrfach über den Fortgang der Publikation und beklagt die eigene Inanspruchnahme durch Vertragsverhandlungen mit dem Verlag Georg Reimer und vor allem durch langwierige Revisionsarbeiten, die zu Lasten der Zweitauflage der Dogmatik und der Vierten Auflage der "Monologen" gingen.[5] Am 12. November endlich konnte er Gaß das fertige Gesangbuch mit dem Bemerken zusenden:

> "Die hiesige Geistlichkeit ist superintendenturweise versammelt worden, und es hat sich kein Einziger ausgeschlossen. Von den Gemeinden ist irgendein Widerstand nicht zu erwarten. Wir wollen aber nun die Einführung möglichst beeilen und denken sie Weihnachten zu bewerkstelligen, ehe die Hengstenbergische Partei, welche auf lauter alten unveränderten Liedern besteht, mit ihren Kritiken uns die Leute wieder irre machen kann. Nach vielen Aeußerungen zu urtheilen wird sich das Gesangbuch sehr weit verbreiten [...]."[6]

Schleiermacher erwartet also optimistisch eine rasche Annahme des von ihm mitgestalteten Werks auch über Berlin hinaus. Andererseits

---

[4] Vgl. Berliner Gesangbuch III–VI; Unterschriften von Brescius, Küster, Marot, Neander, Ritschl, Schleiermacher, Spilleke, Theremin, Wilmsen (VI). Albrecht (Liturgik 122f) gibt den Inhalt zutreffend wieder und schließt aus der "typisch Schleiermacherisch[en] Diktion", sie stamme von diesem selbst. Die Erwägung ist nicht völlig abwegig, wenngleich darauf sonst kein Hinweis überliefert scheint.

[5] Vgl. Brief vom 30.5.1829: "Mit der Dogmatik geht es schauderhaft langsam, zumal nun auch die Correctur des Gesangbuchs Zeit wegnimmt und zugleich die Monologen wieder abgedruckt werden." (Briefwechsel mit Gaß 214f). Im Brief vom Frühling 1829 (213) ist von einer "langen Revision" die Rede; vgl. schon am 7.2.1829: "Superrevision [...] an dieser alten fast abgestandenen Sache", die "einige Wochen" dauern werde (209); hier zum Verlag: "Unser Gesangbuch ist nun endlich so weit gediehen, daß Contract über Druck und Verlag mit Reimer abgeschlossen wird. Mir ist nun gar nicht wohl in meiner Haut dabei. Denn wenn in der Folge zwischen der Commission und Reimer Häkeleien entstehen, so werde ich immer der sein, der es ausbaden muß." (208). Tatsächlich hat 1830 vergeblich der Verleger Haym versucht, statt Reimer den "Contract" zu bekommen und letzterer 1831–33 schwierige finanzielle Forderungen gestellt (vgl. Akte betreffend die Einführung eines allgemeinen Gesangbuchs, EZA Berlin [14 Brandenburg 878]).

[6] Briefwechsel mit Gaß 219

scheint er zu ahnen, daß sich in den restaurativen Kreisen um den Herausgeber der "Evangelischen Kirchenzeitung" Widerstand regt.

Daß diese Befürchtung mehr als begründet gewesen ist, zeigte sich bald, denn unter dem 13. Februar 1830 veröffentlichte das Hengstenberg-Organ eine "Protestation mehrerer Mitglieder der Domgemeine gegen das neue Gesangbuch".[7] Hier war nun, trotz der Zustimmung der Domgeistlichen, doch Widerstand seitens einiger Gemeindeglieder entbrannt, der sich noch dazu mit den Bestrebungen Hengstenbergs verband. Die ungenannten Einsender, immerhin Mitglieder der Hofgemeinde, formulierten ihren Antrag, das neue Gesangbuch am Dom nicht einzuführen, gewiß mit Blick auf eine königliche Kabinettsordre vom 12. Januar 1830, die am 4. Februar allen Predigern mitgeteilt worden war. Ihr zufolge sollte ungeachtet der längst erfolgten allgemeinen Akzeptanz seitens der Berliner Geistlichkeit die Einführung der Liedersammlung "von der Annahme der Kirchengemeinen abhängig" bleiben.[8]

Inhaltlich moniert die Protestation der Domgemeindemitglieder die Fortlassung älterer Lieder sowie ihre Substitution durch neuere, die "Verstümmelung" von Liedern, die aus dogmatischen Gründen vorgenommenen Veränderungen, die Eliminierung "Alttestamentlicher Ausdrücke" und schließlich generell die "schädliche Charakterlosigkeit" des Gesangbuchs.[9] Mit der Forderung nach Beibehaltung des alten Domgesangbuchs haben sich die Einsender dann zwar nicht durchgesetzt, doch der Abdruck ihres Protests erhält dadurch seine Bedeu-

---

[7] EKZ 1830, Nr. 13, Sp.97–102

[8] Vgl. J. F. Bachmann: Zur Geschichte der Berliner Gesangbücher, Berlin 1856, [Nachdruck] Hildesheim/New York 1970, 223f, wo die entscheidenden Passagen der Ordre abgedruckt sind. Schon bei Genehmigung des Gesangbuchs am 16.11.1829 hatte Friedrich Wilhelm III. formuliert: "Wenn die Einführung des [...] Gesangbuchs auf dem beabsichtigten Wege ohne Schwierigkeit erfolgen kann, so finde Ich dagegen nichts zu erinnern. Sollte aber die eine oder die andere Kirchengemeine der Annahme abgeneigt sein, so muß davon abgestanden und das in denselben übliche Gesangbuch beibehalten werden." (223). Vielleicht als Reflex darauf und auf die Angriffe hat die Gesangbuchskommission am 1. März 1830 noch einmal getagt (Eintrag in Schleiermachers Tagebuch 1830, SN 450, Bl.37).

[9] Vgl. EKZ 1830, Nr. 13,98–101

tung, daß er für Berlin den Auftakt einer von Hengstenberg insze-
nierten förmlichen Kampagne gegen das neue Gesangbuch bildete, die
wiederum parallel zum durch die Denunziation Wegscheiders und Gesenius' ausgelösten "Halleschen Theologenstreit" und zur schon 1829
begonnenen Kontroverse um Schleiermachers "Sendschreiben an Lük-
ke" verlief[10].

Bereits zur Einführung des Gesangbuchs im November 1829 hatte
Hengstenberg einen kritischen Artikel verfaßt, der allerdings seiner
Schärfe wegen von der Zensur abgelehnt worden war.[11] Daraufhin
veranlaßte er den früher in Halle mit Schleiermacher befreundet gewesenen Karl von Raumer zur Publikation eines inhaltlich gleichgerichteten "Unparteiischen Gutachtens" in Leipzig[12], also außerhalb
des Bereichs der preußischen Zensurbehörde. Zusätzlich wandte er
sich unter dem 3. Februar 1830 mit einer Beschwerde gegen die Maßnahme direkt an den König, der dann auch am 11. Februar eine
Druckerlaubnis erteilte. Von ihr aber machte Hengstenberg keinen
Gebrauch mehr, lag ihm doch mit der "Protestation" ein willkomme-
ner Ersatz vor. Als eigenen Beitrag ließ er in der nächsten Nummer
der "Evangelischen Kirchenzeitung" einen empfehlenden Hinweis auf
Raumers Gutachten mitsamt einer ausführlichen Rezension der eher
gesangbuchfreundlichen "Kurzgefaßte[n] Vergleichung [...] mit dem alten Porst'schen" folgen.[13] Wichtigster Bestandteil seiner Kampagne
aber wurde die Reihe von anonymen Schreiben "Ueber das neue Ber-

---

[10] Vgl. L. v. Gerlachs Mitteilungen aus Vorlesungen der Hallenser
      Professoren in EKZ 1830, Nr. 5f,38-40.45-47 ("Der Rationalismus
      auf der Universität Halle") und A. Neanders deswegen und wegen
      der Angriffe auf Schleiermacher (vgl. dazu meine historische
      Einführung zu "An Lücke" in KGA I/10) vollzogene Aufkündigung
      der Mitarbeit an der EKZ (Nr. 18,137-140 [3.3.1830])
[11] Vgl. J. Bachmann: Ernst Wilhelm Hengstenberg. Sein Leben und
      Wirken nach gedruckten und ungedruckten Quellen dargestellt,
      Bd 2, Gütersloh 1879, 331-335. A. Kriege: Geschichte der Evan-
      gelischen Kirchenzeitung unter der Redaktion Ernst Wilhelm
      Hengstenbergs, masch. Diss., Bonn 1958, Bd 1, 168f
[12] [K. v. Raumer:] Unparteiisches Gutachten über das neue Berli-
      ner Gesangbuch, Leipzig 1830 (dazu Schleiermacher Briefe 4,399)
[13] Vgl. EKZ 1830, Nr. 14,105-112. Kurzgefaßte Vergleichung des
      neuen Berliner Gesangbuchs mit dem alten Porst'schen. Von ei-
      nem gläubigen Verehrer des letztern, Leipzig 1830

liner Gesangbuch", mit deren Publikation Hengstenberg ab der 16.
Nummer der Zeitung am 24. Februar 1830 beginnen konnte.

Der Autor der "Schreiben an ***" stellt zunächst allgemeine Erwägungen zur Bedeutung geistlicher Lieder als "Nationalschatz" an,
den es gegenwärtig endlich in einer "planmäßigen, erschöpfenden, mit
Bewußtseyn und nach Grundsätzen gemachten [...] sicheren Sammlung" zusammenzufassen gelte.[14] Nach diesem Maßstab aber versage
das Berliner Gesangbuch, weshalb er

> "es für ein großes Unglück ansehen müßte, wenn es gelänge,
> diese Sammlung den Gemeinen als eine definitive Arbeit, als
> ein in unsere Zeit und Kirche einzuführendes Werk anzuprei-
> sen oder aufzureden."[15]

Zum Beleg seiner Auffassung liefert der Verfasser eine überaus detaillierte Vergleichung des Urtextes von Paul Gerhardts "Nun ruhen
alle Wälder" mit der Neufassung des Berliner Gesangbuchs und mit
vier anderen Bearbeitungen, um so und anhand einiger anderer Beispiele "Canones" für die Herausgabe eines Gesangbuchs zu erarbei-
ten.[16]

Obwohl Hengstenberg diese mehr philologischen Ausstellungen für
seine Zwecke instrumentalisieren konnte, sind sie ihm selbst offenkundig in ihrer Weitschweifigkeit nicht scharf und eindeutig genug
gewesen. Schon das "erste Schreiben" ergänzt er nämlich um eine
redaktionelle Notiz, wonach der "wichtigste Beweggrund, weswegen"
er "zu protestiren nicht ablassen" werde, der Sachverhalt sei, "daß
eine sehr bedeutende Anzahl der Veränderungen im neuen Gesangbuche aus dogmatischen Gründen geschehen" sei. In Frageform gibt er
dabei seine Überzeugung zu erkennen, das "Ergebnis" der Änderungen
sei schlicht "antichristlich".[17]

Gerade in dieser Situation und nachdem auch das Nürnberger "Homiletisch Liturgische Correspondenzblatt" in einem anonymen Artikel,
der mutmaßlich ebenfalls von Hengstenberg stammt, das neue Ge-

---

[14]   Vgl. EKZ 1830, Nr. 16,121-126. 17,129-134 (27.2.); Zitate 123.130
[15]   EKZ 1830, Nr. 17,132; im Original gesperrt
[16]   Vgl. EKZ 1830, Nr. 19,149-152 (6.3.). 20,159f (10.3.). "Zweites
       Schreiben an ***" Nr. 32,249-255 (21.4.). 33,257-264 (24.4.)
[17]   Vgl. EKZ 1830, Nr. 17,133f

sangbuch aufs schärfste verurteilt hatte[18], sah Claus Harms sich
genötigt, eine Stellungnahme zugunsten des umstrittenen Werks abzugeben. Im Mai 1830 verfaßte er eine "Beleuchtung des vielfältigen
Tadels, mit welchem in der Ev. Kirchenzeitung Febr. 1830 und in
dem Hom. Lit. Correspondenzblatt 1830, 2. das neue Berliner Gesangbuch angegriffen worden ist"[19] und übersandte die Abhandlung unter
dem 23. Mai mit der Bitte um Veröffentlichung an niemand anders
als – Hengstenberg.

Aus dem bisher unveröffentlichten Begleitschreiben an den Berliner
Agitator geht hervor, daß Harms ernsthaft mit dem Abdruck seines
Aufsatzes in der "Evangelischen Kirchenzeitung" gerechnet hat und
noch "lieber einen solchen geschickt" hätte, mit dem Hengstenberg
"mehr einverstanden gewesen" wäre.[20] Sein Zutrauen entspringt wohl
der Tatsache, daß ja erst im Sommer 1829 die von ihm verfaßte und
von seinem Schüler Asmussen redigierte "Geschichte des Thesenstreits" in dem Organ der Berliner Erweckungsbewegung erschienen
war.[21] Daß er sich nicht nur deswegen Hengstenbergs Richtung
durchaus nahestehend weiß, erhellt aus der deutlichen Zustimmung
seines Briefs zu dessen Politik gegenüber dem sich wegen der Halleschen Denunziation und der Angriffe auf Schleiermacher von der
EKZ losgesagt habenden Neander:

> "Ob ich unsern Freund, d[en] Subrector Asmussen bewege,
> wider Neander zu schreiben, – noch hat er das Wort nicht
> gegeben. Der kann es in vielem Betrachte besser als ich.

---

[18] "Auch in Berlin ein neues Gesangbuch ?!", in: Homiletisch Litur-
     gisches Correspondenzblatt Nr. 2 (1830), Sp.20-28; vgl. nur 21:
     "es ist klar, daß [...] das Verwerfliche einer solchen Arbeit [...]
     im Ganzen sey: die geistliche Charakterlosigkeit, Abgeschliffen-
     heit, Gemeinheit, Vielsinnigkeit bei eigentlicher Sinnlosigkeit,
     gefällige Akkomodation an die gewohnte kirchliche Ausdrucks-
     weise bei Entkräftung, Verflachung, Verdunklung und Verallge-
     meinerung des Inhalts und bei Hinwegräumung derjenigen Aus-
     drücke, die diesen zu bestimmt und stark aussprechen." – Zur
     mutmaßlichen Autorschaft vgl. J. Bachmann: Hengstenberg Bd 2,331
[19] Berlin 1830, wiederabgedruckt Aufsätze 240-265, abgekürzt "Be-
     leuchtung". Im Nachlaß Harms, Convolut Nr. 16 findet sich ein
     fragmentarisches eigenhändiges Manuskript der "Beleuchtung"
     (bricht ab mit "Demuth?–", Originaldruck 18, Aufsätze 249).
[20] Brief vom 23. Mai 1830, Nachlaß Hengstenberg, s. Anhang 7.5
[21] S. o. Kap. 3.1, Anm.10

Uebrigens sind wir beyde nicht die einzigen in Kiel, die auf Ihrer Seite stehen."[22]

Trotz dieser freundlichen Bekundungen aber hat sich Hengstenberg nicht zum Abdruck entschließen können, denn Harms' hier formuliertes Ziel, "dem Ultraismus in der Verehrung des Alten mit etwas entgegen zu treten", steht natürlich völlig im Widerspruch zu seinen Absichten. Stattdessen ist dann die "Beleuchtung" als Einzeldruck bei Georg Reimer erschienen. Harms hat dabei mit der auf dem Titelblatt abgedruckten Bemerkung "Geschrieben im Mai d. J. Für ein öffentliches Blatt bestimmt gewesen. Jetzt als Brochüre gegeben." in einer Weise auf Hengstenbergs Ablehnung angespielt, die nicht nur dieser kaum übersehen haben wird.

Es ist nicht bekannt, durch wessen Vermittlung die Harmsschrift an den Verleger des Gesangbuchs und Freund Schleiermachers geraten ist. Die Veröffentlichung einer Apologie des mittlerweile umstrittenen Gesangbuchs lag gewiß im Verlagsinteresse; zudem hatte es natürlich richtungspolitische Signalfunktion, daß sie ausgerechnet von demjenigen stammt, an dessen "Thesen" von 1817 die EKZ gerade so ausführlich erinnert hatte. Schleiermacher selbst jedenfalls ist von Harms' Vorhaben relativ frühzeitig informiert gewesen, denn Twesten teilte ihm unter dem 21. Juni 1830 mit:

"Unser Harms hat das Berliner neue Gesangbuch auf eine recht wackere Weise in Schutz genommen, und seine Schutzschrift Hengstenberg zur Aufnahme in seine Kirchenzeitung geschickt. Ich bin begierig zu erfahren, ob er sie aufnehmen wird."[23]

Die "Beleuchtung" selbst geht inhaltlich so vor, daß die unterschiedlichen Aspekte der Kritik zu Beginn in zehn Punkten zusammengefaßt und danach Punkt für Punkt abgehandelt werden. Zunächst widmet Harms sich dem Problem der "Weglassung" alter und bekannter Lieder, die von den protestierenden Mitgliedern der Domgemeinde aufgelistet worden waren. Dieses "Verzeichnis" verrate eine "rügenswerthe Flüchtigkeit", da mindestens eines der vermißten Lieder tatsächlich im neuen Gesangbuch vorhanden sei.[24] Hinsichtlich anderer

---

[22] Vgl. Anhang 7.5
[23] Heinrici 420
[24] Vgl. Beleuchtung 3f. Zitate 5f (Aufsätze 240.241)

Gesänge hält Harms die stattgehabte Eliminierung für sinnvoll und
verteidigt nachhaltig die Aufnahme neuerer, namentlich der Harden-
bergschen.[25] Seine grundsätzliche Bewertung lautet:

> "Wer da glaubt an Christum für uns und an Christum in uns,
> der sagt: Ich meine, ich bin auch ein Christ. Und für diese,
> die so sagen, gegenwärtig unter den Gläubigen der größre
> Theil, hat das neue Gesangbuch sorgen wollen."[26]

Was den zweiten Kritikpunkt, die "Weglassung und Verschmelzung
einzelner Verse" angeht, so rechtfertigt Harms das Vorgehen der Gesangbuchkommission mit dem Hinweis auf den Vorzug kürzerer Lieder im Gottesdienst, den jeder Prediger anerkenne, während die Kritiker offenbar "keine Erfahrung [...] in dieser Sache" hätten.[27]

Ausführlicher geht Harms auf die im Berliner Gesangbuch vorgenommenen Korrekturen "der Correktheit halber" ein, die er für im
wesentlichen gerechtfertigt hält. Eindrücklich demonstriert er dies
an "Nun ruhen alle Wälder", über das "so viel Geschrei erhoben"
werde, obwohl es sich doch nur um einen "Hausgesang" handle. Strophe für Strophe übt Harms scharfe Sachkritik an den Bildern der
Originalfassung, die für Menschen, die "weder von einer Verehrung
[...] Paul Gerhards noch von einer heiligen Scheu für das Alterthum"
etwas wüßten, unverständlich und anstößig seien. Die aufgeführten
Mängel seien nicht einmal durch Veränderungen auszugleichen.[28]

Den vierten Kritikpunkt der Beseitigung "biblischer Beziehungen",
insbesondere der "Alttestamentlichen Ausdrücke" im neuen Gesangbuch hält Harms in dieser Pauschalität für unzutreffend. Im Gegenteil sei etwa der Verzicht auf dem Hohenlied entlehnte "Lust-, Kuß-
und Genußbilder" nur "rathsam".[29]

Unter Punkt fünf belegt Harms anhand einer ganzen Reihe von
Liedern aus dem Gesangbuch, daß hinsichtlich der Sündenlehre von
einer "Weglassung christlicher Grundlehren oder verflachenden Darstellung derselben" nicht die Rede sein könne; vielmehr seien manche

[25] Vgl. Beleuchtung 6f. 9f (Aufsätze 242f. 244)
[26] Beleuchtung 8f (Aufsätze 243)
[27] Vgl. Beleuchtung 10f (Aufsätze 244f)
[28] Vgl. Beleuchtung 11–14.14–23; Zitate 14.19 (Aufsätze 245–247.247–252.247.250)
[29] Vgl. Beleuchtung 23–26; Zitate 23.25 (Aufsätze 253f)

zuvor rationalistisch geprägten Gesänge geradezu "evangelisirt worden."[30] Auch fehle die Gestalt des Satan nicht völlig, doch daß sie
häufiger "ausgestrichen" sei, ähnlich wie die Vorstellungen von Hölle
und ewiger Verdamniß, findet Harms' scharfen Tadel, da für ihn ohne
sie die Sünde nichts "Schreckhaftes" behält und die Erlösung ohne
"Tiefe" bleibt.[31]

Während er an dieser Stelle "in die Reihe der Protestirenden tritt",
weist Harms die drei folgenden Einwürfe kurz und entschieden zurück. Weder fehlten Lieder, die "die innern Erfahrungen der Christen
bezeichnen", noch seien die im "Correspondenzblatt" beigebrachten
Beispiele für Widersprüchlichkeiten stichhaltig, noch auch präge das
Berliner Gesangbuch "Ungeistlichkeit und Geistlosigkeit".[32]

Der neunte Kritikpunkt betrifft die "Inkonsequenz der Bearbeiter
und daher entstandene Charakterlosigkeit" ihres Werks. Harms hebt
hervor, daß bei einer Gemeinschaftsarbeit kleinere Fehler nicht ausbleiben könnten und rügt explizit die Aufnahme eines seiner Ansicht
nach rationalistischen Liedes.[33] Von "Charakterlosigkeit" des Gesangbuchs aber könne keinesfalls die Rede sein, denn:

> "sein Charakter ist Bibel, Christenthum und fast durchgängi-
> ger Anschluß an das Alterthum nach Lehre und nach Aus-
> druck, und Eins[ender] ist so weit davon entfernt, die Ein-
> führung dieses Gesangbuchs [...] für ein großes Unglück an-
> zusehen, daß er vielmehr die Domgemeinde und alle Gemein-
> den glücklich preist, ein solches Gesangbuch zu bekom-
> men."[34]

Man könne auch nicht warten, bis eine "definitive Arbeit", die niemand mehr kritisiere, vorliege. Finde ein neues Gesangbuch aber in
einer Gemeinde keinen Widerspruch, so sei daraus nur zu schließen,
daß in diesem Werk das "unstatthaft gewordene Alte" nicht durch
"beßres Neues" ersetzt worden sei. Insofern müsse auch eine gewisse
"Gewaltthat" bei der Einführung eines Gesangbuchs begrüßt werden,
wobei undeutlich bleibt, ob Harms damit den Zwang der Gemeinde

---

30 Vgl. Beleuchtung 26-29; Zitate 26.29 (Aufsätze 254-256.254.256)
31 Vgl. Beleuchtung 29-32; Zitate 29f (Aufsätze 256-258.256f)
32 Erstes Zitat Beleuchtung 29 (Aufsätze 256); vgl. Beleuchtung 32.
   32-35.35 (Aufsätze 258.258-260.260)
33 Vgl. Beleuchtung 35-38 (Aufsätze 260-262)
34 Beleuchtung 38f (Aufsätze 262)

gegenüber oder die notwendige Textumgestaltung meint. An der "Gewaltthat" jedenfalls erfahre man, daß man einer Kirche angehöre und nicht einem "bloßen Cötus, in welchem ein jeder sagen und singen kann, was er eben Lust hat".[35] Mit diesen merkwürdigen Gedanken bereitet Harms eine kurze Attacke gegen die von liberaler Seite mit Hinblick auf die Angriffe gegen Gesenius und Wegscheider geforderte theologische Lehrfreiheit vor[36], die seinen Konsens mit Hengstenberg in diesem Punkt verdeutlicht.

Abschließend weist Harms auch die Forderung der Domgemeindeglieder nach den "bisherigen Anhängen" zum Gesangbuch mit dem ironischen Hinweis auf den buchbindetechnischen Charakter dieser Frage zurück und bemängelt von sich aus die Anordnung einiger Lieder sowie das Fehlen solcher für manche speziellen Anlässe.[37] Insgesamt belegten seine nicht unkritischen Ausführungen, daß er keinesfalls "ein bestellter Lobredner" des Gesangbuchs sei, vor allem aber, daß er zu seinen "Gegnern [...] auch nicht heimlich gehöre".

Sollten bei einer Revision die wenigen ins Feld geführten Monita berücksichtigt werden können, würde seiner Auffassung nach "das gute [Gesangbuch] ein noch beßres" werden. Im letzten Satz der "Beleuchtung" faßt Harms die Intention seines Einschreitens zusammen:

> "Sonst ist sein Absehen eigentlich nur darauf gerichtet gewesen, dem neuen Berliner Gesangbuch, wie es ist, auch so das beste unter den vorhandenen, so viel ihrer ihm bekannt sind, einige Steine aus dem Wege zu nehmen, so wie überhaupt für veränderte alte und für neue Gesänge die Thüren, die man vor ihnen zu verschließen sucht, offen zu halten, und noch höher überhaupt, die Alterthümlichkeit, soweit man sie als ein Joch auf unsre Hälse zu legen sucht, abzuwehren."[38]

Bei allem Hinneigen zur Orthodoxie wahrt Harms seine unabhängige Haltung in Sachfragen. Selbstbewußt tritt er für das umstrittene

---

35 Vgl. Beleuchtung 39 (Aufsätze 262f)
36 Vgl. Beleuchtung 39f (Aufsätze 263): "Solche Lehrfreiheit ist Glaubenszwang, ist Gewissenstyrannei; will man eine freie Kirche, eine Kirche, behalten, so dürfen die Professoren nicht lehren dürfen, was sie wollen, denn ihre Zuhörer nehmens an, bringens weiter, drängens auf und dämpfen den Glauben der Kirche."(40)
37 Vgl. Beleuchtung 40-42 (Aufsätze 263f)
38 Vgl. Beleuchtung 42f (Aufsätze 264f); Hervhg. im Original

Werk ein – nach Ablehnung seines Aufsatzes durch Hengstenberg entgegen der ursprünglichen Absicht[39] auch mit dem Gewicht seines Namens bei "erweckten" Kreisen. Zweifellos hat er sich damit Schleiermacher wieder nahe gebracht, denn dieser hat die Kontroverse um "sein" Gesangbuch aufmerksam registriert, wobei er eine bemerkenswert genaue Kenntnis interner Umstände des sich regenden Widerstands beweist.

So berichtet er Friedrich Bleek am 23. April 1830, mitten unter dem Erscheinen des zweiten anonymen "Schreibens" in der "Evangelischen Kirchenzeitung", daß die "Gesangbuchgeschichten [...] mit sehr unangenehmen Verhältnissen" drohten. Dennoch sei mit Genugtuung zu konstatieren, "daß die Sache ohne alle äußere Unterstüzung so durchgeführt" worden sei, worin geradezu "ein lehrreiches Beispiel" liege, "wieviel in kirchlichen Dingen durch Zusammenhalten der Geistlichen ausgerichtet werden" könne. Den Hintergrund der entstandenen Komplikationen erläutert er so:

> "Der [Kronprinz] der doch jezt einen bedeutenden Einfluß ausübt, war zu einem hartnäckigen Gegner gestempelt worden, und auf diesem Wege auch der König welcher sich anfangs günstig gezeigt hatte umgestimmt worden, bis endlich noch Bunsen von Rom aus sich nicht nur durch seine Briefe in der Kirchenzeitung sondern auch durch einen an den König hineinmischte. Dennoch hat der König ihm vorgesehen und keine positive Gegenwirkung gemacht. Jezt ist gewiß am besten zu schweigen, aber es wird sich schon einmal eine Gelegenheit finden diese Geschichte auf eine authentische Art recht ans Licht zu sezen."[40]

Schleiermacher hat also Informationen darüber gehabt, wer für die eher reservierte Haltung Friedrich Wilhelms III., wie sie sich aus den angeführten Kabinettsordres ablesen läßt, verantwortlich zeichnet und wer der Urheber der "Schreiben" über das Berliner Gesangbuch

---

[39] "Unbekannt möchte ich gern bleiben, wenigstens vor dem Publikum." (Begleitschreiben an Hengstenberg; s. Anhang 7.5)

[40] Vgl. Briefe 4,395 ("Kronprinz" von Dilthey fortgelasssen, ergänzt nach J. Bachmann: Hengstenberg Bd 2,334). Nicht eingeführt wurde das Gesangbuch an der Bethlehemskirche (trotz Zustimmung Goßners) und an St. Gertrud, beides nach Schleiermachers Aussage "nur Capellen" (vgl. Meisner 2,358; auch Briefe 4,399, wo er unter dem 5.5.1830 gegenüber Blanc die Autorschaft Raumers am "Unpartheiischen Gutachten" [oben Anm. 12] anzweifelt).

in der EKZ ist. Es handelt sich um den ihm persönlich bekannten
und mit K. H. Sack befreundeten damaligen preußischen Gesandten
beim päpstlichen Hof und Mitbegründer der deutschen evangelischen
Gemeinde in Rom, Christian Karl Josias Bunsen (1791–1860), dessen
Liturgie der Gesandtschaftskapelle so sehr den Intentionen Friedrich
Wilhelms entsprach, daß dieser sie 1828 als "Nachtrag" zur eigenen
Agende von 1822 bewilligte und den Abdruck der Bewilligung als
"Vorwort" des Werks gestattete.[41]

Außer der Autorschaft Bunsens weiß Schleiermacher noch um weitere Ursachen dafür, daß das Gesangbuch unter "einer solchen Ungunst von Oben" zu leiden habe. Unter dem 8. Mai 1830 teilt er
Gaß mit, der König habe von einer zugesagten finanziellen Unterstützung Abstand genommen und überdies "neulich eine Cabinetsordre
erlassen", nach der

> "bei einer zweiten Auflage (aber das ist ein Geheimniß! [...])
> auf Bunsens Ausstellungen Rücksicht genommen werden [sol-
> le]. Zum Glück ist das nun unmöglich, aber auch wieder eine
> Probe, was dabei herauskommt, wenn man befiehlt ohne
> Sachkenntniß. Der Grund hiervon soll übrigens sein, daß der
> König, schon als Bunsen hier war, ein Versprechen von sich
> gegeben, unser Gesangbuch nicht zu bestätigen (zu einer
> Zeit, wo keiner von beiden es kannte), weil nämlich Bunsen
> auch eins zusammenarbeitete, welches nächstens erscheinen
> soll. Ist dies erst da, dann will ich nicht dafür stehen, ob
> ich nicht noch meine Feder ansetze in der Sache, um doch
> vor Augen zu stellen, worauf es eigentlich ankommt."[42]

In beiden Briefzeugnissen gibt Schleiermacher zu erkennen, daß er
unter Umständen zur publizistischen Verteidigung des Gesangbuchs

---

[41] Vgl. Liturgie wie sie als Nachtrag zur Kirchen–Agende des Jahres
1822 zum Gebrauch für die Königlich Preußische evangelische
Gesandtschafts–Kapelle zu Rom bewilligt worden ist, o. O. 1828,
Vorwort 3f. Dazu Schleiermacher im (von Bunsen selbst bei einem Deutschlandaufenthalt überbrachten) Brief an Sack vom 11.4.
1828: "Der hat nun wieder seine besondere Opfertendenz, der ich
auch keinen Geschmack abgewinnen kann, und bricht mit römischen Melodien in unsren deutschen Kirchengesang ein. Das ist
nun die italienische Provinzialagende." (Briefe 4,389) – Angaben
zur Biographie Bunsens aus: A. Kamphausen: Artikel "Bunsen", in:
RE, 3. Aufl., Bd 3 (Leipzig 1897), 556–562
[42] Vgl. Meisner 2,358. Bunsens Gesangbuch erschien erst 1833 in
Hamburg ("Versuch eines allgemeinen Gesang- und Gebetsbuchs
zum Kirchen- und Hausgebrauch").

gegen das von Bunsen wegen seiner Konkurrenzunternehmung initi-
ierte und durch Hengstenbergs Aktivitäten womöglich noch verstärk-
te Widerstreben des Königs bereit ist. Was ihn dann aber konkret
zur Abfassung der als Schreiben an den Mitherausgeber und nunmehrigen Bischof in Stettin, Georg Karl Benjamin Ritschl (1783–1858),
stilisierten Schrift "Ueber das Berliner Gesangbuch" veranlaßt hat,
ist nicht deutlich[43]; jedenfalls konnte abgesehen von der königlichen
Ungunst die erhoffte weitere Verbreitung des Werks durch die noch
anwachsende Kritik gefährdet erscheinen, hatte doch inzwischen auch
die rationalistische Darmstädter "Allgemeine Kirchen Zeitung" den
gesangbuchkritischen "Synodalbericht" eines "Landpredigers im Brandenburgischen" veröffentlicht.[44]

Der erste direkte Hinweis auf die Abfassung findet sich im Brief
an Gaß vom 23. Juli 1830, also gerade einen Tag vor dem Erscheinen
des letzten Teils der Bunsenschen "Schreiben" in EKZ Nr. 59.
Schleiermacher berichtet hier von der Arbeit am erst 1831 erschienenen "Sendschreiben an von Cölln und Schulz", seiner Stellungnahme im "Halleschen Theologenstreit", und fährt fort:

> "Dann will ich auch noch ein Wort über unsere Gesang-
> buchsangelegenheit sagen, in der sich der König ganz im Wi-
> derspruch mit seinen sonstigen Principien benommen hat.
> Das werde ich ihm auch suchen auf die allerzarteste Weise,
> die sich denken läßt, etwas zu verstehen geben und zugleich
> die Bunsenschen superfeinen Theorieen etwas in's lächerliche
> ziehn, dabei aber von unseren Principien und deren Anwen-
> dung sehr ernste Rechenschaft geben. Erst dann kann ich an
> den zweiten Theil der Glaubenslehre gehn."[45]

---

[43] Berlin 1830 (SW I/5,629–666), abgekürzt "Ueber das Gesangbuch".
Noch am 14.3. schreibt Schleiermacher an L. Jonas (bisher unveröffentlicht, SBPK, Nachlaß Jonas, Mappe 7, Bl.24): "das Gesangbuch geht seinen Gang und hat nicht nöthig daß man ihm helfe".

[44] "Synodalbericht über das neue 'Gesangbuch zum gottesdienstlichen Gebrauche für evangelische Gemeinden. Mit Genehmigung
eines hohen Ministeriums der geistlichen Angelegenheiten. Berlin,
Verlag von Reimer.'", in: Allgemeine Kirchen Zeitung (Darmstadt
1830) Nr. 68, Sp.553–560 (1.5.)

[45] Vgl. Briefwechsel mit Gaß 226; An die Herren D.D. D. von Cölln
und D. Schulz. Ein Sendschreiben, in: ThStKr 4 (Hamburg 1831),
3–39 (vgl. M. Ohsts historische Einführung dazu in KGA I/10)

Noch am 28. August, kurz vor Antritt eines bis 6. Oktober während renden Urlaubs, hat Schleiermacher "Bis zum spät[en] Abend an der Gesangbuchs Schrift geschrieben"[46]; sie ist dann aber wohl erst Anfang November[47] bei Reimer erschienen. Aufschlußreich ist der nachträgliche Kommentar, den Schleiermacher Ludwig Jonas in einem bisher unveröffentlichten Brief vom November 1830 gegeben hat:

> "Das Gesangbuch betreffend mußte doch der Vorwiz der Wenigen die sich als Repräsentanten der Gemeine aufwarfen um so mehr etwas gedemüthigt werden als an der Spize dabei die Gerlachs standen, deren Herrschsucht sehr Zeit ist etwas in den Weg zu treten. Zweitens war es nothwendig etwas gegen Bunsen zu sagen von dem die Briefe mit den Canones in der Evang. Kirchenzeitung herrühren, und der in dieser Sache mit wenig guter Treue zu Werke gegangen ist. Er ist nemlich eine Art Liebling des Königs, hatte sich von demselben ein Versprechen unter der Hand geben lassen, daß er unser Gesangbuch – von dem damals weder der eine noch der andere das geringste gesehen hatte – nicht bestätigen wollte. An dieses Versprechen erinnerte er den König post factum indem er ihm die Briefe schikte und der König glaubte nun wenigstens das thun zu müssen, daß er empfahl – was sich aber auch nicht thun läßt – bei einer zweiten Auflage auf Bunsens Verbesserungen Rüksicht zu nehmen. Unter diesen Umständen konnte ich dem alten guten Bekannten nichts schenken."[48]

Seine Streitschrift selbst gliedert Schleiermacher in drei Teile: Zunächst geht er auf die "Protestation" der Mitglieder der Domgemeinde ein, danach auf den "Synodalbericht" der "Allgemeinen Kirchen Zeitung" und widmet sich schließlich, in einem fast die Hälfte der Schrift umfassenden Abschnitt, den "Bunsenschen superfeinen Theorieen".[49] Dazwischen eingestreut sind "auf allerzarteste Weise" kritische Winke in Richtung Friedrich Wilhelms III. sowie nachdrückli-

---

[46] Zitat Schleiermachers Tagebuch 1830 (SN 450), Bl.69; zum Urlaub ebenda Notizen Bl.69–83
[47] Vgl. Hauptbuch des Verlags Georg Reimer Bd 2, Bl.13r, wonach Schleiermacher am 13.11.1830 5 Exemplare erhalten hat.
[48] Nachlaß Jonas, Mappe 7, Bl.26 (datiert von Jonas' [?] Hand). Aus dem Brief geht hervor, daß es sich bei dem "besprochenen Aufsatz" im Brief an Ullmann, 22.8.1830 ("Zwei ungedruckte Briefe Schleiermachers", ed. H. Stephan, in: ThStKr 92, 1919, 168f, s. hier Anm.1) um "An von Cölln und Schulz" handelt.
[49] Vgl. Ueber das Gesangbuch 6–20.20–30.30–61 (SW I/5,631–640.640–646.646–666)

che Bekräftigungen und Erläuterungen der in der Gesangbuchsvorre-
de aufgestellten Grundsätze.

Einleitend beglückwünscht er Ritschl dazu, daß dieser in Stettin
von den "kriegerischen Anläufen" gegen das Gesangbuch verschont
geblieben sei, mit denen wegen seiner auf Zustimmung sowohl der
einzig "sachkundigen" Berliner Geistlichkeit als auch der zuständigen
Behörde basierenden ordnungsgemäßen Einführung nicht habe gerechnet werden können; im Gegenteil sei die "Maxime" der Kommission
gewesen, das Gesangbuch werde "sich durchschweigen und sich selbst
helfen".[50] Schleiermacher deutet an, er könne der Zensur wegen
nicht offen reden, doch beziehe er die Kritik aus dogmatischen
Gründen ganz auf seine Person: er sei der "eigentliche Haupt-Un-
christ", da er sich in seiner Glaubenslehre so "unumwunden" über
Teufel und ewige Verdammnis ausgesprochen habe.[51]

Im Anschluß an diese Präliminarien wendet Schleiermacher sich den
Einwänden aus der Domkirchengemeinde zu, wobei er mehrfach auf
den besonderen Umstand hinweist, daß es sich um die Hofkirche
handelt, deren "Ministerium", also die Hofprediger Strauß und Theremin, doch das Gesangbuch akzeptiert hätten. Darin liegt schon ein
deutlicher Wink in Richtung des Monarchen, dessen schwankendes
Verhalten Schleiermacher im Zusammenhang der Aktivitäten der ihm
bekannten prominenten "Protestanten" stehen sieht[52].

Wichtiger und eindeutiger noch ist der kritische Rekurs auf die
Forderung der königlichen Kabinettsordre vom 12. Januar nach Rücksichtnahme auf dissentierende Gemeindeglieder. Bei Schleiermacher
erscheint sie in der anspielenden Konditionalform eines "Wenn also
gesagt oder gewünscht worden ist, es möge in dieser Sache nichts
ohne die Gemeinen geschehen [...]"[53]. Seine Gegenargumentation fußt

---

[50] Vgl. Ueber das Gesangbuch 3–6; Zitate 3.4 (SW I/5,629–631.629.630)
[51] Vgl. Ueber das Gesangbuch 5 (SW I/5,630). CG¹ §§ 55–58 (KGA
      I/7.1,156–168). Bezug ist offenbar Bunsens Kritik an der Ände-
      rung der 8. Strophe von "Nun ruhen alle Wälder": "warum soll
      man ihn [Satan] hier bannen, da selbst die, welche ihn nicht in
      der Dogmatik dulden, versprochen haben, ihn uns in der Poesie
      zu lassen." (EKZ 1830, Nr. 20,160; vgl. KGA I/7.1,167,28–168,5)
[52] S. o. Anm.40.48; vgl. z. B. Ueber das Gesangbuch 7.14 ("Männer
      von Bildung"; "vornehmes hochfahrendes Absprechen"; SW I/5,631.636)
[53] Vgl. Ueber das Gesangbuch 10 (SW I/5,633)

neben dem Nachweis der Impraktikabilität von Gemeindebefragungen
in Stadtgemeinden oder bloßem Vergleich verschiedener Gesangbücher
vor allem auf der Hervorhebung der alleinigen Sachkompetenz der
Prediger: Sie kennten als Seelsorger "den Sinn der Gemeine", seien
in diesem Fall "einer überwiegenden Zustimmung der Gemeinen sicher" gewesen und bestimmten überhaupt durch ihre Liedauswahl den
"Gebrauch des Gesangbuchs", geleitet einzig vom Interesse an der
"Erbauung der Gemeine".[54]

Obgleich bei der Einführung des Berliner Gesangbuchs die kirchenpolitische Inkonsequenz eines Herrschers evident ist, der zuvor eine
Kirchenverfassung verhindert und sich bei der Durchsetzung seiner
Agende von Gemeindeprotest unbeeindruckt gezeigt hatte, formuliert
Schleiermacher – sicher auch mit Blick auf die Zensur – seine Kritik
am Verhalten des Königs relativ zurückhaltend. Primär soll hier eben
der "Vorwiz" der "Wenigen" Domgemeindeglieder um die Brüder Gerlach "gedemüthigt werden", auch wenn die Argumentation in ihrer
Tendenz zur Abwertung der Gemeinderechte in die Nähe eines über-
zogenen Amtsverständnisses zu geraten droht.[55]

Den eigentlichen Inhalt der "Protestation" fertigt Schleiermacher
zunächst mit dem Hinweis ab, der Vorwurf der Kritiker, alte Lieder
seien zugunsten neuerer fortgelassen worden, basiere lediglich auf
einem Registervergleich und fährt fort:

> "Daß sie aber auch das Register nicht einmal ordentlich
> durchgelesen haben, hat ihnen Freund Harms, über dessen
> Vertheidigung unserer Arbeit ich mich herzlich gefreut
> habe, schon nachgewiesen."[56]

Schleiermacher zählt noch zwei weitere fälschlich als fehlend be-
zeichnete Lieder auf, bestreitet die Notwendigkeit weiterer Rubriken
und nennt die Forderung, "eine mit schonender Hand" vollzogene
Korrektur dürfe sich nicht auf ganze Zeilen erstrecken, "gänzliche
Unkunde". Was diesen Punkt betrifft, bezieht er sich erneut auf die
"Beleuchtung":

---

[54] Vgl. Ueber das Gesangbuch 8–11 (SW I/5,632–634)
[55] Vgl. dazu nur den Hinweis auf Widersprüche zur "Praktischen
      Theologie" bei C. Albrecht: Liturgik 129f
[56] Ueber das Gesangbuch 12 (SW I/5,634)

"Doch hier können wir die Protestirenden an Harms weisen,
der dieses ihrer Unkunde, denn dafür erklärt er es auch, in
der Kürze gut und hinreichend auseinandergesezt hat."[57]

Solcher Übereinstimmung zwischen Schleiermacher und Harms in
praktischen Fragen kontrastiert allerdings die Differenz hinsichtlich
der Kritik an "aus dogmatischen Gründen" vorgenommenen Veränderungen, der sich Schleiermacher im folgenden zuwendet. Die Strei-
chung alttestamentlicher Bezüge freilich, die Schleiermacher wegen
ihrer häufigen Unverständlichkeit und aus theologischer Überzeugung
rechtfertigt, wenngleich er nicht allein dafür verantwortlich zeichne, hatte auch Harms differenziert bewertet.[58] Was aber die Behandlung des Zornes Gottes, des Teufels und der ewigen Verdammnis betrifft, so tritt der Unterschied deutlich zutage; nach Schleiermachers
Auffassung sind gerade aus diesen Vorstellungen in "älteren Gesängen geschmaklose Hyperbeln und widrige Formeln" entsprungen, die
nicht noch weitertradiert werden sollten. Mit Nachdruck bekennt er
sich zu den Grundsätzen der Glaubenslehre und wiederholt dabei die
liberale Maxime der Gesangbuchvorrede:

"Ich für mein Theil will meine Heterodoxie nicht verläugnen;
ich bin überzeugt, sie wird noch zeitig genug orthodox sein;
aber das freut mich, daß wir mit gutem Gewissen sagen können, keiner unter uns hat es darauf angelegt seine Art von
Dogmatik geltend zu machen."[59]

Schleiermacher beschließt den ersten Abschnitt seiner Schrift mit
einer Bewertung der religiösen Lage Berlins, die "einen tüchtigen
Fortschritt" gemacht habe, was daran abzulesen sei, daß niemand gegen den Überfluß des "sogenannten positiven" protestire. Die Freude
darüber werde ihm jedoch vergällt durch "jene [Hengstenberg-Ger-
lachsche] Parthei", die durch ihre "Geläufigkeit darin weltliche Kräfte in Bewegung zu sezen" den Eindruck zu erwecken suche, "sie sei
eine mächtige Stimmführerin in der Gesellschaft" und so ihre Gegner
– darunter womöglich auch rationalistische Gesangbuchkritiker – ein-
schüchtere. Demgegenüber sei er der Überzeugung, "daß wir durch
unsere Auswahl und Behandlung der Lieder mehr beitragen werden

---

[57] Vgl. Ueber das Gesangbuch 12–14; Zitat 14 (SW I/5,634–636.636)
[58] Vgl. Ueber das Gesangbuch 16f (SW I/5,637f); zu Harms s. o. Anm.29
[59] Vgl. Ueber das Gesangbuch 17–19; Zitate 18 (SW I/5,638f.638)

viele Herzen wieder für das biblische Christenthum zu öffnen als
durch den ganzen Brast von Polemik gegen den Rationalismus geschieht", ja, daß möglicherweise sogar Anhänger jener Partei "irre
zu werden anfangen in dem schroffen und verzerrten was sich an ihre Behandlungsweise des Christenthums angehängt hat."[60] Damit ist
das neue Gesangbuch in den Kontext der Kämpfe um das kirchliche
Recht des Rationalismus gestellt und der Ausschließlichkeitsanspruch
der neoorthodoxen Restaurationstheologie abgewiesen.

Im nun folgenden zweiten Abschnitt, der Auseinandersetzung mit
dem "Synodalbericht" der "Allgemeinen Kirchen Zeitung", polemisiert
Schleiermacher zunächst gegen die "Gemüthlichkeit" und "Naivetät"
des Kritikers und betont, das neue Gesangbuch sei nur für Berlin
bestimmt, nicht aber zur "Verdrängung" des älteren Porstschen.[61]

Daneben stellt er weitere grundsätzliche Betrachtungen zur Ge-
sangbuchrevision an. So habe der Bearbeiter eines solchen im Unterschied zu einem Editor oder Veranstalter einer Anthologie "zu
dem Verfaßer" eines Liedes "gar kein Verhältniß mehr, sondern nur
zu der Gemeine"; die gegenteilige Auffassung entspringe rein dem
"philologischen oder ästhetischen Standpunkt" und sei hierin irrelevant. Ebenso seien auch Lieder, die bereits früher für ein Gesangbuch geändert wurden, prinzipiell reversibel. Der Verfasser eines
"frommen christlichen Liedes" werde es gar "für die größte Ehre" ansehen, wenn man seinen Gesang dem Gemeindegebrauch anpasse, was
Schleiermacher durch einen fiktiven Dialog mit Luther zu erhärten
sucht.[62]

Jedes Verändern für "das kirchliche Bedürfniß" bewege sich zwischen den beiden als legitim anerkannten "Punkten" der Totalrevision
bei Beibehaltung von "Gedankengang und Gehalt" einerseits und der
Beseitigung kleinerer sprachlicher Härten andererseits und sei darum
seinerseits unfraglich zulässig. Wichtig sei weder, "wer" die Modifikation vollziehe, noch "woran" sie vollzogen werde, sondern einzig,

---

[60] Vgl. Ueber das Gesangbuch 19f (SW I/5,639f)
[61] Vgl. Ueber das Gesangbuch 21–23 (SW I/5,640f)
[62] Vgl. Ueber das Gesangbuch 24–26.27 ["Lutherzitat"] (SW I/5,642-
644.644). Harms beruft sich Beleuchtung 6 (242) auf Luthers Praxis.

ob sie der Wiederherstellung des "ursprünglichen Standes" der "Erbaulichkeit" diene.[63]

Indem Schleiermacher sich anschließend an diese Erwägungen in einem dritten Abschnitt den "superfeinen Theorieen" Bunsens in der EKZ zuwendet, wechselt er sogleich den Tonfall ins Distanziert-ironische. Zunächst befaßt er sich mit Aussagen des im Juli 1830 erschienenen "Vierten Schreiben[s] an ***", sodann mit solchen des "Dritten Schreibens" vom Mai[64], die Harms beide noch nicht hatte berücksichtigen können; insofern findet also zwischen ihm und Schleiermacher sozusagen eine Arbeitsteilung in der Zurückweisung Bunsenscher Kritik statt.

Die beabsichtigte Lächerlichmachung Bunsens geschieht dann so, daß Schleiermacher dessen vermeintlich außerordentliche Kompetenz in Gesangbuchfragen der angeblichen Inkompetenz der Berliner Kommission entgegenstellt. "Bewunderung" flöße ihm etwa schon die Anzahl von 11000 "brauchbaren" Liedern ein, die der "Verfasser", obwohl sichtlich kein "Amtsgenosse", "durchgegangen" sei, wo doch die Gesangbuchbearbeiter unter vielleicht 3000 lediglich knapp 900 akzeptable gefunden hätten.[65] Aus dieser immensen Kenntnis resultiere offenbar auch das harte Urteil, die Einführung des neuen Berliner Gesangbuchs sei ein Unglück, eine Behauptung, die Schleiermacher zurückweist. Auch sei es "gehässige Insinuation", von einem "Aufreden" des Werks zu sprechen, da vielmehr von interessierter Seite "notorisch das mögliche geschehen" sei, um die Gemeinden "**gegen das Gesangbuch aufzureden.**"[66]

Schleiermacher fragt spöttisch, welchen "anerkannten und erhabenen Namen" der Kritiker wohl haben müsse, wenn er sich im Stande sehe, den Mitarbeitern des Gesangbuchs "Schnizer" vorzuwerfen, die sie zu "mittelmäßigen Selectanern" stempelten; dies habe ihm "das Blut etwas" aufgeregt, doch sei er, der Platoübersetzer und Neute-

---

[63] Vgl. Ueber das Gesangbuch 28.29 (SW I/5,645)
[64] Vgl. EKZ 1830, Nr. 57,449-456 (17.7.). 58,457-463 (21.7.). 59,465-469 (24.7.); Nr. 41,321-327 (22.5.). 42,329-334 (26.5.)
[65] Vgl. Ueber das Gesangbuch 30-32 (SW I/5,646f)
[66] Vgl. Ueber das Gesangbuch 32-34, Zitate 34 (SW I/5,647f.648)

stamentler, sich seiner "philologischen Schwäche in allen Sprachen bewußt", die der Korrektur durchaus bedürfte, "wenn es nur der Mühe lohnte". Trotz der "unverkennbaren Ueberlegenheit" des Autors in grammatikalischer Hinsicht aber wolle er, Schleiermacher, sich gern durch die von ihm im 3. und 4. "Schreiben" aufgestellten "Canones" für die Bearbeitung eines Gesangbuchs belehren lassen.[67]

Hier nun macht Schleiermacher seinem Unmut über die rein philologisch orientierten Vorschläge Bunsens, die im wesentlichen auf eine korrekte Restitution des Originaltextes alter Gesänge hinauslaufen, unverhohlen Luft. In einem detaillierten Nachweis der faktischen Unbrauchbarkeit der "Canones" spricht er von "Subtilitäten" eines "Sprachkünstler[s]", "kritische[m] Papismus", "gesteigerte[r] Selbstliebe", "Kleinlichkeiten", "abgedroschnen Kleinigkeiten" und "entschiedendste[r] Prätension".[68] Demgegenüber habe der ungenannt bleibende Autor die entscheidenden Kriterien der "Volksmäßigkeit", der "Singbarkeit" und der Notwendigkeit "des einen oder andern dogmatischen Canons" sowie solcher für die Aufnahme neuer Lieder sträflich vernachlässigt.[69]

Ähnlich harsch fertigt Schleiermacher einige Aspekte der "mikrologischen" Kritik der Bearbeitung einzelner Lieder ab. Etwa das ja auch von Harms scharf zensierte Gerhardtsche "Nun ruhen alle Wälder" hätte gar nicht in das Berliner Gesangbuch aufgenommen werden sollen, sei es doch ein "Lied beim Ausziehn zu singen", also ohne gottesdienstliche Verortung; die "große Mühe", es noch mit vier

---

[67] Vgl. Ueber das Gesangbuch 35f (SW I/5,649f)
[68] Vgl. Ueber das Gesangbuch 39.41.44.45 (SW I/5,651f.653.655)
[69] Vgl. Ueber das Gesangbuch 35.44.45.37 (SW I/5,649.655.650) und das Referat "richtige[r] Canones": "daß ein schikliches Verhältniß zwischen alt und neu beobachtet ist, daß nicht manche Gattung überladen ist und andere dürftig, daß nicht Lieder aufgenommen sind die zu subjectiv sind um kirchlich zu sein, und daß neben der allgemeinen Behandlung doch auch die specielle nicht fehlt; wenn nur ein richtiges Maaß ist zwischen Liedern die mehr das Gemeinwesen darstellen und solchen die es mehr mit den Ereignissen des einzelnen Gemüths zu thun haben; wenn nur das richtige Maaß des dogmatischen Ausdruks getroffen ist, daß nicht wesentliches vermißt wird, daß nicht der Buchstabe der Lehre die Poesie ausgetrieben hat und diese nicht ohne jenen wesentlich in sich zu schließen im Freien schwebt [...]." (38; 651)

andern Bearbeitungen zu vergleichen, wäre nur dann "wohl verwendet" gewesen, wenn es sich um ein "Lied von größerem kirchlichen
Werth" handelte.[70] Der Kritiker habe eben zu wenig "die liturgische
Aufgabe die Lieder als harmonische Bestandtheile unseres öffentlichen Gottesdienstes herzustellen" im Blick.[71]

Die Gegenüberstellung der Bearbeitung von "Allein Gott in der
Höh' sei Ehr'" im Berliner Gesangbuch mit einem "Alten Text nach
Canones" in der EKZ nutzt Schleiermacher dazu, auf die Autorschaft
Bunsens anzuspielen, ohne ihn jedoch zu nennen. Ein ihm "seit langer Zeit befreundete[r] Mann" nämlich, der "Herausgeber des römischen Nachtrags zu Agende", habe darin "fast ganz diesen 'Alten
Text nach Canones'" gegeben und sich dabei der gleichen "kleinen
sprachlichen Canones" befleißigt, so daß "es einem zu denken geben
[könnte] wie denn dieses zusammenhänge."[72] Im Zuge dieser Argumentation nimmt Schleiermacher noch einmal Harms in Anspruch, der
gesagt habe, der "Mann" habe "gewiß niemals auf der Kanzel gestanden". Diese Anspielung auf die fachliche Inkompetenz Bunsens in
Fragen der Anordnung der Lieder beruft sich aber zu Unrecht auf
Harms, da dieser das "Vierte Schreiben" noch gar nicht vorliegen
hatte und seine entsprechende Äußerung nur mit Rücksicht auf die
Mitglieder der Domgemeinde trifft.[73]

In einem letzten Abschnitt unternimmt es Schleiermacher, Bunsens
Kritik endgültig ad absurdum zu führen, indem er die Vermutung äußert, dieser habe womöglich "einen Scherz machen wollen, von der
Art fast die wir einen schlechten Spaß nennen". Zum Beleg erwähnt
er die an "Persiflage" grenzende Beschäftigung mit dem Gerhardt-

---

[70] Vgl. Ueber das Gesangbuch 48–51, Zitate 55.48.51. (SW I/5,657–
659.662.657.659)
[71] Vgl. Ueber das Gesangbuch 52 (SW I/5,660)
[72] Vgl. EKZ 1830, Nr. 58,460.461–463 mit Gesandtschaftskapellen-Li-
turgie 26f. Ueber das Gesangbuch 56f (SW I/5,662f); hier weitere
Anspielungen: 31 (kein "Amtsgenosse"; 647), 46 ("zwölfjährige Beschäftigung mit kirchlichen Liedern", hat "keine rechte Anschauung von unserm kirchlichen Leben"; 656), 48 (lebt "ziemlich weit
von dem Wirkungskreis unseres Gesangbuches entfernt"; 657)
[73] Vgl. Ueber das Gesangbuch 58 (SW I/5,664); zu Harms o. Anm.27;
EKZ 1830, Nr. 59,469

schen Abendlied, die Rede von "Bruder Ballhorn" und anderen "symbolischen Personen" sowie die unmögliche Forderung nach einer Neu-
auflage des Gesangbuchs, bei der "kein Stein auf dem andern bleiben
würde". Sollte der "Briefsteller" also eine "scherzhafte Ueberbietung
aller absprechenden und eben so schlecht motivirten Urtheile" der
EKZ beabsichtigt haben, so müßten sich am Ende die Gesangbuchher-
ausgeber "freundlich bei ihm für geleisteten Beistand bedanken";
"hiebei" gelte es bis zum Beweis des Gegenteils zu "bleiben".[74]

Direkt an Ritschl gewandt äußert Schleiermacher abschließend, sicher mit Rücksicht auf Bunsens und des Königs Pläne, seine Freude
am "glüklichen Ausgang" der gemeinsamen Arbeit in Berlin, wo es
nun wohl "wahrscheinlich" sei, daß man sich des neuen Gesangbuchs
in den "nächsten funfzig Jahren" bedienen werde. Zuversichtlich hält
er allen Widerständen entgegen:

> "Die Erfahrung dieses Jahres scheint überwiegend die, daß
> sich die Gemeinen immer mehr hineinleben, sich freier und
> ungehemmter in ihrer Andacht fühlen und in dem ächten
> biblischen Christenthum dadurch befestigt werden."[75]

Es ist in sich bedeutsam und bemerkenswert, daß Schleiermacher in
einem seiner letzten kirchlichen Kämpfe, in einer Zeit des massiven
Vordringens neoorthodoxer Restaurationstheologie, sachliche Unterstützung gerade vom Thesensteller des Jahres 1817 erfährt. Die hier
im Jahre 1830 zutage tretende Konvergenz zwischen ihm und Harms,
die sich bis in viele Einzelzüge der jeweiligen Argumentation erstreckt, kommt nicht von ungefähr. Sie entspringt dem gleichgerichteten kirchenreformerischen Anliegen beider Theologen. Wie Schleiermacher lange Jahre in der Gesangbuchkommission gearbeitet hat,
so hat Harms selbst 1828 ein kleines eigenes Gesangbuch veröffentlicht, in dessen Vorrede er ähnlich argumentiert wie in der "Beleuchtung" und in dem er eine Reihe von Novalisliedern abdruckt.[76]

---

[74] Vgl. Ueber das Gesangbuch 59—61 (SW I/5,664—666); EKZ 1830,
      Nr. 33,258—260 ("Johann Ballhorn" u. a.)
[75] Vgl. Ueber das Gesangbuch 61f, Zitat 62 (SW I/5,666)
[76] Vgl. "Gesänge [...]" (s. o. Kap. 2, Anm.27), hier der "Vorbericht"
      III—VI. Dazu Zillen 261f.264; vgl. auch Harms' Reaktion auf die
      Rezension im "Homiletisch Liturgischen Correspondenzblatt" 1829:
      "Ueber die liturgische Befassung", 1830 (Aufsätze 231—239) und

Bis fast an sein Lebensende hat er darüber hinaus das Ziel verfolgt, ein neues Gesangbuch für Schleswig-Holstein einzuführen.[77]

Gegenüber der großen Übereinstimmung im Praktischen, die sich auf viele einzelne Züge erstreckt, wiegt der dogmatische Dissens hinsichtlich Teufel und ewiger Verdammnis weniger schwer; er ist lediglich getreues Abbild des beim Kieler Schleiermacherschüler von vornherein zu beobachtenden Festhaltens an orthodoxen Vorstellungen, besonders in der Sündenlehre. Gewiß klafft ein inhaltlicher Riß zwischen Schleiermachers weitherzigem Grundsatz, keine dogmatische Richtung im Gesangbuch einseitig zu bevorzugen und Harms' Insistieren auf "positiven" Gehalten der Lieder; ebenso ist auch die Stellungnahme des Kielers zum "Halleschen Theologenstreit" mit Schleiermacherschen Grundsätzen unvereinbar. Dennoch stellt der Gesangbuchstreit des Jahres 1830 exakt die von Schleiermacher bereits 1818 prognostizierte Gelegenheit dar, an der sich zeigt, wie wenig er zu Harms' Gegnern gehört.[78] Harms wiederum beweist durch öffentlichen Widerspruch gegen die ihn sonst zu den ihren zählende Anhängerschaft der "Evangelischen Kirchenzeitung", daß er ungeachtet aller repristinatorischen Tendenzen etwas von der Unabhängigkeit seiner theologischen Anfänge bewahrt hat, nicht nur, was das Festhalten am mittlerweile umstrittenen Novalis anbelangt. In der angespannten Diskussionslage des Jahres 1830, mitten in der Auseinandersetzung um theologische Lehrfreiheit, um Bekenntnisbindung und generell um das kirchliche Recht des Rationalismus hat es hohe theologiepolitische Bedeutung, daß ausgerechnet Harms sich an die Seite seines vielfach angegriffenen Lehrers stellt und dessen Gesangbuch mit zum Durchbruch verhilft[79].

Pastoraltheologie, 2. Buch: "Fünfte Rede. Von dem Gesang. Von der Orgel. Von dem Gesangbuche." (108-151; 128 positiver Rekurs auf das Berliner Gesangbuch; nicht in Schriften 2!)

[77] Vgl. nur die Briefe der Jahre 1838-1844 bei Zillen (334.336.339. 345.347.359.361.370.377).

[78] Vgl. Schleiermacher an Twesten, 12.8.1818 (s. o. Kap. 3.3, Anm.202)

[79] Vgl. J. Bachmann, der mit der schließlichen Einführung des Gesangbuchs in Berlin das Scheitern der (zustimmend beurteilten) Aktivitäten Hengstenbergs konstatiert und festhält: "Und in den Augen des großen Publicums mochte die Niederlage der von

Schleiermachers letztes Wort über seinen Schüler im fernen Kiel
besteht im Ausdruck aufrichtiger Freude darüber, wie "Freund
Harms" sich in der Kontroverse um das neue Berliner Gesangbuch
bewährt. Er zieht damit den endgültigen Schlußstrich unter die früher aufgetretenen Verstimmungen und setzt zugleich einen gewichtigen Akzent für die Beurteilung des Verhältnisses beider so unterschiedlicher Theologen zueinander.

Hengstenberg vertheidigten Sache dadurch besiegelt erscheinen,
daß nicht nur Schleiermacher sondern auch Claus Harms mit besonderen Flugschriften öffentlich zur Vertheidigung des neuen
Gesangbuchs in die Schranken traten." (Hengstenberg Bd 2,335)
Das neue Berliner Gesangbuch erlebte bis 1883 10 Auflagen.

5. Schleiermachers Nachfolge an der Dreifaltigkeitskirche

Ein letzter biographischer Berührungspunkt zwischen Schleiermacher und Harms besteht darin, daß der Kieler nach Schleiermachers am 12. Februar 1834 erfolgten Tod das Angebot erhielt, dessen Nachfolge als Pfarrer an der Dreifaltigkeitskirche anzutreten. Dieser Tatbestand ist mindestens seit seiner Erwähnung in Harms' "Lebensbeschreibung" von 1851[1] bekannt, ohne daß jedoch über die näheren Umstände mehr als Mutmaßungen vorlägen. So hat Paul de Lagarde in seinem viele interessante Details enthaltenden Aufsatz "Über einige Berliner Theologen, und was von ihnen zu lernen ist" gemeint, der preußische Kultusminister Altenstein habe, um den widerstreitenden kirchlichen Richtungen gerecht zu werden, "auf Schleiermachers Kanzel Klaus Harms aus Kiel, einen 'Orthodoxen', auf Schleiermachers Katheder Chr. F. Baur aus Tübingen, einen 'Kritiker', berufen" wollen.[2]

Aus Akten des preußischen Ministeriums der Geistlichen–, Medicinal– und Unterrichtsangelegenheiten ergibt sich jedoch, daß der Plan, Harms nach Berlin zu berufen, nicht von Altenstein stammt und daß dabei richtungspolitische Erwägungen jedenfalls nicht in dem von Lagarde vermuteten Ausmaß handlungsleitend gewesen sind. Etwas anders als mit der Nachfolgeregelung im Pfarramt verhält es sich mit derjenigen in der Professur: hier hat das Ministerium entgegen dem von Hengstenberg betriebenen Mehrheitsvotum der Fakultät nicht dem Königsberger Neutestamentler Hermann Olshausen

---

[1] Vgl. Schriften 1,166
[2] Vgl. P. de Lagarde: Über einige Berliner Theologen, und was von ihnen zu lernen ist, in: Schriften für das deutsche Volk Bd 1, Deutsche Schriften, München 1924, 27–89, hier 53; ähnlich S. Lommatzsch (Enkel Schleiermachers), in: Geschichte der Dreifaltigkeitskirche zu Berlin, Berlin 1889, 108: "Nachdem sich Herrn von Altensteins Wunsch, Claus Harms zu gewinnen, als nicht ausführbar erwiesen, wurde Kober zum Pfarrer ernannt[...]". H. Mulert berichtet, der damals 68jährige F. H. C. Schwarz habe einen Ruf in die Professur ausgeschlagen (Schleiermachers Briefwechsel mit Friedrich Heinrich Christian Schwarz, in: ZKG 53, 1934, 255–294; hier 294).

(1796-1839), sondern dem Kieler Twesten einen Ruf erteilt, wie es vor allem Neander gefordert hatte.[3] Die Berufung Twestens verläuft jedoch als eigenständiger Vorgang unabhängig von der Nachfolgeregelung an der Dreifaltigkeitskirche und erstreckt sich bis 1835, also über einen weitaus längeren Zeitraum.[4]

---

[3] Die Voten der theologischen Fakultät (20.2. und 1.3.1834), die Briefe Neanders an Altenstein (22.2., 28.2.), dessen Antworten und weitere Dokumente abgedruckt bei M. Lenz: Geschichte Bd 4, Urkunden, Akten und Briefe, Halle 1910, 538-549. Ergänzend sei eine Passage aus dem Brief des auch für Harms sich einsetzenden G. L. Nicolovius vom 21.2. [!] an Altenstein mitgeteilt: "Ew. Excellenz werden gnädigst entschuldigen, daß, bey der Spannung, die überall wegen Ernennung eines Nachfolgers Schleiermachers in der Professur laut wird, ich auch die dringende Bitte ausspreche, diese Ernennung nicht aufschieben zu wollen, damit nicht eine partheyische, verderbliche Einwirkung Erfolg gewinne, u. damit nicht, zum Nachtheil nicht nur für die Frequenz der Universität, sondern auch für die Verhältniße in der Facultät u. für das hiesige theologische Studium, ein Semester verloren gehe. Da nach solchem Manne als Schleiermacher nicht von Ersaz, auch nicht von der Hofnung eines sich entwickelnden Ersatzes die Rede seyn kann, so kann ich in jeder Rücksicht nur Prof. Twestens Berufung wünschen, die eben so sicher als heilbringend seyn würde, u. mir, wie Jedem der ihn kennt, auch in Betracht unsrer sehr bedenklichen theol[ogischen] Verhältniße beruhigend seyn müßte." (Zentrales Staatsarchiv, Dienststelle Merseburg [abgekürzt ZStA]: Nachlaß Altenstein, Briefwechsel mit Nicolovius 1817-1836, Bl.153r)
[4] Sie soll darum hier nicht weiter rekonstruiert werden. Unklar ist, wann und von wem der Ruf zuerst ausgesprochen worden ist, denn der erste mir bislang bekannte Hinweis darauf steht in einer Zeitungsnotiz vom 9.4.1834 (s. u. Anm.19); erwähnt ist er in der auch Harms betreffenden Vorstellung des Kanzleipräsidenten Moltke an Friedrich VI. vom 11.4. (s. u. Anm.21). Twesten hat das Angebot zunächst ausgeschlagen (vgl. Kieler Correspondenzblatt 1834, Nr. 40,175 [17.5.]), offenbar ohne Forderung seinerseits gewisse Vergünstigungen von der Kopenhagener Regierung zugesichert bekommen und erst Ende 1834 endgültig zugesagt (Kieler Correspondenzblatt 100,464 [13.12.]: "Kiel, 12. Dec. Professor Dr. Twesten hat jetzt den Ruf nach Berlin entschieden angenommen und wird wohl um Ostern n.J. dahin abgehen.") Die Rekonstruktion des Vorgangs wäre wohl anhand von Archivmaterial der SBPK Berlin möglich: hier z. B. Brief des Kieler Universitätsvizekurators Jensen vom 29.4. (Nachlaß Twesten, Erg.2, Mappe 35); 2 Briefe Neanders vom 7.5. u. 2.8. (Autograph I/1203); Brief Twestens an den Kanzleideputierten J. P. Höpp vom 10.6. u. dessen Antwort vom 18.7. (Erg.2, Mappe 6/34); Brief Altensteins vom 22.9., wonach der König den Berufungsvorschlag genehmigt habe (I/606); Twesten an Altenstein vom 4.10. u. 3.11. über Annahme und Bedingungen (398/1 u.2); Al-

Daß das preußische Kultusministerium von vornherein keine besonderen Absichten mit der Neubesetzung der Pfarrstelle verfolgte, ergibt sich allein schon daraus, daß Altenstein bereits unter dem 13.
März 1834 die Verfügung an das Konsistorium der Provinz Brandenburg erließ, den bisherigen Hilfsprediger an der Dreifaltigkeitskirche,
Adolf August Kober (1798-1877) auf die Stelle Schleiermachers nach-
rücken zu lassen und die Hilfspredigerstelle dem Kandidaten Lic. Karl
August Traugott Vogt (1808-1869) zu übertragen[5]. Altenstein folgte
damit einem Antrag des Konsistoriums vom 3. März, "Die Besetzung
der Schleiermacherschen Predigerstelle betreffend"[6]. Darüber hinaus
hatte Kober selbst schon am 16. Februar unter Hinweis auf seine seit
1823 währende Tätigkeit an der Dreifaltigkeitskirche und eine 1829
ihm gewährte Gehaltszulage ein entsprechendes Gesuch sowohl an das
Konsistorium als auch an das Ministerium gerichtet.[7]

Nur einen Monat nach Schleiermachers Tod also war von seiten
der zuständigen preußischen Behörden die Neubesetzung der von ihm
bekleideten Pfarrstelle ganz unspektakulär in der Weise geregelt, daß
die zuvor bestehende Verbindung mit der Professur endigte. Über-
raschenderweise trat jedoch die Verfügung vom 13. März zunächst
nicht in Kraft, da Altenstein einem vom zuständigen Direktor der

---

tenstein vom 26.11., wonach die Bestallung vollzogen werden soll
(400/2). Aus dem Dokument Cb 55:62:3b im Nachlaß Twesten der
LB Kiel geht hervor, daß er in Berlin unter dem 20.5.1835 zur Eidesleistung am 25.5. geladen worden ist.

[5] Vgl. Acta betreffend die Angelegenheiten der Dreifaltigkeits-Kirche
zu Berlin, auch Anstellung und Besoldung der Prediger und Kir-
chen-Bedienten Bd 2, 1834-1848 [abgekürzt "Acta Dreifaltigkeits-
kirche"], Bl.8 (ZStA, Akten des preußischen Kultusministeriums).
Parallele Aktenstücke sowie Anträge mehrerer Kandidaten auf die
Hilfspredigerstelle, Regelung des Gnadenjahrs der Schleiermacher-
Witwe, endgültige Bestallung Kobers etc. befinden sich im EZA
Berlin, Berlin Brandenburg 14/4011 "Die Besetzung der reformirten
Pfarrstelle an der Dreifaltigkeitskirche 1737-1848", Bl.125-151.

[6] Vgl. Acta Dreifaltigkeitskirche Bl.4f; hier Bl.4r die vom 13.3. datierte Randnotiz des Bischofs und Konsistorialrats Daniel Gottlieb
Neander (1775-1869) über die Entscheidung Altensteins, "daß S[ei]-
ne] E[xcellenz] mit der Absicht des Consist[oriums] den Kober an
die Stelle des verewigten Schleiermachers u. den Voigt an die
Stelle des Kober zu berufen einverstanden sey [...]."

[7] Vgl. Acta Dreifaltigkeitskirche Bl.1-3

geistlichen Abteilung, dem Wirklichen Geheimen Oberregierungsrat
Georg Heinrich Ludwig Nicolovius (1767-1839) erhobenen Einspruch
stattgab. Schon bei der mündlichen Verhandlung des vom Konsistorium vorgelegten Antrags hatte dieser vor einer zu raschen Regelung
der Nachfolge gewarnt; jetzt, nach getroffener Entscheidung, unternahm er einen erneuten Vorstoß, um Altenstein umzustimmen.[8]

Unter dem 25. März schrieb er dem Minister, er könne "nur mit
Schmerz eine Verfügung zeichnen [...], die eine der wenigen hiesigen, ohne Sektengeist getreuen Gemeinen zerstreuen u. einen mit
Liebe besuchten Gottesdienst in einen lauen verwandeln" werde. Zwar
sei Kober ein "ernster treuer" Geistlicher, doch dies "qualificire" ihn
noch nicht "zum Nachfolger Schleiermacher's". Das "leidige Ascensions-Verfahren" werde zu häufig praktiziert und sollte deshalb wenigstens auf vom König zu besetzenden Pfarrstellen wie der in Frage
stehenden nicht zur Anwendung kommen.

Zu seiner schriftlichen Eingabe sieht sich Nicolovius mit dadurch
veranlaßt, daß der für die preußischen Universitäten zuständige Geheime Oberregierungsrat Johannes Schulze (1786-1869) "den Pastor
Harms in Kiel als einen würdigen Nachfolger auf Schl[eiermacher]'s
Kanzel genannt" habe. Trotz seines "ganz andre[n] Vortrag[s]" werde
"dieser geistreiche, orthodoxe, aber freye heitre Mann" die Dreifaltigkeitsgemeinde mit Gewißheit "blühend erhalten". Mit seiner Berufung sei "viel" zu gewinnen und selbst bei einer möglichen Absage
nichts zu verlieren, da der Minister dann wenigstens "öffentlich"
gezeigt hätte, "das Höhere gewollt [zu] haben", was wiederum dem
potentiellen Nachfolger als Ansporn dienen werde.[9]

Interessant ist die Charakterisierung, mit der Nicolovius sein Eintreten für Harms begründet:

---

[8] Vgl. Nicolovius an Altenstein, 25.3.1834 (s. Anhang 7.6., Nr.1, Bl.39r)
[9] Vgl. Anhang 7.6, Nr.1. - Johannes Schulze amtierte seit 1818, war
    Freund Hegels und förderte dessen Schule personalpolitisch (vgl.
    M. Hertz: Artikel "Johannes Schulze", ADB 33, Leipzig 1891, 5-18);
    dennoch setzte er sich für Twesten ein (vgl. das von ihm konzi-
    pierte Schreiben Altensteins an Neander vom 19.3.1834 bei M.Lenz:
    Geschichte Bd 4,544f u. den Hinweis bei Lagarde: Theologen 53f).

"Er ist sehr ein Provinzial-Geschöpf, nach [vielen] innern u. äußern Entwicklungen u. Kämpfen ein Liebling aller Stände, ein anerkanntes Licht der Provinz geworden; dem Ruf als Bischof nach Rußland ist er nicht gefolgt. Berlin möchte ihn aber doch wohl reizen. Er hat hier einige sehr reichhaltige befriedigende Tage gehabt, seinen Sohn hier studirn laßen, über das neue Berliner Gesangbuch geschrieben, mit Schleierm[acher] in schriftstellerischem Verkehr gestanden u. s. w."[10]

Die genaue Kenntnis von Person und Lebensumständen des Kielers verdankt Nicolovius sicherlich nicht nur der einmaligen Begegnung bei dessen Berlinbesuch 1823, sondern auch seinen guten Beziehungen nach Holstein, wo er in seiner Jugend als Hofmeister Friedrich Stolbergs (1790-95) und Kammersekretär in Eutin (1795-1800) in engem Kontakt mit dem Reventlowschen Emkendorfer Kreis gestanden hatte, ohne jedoch zu dessen willfährigen Parteigänger zu werden.[11] Darüber hinaus hatte er offenbar schon im Jahre 1814 einmal erwogen, den damals noch in Lunden amtierenden Harms nach Berlin zu ziehen.[12]

Zu Schleiermacher ergab sich eine nähere Beziehung durch die gemeinsame Tätigkeit im Ministerium von 1810 bis 1814 und die vielfältigen kirchenpolitischen Auseinandersetzungen der Folgezeit. Hier standen sich beide, etwa in der Frage der Einführung einer Synodalverfassung, oft konträr gegenüber, was zu gegenseitiger kritischer Beurteilung führte; dessenungeachtet bestand familiärer Kontakt und besuchte Nicolovius Schleiermachers Gottesdienste[13], konnte also in der Tat die Situation der Dreifaltigkeitsgemeinde kompetent einschätzen.

---

10 Vgl. Anhang 7.6, Nr.1
11 Zur Biographie vgl. F. Fischer: Ludwig Nicolovius. Rokoko – Reform – Restauration, Stuttgart 1939, vgl. hier 55-137. A. Nicolovius: Denkschrift auf Georg Heinrich Ludwig Nicolovius, Bonn 1841, [Nachdruck] Bern/Frankfurt/M. 1973. – Zur Begegnung mit Harms 1823 s. o. Kap. 3.4, Anm.74; zu Emkendorf Kap. 3.1, Anm.100
12 Vgl. die Nachweise bei F. Fischer: Nicolovius 377f
13 Zur gemeinsamen Tätigkeit im Innenministerium s. o. Kap. 3.2, Anm.112-114. Belege zu biographischen Berührungspunkten und gegenseitiger Einschätzung bei Fischer: Nicolovius 380-383; auf ein nicht unfreundliches Verhältnis deutet z. B. Schleiermacher an Nicolovius, 30.11.1829 (Meisner 2,356).

Theologisch und politisch steht Nicolovius sicherlich näher bei Harms als bei Schleiermacher, doch offenkundig fühlt er sich dessen Erbe verpflichtet und beweist ein Gespür für die zwischen "Meister" und "Jünger" bestehenden theologischen Konvergenzen. In diesem Zusammenhang ist auch sein frühzeitiges und letztlich erfolgreiches Eintreten für die Berufung Twestens zu sehen, das ihn mit Neander verbindet, der überhaupt eine ähnliche Stellung zwischen Harms und Schleiermacher einnimmt.[14]

Die Motive seines Verhaltens bei der Regelung der Nachfolge Schleiermachers sind gewiß nicht bis ins letzte zu klären, doch weist sein Engagement auf eine starke innere Beteiligung. Die Stichworte seiner Charakterisierung des Kieler Archidiakons, "orthodox aber frey", kennzeichnen wohl auch die eigene Position. Sein nachdrücklicher Appell an Altenstein, der auf richtungspolitische Erwägungen verzichtet und stattdessen gemeindeorientiert und kirchenrechtlich argumentiert, zeitigte mit der bereits erwähnten Sistierung der Verfügung vom 13. März die erwünschte Wirkung. Darüber hinaus erhielt Nicolovius die Erlaubnis, mit Harms Verhandlungen anzuknüpfen.

Sein vom 2. April datiertes diesbezügliches Schreiben ist 1958 von Thomas Otto Achelis und Johann Schmidt – allerdings nur zur Hälfte – veröffentlicht worden.[15] Es ist mit großer Zurückhaltung formuliert, offenkundig um den Anschein einer offiziellen Anfrage des Kultusministeriums zu vermeiden. Nicolovius spricht ganz allgemein vom "Wunsch Vieler", den "auszusprechen" er "übernommen" habe und der gegebenenfalls der "Königlichen Behörde" vorgetragen werde, "der die Besetzung des Pfarramts zusteht." Als handele es sich um ein Privatschreiben, begründet er seinen Wunsch, Harms "für uns zu

---

[14] Zum Einsatz für Twesten s. o. Anm.3. Zu Neander vgl. nur die Widmung der Harmsschen CA-Predigten (o. Kap. 2, Anm.9); s. auch Kap. 3.4, Anm.24.72. 4, Anm.10.22

[15] Vgl. "Claus Harms bleibt endgültig in Kiel", in: SVSHKG.B 16 (1958), 170–173, hier 171. Des merkwürdigerweise unvollständigen Abdrucks wegen ist das Schreiben im Anhang (7.6, Nr.2) nach der Abschrift Rigsarkivet Köbenhavn, TKIA C 1b, 1834, nr.5 zur Gänze abgedruckt (bis auf wenige orthographische Abweichungen identisch mit: ZStA, Acta Prediger-Anstellung 1825–1847, Bl.42rv).

gewinnen", mit der eigenen Kenntnis der Schriften, Lebensumstände und Person des Kielers und wirbt abschließend um dessen Vertrauen.

Einen etwas offizielleren Eindruck erweckt lediglich die mit dem Verlangen nach rascher Antwort verbundene Aufforderung, Bedingungen für den Wechsel zu nennen. Dagegen stellt sich die Erwartung einer positiven Aufnahme der Anfrage ganz als Ergebnis privater Überlegungen des Geheimrats dar:

> "Die Erwägung, daß ein großes Feld fruchtbaren Bodens Sie hier erwarte, daß Sie vielfache Theilnahme für unser Wollen und Vollbringen bewiesen haben, daß Sie in Berlin herzliche Freunde finden, daß Schleiermachers Andenken Ihnen werth ist; darauf gründet sich meine Hoffnung."[16]

Der so Angesprochene aber hat das diplomatische Schreiben als regelrechten Ruf angesehen. So formuliert er es jedenfalls in einer gleich am 5. April an den dänischen König Friedrich VI. gerichteten Bittschrift[17], der er zum Beleg eine Abschrift der Berliner Anfrage beifügte. Für den Fall seines Bleibens in Kiel stellt Harms hier die Bedingung, die Anwartschaft auf die Hauptpastoren- und Propstenstelle seines altersschwachen Kollegen Johann Georg Fock (1757–1835) sowie die Zusicherung einer Witwenrente für seine Frau zu erhalten, nicht ohne auf die ihm "eingeseelte Liebe für König und Vaterland, für die Kirche der Herzogthümer, für die Kieler Gemeinde und für die Universität" zu verweisen. Deutlich spricht aus den Zeilen Unzufriedenheit mit der eigenen beruflichen Situation, wenn Harms betont, er sei angesichts seiner gegenwärtigen Besoldung zur Annahme des Rufs auf eine besser dotierte Stelle geradezu gezwungen und die Befürchtung äußert, es könne ihm nach siebzehnjährigem Archidiakonat "diese[r] oder jene[r] [...] als Hauptpastor vorgesetzt" werden.[18]

Harms hat jedoch nicht nur versucht, beruflichen Nutzen aus Nicolovius' Anfrage zu ziehen, sondern auch mindestens nicht verhindert, daß die Angelegenheit publik wurde. Das "Kieler Correspondenzblatt" berichtete jedenfalls in seiner Ausgabe vom 9. April 1834 sowohl

---

16 Vgl. Anhang 7.6, Nr.2
17 Veröffentlicht von Achelis/Schmidt SVSHKG.B 16,171f; Zitat 171
18 Vgl. ebenda

über die Absicht, Schleiermachers Professur mit Twesten zu beset-
zen, als auch darüber, daß "Pastor Harms [...] zum Nachfolger desselben großen Mannes als Prediger an der Dreifaltigkeitskirche berufen
worden" sei.[19] Aus dieser Zeitungsmeldung mußte in der daran interessierten Öffentlichkeit der Herzogtümer der sachlich unzutreffende
Eindruck entstehen, als sei der "Ruf" in Berlin bereits offiziell be-
schlossene Sache.

Am selben 9. April verfaßte Harms ein vorläufiges Antwortschreiben an Nicolovius, in dem er andeutet, eine "Verpflanzung" werde
ihm zwar schwerfallen, sei aber durchaus nicht undenkbar. Er gibt
zu erkennen, daß er es für seine "Pflicht" erachte, im Lande zu bleiben, falls ihm durch "Königliche Verfügung ein weiterer Raum gewiesen werden sollte in der Landesk[irche]", und daß er diesbezüglich in
Kopenhagen angefragt habe, von wo er mit baldiger Antwort rechne.
Bedingungen für einen Wechsel nach Berlin wisse er nicht zu stellen,
außer daß er mit ausreichender Besoldung und Versorgung seiner
eventuellen Witwe rechne. Im übrigen sei ihm Preußen, die dortige
Kirchenpolitik und Agende soweit bekannt, daß er dazu keine Fragen
stellen müsse.[20] Gerade aus diesem Bemerken, das doch wohl stilles
Einverständnis signalisieren soll, erhellt, daß der Thesensteller von
1817 es 1834 keinesfalls grundsätzlich ausschließt, Amtsträger der
preußischen Unionskirche zu werden.

---

[19] Vgl. Kieler Correspondenzblatt 1834, Nr. 29,140 (9.4.): "Kiel, 8.
       April. Unsere Stadt ist in Gefahr zwei ihrer ausgezeichnetsten
       Männer zu verlieren. Prof. Dr. **Twesten** hat den ehrenvollen Ruf
       erhalten **Schleiermachers** Stelle bei der Berliner Universität zu
       ersetzen, und Pastor **Harms** ist zum Nachfolger desselben großen
       Mannes als Prediger an der Dreifaltigkeitskirche nach Berlin be-
       rufen worden. Ob sie dem Rufe folgen werden, ist von beiden
       noch ungewiß; möglich wäre es daher, daß dieser oder jener
       Verlust noch abgewendet würde." – Herausgeber des Blattes ist
       übrigens der Kieler Advokat Theodor Olshausen (1802–1869), ein
       Bruder des von der Berliner theologischen Fakultät als Schleier-
       macher-Nachfolger vorgeschlagenen Hermann.
[20] Vgl. Harms an Nicolovius (Datierung erschlossen aus Altenstein
       an Nicolovius, 17.5.1834; Anhang 7.6, Nr.9), als Konzept erhalten
       (s. Anhang 7.6, Nr.3). Auf diesem in der Mitte gefalteten Blatt
       befinden sich ebenfalls die Konzepte der Eingabe an den König
       vom 5.4., des Absageschreibens an Nicolovius und des Dank-
       schreibens an Kanzleipräsident Moltke vom 29.4. (Anhang 7.6, Nr.6f).

Harms' Bitte um baldige Entscheidung ist man in Kopenhagen nachgekommen. Unter dem 11. April richtete der Präsident der Schleswig-Holstein-Lauenburgischen Kanzlei, Graf Otto Joachim Moltke (1770-1853), eine Vorstellung an Friedrich VI., in der er Harms' Gesuch befürwortete, interessanterweise mit der wohl im Hinblick auf die "Thesen" gewählten Begründung, der Archidiakon sei von seinen ehemals "überspannten Anschauungen abgekommen" und erfreue sich deswegen mittlerweile "allgemeiner Achtung und Liebe" in Holstein.[21]

Der König befahl daraufhin unter dem 15. April, Harms für den Fall seines vorzeitigen Todes eine "passende" Witwenpension zuzusichern. Eine Anwartschaft auf Focks Posten könne freilich aus grundsätzlichen Erwägungen nicht ausgesprochen werden, doch sei Harms zu bedeuten, bei eintretender Vakanz werde ein von ihm gestelltes Gesuch, "ein anderes geistliches Amt" zu erhalten, "vorzüglich in Betrachtung" gezogen.[22]

Entsprechend erteilte Kanzleipräsident Moltke Harms unter dem 22. April Bescheid, nicht ohne die eigene Interpretation der königlichen

---

[21] Vgl. Rigsarkivet Köbenhavn: TKIA C 1b, 1834 nr.5 (5 Seiten); behandelt ebenfalls befürwortend die vom Vizekurator der Kieler Universität Jensen genannten Bedingungen, unter denen Twesten dort bleiben würde. – Zu den Zitaten vgl. das Original: "Thi Professor Twesten er bekjent for at vaere maaskee den fortringligste Laerer ved Universitaetet [vielleicht der vorzüglichste Professor], og Archidiaconus Harms har ogsaa, efter at vaere [...] kommet tilbage fra sine overspaendte Anskuelser, erhvervet sig almindelig Agtelse ob Kiaerlighed." (Bl.2) Insofern hält Moltke den "Afgang" Twestens für einen fast unersetzlichen Verlust ("naesten uerstattelig Tab"), während derjenige Harms' allgemein beklagt werden werde ("vilde [...] almindeligen blive beklaget i Holsten").

[22] Die hier zusammengefaßte Harms betreffende Passage lautet im Original (a. a. O. Bl.1f am linken Rand): "Hvad det af Archidiaconus Harms i Kiel indsendte allerunderdanigste Andragende i lige Anledning angaar, da ville Vi allernaadigst have Dig paalagt, at tilkendegive ham: at Survivanie ikke gives Nogen, men at Vi ville have ham forundt allerhöieste Tilsagn om, at, naar [Bl.2] han ved forfaldende Vacanie maatte allerunderdanigst ansöge om at vaerde ansat i et andet geistlig Embede, saadan hans Ansögning skal blive taget fortrinlig i Betragtning, ligesom ham ogsaa gives Forsikring om, at hans eventuelle Enke skal vaerde tillagt en passende Pension. Kjöbenhavn, d[en] 15 April 1834. Frederik". – Im Falle Twestens solle dagegen zunächst Rücksprache mit dem Finanzminister gehalten werden (vgl. Bl.1).

Entscheidung beizufügen. Demnach sei die Verweigerung der Anwartschaft nur deshalb erfolgt, weil "Seine Majestät der König" keine
Ausnahme von einer bestehenden "allgemeinen Regel" habe "machen
können". Unter dieser Voraussetzung erwarte er, Moltke, daß Harms
in der erteilten "Zusage" die "Erfüllung" seiner am 5. des Monats
"der Kanzlei ausgedrückten Wünsche finden" werde.[23]

Unterdessen regten sich beim preußischen Kultusminister Altenstein
offenbar Bedenken, die Entscheidung der Nachfolgefrage noch länger
hinauszuzögern. In einem Schreiben an Nicolovius vom April 1834,
dem das Tagesdatum noch nicht eingetragen ist, erkundigte er sich,
ob "rücksichtlich der Wiederbesetzung der Schleiermacherschen Stelle
etwas bekannt geworden" sei und ob der Geheimrat "Hoffnung" habe,
"daß der Prediger Harms einen desfallsigen Ruf annehmen werde".
Zweifel daran beständen wegen des "bisherigen Resultat[s] der Verhandlungen mit dem Professor Twesten". Um aber bei einer Absage
keinen "unangenehmen Einschub" entstehen zu lassen, sei es ratsam,
dem Antrag des brandenburgischen Konsistoriums auf Bestallung Kobers zunächst "im allgemeinen" zuzustimmen, dabei "die definitive
Entscheidung aber sich noch vorzubehalten". Mit Nicolovius' Einverständnis werde er die Verfügung vom 13. März entsprechend "umarbeiten und abgehen laßen".[24]

Altensteins Drängen auf eine grundsätzliche Entscheidung zugunsten Kobers ist möglicherweise durch eine Pressemeldung veranlaßt
worden, die die doch im Falle Harms' eher offiziösen Aktivitäten
seiner Behörde vor der Berliner Öffentlichkeit als offizielle Politik
erscheinen lassen mußte[25]. Zugleich belegt sein Vorgehen nachdrück-

---

[23] Vgl. Anhang 7.6, Nr.4. Entsprechend muß die Darstellung bei
Achelis/Schmidt (SVSHKG.B 16,172) ergänzt werden.
[24] Vgl. Anhang 7.6, Nr.5
[25] Die "Königlich privilegierte Berlinische Zeitung von Staats- und
gelehrten Sachen" ("Vossische") hatte am 14.4. (Nr. 86, Beilage,
Spalte: Wissenschaftliche und Kunst-Nachrichten) gemeldet: "Kiel,
den 9ten April. Prof. Dr. Twesten hat den Ruf an die Universität
nach Berlin, und Pastor Harms den als Prediger an der Dreifaltigkeitskirche daselbst erhalten, Beide an Schleiermachers Stelle.
Ob sie dem Rufe folgen werden, ist von Beiden noch ungewiß."
Wortlaut und Datierung machen wahrscheinlich, daß die Meldung

lich, daß seinerseits kein genuines Interesse an der Berufung Harms'
bestanden hat und er durchaus willens war, die reguläre vom Konsistorium eingeleitete Verfahrensweise einzuhalten. Die Tatsache, daß
in das Aktenstück noch kein Tagesdatum eingetragen ist und es die
Randnotiz "Cessat" trägt, läßt aber darauf schließen, daß es nicht
mehr an Nicolovius abgesandt worden ist, zumal die Angelegenheit
dann Anfang Mai endgültig geklärt werden konnte.

Harms hatte nämlich am 29. April sowohl dem Kanzleipräsidenten
Moltke Dank abgestattet und bestätigt, er sehe in dessen Bescheid
"die Erfüllung" seiner "Wünsche"[26], als auch Nicolovius seine Absage
mitgeteilt. Der Kieler Archidiakon begründet sie damit, sein "Allergnäd[igster] König nebst der Canzeley" hätten ihm "zu erkennen gegeben", daß er "nicht von hier gehen möchte" und ihm zugesagt, er
werde "in nicht entfernter Zeit [...] in eine andere gehobenere Wirksamkeit" versetzt. Er danke dem preußischen Geheimrat aber für dessen günstige Meinung, daß er "wol Schleiermacher in dessen Predigtamt folgen könnte"; sein Dank gelte auch jenen, die Nicolovius zu
seiner Anfrage veranlaßt hätten und die er gern einmal in Berlin besuchen würde.[27]

Daneben übermittelt Harms persönliche Grüße aus der Familie Reventlow und verdeutlicht abschließend, daß der Wechsel nach Berlin
ihm durchaus als realistische Möglichkeit erschienen ist:

> "Ich hatte den Fuß aufgehoben, um in die Kirche Preußens
> zu treten, hatte angefangen mich zu schürzen, um einmal
> vor dem kirchlichsten König zu stehen, ich hatte schon die
> Hand nach den Brüdern Strauß u. Theremin u. nach Andern
> in Berlin ausgestreckt [...]."[28]

---

auf die Nachricht des "Kieler Correspondenzblatts" vom 9.4. (o.
Anm.19) zurückgeht. – Den Nachweis verdanke ich der freundlichen Unterstützung der Deutschen Staatsbibliothek Berlin; in der
anderen Berliner Tageszeitung, den "Berlinische[n] Nachrichten
für Staats- und gelehrte Sachen" ("Haude und Spenersche") habe
ich dagegen keine entsprechende Notiz finden können.

26 Vgl. Anhang 7.6, Nr.7
27 Vgl. Anhang 7.6, Nr. 6 (Datierung erschlossen aus Nicolovius an
    Altenstein, 6.5.1834; Anhang 7.6, Nr.8)
28 Vgl. ebenda

In Kiel wurde die Nachricht von Harms' Absage durch eine Notiz im "Kieler Correspondenzblatt" umgehend bekanntgemacht, während die Berliner Öffentlichkeit eine Woche später, am 5. Mai, durch eine fast gleichlautende Meldung der "Königlich privilegierte[n] Zeitung für Staats- und gelehrte Sachen" davon erfuhr.[29] Nicolovius setzte seinen Minister unter dem 6. Mai 1834 in Kenntnis. Seinem kurzen Bericht fügte er nicht nur das Absageschreiben, sondern auch eine Abschrift seiner vom 2. April datierten Anfrage an Harms bei, um zu belegen, daß deren "Inhalt und Sprache sehr frey von einem irgend officiellen Charakter" sei. Er wolle damit den Verdacht ausräumen, als habe er die "Erlaubniß einer Anfrage gemisbraucht", also einen regulären Ruf an Harms ausgesprochen, wie es nach den "voreiligen und unrichtigen Zeitungsartikel[n]" über die Nachfolgeregelung den Anschein erwecke.[30]

Auf diese Informationen reagierte Altenstein unter dem 17. Mai mit der Versicherung, er habe keineswegs den Verdacht der Kompetenzüberschreitung gegen Nicolovius gehegt und sei mit dessen Verhalten in dieser Angelegenheit vollkommen einverstanden. Er bedauert ausdrücklich Harms' Absage, da "nach allem was [ihm] von verschiedenen Seiten über ihn bekannt geworden, er wohl der geeignetste Mann [sei] die durch den Tod Schleiermacher's entstandene Lük-

---

[29] Vgl. Kieler Correspondenzblatt 1834, Nr. 36,168 (30.4.): "Kiel, 29. April. Wir freuen uns den zahlreichen Freunden und Verehrern des Herrn Pastor **Harms** die Nachricht mittheilen zu können, daß derselbe in Folge eines aus Kopenhagen erhaltenen Schreibens nicht nach Berlin gehen, sondern in seinem gegenwärtigen Amte bis weiter bleiben werde. Ob wir auch den Herrn Prof. Twesten behalten werden, scheint dagegen noch nicht entschieden zu seyn." – In der "Vossischen Zeitung" Nr. 103 (5.5.) heißt es: "Kiel, den 30sten April. Pastor Harms wird in Folge eines aus Kopenhagen erhaltenen Schreibens nicht nach Berlin gehen, sondern in seinem gegenwärtigen Amte bleiben. Ob wir auch den Hrn Prof. Twesten behalten werden, scheint dagegen noch nicht entschieden zu seyn." Die Meldung der "Haude und Spenerschen Zeitung" vom 7.5. (Nr. 105 Beilage) dagegen ist unkorrekt, somit wohl sekundär ("Der Pastor Harms wird, in Folge eines aus Copenhagen erhaltenen Schreibens, die Universität Kiel nicht verlassen. Ob auch der Prof. Twesten in Kiel bleiben werde, scheint noch nicht entschieden zu seyn."

[30] Vgl. Anhang 7.6, Nr.8

ke würdig und mit Auszeichnung auszufüllen".[31] Der Minister hatte
sich also aufgrund von Aussagen Dritter ein positives Urteil über
den Kieler Archidiakon gebildet, wobei offen ist, ob dessen Fürspre-
cher an ihn herangetreten sind oder er selbst initiativ wurde.

Da nach seiner Einschätzung ein anderer auswärtiger Kandidat
nicht zur Verfügung stehe, hält Altenstein es nun endgültig für geboten, "mit der Wiederbesetzung" der Schleiermacherschen Predigerstelle "in der von dem Konsistorium vorgeschlagenen Art vorzugehen". Mit eigener Hand fügt er dem Aktenstück noch die neue Begründung bei, es müsse auf jeden Fall der "Versuch" unterbunden
werden, "eine vielleicht sehr bedenkliche Wahl zu veranlaßen". Unmißverständlich gibt er zu erkennen, an wen er dabei denkt: es ist
der Prediger an der Neuen Kirche Peter Wilhelm Hoßbach (1784-
1846), dem sich die "Zuhörer" des Verstorbenen nunmehr zum "großen Theil" zugewandt hätten. Die Berufung dieses Schleiermacher-
Freundes und Mitkämpfers im Agendenstreit hat Altenstein offenkundig durch schnelles Handeln von vornherein verunmöglichen wollen.[32]

Dementsprechend informiert er Nicolovius darüber, die "desfallsige
Verfügung" bereits gezeichnet zu haben und bittet ihn, dasselbe zu
tun; dessenungeachtet räumt er ihm noch die Möglichkeit ein, einen
eventuellen weiteren Personalvorschlag mit den anderen Ministerial-
räten zu besprechen.[33] Daß es dazu nicht gekommen ist, dokumentiert in augenfälliger Weise die eingangs erwähnte Verfügung an das
brandenburgische Konsistorium vom 13. März, denn ihr ursprüngliches
Datum ist durchstrichen und durch das des 18. Mai ersetzt. Zudem
datiert auch ihre Abzeichnung durch Nicolovius ("Ns.") vom gleichen
Tag und hat schließlich Altenstein am Rand eigenhändig ihr besonderes Schicksal und damit die Abläufe im preußischen Kultusministerium
zusammengefaßt:

---

[31] Vgl. Anhang 7.6, Nr.9
[32] Vgl. ebenda. – Zu Hoßbach, dem Verfasser der von Schleierma-
      cher mitunterzeichneten "Vorstellung" von 12 Berliner Predigern
      gegen die Agende (s. o. Kap. 3.4, Anm.83) vgl. insbesondere
      Schleiermacher an seine Frau, 12.8.1824, wonach er mit "Hosbach
      Brüderschaft getrunken habe" (Meisner 2,337; auch 329.331)
[33] Vgl. Anhang 7.6, Nr.9 (auf Bl.44v eigenhändig von Altenstein notiert)

"Nach genommen[er] Rücksprache mit dem wirkl[ichen] Geh[eimen] O[ber] Reg[ierungs] Rath und Director G. L. Nicolovius ausgesezt und inzwischen Verhandlung angeknüpft jezt
aber vollzogen."[34]

Die Regelung der Nachfolge Schleiermachers an der Dreifaltigkeitskirche stellt sich also als relativ unspektakulärer und von der
Neubesetzung der Professur unabhängiger Vorgang dar. Der "Ruf" an
Harms ist veranlaßt und vollzogen worden nicht durch den daran weniger interessierten Altenstein, sondern durch den Kultusbeamten Nicolovius, der als erkennbares Motiv seines Handelns jedenfalls aktenkundig nur den Wunsch nach einem "ausgezeichneten Prediger" auf
Schleiermachers Kanzel nennt. Ob sich dahinter doch richtungspolitische Erwägungen verbergen und was den dritten Beteiligten, Johannes Schulze, zu seinem Vorschlag bewogen hat, läßt sich nicht ausmachen. Letztlich hat sich die von vornherein bestehende Auffassung
des zuständigen Konsistoriums, die freigewordene Pfarrstelle müsse
im normalen "Ascensions-Verfahren" mit dem bereitstehenden Anwärter besetzt werden, durchgesetzt.

Demgegenüber hat Nicolovius' Anfrage, als Ruf gedeutet, für Harms
einschneidende und erfreuliche biographische Wirkungen gezeitigt.
Zunächst wurde er am 25. Mai 1834, seinem 56. Geburtstag, von der
philosophischen Fakultät der Universität Kiel unter Hinweis auf das
ausgeschlagene Berliner Angebot mit der Ehrendoktorwürde ausgezeichnet.[35] Daneben bezeugten 514 Kieler Gemeindeglieder ihre Freude über sein Bleiben durch eine Dankadresse an Friedrich VI. sowie
durch großzügige Geschenke, die Twesten in einem festlichen Akt
überreichte.[36] Schließlich wurde Harms vom "Kieler Correspondenz-

---

[34] Vgl. Acta Dreifaltigkeitskirche im ZStA Bl.8. Weitere hierin befindliche Aktenstücke (Bl.9–11.18f.44–46) betreffen die Weiterzahlung der Gehaltszulage an Kober im Gnadenjahr der Witwe
       Schleiermacher (bis 31.3.1835) und deren Übertragung auf den
       Hilfsprediger Vogt (12.4.1836). Nach der Parallelakte im EZA (s.
       o. Anm.5) erfolgte Kobers Vokation am 18.6.1834 (Bl.144).
[35] Vgl. Lebensbeschreibung 132 [Anm.4]; Kieler Correspondenzblatt
       1834, Nr. 49,235 (18.6.). Noch am 23.1. hatte Harms sich im Hinblick darauf bei E. Schuderoff beklagt, er "bleibe kahl wie eine
       Ratze" (Zillen 300).
[36] Vgl. Lebensbeschreibung 132; Dankschreiben bei Achelis/Schmidt

blatt" ebenfalls unter Hinweis auf den "Ruf" nach Berlin als Nachfolger für den am 25. August 1834 verstorbenen Generalsuperintendenten Adler ins Gespräch gebracht, worauf er sich ernsthafte Hoffnungen machte, vielleicht wegen der interpretationsfähigen Formulierung
des Kopenhagener Bescheids, er habe Aussicht auf ein "anderes
geistliches Amt".[37]

Die dänische Regierung konnte sich zwar, wohl auch wegen der ihrer Meinung nach früher von Harms vertretenen "überspannten Ansichten", zu diesem Schritt nicht verstehen, doch nachdem Johann
Georg Fock am 3. August des nächsten Jahres verstorben war, ernannte sie Harms zum Kieler Hauptpastor und Propst. Am 15. November 1835 wurde er in dies Amt eingeführt, das er bis zu seiner Erblindung im Jahre 1849 innehatte und das den damals schon bekann-
testen Geistlichen der Herzogtümer endlich in die ersehnte kirchen-
leitende Funktion versetzte.[38] Dies Avancement verdankt sich ganz
wesentlich dem "Ruf" in die Schleiermacher-Nachfolge; insofern hat
der Berliner "Meister" noch nach seinem Tod ein letztes Mal eine
entscheidende Bedeutung für Harms' Biographie erlangt.

Der Vorgang wirft aber auch noch ein neues Licht auf beider Verhältnis zueinander. Der Unionskritiker von 1817 kann sich sehr wohl
vorstellen, in die "neue evangelische Kirche" einzutreten, und scheut
nur aus landsmannschaftlicher Gebundenheit den Wechsel, nicht aber
aus inhaltlich-theologischen Erwägungen. Dies bestätigt eine mündli-
che Äußerung, die sein enger Schüler Michael Baumgarten überliefert
hat:

"In Berlin wissen sie, was ich bin und was ich bleiben will
bis ans Ende, wollen sie mich denn, wie ich bin, so habe ich
in dieser Hinsicht kein weiteres Bedenken."[39]

(SVSHKG.B 16, 1958, 172f); Manuskript der Rede Twestens in
dessen Nachlaß in der LB Kiel, Cb. 55:63:7b

[37] Vgl. Kieler Correspondenzblatt 1834, Nr. 79,361f (1.10.): "Wer
wird wohl Superintendent in Holstein werden? Wer sollte es werden?" (auch 95,434–436; 26.11. – gegen Harms: 87,394–396; 29.10.).
Zu Harms' diesbezüglichen Hoffnungen vgl. Zillen 306, bes. 310;
auch Brief an Twesten, 28.11.1834, mit dem Wunsch, den Sitz des
Generalsuperintendenten nach Kiel zu verlegen (unveröffentlicht;
Nachlaß Twesten LB Kiel, Cb.55:56, Bl.7rv)

[38] Vgl. z. B. Lebensbeschreibung 167.193

[39] Denkmal 52 (s. o. Kap. 3.1, Anm.62)

Die Bereitschaft, nach Berlin zu gehen, signalisiert demnach eine gewisse Annäherung an Schleiermachers Auffassung in diesem ehemals nicht unwesentlichen Differenzpunkt der beiden Theologen. Wäre Harms tatsächlich dem "Ruf" gefolgt, hätte dies gewiß an der Dreifaltigkeitskirche und darüber hinaus eine deutliche Akzentverschiebung von der freiheitlich-heterodoxen Ausrichtung Schleiermachers hin zu einer mehr orthodox-kirchlichen zur Folge gehabt, was schon aus dem expliziten Hinweis des Kielers auf die "Brüder" Strauß und Theremin hinreichend erhellt. Dennoch bleibt mit Hermann Mulert zu fragen, ob nicht "der charakterfeste Mann" der damaligen reaktionären preußischen Kirchenpolitik "manche Schwierigkeiten gemacht" hätte und so "in ihm selbst unerwartetem Sinne Erbe Schleiermacherscher Traditionen geworden" wäre.[40]

---

[40] Vgl. Schleiermacher und Klaus Harms 575

6. Schluß

Die Betrachtung der biographischen Berührungspunkte zwischen Schleiermacher und Harms lenkt den Blick bei beiden Theologen auf zentrale Motive ihres theologischen und persönlichen Werdegangs.

Da ist zunächst der junge Berliner Charitéprediger Schleiermacher, der in der Tat "mit kühner Hand" den Versuch unternimmt, die Selbständigkeit der Religion gegenüber Metaphysik und Moral herauszustellen. Seine "Reden" begründen Religion aus der Tatsache religiöser Erfahrung und verorten sie in der ihr eigenen "Provinz im Gemüth" des Menschen, um sie sowohl von aufklärerisch-moralischer Funktionalisierung wie von orthodox-theologischer Systembildung zu befreien. Diese noch mehr poetisch vorgetragene Konzeption verschafft dem mit den unterschiedlichsten literarischen Projekten beschäftigten Schleiermacher einen bleibenden Ruf als theologischer Schriftsteller und bereitet die spätere dogmatische Darstellung des "Christlichen Glaubens" vor.

Sein theologisches Erstlingswerk beeindruckt nicht nur die apostrophierten "Gebildeten" der frühromantischen Bewegung, sondern mit gewisser zeitlicher Verzögerung auch den zehn Jahre jüngeren Theologiestudenten Claus Harms im von den damaligen geistigen Zentren weit entfernten Kiel. Der ehemalige Müllerbursche und Landarbeiter, der nur mit Mühe das Studium finanzieren kann, das ihn ins Pfarramt bringen soll, befindet sich in einer Phase religiösen Umbruchs. Vom theologischen Rationalismus seiner Lehrer unbefriedigt, zugleich aber soweit beeinflußt, daß er nicht zur Frömmigkeit der Kindheit zurückkehren zu können glaubt, eröffnen ihm Schleiermachers "Reden" neue Perspektiven. Er ist womöglich der erste Theologe im 19. Jahrhundert, dem die Lektüre des Werks zum förmlichen Bekehrungserlebnis gerät.

Das religiöse Erlebnis des Studenten findet darin Niederschlag, daß Harms sich als Hauslehrer der Frühromantik im weitesten Sinne, besonders aber Novalis zuwendet. Er weiß sich darin im Einklang mit dem Redner "Über die Religion", dem er als wichtigstes die Vorstellung einer religiösen Anlage im Menschen, eines religiösen Organs, verdankt und dessen begeisterte Sprache die Äußerungen eigener Religiosität nachhaltig beeinflußt. Daneben entwickelt er auf dem Hintergrund der "Reden" ein lebenslang "priesterliches" Amtsverständnis. Vor allem aber sieht Harms sich durch die antiaufklärerischen Aspekte des Schleiermacherschen Frühwerks in der Überzeugung bestätigt, der theologische Rationalismus sei Urheber des als Verfall empfundenen Zustands der Kirche und ihre Erneuerung darum auch nur gegen ihn möglich. Einhergehend mit solcher einseitig antirationalistischen Rezeption der "Reden" gelingt ihm freilich die Integration romantischer Impulse mit der inzwischen aufgenommenen kirchlichen Amtstätigkeit zunehmend nur im unkritisch–verklärenden Rückgriff auf traditionell–orthodoxe Terminologie und Inhalte.

Diese maßgeblich von den "Reden" angestoßene Entwicklung einer eigenen Theologie kulminiert 1817 in den "Thesen", deren Herausgabe dem Rationalismus einen entscheidenden Stoß versetzen soll. Originell an diesem restaurativen Kraftakt des nunmehrigen Kieler Archidiakons, der ihm schlagartig theologische Berühmtheit verschafft, ist allenfalls der Versuch, die aus den "Reden" hergenommene Vorstellung von einer religiösen Anlage, mittlerweile Herz genannt, als Gegenmodell einer von der Vernunft bestimmten Theologie ins Spiel zu bringen.

Weder aber der zum vorläufigen Höhepunkt gelangte Antirationalismus noch die damit verbundene Frage nach dem "Organ der Religion" lassen Harms an diesem Punkt mit Schleiermacher zusammenprallen, sondern seine aus aktuellem Anlaß gegen die Unionsvorgänge in Preußen formulierten Sätze, die doch ganz wesentlich im Dienst der romantischen Apotheose der lutherischen Kirche stehen. Der leitende Geistliche der lutherischen Kirche Sachsens, der Dresdener Oberhofprediger Ammon, instrumentalisiert sie zum Angriff gegen die gemeinsamen Abendmahlsfeiern von Lutheranern und Reformierten in Preußen und ruft so den daran maßgeblich beteiligten Schleiermacher auf den Plan.

Der jetzige Theologieprofessor und Prediger an der Dreifaltigkeitskirche befindet sich auf einem Höhepunkt seiner kirchlichen Wirksamkeit. Nachdem er als Anhänger der preußischen Reform Gelegenheit gehabt hatte, die Grundsätze der universitären Ausbildung der
Theologen mitzugestalten und Kirchenverfassungsvorschläge auszuar-
beiten, dann aber der mittlerweile umgeschlagenen politischen Verhältnisse wegen als Regierungsmitarbeiter entlassen und nicht an der
"liturgischen Kommission" zur Kirchenreform beteiligt worden war,
ist er gerade von der Geistlichkeit Berlins zum Präses einer gemeinsamen Kreissynode gewählt worden. Er sieht nun die Zeit für gekommen, mit Hilfe der Unionswilligkeit der Gemeinden eine Kirchenverfassung auch gegen die restaurativen Tendenzen Friedrich Wilhelms
III. durchzusetzen. Die gemeinsamen Abendmahlsfeiern sind ihm Ausdruck religiösen Fortschritts, wie er überhaupt die Gegenwart nicht
als von religiösem Verfall geprägt begreifen kann.

Der einflußreiche theologische Lehrer, der bald darauf seine Glaubenslehre programmatisch als Unionsdogmatik konzipiert, sieht sich
genötigt, die von außen vorgetragene Attacke gegen die auch von innen her gefährdete Vereinigung unter Wahl schärfster Mittel zurück-
zuweisen. Obwohl ihm erst Ammons "Bittere Arznei" als bedeutsam
genug erscheint, publizistisch darauf zu reagieren, fertigt er bei dieser Gelegenheit doch auch Harms' "Thesen" ab, besonders die Art des
Antirationalismus und die Sicht der reformierten Kirche, aber auch
den Sprachgebrauch vom Herzen als unverständlich rügend. Da er
sich der dennoch bestehenden tieferen Übereinstimmung zwischen
ihm und dem Kieler bewußt ist, erläutert er diesem seine Motive in
einem freundlichen Privatschreiben, das jedoch keine besänftigende
Wirkung zeitigt.

Für Harms nämlich kommt, da er in seiner theologischen Entwicklung von der Redenlektüre bis hin zu den "Thesen" keinen Bruch
verspürt, die Rüge dessen, den er in einem offenen Antwortschreiben
seinen "Meister" nennt, überraschend. Wegen der Schwere der persönlichen Verstimmung vermag er den sachlichen Gehalt der Schleiermacherschen Kritik nicht wahrzunehmen und verweigert den Diskurs darüber. Stattdessen bezieht er im literarischen Streit um seine

"Thesen" ultraorthodoxe Standpunkte und verneint frühere liberalere
Ansätze, wobei der Konflikt mit Schleiermacher unterschwellig von
tiefer Differenz über die Frage der juristischen Verbindlichkeit der
Bekenntnisschriften genährt wird. Weder aber Schleiermachers Überzeugung, nicht zu den Gegnern der kirchlichen Wirksamkeit Harms'
zu gehören, noch auch die Vermittlungsbemühungen des mit diesem
zusammenarbeitenden Schleiermacher-Schülers Twesten können verhindern, daß beider einziger direkter Kontakt so unvermittelt abbricht, wie er zustande kam.

Der nächste biographische Berührungspunkt fällt dann in eine Zeit,
da Schleiermacher sich in schwere kirchliche und theologische Auseinandersetzungen verwickelt sieht. Die erstarkende neuorthodoxe
Partei seines Fakultätskollegen Hengstenberg sucht bis hin zum Mittel der Denunziation und unter Ausnutzung des ihr zu Gebote stehenden politischen Einflusses Vertreter anderer theologischer Auffassungen auszuschalten. Die Unionsbildung ist durch die letztlich
zwangsweise Einführung der restaurativ geprägten Agende Friedrich
Wilhelms III., die Schleiermacher nach jahrelanger Opposition nur
widerwillig und partiell akzeptiert hatte, in ganz anderer Weise verlaufen, als er es wünschte. In seinen "Sendschreiben an Lücke" von
1829, die die zweite Auflage der Glaubenslehre vorbereiten, gibt er,
der auch politisch als verdächtiger Oppositioneller gilt, seinen Befürchtungen über die weitere kirchliche Entwicklung Ausdruck, dafür
von der Hengstenbergschen "Evangelischen Kirchenzeitung" hart at-
tackiert.

Im gleichen Jahr erscheint endlich eines der wenigen greifbaren
Resultate der von ihm geleiteten Berliner Kreissynode von 1817, das
neue Berliner Gesangbuch, an dessen Gestaltung er in mühseliger Re-
daktionsarbeit entscheidend mitgewirkt hatte. Große Hoffnungen setzt
er auf die Verbreitung des Werks, das keine dogmatische Richtung
einseitig begünstigen und den Gemeinden angemessene religiöse Poesie zur Verfügung stellen soll. Doch selbst diese letzte Frucht des
Unionsbedürfnisses von 1817 stößt auf Widerstände, nicht nur von
Parteigängern Hengstenbergs, sondern auch seitens des Königs. Trotz
Zustimmung der Berliner Gemeinden gerät das Werk in den Strudel

allgemeiner veröffentlichter Kritik und drohender staatlicher Behinderung.

In diesem Moment steht Claus Harms zu seiner Verteidigung auf, denn auch ihm ist die Einführung eines Gesangbuchs, das der religiösen Empfindung angemessen Ausdruck verleiht, wichtiges Anliegen. Kurz zuvor hat er selbst zu diesem Zweck eine kleinere Liedersammlung herausgegeben und findet nun im Berliner Gesangbuch bis auf wenige Einschränkungen das realisiert, was ihm vorschwebt. Sein Aufsatz zur Apologie des Werks erscheint in Berlin und wird von Schleiermacher, wie er in einer eigenen wenig später erschienenen Schutzschrift verdeutlicht, mit Freude registriert. Im gemeinsamen Einsatz für eine Erneuerung des Kirchengesangs treffen sich die früheren Kontrahenten und verleihen damit der seit der Lektüre der "Reden" durch den Kieler Studenten bestehenden tieferen Konvergenz abschließend nachhaltig Ausdruck.

Für Harms wird Schleiermacher, dessen literarisches Wirken er offenbar immer mit Interesse verfolgt hat, auch nach seinem Tod noch, und nun zum dritten Mal, lebensbestimmend. Hatten die "Reden" ihn auf einen eigenständigen theologischen Weg gebracht und die "Thesen" ihn nicht zuletzt wegen der Kontroverse mit Schleiermacher überregional bekannt gemacht, so verdankt er nun der Anfrage, dessen Nachfolge als Prediger anzutreten, akademische Würden und vor allem das Avancement auf das Amt des Kieler Propsten, das ihm endgültig weitreichenden Einfluß auf die Geistlichkeit der Herzogtümer sichert. Vor diesem Hintergrund gilt sein Bekenntnis zur Schülerschaft Schleiermachers auch ungeachtet der Tatsache, daß er jedenfalls nicht explizit die Analyse des christlich frommen Selbstbewußtseins als wissenschaftlichen Ausdruck der eigenen Konzeption vom Herzen hat rezipieren können oder wollen, nicht allein dem frühromantischen Redner.

Wenn Harms' Schicksal auf so vielfältige Weise mit Schleiermacher verknüpft ist, so spiegelt sich darin äußerlich die bestehende innere Abhängigkeit wider. Es ist bemerkenswert, wie zwischen zwei Theologen, die in sprachlichem Ausdruck und persönlichem Erscheinungsbild, in Bildungsstand und politischer Überzeugung so stark differie-

ren, doch eine so tiefe Konvergenz bestehen kann, daß nicht einmal
ein harter Konflikt das Bewußtsein dafür völlig auslöscht.

Diese von beiden empfundene Übereinstimmung, die bei aller unterschiedlichen Akzentuierung noch am ehesten im vom Bewußtsein der
Überlegenheit gegenüber den Leistungen des Rationalismus getrage-
nen praktischen Engagement für religiöse und kirchliche Erneuerung
in Erscheinung tritt, basiert letztlich auf dem Programm der "Reden".
Insofern ist nicht nur Harms' autobiographisches Zeugnis Beleg dafür, wie Schleiermachers Werk als Erbauungsbuch gelesen werden
konnte, sondern er selbst in persönlicher Amtsführung und kirchlicher Wirksamkeit eindrückliches Beispiel für dessen enorme inhaltliche Prägekraft, in seiner Originalität und durch seine persönlichen
Berührungen mit dessen Autor noch geschieden von den Verzerrun-
gen, die Albrecht Ritschl bei den späteren Vertretern des "modernen
Pietismus" und der "modernen hierarchischen Rechtgläubigkeit" als
direkte Folge der vorgeblich rein ästhetischen Religionsdeutung
Schleiermachers angeprangert hat.[1]

Bei näherer Betrachtung also erweist sich der gemeinhin als neo-
orthodox und neokonfessionalistisch geltende Claus Harms als echter
Schleiermacher-Schüler, der Vermittlungstheologie nicht fernstehend,
und als interessantes Fallbeispiel für die Rezeption der Reden "Über
die Religion" im 19. Jahrhundert.

---

[1] A. Ritschl: Schleiermachers Reden über die Religion und ihre
Nachwirkungen auf die evangelische Kirche in Deutschland, Bonn
1874 (vgl. z.B. 74-80.82-88)

7. Anhang

Im Anhang werden einige bisher unveröffentlichte Manuskripte abgedruckt, auf die in dieser Arbeit Bezug genommen wird. Kommentiert sind dabei nur diejenigen Sachverhalte (Personen, Buchtitel), die nicht bereits in der Darstellung erläutert wurden. Die jeweilige Zuordnung ist angegeben. Im Interesse der Herstellung eines lesbaren Textes wurde auf textkritische Kommentierung verzichtet; stattdessen bezeichnen eckige Klammern [ ] Zusätze des Herausgebers, unsichere Lesarten und nicht entzifferte Worte.

7.1 6 Briefe Christoph Friedrich Ammons an Schleiermacher, 1805–1818

(Archiv der Akademie der Wissenschaften der DDR, Nachlaß Schleiermacher [SN] 238) *Zu Kapitel 3.2, Anm.108f.114–116.119–125.129.132*

Nr. 1: 11. Oktober 1805

[Bl.1]
Hochwürdiger Herr,
Verehrtester Herr Professor
Euer Hochwürden sind mir durch Ihre geistvolle Kritik der Sittenlehre in einer Periode der Gährung und der [Kepo]tyrannie des gewaltigen kategorischen Imperativs so mächtig zu Hülfe gekommen, daß ich nur die gewünschte Erscheinung Ihres moralischen Systems selbst habe abwarten wollen, um Ihnen [Bl.1v] meine innigste Dankbarkeit für Ihren kräftigen Beistand zu bezeugen. Euer Hochwürden zögern, und so müssen Sie mir schon erlauben, daß die Wärme meines Gefühls Ihrer ruhigen Weisheit einen Schritt abgewinne, um Ihnen bald desto gerührter und dankbarer von neuem zu folgen.
Mein Verleger wird Euer Hochwürden den zweiten Band meiner Religionsvorträge im Geiste Jesu, und bald darauf die vierte Ausgabe meiner Moral ehrerbietigst überreichen. [Bl.2] Gestatten Sie ihm geneigtest, mein Andenken bei Ihnen zu erneuern, und gebieten Sie über mich, wenn ich im Stand bin, Ihnen Beweise der freiesten Hochachtung und Verehrung zu geben, mit der sich Ihrer Gewogenheit und Freundschaft bestens empfiehlt
Euer Hochwürden

Erlangen   ganz gehorsamster
am 11. October 1805   Ammon.

Nr. 2: 12. Januar 1811

[Bl.3]   [*von Schleiermachers Hand:*] pr[aesentatum] 19.
                                                    r[e]sp[onsum] 22.
Erlangen 12. Jan. 1811.
Verehrtester Gönner und Freund.
    Noch vor einigen Monathen standen wir einander im Cerimonienha-
bite gegenüber. Vorsicht und Bedachtsamkeit leitete unsere sich nä-
hernden Schritte; die Vorsicht wurde Mißtrauen, und nun entfernten
wir uns wieder mit den Verbeugungen, die in solchen Fällen Sitte
sind. Iezt hat sich Alles verändert; Euer Hochwürden haben sich
wahrscheinlich eines neuen Kollegen versichert, und ich bin dafür in
allen meinen Aemtern und Würden bestätigt, und von allen Sorgen
befreit, die mich noch vor wenigen Monathen drükten. Frei und offen erkläre ich Ihnen daher, daß ich gekommen seyn würde, wenn
wir uns über die bereits angeknüpften Bedingungen hätten einigen
können. Ich würde das Pri-[Bl.3v]mariat in der Facultät mit einem
angemessenen [Charakter], 2500. Thlr. Gehalt, 500 Thlr. Witwenpension und das nöthige Reisegeld gefordert haben. Nun haben Sie, wie
ich meine, das Ziel Ihrer Wünsche besser und wohlfeiler erreicht; ich
freue mich darüber herzlich, und bitte Sie, mir auch in der Trennung
Ihre Liebe nicht zu versagen.
    Daß ich Sie mit Vertrauen und Zuversicht in Anspruch nehme, hö-
ren Sie nun, mein Verehrtester, aus meiner Herzenserleichterung. Hr.
D. Gabler[1] hat die Direction des theolog[ischen] Journals wieder in
meine Hände niedergelegt; sein glükliches Talent, alles deutliche mit
der gehörigen Ausführlichkeit noch [Bl.4r] deutlicher zu machen,
wird von dem undankbaren Publicum verkannt. Ich habe mich über
seinen Antrag noch nicht erklärt, und werde dieses nicht thun, biß
ich weiß, ob Euer Hochwürden Zeit und Lust haben, mich bei einer
Zeitschrift zu unterstüzen, welche ganz neu organisirt werden muß.
Alles Porto, die Auslage für diesen Brief mit eingeschloßen wird ver-
gütet; haben Sie nur die Güte, mein Verehrtester mir zu schreiben,
ob meine Wünsche Gnade finden, was und unter welchen Bedingungen
Sie an dem Journale theilnehmen mögen?
    Der hiesigen Universität steht eine große Veränderung bevor. Es
soll ein Theil der Münchner Akademiker hierher versezt werden; dem
Gerücht nach wollen Niethammer[2], Paulus[3] und Martini[4] bei uns das
neueste Evangelium verkündigen. Ich bin indeßen von allen meinen
Collegen allein als wirkl[icher] Kirchenrath und Primarius bestätigt,
und werde pünktlich bezahlt, was iezt in Franken viel heißt. Doch

---

[1] Johann Philipp Gabler (1753–1826), seit 1804 Theologieprofessor in
    Jena
[2] Friedrich Immanuel v. Niethammer (1766–1848), seit 1804 Theolo-
    gieprofessor in Würzburg, 1808 bayrischer Oberkirchenrat
[3] Heinrich Eberhard Gottlob Paulus (1761–1851), 1803–1811 Theologie-
    professor in Würzburg und Altdorf, 1807 bayrischer Schulrat
[4] Christoph David Anton Martini (1761–1815), 1804–1809 Theologie-
    professor in Würzburg und Altdorf, seit 1809 Lycealprofessor für
    Geschichte in München, Mitglied der Akademie der Wissenschaften

"das reucht nach Eigengunst" sagt der deutsche Rabelais, und dieser
beugt sich tief und dankbar vor Ihrem Verdienste und Ihrer Liebe.
Unwandelbar   Euer Hochwürden   Gehorsamster und treuer
Diener Ammon.

Nr. 3: 15. Januar 1811

[Bl.5]   Erlangen 15. Jan. 11   [*von Schleiermachers Hand:*]
pr[aesentatum] 24
r[e]sp[onsum] 9.^{t}
Verehrtester Gönner und Freund.
    Schon wieder [Crispinus] – Kaum hatte ich mein leztes Schreiben
an Euer Hochwürden abgeschikt, als ich von Stralsund im Namen des
Königs den Ruf zur Generalsuperintendentur und dem Präsidium des
Consistorii zu Greifswald, mit 2500 Thlr. [ ] Cour[ant] Gehalt, freier Wohnung und andern Vortheilen erhielt, die mich diese Stelle auf
3000 Thlr. anschlagen lassen. Ich bin sehr geneigt, die Grundsäze zu
befolgen, die [Bl.5v] ich Euer Hochwürden über ein andres Futuribile,
wie die alte Dogmatik sagt, in meinem lezten Schreiben mitgetheilt
habe. Ich erinnere mich indessen, daß Euer Hochwürden in Ihrer lezten schlauen, und von mir wohlverstandenen Absagung einiger kleiner
Stacheln gedachten, mit welchen diese Stelle, wie alles Irdische,
[gewapnet] ist. Recht innig bitte ich Sie daher, mir alles böse, was
Sie von ihr wissen, als einem treuen Collegen unter dem Siegel der
Verschwiegenheit anzuvertrauen. [Bl.6r] Ich stehe in dem ersten
lustrum als berühmter [ ], und wünsche mich also nicht zu überei-
len, da ich zur Zeit hier gemüthlich und vergnügt lebe.
    Wegen der Portoauslage beziehe ich mich auf meinen vorigen
Brief; sie soll sämtlich wieder erstattet werden.
Unwandelbar   Euer Hochwürden
gehorsamster D[iener] Ammon.

Nr. 4: 28. Oktober 1817

[Bl.7] [*von Schleiermachers Hand:*] beantw[ortet] d[en] 3^t Dec[ember]

Hochwürdiger Herr,
Verehrtester Herr Doctor.
    Euer Hochwürden lesen den Buchstaben eines Mannes, der viel-
leicht unter ungünstiger Constellation wieder in Ihre Nähe tritt. Einmal erscheine ich vielleicht als ein halber Apostat, aus alter Zeit;
nicht einmal das beneficium solidae declarationis, auf das ich doch
als guter Lutheraner peroriren müßte, dürfte mir in [Bl.7v] diesen
glüklichen Tagen zu Statten kommen. Dann aber bin ich überdies ein
Sachse; und diese mögen predigen und beten, wie sie wollen, so sind
das, wie die Berliner Zeitung mit gewohnter Schlauheit erinnert, nur
fromme Wünsche. Indessen ergebe ich mich Euer Hochwürden auf
Gnade und Ungnade; Sie werden doch gewiß nicht strenger seyn, als
Ihre Friedenscommissarien, die unsere Cassen theilen, bis auf die Ge-
sangbuchs- und Bußtagscollectencassen, aber uns doch die künftigen

Almosen freundlich überlassen. Ein [Bl.8r] armer Theologe, der einfältig ist und bleiben will sein lebenlang, kan ia nicht mehr thun, als
sich ieder, nun schon halb verwundenen, Dichotomie geduldig hinzugeben.

Für mein Magazin kommen mir aus Ihren Staaten und aus der
Schweiz [lästige] Synodalpredigten und Proclamationen gegen die
Vereinigung der beiden Kirchen zu. Ich habe sie aus guten Gründen
bisher bei Seite gelegt. Könnten sich Euer Hochwürden vielleicht
entschließen, mir von Ihrem Reichthume etwas zuzusenden? Ich
schweige von den Bedingungen, so-[Bl.8v]lange ich nicht weiß, wie
Sie meine Bitte aufnehmen. Was Sie indessen auch beschließen mögen, so schmeichle ich mir doch, daß Sie die Wiederholung treuen
Versicherung aller Verehrung und Liebe nicht verschmähen werden,
mit der ich immer seyn werde   Euer Hochwürden
Dresden,
am 28. Oct. 1817   gehorsamster Diener Ammon.

Nr. 5: 12. Dezember 1817

[Bl.9]
Hochwürdiger Herr Doctor
Verehrtester Herr und Freund.

Euer Hochwürden auf der Stelle für Ihre geneigte Zuschrift zu
danken, halte ich mich durch unwiderstehliche Umstände verbunden.
Einmal, weil mich die Bemerkung entschuldigt, daß ich mir einen
scherzenden Ton über unsere politische Dichotomie gar nicht erlaubt
haben würde, wenn ich nicht vollkommen sicher [Bl.9v] gewesen wäre, daß Euer Hochwürden über diese Ansicht weit erhaben sind. Dann
aber auch darum, weil das politische Zermalmen, oder Verschmelzen
alter, vielleicht wesentlicher und der Kirche zuletzt zuträglicher
Religionsformen die freimüthigsten Erklärung gegenseitig zu fordern
scheint. Wie die Sachen nun stehen, vergleiche ich beide Kirchen mit
zwei Fürsten, welche die Güter der Krone gemeinschaftlich, die des
Hauses aber besonders verwalten. Iene drücken die gemeinen Lasten
der Zeit, diese sind persönlich ver-[Bl.10r]schuldet und zur Veräusse-
rung reif. Nun wirft man sie eilig auf neuen Credit zusammen, ist
aber weder einig über den Einsaz, noch über den Auszug. Wie man
hier liquidiren kann ohne Inventar und Besizstand, vermag ich nicht
abzusehn. Ich habe mich darüber ofen genug erklärt, und Euer Hochwürden werden mich wenigstens von dem Verdachte der Furchtsamkeit nun vollkommen freisprechen.

Strafen Sie mich dafür, wo und wie Sie wollen; und erhalten Sie
Ihr persönliches, mir in der That unschäzbares Wohlwollen
                              Euer Hochwürden
Dresden,   gehorsamstem
am 12. Dec. 1817   Ammon.

Nr. 6: 7. März 1818

[Bl.11]
Euer Hochwürden
    haben mich in der vorigen Woche mit einer gedrukten Epistel be-
ehrt, die Sie noch schriftlich mit dem Hornschlusse eines gedoppel-
ten [Uebels] begleiteten. Ich fand die Sache anders: denn schrieben
Sie die Wahrheit nicht, so ist das gut für mich. Aber welchen dieser
[Säze] Sie auch ergreifen mögen, immer bin ich der Meinung, daß
wir besser thun würden, uns künftig auf die geschriebenen Visitencarten zu beschränken. Mit fränkischer Biederkeit bietet Ihnen daher
die Hand zum Frieden   Euer Hochwürden
Dresden, am 7. März   gehorsamster Ammon.

7.2. August Twesten: Fragment [Briefe] zum Harms'schen Thesenstreit
(Schleswig–Holsteinische Landesbibliothek Kiel: Nachlaß Twesten Cb
55.33.3) [*Handschrift der Ehefrau Katharina Twesten; Vorarbeiten und
abgebrochenes letztes Textstadium, das hier zuerst in von der Blatt-
folge abweichender Reihenfolge abgedruckt wird. Einverweisungen
sind vollzogen, gestrichene Passagen nicht wiedergegeben.*]
                                         Zu Kapitel 3.3, Anm.196

[Bl.5r; *letztes Textstadium*]
Der Hauptgrund, weshalb Schleier[macher] schrieb, war weil Harms in
einigen seiner Thesen so unbesonnen gegen die Kirchenvereinigung
losfuhr, ihn allein würde S[chleiermacher] schwerlich berücksichtigt
haben, allein da Am[mon] auch darauf ein ging, war das bedeutender
und S[chleiermacher] machte sich auf zu vertheidigen was ihm so
sehr am Herzen liegt. Es komt darauf an, ob man um Worte oder die
Sache selbst streiten will, auf einen Wortstreit ist sich nicht ein-
zulassen. Auch kann man sich nicht so fest an die Worte halten, uns
muß ja frey stehen, was den Reformatoren auch frey stand, so buch-
stäblich kann wohl keiner alles unterschreiben was in den symbolischen Büchern steht; solche Leute, wie den Philaletes, Meyer et con-
sorten[5] kann man wohl damit abfertigen: ihr haltet Euch an die
Worte, wie schon zur Zeit der Reform[ation] Juristen und Politiker
es Luthern zum Gesetz machen wollten sich streng an das Bestehende zu halten, aber Leute wie Schl[eiermacher] denen die Sache so
recht am Herzen liegt, kann man damit nicht abfertigen.
    [...] Harms hat wohl nur einmal flüchtig die Concordien Bücher ge-
lesen und darauf losgeschrieben ohne in den Geist tiefer einzugehen;
manche Stellen sind nicht ganz der Bibel gemäß übersetzt, findet
man nun das so legt man sie, wie es in der Bibel der Sinn ist aus,
den[n] die ist nun doch einmal unsere ganze Autorität. Auch aus
diesem Grunde ist eine Vereinigung der Reform[irten] u. Luther[i-
schen] Kirche so thunlich, weil beyde nur die Bibel anerkennen, man
kann sie daher gerne eine gemeinschaftliche evangelische Kirche

---

[5] Verfasser von gegen Harms' "Thesen" gerichteten Schriften

nennen, was auf die [meisten] Katholiken nicht mit paßte, hingegen
die Katholiken sich ebenso sehr auf die Beschlüsse der Concilien und
des Papstes berufen was eine Vereinigung mit ihnen und uns wohl so
ziemlich unthunlich macht. Von den ersten Zeiten der Reform[ation]
an haben die [Bl.5v] besser Gesinnten auf Vereinigung der Kirchen
gedacht, so schon der edle Landgraf Philip, selbst Luther der [*Text-
lücke*] ausarbeitete. Eben so Melanchton (das Gespräch z[u] Marburg.) in allen Paulinischen Briefen, besonders im Anfang an dem an
die Corinther, ist es sehr ausgesprochen, wie sehr wünschenswerth
eine allgemeine christliche Kirche sey. Wie ich schon einmal sagte
hier bey uns fühlt man das Bedürfnis der Vereinig[un]g beyder Kirchen gar nicht, da es hier im Lande fast gar keine Ref[ormirten]
giebt; ganz anders ist das in Preußen, wo sie so sehr gemischt unter
einander leben, doch schon, wie Tw[esten] selbst es in Berlin so
vielfaeltig erlebte, die Kirchen durch ein ander besuchen, bald von
diesem bald jenem Prediger das Abendmahl nehmen, z.B. manche Luth[eraner] b[ei] Schl[eiermacher]. – Du meintest die Vereinigung sey
nur eine Comedie, weshalb aber das, sollten wohl viele Lutheraner
oder Calvinisten so verschieden über das Abendmahl denken? Der eine sagt: ich empfange den Leib Christi in Brodt u. Wein durch den
Mund, der andere eben so nur statt durch den Mund durch den
Geist, u. kann man mit beyden nicht sehr zufrieden seyn, und darüber leicht zurecht kommen. Diese Unterschiede kann man dem Volk
u. Kindern doch nicht begreiflich machen, am besten thäte man nur
den Schulen diese Streitigkeiten zu überlassen. – Du gestehst selbst
ein, wenn realisirt würde was die Thesen wollen, daß dann der Werth
der wissenscháftlichen Theologie sehr fallen würde, und das muß natürlich die wissenschaftlichen Theologen erbittern, wie du auch
selbst sagst, die einsehen, daß Es gewiß das sicherste Mittel wäre,
die Kirche ganz herunter und um alles Ansehn zu bringen, wenn man
die Wissenschaft von der Theologie trennen wollte, nichts würde
eher ihren [Bl.3r] gänzlichen Verfall herbeyführen. Wir können eben
nicht finden, daß Schl[eiermacher] den Ammon so unchristlich u. un-
barmherzig behandelt hat, man muß sich nur denken wie mäßig Ammon sich nahm. Erst erklärt er sich günstig für die Vereinigung und
plözlich tritt er mit ganz entgegen gesetzten Aeußerungen öffentlich
hervor, sichtlich nur aus Haß gegen Preußen, natürlich [mußte] das
sehr verdrießen, und rechtfertigt die gegen ihn gebrauchten Waffen.
So viele stoßen sich an "mein werthester pp" das ist mir gar nicht
so ärgerlich. Eggers[6] sagte noch man sieht recht, daß er in Plato
lebt und webt. Schwerlich hat Schl[eiermacher] sich zum Ritter an
Harms schlagen wollen [*Textauslassung*]
Du bist unzufrieden mit seinen Auseinandersetzungen, da sind nun
die Ansichten sehr verschieden, z.B. Tw[esten] der sich viel mit diesen Dingen gerade beschäftigte sagt, daß er aus dieser Schrift vieles
gelernt habe in dem was er über Calvinisten u. Luth[eraner] sagt.
Und solche wie Falck u. Dahl[mann][7] die sonst sehr gegen die Ver-

---

6 Vermutlich Emil August Friedrich v. Eggers (1798–1829), Regierungsrat
7 Niels Nicolaus Falck (1784–1850), seit 1814 Professor der Rechte in
  Kiel; Friedrich Christoph Dahlmann (1785–1860), seit 1813 Professor

einigung waren, sind jezt nicht mehr dagegen und finden daß es
doch sehr viel wünschenswerthes habe, und sind nur durch diese
Schrift bekehrt. Cramer[8] war über die Ausführung des selben Gegenstand ganz eingenommen und höchst befriedigt. Du willst de Wettes[9]
Unterscheidung des formalen u. materiellen Princips nicht anerkennen, aber was folgt nun. Verwirfst du, das Formale [*abgebrochen*]
[Bl.1r; *Manuskriptbeginn*]
Um die Schleiermachersche Schrift zu beurtheilen muß man berücksichtigen daß er davon ausgeht die Kirchenunion, die H[arms] u.
A[mmon] angreifen zu vertheidigen, und daß er zu dem Ende zeigte,
daß beyde keine competente Richter in dieser Sache sind, kann man
ihm nicht nehmen; schwerlich hat er sich an H[arms] zum Ritter
schlagen wollen, er hat nur zeigen wollen, daß Harms, so sehr er in
andern Dingen zu achten sey, in dieser Sache keine Stimme habe.
Was nun das Verfahren gegen Ammon betrift, so ist das freylich für
den ziemlich sanglant, aber wenn man sich denkt, wie A[mmon] sich
nahm muß man es natürlich finden. Am[mon] setzt sich mit Schl[ei-
ermacher] in Correspondenz, geht sehr billigend in den Plan der
Union ein, und nun mit einemmal tritt er urplötzlich sich so stark
dagegen erklärend öffentlich hervor; nicht aus theol[ogli[sch]er
Ueberzeugung sondern aus dem politischen Haß den er als Sachse gegen Preußen hegt. Nun ist es doch wohl Pflicht eines jeden, der eine
Sache hat, deren Wichtigkeit ihm einleuchtet und die ihm sehr am
Herzen liegt, die Gründe aufzudecken, die einen andern, der sonst
der Sache sehr schaden kann, bewegen so sich dagegen zu erklären,
und ihm kräftig zu widersprechen. Da Schl[eiermacher] nun dies zu
zeigen hat kann man wohl nicht von ihm eine positive Darlegung
seines eigenen Systems fordern, übrigens hat er doch seine Ansichten über die Union wie hier viele finden sehr bündig ausgesprochen;
Nichttheologen, wie z.B. Falck u. D[ahlmann] die sonst sehr gegen
die Vereinigung waren, sind durch die von ihm aufgestellten Gründe,
dafür gewonnen, finden sie wünschenswerth u. zweckmäßig. Theologen wie Tw[esten] der sich gerade viel mit diesen Gegenständen
beschäftigte, versichert, manches daraus gelernt zu haben.
[Bl.1v] Will man nun die Gründe für oder wider die Union erwägen
so muß man sich erst verständigen von wo man ausgehen will. Man
mag die unverständigen Schreier an das geschriebene Wort des Sym-
bols weisen, aber Leute von vieler theologischer Gelehrsamkeit, großem religiösen Ernst und Geist kann man auf diese Weise nicht abfertigen. Sollte das geschriebene Wort alles gelten, so hätte die
Reformation nie zu Stande kommen können, denn an dem geschriebenen Worte fehlte es damals nicht, und auch nicht an Leuten die den
Reformator[en] zuriefen sich an die Gesetze der Kirche zu binden,
sie aber antworteten, man müsse Gott mehr als den Menschen gehor-

---

für Geschichte in Kiel, seit 1815 Sekretär der schleswig-holstei-
schen Ritterschaft
[8] Vermutlich Andreas Wilhelm Cramer (1760–1833), seit 1792 Professor für römisches Recht in Kiel
[9] Wilhelm Martin Leberecht de Wette (1780–1849), seit 1810 Theologieprofessor in Berlin, Freund Schleiermachers

chen, und so antworten auch jezt, die mit Eyfer und Ernst Prüfen-
den, denen es nicht um Worte, sondern um die Sache zu thun ist.
Freylich sagt Goethe:

> Mit Worten läßt sich treflich streiten,
> Mit Worten ein System bereiten,
> An Worte läßt sich treflich glauben,
> Von einem Wort läßt sich kein Jota rauben.[10]

Aber nichts widerspricht dem Geiste Luthers wohl mehr als dieser
Rath des Mephistopheles.

Wenn man nun den Streit über das Abendmahl so weit von beyden
Seiten hinauf schob, daß man am Ende sich zu Worten verfing, mit
denen keine Begriffe mehr zu verbinden waren, sollte man den[n]
dieser wegen unterlassen, was wünschenswerth wäre? Und daß es so
war kann keinem Denkenden entgehen. Die Lutheraner sprachen von
einem Genusse des Leibes und Blutes mit dem Munde, der aber gei-
stig seyn sollte; die Reformirten von einem Genusse des Leibes u.
Blutes durch den Glauben, dennoch aber solle beydes körperlich seyn.
Was soll man sich hiebey nun denken?
[Bl.2r] Mögen die Theologen sich dabey denken was sie wollen und
können, nur das Volk sollte man mit diesem Streit billig ungeschoren
lassen. Was kann man dagegen haben wenn beyde Parthein sich einig
werden, daß diese Unterschiede für die Praxis nicht in Betracht
kommen, sondern bloß für die Schule gehören. Es giebt wohl noch
größere Unterschiede, die auch nur den Schulen überlassen bleiben
müssen und die beym Volksunterrichte nicht vorgebracht werden
können. Daher ist es wohl nicht richtig, wenn du sagst, der eine
oder der andere müsse etwas ablassen. Keiner läßt etwas ab, sondern
beyde Parthein werden sich nur einig, daß dieser Streit für die
Theologen bleiben solle, da dem Volke die Unterschiede nicht einmal
begreiflich gemacht werden können. Weshalb man nun eine solche
Vereinigung eine Comedie nennen wollte seh ich nicht ein. Eine Vereinigung im Geiste u. der Wahrheit kann man es doch nicht nennen,
wenn man sich über einige unverständliche Worte einig wird, hingegen wenn man sich einander mit Liebe und Eintracht nähert, ist das
wohl eine Vereinigung im Geiste u. der Wahrheit zu nennen.
[Bl.4r] Du fragst weshalb die Vereinigung? Nun Grundlegung sind
schon die mancherley Collisionen, die unausbleiblich eintreten wo,
wie in Preußen, Ref[ormirte] u. Luth[eraner] so durch und neben
einander wohnen, die daraus entstehenden Verwirrungen und Unan-
nehmlichkeiten fühlen wir hier gar nicht, weil es hier fast keine
Ref[ormirten] giebt, also keine Collisionen vorfallen, und so macht
sich uns das Wünschenswerthe einer Vereinigung hier nicht äußerlich
bemerkbar. Vollends Nothwendig ist nun eine Union wo, wie auch in
Preußen, von einer allgemeinen Kirchen Verfassung die Rede ist.

Aber wichtiger ist der innere Grund des christlichen u. apostoli-
schen Gebotes der Einheit, den wir im neuen Testament u. namentlich im Anfang des 1st. Br[ief] P[auli] an d[ie] C[orinther] finden,
und der Charakter der Kirche, denn für diese ist Einheit wesentlich,

---

[10] Johann Wolfgang v. Goethe: Faust I,1997–2000 (Hamburger Ausga-
       be, ed. E. Trunz Bd 3, 12. Aufl., München 1982, 65)

und es kann wohl gefragt werden warum die Trennung, aber nicht warum Einheit.

[Bl.2v; *folgt mit vorigem fast identischer Text*] [...] Das bezeugt die Ganze Geschichte, was führte anders das Papstthum herbey als eben die Tendenz zur Einheit? Die Reformatoren erkannten das wohl daß die Trennung ein großes Unglück sey und thaten was sie konnten, sie zu verhindern, nicht nur Landg[raf] Ph[ilipp] bemühte sich darum, auch Luther that endlich das seinige u. schloß deshalb die Witt[en]b[er]g[er] Conc[ordie] 1536 ab. Auch würde die Vereinigung auf diesem Fundamente zu Stande gekommen seyn, wenn nicht ein unzeitiger Abdruck von Zwinglis Schriften Luther böse gemacht, und ihn bewogen hätte den Streit noch einmal, am Ende seines [Bl.4r] Lebens wieder zu beginnen, womit alle damalige Lutheraner sehr unzufrieden waren, so daß Luther den Verdruß hatte diesen Streit ganz allein bestehen zu müssen. Lange nach seinem Tode gebührt dem elenden Westphal[11], Heshus[12] u. andern solchen Gelichters der Ruhm diesen Streit wieder aufgefrischt zu haben, was Melanchton so verdroß, daß er dem Landgrafen v[on] der Pfalz rieth solche Schreier aus seinem Lande zu jagen, weder Am[mon] noch H[arms] gereicht es zur sonderlichen Ehre an diese Menschen zu erinnern. – Dies mag über die Hauptsache genug seyn, nun noch über reine Nebenpuncte die du in deinem Briefe so nach u. nach berührst.

Du glaubst, Schl[eiermacher]s Christenthum sey ein methaphysisches und als solches müsse es zum Rationalismus führen wäre dem so, so hätten wir der Methaphysik und der Theologie da zu Glük zu wünschen, den[n] sie wären dann beyde zu [Bl.4v] der Vereinigung gekommen die ihr Ziel ist. Schleiermacher ist zu gescheit um nicht einzusehen, daß wir so weit noch nicht sind. Freilich muß jeder Methaphysiker darnach streben seine Methaph[ysik] u. sein Christenthum in Uebereinstimmung zu bringen, denn der Metaphysiker besteht ja nicht aus zwey Stücken, einem Metaphysiker und einem Christen, sondern er ist beydes zugleich.

Du bist unzufrieden mit der Aufstellung des doppelten Princips von de Wette des Formalen und Materiellen. Verwirfst du das formale so thust du den Rationalisten den größten Gefallen, das ist es gerade was sie wollen. Verwirfst du nun das Materielle so trittst du gegen die lutherische Kirche an.

[Bl.3v] Du behauptest Schl[eiermacher] greife Harms wegen ganz Luth[erischer] Thesen an, es mögte dir sehr schwer werden sie durch Luther zu belegen und zu vertheidigen, viel leichter würde es einem andern werden zu zeigen wie sehr die Harmsschen häufig vom Geiste Luthers abweichen.

---

[11] Joachim Westphal (1510–74), lutherischer Theologe, entfachte den sog. "2. Abendmahlsstreit" mit Calvin
[12] Tilemann Heßhus (1527–1588), streng anticalvinistischer lutherischer Theologe

7.3 Claus Harms an August Twesten, 4. Februar 1816
(Schleswig-Holsteinische Landesbibliothek Kiel: Nachlaß Twesten Cb
55.56) [*Nach Anfang und Paginierung wohl Fragment*]
                                        Zu Kapitel 3.3, Anm.198

[Bl.3r] Zur Erwiederung auf den Anfang Ihres freundschaftsvollen
Briefes, hochgeehrter Herr Professor, dieses nur, von der Art das
Erste und das Letzte zwischen uns: Sie sind schon in Glückstadt ein
Gegenstand meiner Aufmerksamkeit, darnach meiner fleißigen Nachfrage und herzlichen Theilnahme gewesen; ich habe im Geist Sie
willkommen heißen in Kiel und auf die Bekanntschaft mit einigen Ihrer Arbeiten der Universität wie dem Vaterlande Glück gewünscht zu
dem Besitz Ihrer.
     Mit der heutigen Post melde ich mich zu der Kieler Vacanz. Es ist
wahr, viele und sehr geachtete Personen, zu welchen ich auch Sie zu
zählen das Glück habe, verwenden sich für mich, gleichwol habe ich
nur eine schwankende Hoffnung, nachdem in den 13, 14 Jahren eines
fleißigen Ambitus alle Hoffnungen von der Art vereitelt worden sind,
ausgenommen die Eine, hieher nach Lunden vor 10 Jahren. Indeß ich
wiege meinen Geist doch immer mit Hoffnungsliedern wieder ein und
verschlafe so den Schmerz meines hiesigen geistigen Alleinseyns und
das daraus entspringende bittre Gefühl geistiger Armuth. O, es wird
anders werden, sollt ich kommen zu den Reichthümern Kiels und ansprechen alle Tage bey den hochbegabten Männern der Stadt!
[Bl.3v] Die Fortsetzung der Kieler Blätter[13] ist versprochen, werden
wir bald ein neues Stück erhalten? Ich kann Sie versichern, selbst
Landleute finden groß[en] Gefallen an ihnen, ungeachtet der sonst so
vortreffliche Anfang derselben die unsichtbare Ueberschrift für Un-
studirte hatte "Noli me tangere oder: odi prof[anum] vulgus. Aber
werden die Herren so fortfahren können ungestört von obenher? Man
stopft jetzt wieder die Politik mit Religion aus (die große Sühnung
wegen Lud[wigs] Tod in Frankreich) anstatt daß man sich dazu des
Völkerrechts bedienen sollte. Da ist schon etwas vorgefallen wegen
der K[ieler] Blätter, habe ich im Merkur[14] gesehen; [Heise] wird
mirs zu lesen geben.
     Leben Sie wohl, Hochgeschätzter! Und komme ich auch nicht als
Prediger nach Kiel, dann doch im Sommer als Reisender und werde
mir die Freyheit nehmen, Ihnen einen Besuch zu machen.

                                               ganz ergebenst
Lunden d[en] 4ten Febr[uar] 1816.   Harms

---

[13] Kieler Blätter herausgegeben von einer Gesellschaft Kieler Pro-
      fessoren, Erster Band, Kiel 1815 (hierin 125–135.216–227 Twestens
      "Rede eines Geistlichen in einer Gesellschaft von Amtsbrüdern")
[14] Altonaischer Mercurius, Altona 1814–1816

7.4. Claus Harms an Franz Hermann Hegewisch[15], 28. August 1823
(Archiv der AdW der DDR, Slg. Weinhold, Briefe von K. Harms)
Zu Kapitel 3.4, Anm.74

[Bl.1]   Eisenach, d. 28sten Aug. 1823
Mehrmalen, mein theurer Freund, habe ich während meiner Reise
Gebrauch zum Trost von Ihrem ermahnenden Wort gemacht: "um einer schlimmen Nacht willen den Muth nicht sinken zu lassen." Diese
letzte Nacht ist freylich nicht übel gewesen, die vorige aber gab mir
wenig Schlaf, ohne Beängstigung jedoch, und wenn ich jetzt mich
wieder schwächer fühle, die Zunge belegter ist, die Augen Morgens
trübe sind, auch der Appetit gering, so will ich es zuschreiben der
gestrigen 26 gradigen Hitze, in der wir gereiset sind, u. dem Erstei-
gen der Wartburg gestern Abend, welches mich, obwol ich wieder
heruntergefahren bin, sehr angegriffen hat. Auch will es wenig mit
den Evacuationen vorwärts, weshalb ich mir werde hier die Rhabar-
ber–Pulver wieder machen lassen und, auf den Fall des Bedürfnisses,
die schlafbefördernde Mixtur, von der ich geschrieben habe, daß sie
ausgelaufen sey u. auch die Pulver verdorben habe. Daß ich beydes
nicht brauche, gebe Gott.
Von hier heute nach Salzungen zu Wehner[16] u. dort soll bestimmt
werden, ob weiter südlich noch oder von dort wieder herauf nach
Gotha – – Dresden. Ich dünke mich allerdings als einen Reisenden
auf die Gesundheit zu, der ich auch näher komme, obgleich nicht so
bestimmt, wie die Stationen weiter führen. – Der Weg kürzt immer
ab, auch der vom Hause ist ein Weg nach Hause, – wohin mich verlangt aber mit einem Verlangen, das von der Pflicht untergehalten
wird.
Gestern auf der Wartburg wären Sie gewiß gern neben mir gestanden, als ich vor dem Minister v. Wangenheim[17] stand u. denselbigen
Einiges zu mir sagen hörte, Vieles zu dem hiesigen, ihm unbekann-
ten, Superintendenten sagen hörte, zu diesem von seinen politischen
Ansichten u. Grundsätzen, namentlich die die Landesversamml[un]g
betreffen. So leicht und viel sage ich keinem Studenten von meinen
homiletischen Grundsätzen und religiösen Ansichten. Ich bin überzeugt, dieser Herr hätte Ihnen in solcher Auslassung gewiß misfallen,
wie er mir darin höchlich misfallen hat. – Er hat in Gotha keine
Wohnung finden können, daher er in Dresden sich jetzt eine suchen
will. Sie wissen es wol, daß er einstweilen kein Amt hat.
Von den Gegenden schreiben, die Wartburg beschreiben und deren
Eindrücke auf mein Gemüth, die eben nicht sehr tief gingen – das

---

[15] Franz Hermann Hegewisch (1783–1865), Harms' Arzt, Kieler Me-
      dizinprofessor und liberaler Politiker
[16] Johann Wilhelm Wehner (1790–1859), Pfarrer in Salzungen (1818–
      27), als Kieler Hauslehrer (1816–18) mit Harms befreundet
[17] Karl August Freiherr von Wangenheim (1773–1850), als württem-
      bergischer Politiker Verfechter einer liberalen Landesverfassung;
      1816/17 Minister; seit 1817 Gesandter beim Bundestag; Juli 1823
      auf Betreiben Metternichs abberufen

nicht, sondern schließen mit dem Wunsch des besten für Ihr Haus u.
mich Ihrer treuen Theilnahm' empfehlend.   d[er] Ihrige
                                                                    Harms.

7.5 Claus Harms an Ernst Wilhelm Hengstenberg, 23. Mai 1830
(SBPK Berlin: Nachlaß Hengstenberg Claus Harms)
                                                    Zu Kapitel 4, Anm.20-22

[Bl.1r]
Hochwürdiger Herr Doctor,
Hochgeehrtester Herr und Freund.
Hier einmal ein Aufsatz von mir für d[ie] Ev[angelische] K[irchen]
Z[eitung]. Ich hätte lieber einen solchen geschickt, mit welchem Sie
mehr einverstanden gewesen wären, als Sie es seyn werden mit diesem, allein ich hoffe, auch so wie er ist, gönnen Sie ihm einen
Platz. Unbekannt möchte ich gern bleiben, wenigstens vor dem Publikum.
    Mehrere von Ihren Freunden haben mich zuweilen aufgefordert, an
der K.Z. mitzuarbeiten. Ich kann nicht soviel schreiben, wie ich
möchte, u. nicht so gut schreiben, wie ich sollte. Auch der gegen-
wärt[ige] Aufsatz ist mir lange nicht gut genug; ich habe dem Dran-
ge nachgegeben, dem Ultraismus in der Verehrung des Alten mit etwas entgegen zu treten.
    Ob ich unsern Freund, d[en] Subrector Asmussen[18] bewege, wider
Neander zu schreiben, – noch hat er das Wort nicht gegeben. Der
kann es in vielem Betrachte besser als ich. Uebrigens sind wir beyde
nicht die einzigen in Kiel, die auf Ihrer Seite stehen.
    Ich danke für Ihr freundliches Reden mit meinem Sohn.[19] Veran-
laßte mein Aufsatz daß Sie mir etwas mitzutheilen hätten, Nachrichten, Fragen u. dgl. so könnte das, wenn Sie den Weg kürzer fän-
den, mittelst meines Sohnes geschehen.
Kiel, Sonnt[ag] Exaudi 1830.   Hochachtungs- u. freundschaftsvoll
                                                                    Harms.

**7.6 9 Aktenstücke zur Nachfolge Schleiermachers an der Dreifaltig-
       keitskirche   *Zu Kapitel 5, Anm.8-10.15f.20.23f.26-28.30-33***

Nr. 1: <u>Nicolovius an Altenstein, 25. März 1834</u>
(Zentrales Staatsarchiv, Dienststelle Merseburg: Ministerium der
Geistlichen- Unterrichts- und Medicinal-Angelegenheiten. Central-
Bureau. Reponirte Acten. Acta betreffend Die Anstellungs- und an-

---

18   Jakob Asmussen (1794-1850), Harmsschüler, 1824 Subrektor der
     Kieler Gelehrtenschule
19   Christian Harms (1809-1884) studierte 1830/31 (1 1/2 Jahre)
     Theologie in Berlin, hörte bei Schleiermacher.

dern Angelegenheiten der Evangelischen Prediger und Kirchen-Bedienten vom Juli 1825–1847)

[Bl.39] [*links oben:*] pr[aesentatum] den 28. Altenstein
Ew. Excellenz wollen gnädigst gestatten, daß ich das einliegende
Concept nicht zeichne, ehe ich in ehrerbietigem Vertrauen meine Bedenken ausspreche. Beym Vortrage des Consistorial-Berichts äußerte
ich schon den Wunsch, daß die Vorschläge des Consistoriums zwar
gebilligt, der Beschluß aber noch vorbehalten werden möchte, da
noch ein ganzes Gnadenjahr vor uns läge, während deßen manches
Unerwartete, auf die Besetzung der Stelle Einwirkende sich ereignen
könne. Nach der Marginal Bemerkung des Hrn. Bischofs Neander haben Ew. Excellenz meinem Wunsch nicht zu genehmigen, sondern
schon jezt zu entscheiden geruht.

Ich gestehe, daß ich nur mit Schmerz eine Verfügung zeichnen
kann, die eine der wenigen hiesigen, ohne Sektengeist getreuen Gemeinen zerstreun u. einen mit Liebe besuchten Gottesdienst in einen
lauen verwandeln wird. Einer solchen Gemeine u. dem Andenken eines so reichbegabten Pre-[Bl.39v]digers dürfte man wohl besondre
Vorsorge schuldig seyn. Pred[iger] Kober ist ein ernster treuer, seiner Gemeine werther Geistlicher; Niemand aber legt ihm irgend eine
Eigenschaft bey, die ihn zum Nachfolger Schleiermacher's qualificire.
Hat er durch seine bisherige Amtsführung Anspruch auf eine beßere
Stelle, so wird ihm eine solche irgendwie zu Theil werden können.
Mir scheint nichts verderblicher, als das leidige Ascensions-Verfahren, welches Männer von ihrer angemeßnen Stelle auf unangemeßne,
u. unbedeutende Männer auf die bedeutendsten Stellen bringt. Dies
Verfahren hätte ja beynah den Sup[erintendenten] Pelkmann[20] auf
die Stelle erhoben, die nun Hr. Bischof Neander bekleidet. Eine wei-
se, von den Vorfahren auf unsre Zeit vererbte Regel beruft Auswär-
tige zu den hiesigen Propststellen u. in allen freyen Reichsstädten
Fremde [Bl.40r] zu den höchsten geistlichen Aemtern. Je mehr der
hiesige Magistrat bey Besetzung der Predigerstellen nach andern
Rücksichten, als nach den höchsten verfährt, desto wichtiger ist die
Besetzung der wenigen Königl[ichen] Stellen.

Wenn diese Erwägungen mich zu dem beym Vortrage ausgesproch-
nen, von Ew. Excellenz nicht gebilligten Wunsch bewogen, so hat
dieser jezt noch einen bestimmteren Grund erhalten, da Hr. G[eheim-
er] O[ber] R[egierungs] R[ath] Schulze Hochdenselben u. nachher
auch mir den Pastor Harms in Kiel als einen würdigen Nachfolger
auf Schl[eiermacher]'s Kanzel genannt hat. Dieser geistreiche, orthodoxe, aber freye, heitre Mann würde gewiß (wiewohl sein Vortrag
ein ganz andrer ist,) die Gemeine nicht hinwelken laßen, sondern
blühend erhalten. Welche Stimmen sich gegen seine Berufung erheben
möchten, kann ich nicht ausdenken. Ob er käme? ist freylich sehr
die Frage. Er ist sehr ein Provinzial-Geschöpf, nach [vielen] [Bl.40v]
innern u. äußern Entwicklungen u. Kämpfen ein Liebling aller Stände,
ein anerkanntes Licht der Provinz geworden; dem Ruf als Bischof

---

[20] Friedrich Samuel Pelkmann (1772–1843), seit 1811 Superintendent
an St. Petri in Berlin

nach Rußland[21] ist er nicht gefolgt. Berlin möchte ihn aber doch
wohl reizen. Er hat hier einige sehr reichhaltige befriedigende Tage
gehabt, seinen Sohn hier studirn laßen, über das neue Berliner Gesangbuch geschrieben, mit Schleierm[acher] in schriftstellerischem
Verkehr gestanden u.s.w. Viel ist durch seine Berufung zu gewinnen;
zu wagen nichts. Kommt er nicht, so haben Ew. Excellenz doch öffentlich gezeigt, daß Sie das Höhere gewollt haben, u. muß die Stelle
endlich in die Hand eines nicht besonders Ausgezeichneten kommen,
so wird ihm die versuchte Berufung eines solchen Mannes zum An-
trieb dienen, sich richtig zu schätzen, das Ziel sich hoch zu stecken,
u. mit äußerster Anstrengung demselben nachzustreben.

Nicolovius   B[erlin] 25/3. 34.

Nr. 2: <u>Nicolovius an Harms, 2. April 1834</u>
(Beglaubigte Abschrift im Rigsarkivet Köbenhavn: TKIA. C 1b, 1834
nr. 5; unvollständig abgedruckt in SVSHKG.B 16, 171)

Abschrift.   Berlin den 2ten April 1834
Die hiesige Dreifaltigkeits-Gemeine hat ihren Lehrer Schleiermacher
verloren, durch deßen Mund ihr viele Jahre das Evangelium mit Geist
und Leben verkündigt ist. Sie fürchtet die in der Gedächtnißpredigt
zu ihr gesprochene Drohung, daß das ernste und schwere Wort in
Erfüllung gehen werde: ich werde die Hirten schlagen und die Schafe
der Heerde werden sich zerstreuen[22]; und sucht ängstlich und sehn-
lich einen Mann, deßen Worte Geist und Leben sind, der Hirtentreue
übt, und die Heerde vereint zu erhalten vermag. So ist der Wunsch
Vieler entstanden, daß Ew. Hochehrwürden Schleiermachers Nachfolger im Pfarramte werden könnten.

Ihnen diesen Wunsch, dem ich von Herzen beistimme, auszusprechen, und Sie zu fragen: ob derselbe Ihrer Seits in Erfüllung gehen
könne? habe ich übernommen. Antworten Sie Ja, so wird derselbe
der Königlichen Behörde vorgetragen, der die Besetzung des Pfarramts zusteht.

Es kann mir nicht in den Sinn kommen, Ueberredung versuchen zu
wollen. Ich kenne Ew. Hochehrwürden Schriften, ich kenne Ihr Leben
und Ihre Wirksamkeit, ich habe Sie gesehen; darauf [Bl.v] gründet
sich mein Wunsch, Sie für uns zu gewinnen. Die Erwägung, daß ein
großes Feld fruchtbaren Bodens Sie hier erwarte, daß Sie vielfache
Theilnahme für unser Wollen und Vollbringen bewiesen haben, daß
Sie in Berlin herzliche Freunde finden, daß Schleiermachers Andenken Ihnen werth ist; darauf gründet sich meine Hoffnung.

Antworten Sie bald, fragen Sie, nennen Sie Bedingungen u.s.w. Sie
dürfen dem Mann, der hier zu Ihnen spricht, ganz vertrauen, wie er
Ihnen vertraut, u. Ihnen mit herzlicher Hochachtung ergeben ist und
bleibt.   Nicolovius   Geheimrath

---

[21] Harms war 1819 das Bischofsamt für die im russischen Reich le-
      benden evangelischen Christen angetragen worden.
[22] Die Gedächtnispredigt über Mt 26,31 hielt Peter Wilhelm Hoßbach
      am 2. März 1834.

Nr. 3: <u>Harms an Nicolovius, 9. April 1834</u>
(Konzept im Archiv des NKA: Nachlaß Harms, Convolut Nr. 10, Bl.1v)

Ew. Hochwolgeboren
halten also dafür, daß ich versezbar sey u. in Berlins Boden. Sonst
habe ich allerdings einiges Bedenken dabey; ältere Bäume vertragen
die Verp[f]l[an]zung selten. Indeß ich bin manchmal über ähnliches
Bedenken hinweggesprungen, mit wessen Hülfe David über Mauern
sprang[23].
   Nur, die Füße sind mir nicht frey. Ew. Hochwolgeboren verstehn
mich. Das Land, in welchem ich geboren bin, und der König, dessen
Unterthan ich bin, haben ein Näherrecht. Sofern mir durch Königliche Verfügung ein weiterer Raum gewiesen werden sollte in der Landesk[irche] als den ich habe seither u. der sich vergleichen lässet
mit dem in einem andern Lande mir gewiesenen, dann achte ich es
für Pflicht hier zu bleiben. Meine Sache ist mit erster Post dem
König und der Canzlei vorgetragen und ich erwarte binnen wenigen
Tagen Bescheid. Diese Zeit, nicht wahr? soll mir vergönnet seyn.
   Bedingungen zu nennen, Fragen zu thun, erlauben Ewr. Hochwolgeboren mir freundlichst. Fragen habe ich eben nicht. Die Agende ist
mir bekannt und nicht unbekannt ist mir, daß Preußen Preußen ist,
welchen König es hat und welche Räthe. Bedingungen, – ich verstehe
sie nicht zu machen, bloß daß ich die erforderlichen Substistenzmit-
tel mit einiger Sicherheit erwarte. Was hat ein Prediger in Berlin,
der mit einer mäßig starken Familie in Berlin anständig lebt? [*mit
Einfügungszeichen am Rand:* u. wie ist für dess[en] Wittwe gesorgt?]
Ich soll wol Schleierm[achers] Nachfolger im Predigtamt werden, aber
ich kann ja natürlich die Accidenzen nicht erwarten, welche der gehabt hat. Eine freye Wohnung soll ja bey dieser Stelle seyn. Wenn
ich über diese Sache einige Auskunft erhalten würde. [ShE] begehren
Vertrauen, hier bezeug' ich es u. weiß sehr wohl, wem.
   Sobald ich aus Kopenh[agen] Nachricht bekomme, was nicht lange
währen wird, melde ich es ungesäumt.
   Und nun zugleich die Sache in Gottes Hand gelegt, Ihrer– u. mei-
nerseits.   ganz gehors[amst]   Harms

Nr. 4: <u>Kanzleipräsident Moltke an Harms, 22. Mai 1834</u>
(Archiv des NKA: Nachlaß Harms, Convolut Nr.31)

[Bl.1] Es ist mir ein besonderes Vergnügen gewesen, in Anleitung des
Schreibens Ew. Wohlehrwürden an die Kanzelei Seiner Majestät dem
Könige Vorstellung in der Absicht zu thun, um dem Vaterlande einen
so würdigen und ausgezeichneten Geistlichen, wie Ew. Wohlehrwürden
zu erhalten. – Ich kann nunmehr Ew. Wohlehrwürden anzeigen, daß
Seine Majestät mir allergnädigst aufgetragen haben, Ihnen zu erkennen zu geben, daß Anwartschaft Niemandem ertheilt werde, daß aber
Allerhöchstdieselben, für den Fall Ihres Verbleibens in Kiel, Ihnen
die Zusage ertheilten, daß, wenn Sie bei vorfallender Vacanz um An-

---

[23] Vgl. Ps 18,30

setzung in einem anderen [Bl.1v] geistlichen Amte ansuchen würden,
Ihr desfälliges Gesuch vorzüglich in Betracht gezogen werden solle,
und Ihnen nicht weniger die Versicherung gegeben werde, daß Ihre
eventuelle Wittwe eine passende Pension zu gewärtigen habe.

Da Seine Majestät der König, dem Vorstehenden zufolge, Ihnen die
Exspectanie auf den Posten des Consistorialraths Fock nur aus dem
Grunde nicht ertheilt haben werden, weil Allerhöchstdieselben von
einer allgemeinen Regel, keine Anwartschaften zu ertheilen, eine
Ausnahme nicht machen können, so darf ich erwarten, daß Ew.
Wohlehrwürden in obiger Königl[icher] Zusage die Erfüllung Ihrer der
Kanzlei ausgedrückten Wünsche finden werden.
Kopenhagen, den 22. April 1834   Moltke

Nr. 5: Altenstein an Nicolovius, undatiert (Ende April 1834)
(Zentrales Staatsarchiv, Dienststelle Merseburg: Kultusministerium,
Acta betreffend Die Anstellungs- und andern Angelegenheiten der
Evangelischen Prediger und Kirchen-Bedienten vom Juli 1825-1847)

[Bl.43] Berlin, den   April 1834
An des Königl[ichen] wirkl[ichen] Geh[eimen] O[ber] R[egierungs]
Raths und Directors Herrn Nicolovius Hochwohlgeboren hier
Ew. – erlaube ich mir in Folge unserer neulichen Rücksprache nun
Ihre gefällige Aeußerung ergebenst zu ersuchen, ob Ihnen rücksicht-
lich der Wiederbesetzung der Schleiermacherschen Stelle als Prediger
etwas bekannt geworden ist und ob Sie Hoffnung haben, daß der
Prediger Harms einen desfallsigen Ruf annehmen werde. Nach dem
Ew. – bekannten bisherigen Resultat der Verhandlungen mit dem
Professor Twesten fürchte ich, daß Harms nicht kommen wird. Damit
in einem solchen Falle nicht ein unangenehmer Einschub erfolgt,
dürfte es gut seyn, vorläufig die Billigung der Vorschläge des Konsistoriums im allgemeinen auszusprechen, die definitive Entscheidung
aber sich noch vorzubehalten. Sind Ew. – nach der Ihnen vielleicht
genauer bekannten Lage der Sache hiermit einverstanden, dann werde
ich die desfallsige Verfügung danach umarbeiten und abgehen laßen.

Mit Vergnügen ergreife ich zugleich diese Gelegenheit Ew. – die
Versicherung meiner ausgezeich-[Bl.43v]neten und freundschaftl[i-
chen] Hochachtung zu erneuern.   Berlin, p.p.
Namens seiner Excellenz

Nr. 6: Harms an Nicolovius, 29. April 1834
(Konzept im Archiv des NKA: Nachlaß Harms, Convolut Nr. 10, Bl.2r)

Hochwolgeborener Herr Geheimrath.
Es sind denn im Verlauf der letzten Wochen so andringliche Wünsche
laut geworden hierselbst und auch mein Allergnäd[igster] König nebst
der Canzeley haben mir zu erkennen gegeben, daß ich nicht von hier
gehen möchte. Von Seiner Maj[estät] insonderheit ist mir eine Zusage geworden, die in nicht entfernter Zeit mich in eine andere gehobenere Wirksamkeit setzen wird. So thue ich denn, was man nennt:
ablehnen, und sage Dank – dieß viel lauter – Ewr. Hochwolgeboren

Dank, für die mir gewiesene günstige Meinung von mir, daß ich wol
Schleierm[acher] in dessen Predigtamt folgen könnte. [*Mit Einfügungszeichen gestrichen am Rand:* Ich ging in die Aufforderung also
mit ein, vielleicht zu willig, mit unter dem Gedanken, du wirst hof-
fentlich in Berlin das werden, was du nicht bist.] [*Folgt gestrichene
Passage:* Vielleicht ists Ihnen, nun es nicht geschieht, wie es mir ist:
Gott hat unsre Misschritte abgelenkt. Diese Ihre Mei[nun]g war aber
wol zu gut, und ich – zu gläubig daran, zu rasch, wer weiß wovon
verleitet, darauf eingehend. Sehen wir es denn beyderseits so an:
Gott hat unsre Misschritte abgelenkt.] Dürfte ich bitten, gelegentlich
auch denen zu danken, veranlaßt durch welche [ShE] an mich geschrieben haben. Wie gern machte ich wieder einmal eine Reise
nach Berlin und bäte alsdann ein paar Augenblicke bei Ihnen aus!
Es hat in dieser Zuschrift allerdings seine Stätte nicht, doch es
wird dringend begehrt. Die Comtesse Hedchen Reventlow will durch
mich Ihnen gesagt haben, daß nichts als ihre Erblindung sie abgehalten hätte an [ShE] zu schreiben. [ShE] sind ein Vielgenannter in
Holstein und besonders in der Familie Reventlow.
Ich hatte den Fuß aufgehoben, um in die Kirche Preußens zu treten, hatte angefangen mich zu schürzen, um einmal vor dem kirchli-
chsten König zu stehen, ich hatte schon die Hand nach den Brüdern
Strauß[24] u. Theremin[25] u. nach Andern in Berlin ausgestreckt, –
            Ewr. Hochwohl[geboren]

Nr. 7: Harms an Moltke, 29. April 1834
(Konzept im Archiv des NKA: Nachlaß Harms, Convolut Nr. 10, Bl.2v)

Hochgeborener Graf
Gnädigster Staatsminister.
Es ist meine Unkenntniß gewesen, wenn ich um etwas gebeten habe,
was Niemandem gegeben wird, um so mehr bin ich zum Danksagen
verpflichtet, wenn mir dennoch ein Aequivalent durch Königliche
Gnade und Ewr. Excellenz höchstgewogentliche Vorstellung zu Theil
geworden ist. Daß mein allerunterth[änigstes] Gesuch b[bei] eintretender Vacanz vorzüglich in Betracht gezogen werden soll u. meine
ev[entuelle] Wittwe eine passende Pension zu gewärtigen habe, das
sehe ich u. zumal, da Ewr. Excellenz Höchstselber auch so interpre-
tiren, als d[ie] Erfüllung meiner der S[chleswig-] H[olsteinischen]
Canzlei ausgedrückten Wünsche an.
Ich werde streben aufs Angewandteste darnach, der sehr günstigen,
vielleicht zu günstigen Mei[nun]g, die Hochdieselben von mir geäußert haben, thunlichst zu entsprechen wie in meinem gegenwärtigen
Amt so in meinem etwanigen künftigen.
Hochderoselben Gewogenheit mich bestens empfehlend
Kiel d[en] 29st   Ewr. Excellenz unterth[äniger] Diener

---

24 Gerhard Friedrich Abraham Strauß (1786–1863), seit 1822 Hof-
    und Domprediger sowie Professor für Praktische Theologie in Berlin
25 Franz Theremin (1780–1846), seit 1814 Hof- und Domprediger,
    1824 Oberkonsistorialrat, 1834 Professor für Homiletik in Berlin

Nr. 8: Nicolovius an Altenstein, 6. Mai 1834
(Zentrales Staatsarch:v, Dienststelle Merseburg: Kultusministerium,
Acta betreffend Die Anstellungs- und andern Angelegenheiten der
Evangelischen Prediger und Kirchen-Bedienten vom Juli 1825-1847)

[Bl.41] Ew. Excellenz
zeige ich ehrerbietigst an, daß Pastor Harms in Kiel, nach seinem
jezt eingegangnen, ganz gehorsamst angeschloßenen Schreiben vom
29. v[origen] M[onats], einem Ruf nach Berlin nicht folgen könnte.
Die voreiligen und unrichtigen Zeitungsartikel könnten vielleicht Ew.
Excellenz Verdacht erregt haben, als hätte ich die mir gnädigst er-
theilte Erlaubniß einer Anfrage gemisbraucht und meine Befugniß
überschritten. Deshalb lege ich eine Abschrift meines Schreibens an
Pastor Harms mit der guten Zuversicht bey, daß Ew. Excellenz Inhalt
und Sprache sehr frey von einem irgend officiellen Charakter finden
werden.
Berlin, d[en] 6. May. 1834.   Nicolovius

Nr. 9: Altenstein an Nicolovius, 17. Mai 1834
(Zentrales Staatsarchiv, Dienststelle Merseburg: Kultusministerium,
Acta betreffend Die Anstellungs- und andern Angelegenheiten der
Evangelischen Prediger und Kirchen-Bedienten vom Juli 1825-1847)

[Bl.44] Berlin, den 17. May 34.
An des Königl[ichen] wirkl[ichen] Geh[eimen] O[ber] R[egierungs]
Raths und Directors Herrn **Nicolovius** Hochwohlgeboren hier
Ew. Hochwohlgeboren danke ich verbindlichst für die gefällige Mittheilung des anliegend zurückerfolgenden Schreibens des Pastors
Harms in Kiel. Ich bedaure um so herzlicher, daß wir hiernach auf
die Freude werden verzichten müssen, ihn hier wirken zu sehen, da
nach allem was mir von verschiedenen Seiten über ihn bekannt geworden, er wohl der geeignetste Mann ist die durch den Tod
Schleiermacher's entstandene Lücke würdig und mit Auszeichnung zu
füllen. Ew. - bitte ich übrigens versichert seyn zu wollen, daß ich
nach Ihrer mir schon seit einer so langen Reihe von Jahren bekannten Art der Auffassung und Behandlung von dienst[lichen] Gegenständen wohl nicht daran habe denken können, daß von Ihrer Seite
auch nur die entfernteste Veranlassung zu den Nachrichten gegeben
worden sey, welche in verschiedenen Zeitungen über diese Sache
verbreitet worden sind. Die gefällige Mittheilung Ew. - an Herrn
Harms gerichteten Schreibens ist mir [ferner] angenehm, weil solches
mir einen erneuerten Beweiß von Ihrer in so [Bl.44v] hohem Grade
angemessenen und zweckmäßigen Behandlung des Gegenstandes liefert, allein in der vorgedachten Beziehung wäre sie nicht erforderlich gewesen.
Da mir ausser Harms ein Mann nicht bekannt ist, welcher einem
Rufe hierher wohl folgen und geeignet seyn dürfte, die Stelle
Schleiermachers würdig auszufüllen, so scheint es mir rathsam jezt
mit der Wiederbesetzung derselben in der von dem Konsistorium hier
vorgeschlagenen Art vorzugehen und dessen Anträge zu genehmigen,
damit nicht ein, unter den obwaltenden Umständen gewiß auch Ihnen

nicht angenehmer [*Einfügung von Altensteins Hand:* Versuch erfolge
eine vielleicht sehr bedenkliche Wahl zu [veranlaßen]. Ein großer
Theil der Zuhörer des verstorben[en] Schleiermachers scheint sich
[Pr][ediger] Hoßbach zuzuwenden. Läßt sich nichts ausgezeichnetes
erhalten so scheint es mir als dürfte sich ein Vorrüken eines [ieden]
ausgezeichneten Predigers noch eher rechtfertigen laßen als die Berufung eines nicht viel höher stehenden. *Ende Einfügung*]. Ich habe
daher in Voraussetzung Ihres gefälligen Einverständnisses die desfallsige Verfügung gezeichnet und stelle Ihnen ergebenst anheim,
wenn Sie dabei nicht erhebliche Bedenken haben sollten, solche
gleichfalls gefälligst zeichnen und zur Fertigung der Reinschrift an
die Geheime Kanzlei gelangen lassen zu wollen. [*Einfügung von Altensteins Hand:* Im Fall Sie aber irgend einen anderen ausgezeichneten Mann vorzuschlagen beabsichtigen so bitte ich Sie mit den
Rathscollegen Rücksprache zu nehmen. Sie wißen wie sehr ich hier-
bey ihrem Urtheil vertraue. *Ende Einfügung*]
  Schlieslich sende ich Ew. – einliegend auch das mir [Bl.45r] früher
gefälligst mitgetheilte Schreiben des Pastors Harms vom 9. v[origen]
M[onats] ergebenst zurück und benutze mit Vergnügen diese Gelegenheit Ihnen die Versicherung meiner ausgezeichneten und freundschaftlichen Hochachtung zu erneuern.
                         Berlin, p.p.
Namens Seiner Excellenz   A[ltenstein]

8. Literaturverzeichnis

8.1 Archive

Archiv der Akademie der Wissenschaften (AdW) der DDR :
Nachlaß Heinrich Meisner
Nachlaß Schleiermacher (SN)
Sammlung Weinhold: Briefe von Klaus Harms an Franz Hermann Hegewisch
Archiv des Nordelbischen Kirchenamts (NEK) :
Nachlaß Harms
Biblioteka Jagiellońska, Kraków :
Brief Schleiermachers an Blanc, 21.2.1818 (Nr.16)
Evangelisches Zentralarchiv (EZA) Berlin :
Konsistorium Berlin–Brandenburg (Bestand 14):
    Nr. 4011 Die Besetzung der reformierten Pfarrstelle an der Dreifaltigkeitskirche 1737–1848
    Nr. 878 Einführung eines neuen allgemeinen Gesangbuches 1825–1840
    Nr. 2404 Die Einführung der neuen Agende in Berlin 1825–1827
EKU, Oberkirchenrat (Bestand 7):
    Generalia VIII Nr. 17 Bd I 1809–1827 (Landeskatechismus/Gesangbuch)
    Generalia VIII Nr. 23 Bd If 1823–1827.1827–1836 (Schriften zur Agende)
Rigsarkivet København :
TKIA. C 1b, 1834 nr. 5: Schleswig–Holstein–Lauenburgische Kanzlei
I C, 1b: Akten des Kanzleipräsidenten 1834, Nr. 5
Schleswig–Holsteinische Landesbibliothek (LB) Kiel :
Nachlaß August Twesten Cb 55
Staatsbibliothek Preußischer Kulturbesitz (SBPK) Berlin :
Autographensammlung
Nachlaß Hengstenberg: 2 Briefe von Claus Harms
Nachlaß Ludwig Jonas
Nachlaß August Twesten
Stadt– und Landesbibliothek Dortmund, Handschriftenabteilung :
3 Briefe Schleiermachers an Twesten (13553–13555)
Universitätsbibliothek Leipzig :
Sammlung Taut: 2 Schleiermacher–Autographen
Verlagsarchiv de Gruyter :
Hauptbuch des Verlags Georg Reimer (betr. Schleiermacher)
Zentrales Staatsarchiv (ZStA), Dienststelle Merseburg :
Ministerium der Geistlichen–, Unterrichts– und Medicinalangelegenheiten:
    Rep 76–III. Sekt.12 – Abt.XIX–XX.: Die Angelegenheiten der Dreifaltigkeitskirche zu Berlin, auch Anstellung und Besoldung der Prediger und Kirchen–Bedienten, Bd II 1834–1848
    Rep 76 I Sekt.30.: Die Anstellungs– und andern Angelegenheiten der Evangelischen Prediger und Kirchen–Bedienten 1825–1847

Nachlaß Altenstein:
Rep 92. Altenstein B no. 2b: Briefwechsel mit Nicolovius 1817–1836

8.2 Gedruckte Quellen

8.2.1 FRIEDRICH DANIEL ERNST SCHLEIERMACHER
Sämmtliche Werke, 30 erschienene Bde in 3 Abteilungen (SW), Berlin 1834–1864
Kritische Gesamtausgabe [Abteilung I u. V], ed. H.-J. Birkner, G. Ebeling, H. Fischer, H. Kimmerle, K.-V. Selge (KGA), Berlin/New York 1980ff
Kleine Schriften und Predigten, ed. H. Gerdes/E. Hirsch, 3 Bde, Berlin 1969–1970
Theologische Schriften, ed. K. Nowak, Berlin 1983
Philosophische Schriften, ed. J. Rachold, Berlin 1984
Amtliche Erklärung der Berlinischen Synode über die am 30sten October von ihr zu haltende Abendmahlsfeier, Berlin 1817
An die Herren D.D. D. von Cölln und D. Schulz. Ein Sendschreiben, in: ThStKr 4 (Hamburg 1831), 3–39
An Herrn Oberhofprediger D. Ammon über seine Prüfung der Harmsischen Säze, Berlin 1818
[Briefe]:
Aus Schleiermacher's Leben. In Briefen, Bde 1–2, 2. Aufl., Berlin 1860; Bde 3–4, ed. L. Jonas/W. Dilthey, Berlin 1861/63, [Nachdruck] Berlin 1974
Schleiermacher als Mensch. Familien- und Freundesbriefe, ed. H. Meisner, 2 Bde, Gotha 1922/23
Schleiermachers Briefe an die Grafen zu Dohna, ed. J. L. Jacobi, Halle 1887
Briefe von Ludwig Gottfried Blanc an Schleiermacher, ed. H. Meisner/E. Schmidt, in: Mitteilungen aus dem Litteraturarchive in Berlin, NF 6, Berlin 1912
Schleiermachers Briefwechsel mit August Boeckh und Immanuel Bekker 1806–1820, ed. H. Meisner, in: Mitteilungen aus dem Litteraturarchive in Berlin, NF 11, Berlin 1916
Schleiermachers Briefwechsel mit Joachim Christian Gaß, ed. W. Gaß, Berlin 1852
[an K. H. Sack] Friedrich Schleiermacher Briefe an einen Freund, ed. H. W. Schmidt, Weimar 1939
Schleiermachers Briefwechsel mit Friedrich Heinrich Christian Schwarz, in: ZKG 53 (Stuttgart 1934), 255–294
[an Twesten] bei C. F. G. Heinrici: D. August Twesten nach Tagebüchern und Briefen, Berlin 1889
[an Ullmann] Zwei ungedruckte Briefe Schleiermachers, ed. H. Stephan, in: ThStKr 92 (Gotha 1919), 168–171
Briefe bei Gelegenheit der politisch theologischen Aufgabe und des Sendschreibens jüdischer Hausväter, Berlin 1799 [Faksimile ed. K. Nowak, Berlin 1984]
Der christliche Glaube nach den Grundsätzen der evangelischen Kir-

che im Zusammenhange dargestellt, 2 Bde, 1. Aufl., Berlin 1821/22;
2. Aufl., 1830/31

Der christliche Glaube nach den Grundsätzen der evangelischen Kirche im Zusammenhange dargestellt, 2. Aufl., ed. M. Redeker, 2
Bde, Berlin 1960

Die christliche Sitte nach den Grundsätzen der evangelischen Kirche
im Zusammenhange dargestellt. Aus Schleiermacher's handschriftli-
chem Nachlasse und nachgeschriebenen Vorlesungen ed. L. Jonas
(SW I/12), Berlin 1843

Gespräch zweier selbst überlegender evangelischer Christen über die
Schrift: Luther in Bezug auf die neue preußische Agende. Ein letztes Wort oder ein erstes, Leipzig 1827

Grundlinien einer Kritik der bisherigen Sittenlehre, Berlin 1803

Kurze Darstellung des theologischen Studiums zum Behuf einleitender
Vorlesungen, 1. Aufl., Berlin 1811; 2. Aufl., Berlin 1830

Kurze Darstellung des theologischen Studiums zum Behuf einleitender
Vorlesungen, ed. H. Scholz, 4. Aufl., Darmstadt 1961

Monologen. Eine Neujahrsgabe, Berlin 1800

Plan zum Besten der Verwandten unsers Reformators, Doctor M.
Luthers, in: Kieler Blätter Bd 1 (Kiel 1819), 247f

Platons Werke von F. Schleiermacher, Bd 1/1, Berlin 1804; 2. Aufl.,
1817. 1/2, 1805. 2/2, 1807. 2/3, 1809

Die Praktische Theologie nach den Grundsätzen der evangelischen
Kirche im Zusammenhange dargestellt von Dr. Friedrich Schleiermacher. Aus Schleiermacher's handschriftlichen Nachlasse und
nachgeschriebenen Vorlesungen, ed. J. Frerichs (SW I/13), Berlin
1850

Predigten von F. Schleiermacher, Berlin 1801

Predigt am zweiten Tage des Reformations-Jubelfestes in der Dreifaltigkeitskirche gesprochen, Berlin 1818

[Rede am Sarge des Dr. Hermes], in: Nachricht von der Leichenbe-
stattung des wohlseligen Predigers an der St. Gertrauds-Kirche zu
Berlin Dr. Hermes nebst der an seinem Sarge von dem Professor
Dr. Schleiermacher gehaltenen Rede, Berlin 1819

Reden Ueber die Religion, ed. G. C. B. Pünjer, Braunschweig 1879

Sendschreiben über seine Glaubenslehre an Lücke, ed. H. Mulert,
Gießen 1908

Ueber das Berliner Gesangbuch. Ein Schreiben an Herrn Bischof Dr.
Ritschl in Stettin, Berlin 1830

Ueber den eigenthümlichen Werth und das bindende Ansehen symbolischer Bücher, in: Reformations Almanach auf das Jahr 1819, ed.
F. Keyser, 2. Jg., Erfurt o.J.

Über die Glaubenslehre, an Dr. Lücke. Zwei Sendschreiben, in:
ThStKr 2 (Hamburg 1829), 255-284. 481-532

Ueber die Lehre von der Erwählung; besonders in Beziehung auf
Herrn Dr. Bretschneiders Aphorismen, in: Theologische Zeitschrift
1 (Berlin 1819), 1-119

Ueber das liturgische Recht evangelischer Landesfürsten. Ein theologisches Bedenken von Pacificus Sincerus, Göttingen 1824

Über die Religion. Reden an die Gebildeten unter ihren Verächtern,
Berlin 1799

Über die Religion. Reden an die Gebildeten unter ihren Verächtern, ed. R. Otto, 4. Aufl., Göttingen 1920

Vertraute Briefe über Friedrich Schlegels Lucinde, Lübeck/Leipzig 1800

Votum zur Einführung eines Landeskatechismus [20. 1. 1811], ed. W. Delius [Schleiermacher und die Katechismusfrage], in: JBBKG 38 (Berlin 1963), 103–105

Zugabe zu meinem Schreiben an Herrn Ammon, Berlin 1818

Zwei unvorgreifliche Gutachten in Sachen des protestantischen Kirchenwesens zunächst in Beziehung auf den Preußischen Staat, Berlin 1804

8.2.2 CLAUS HARMS

Ausgewählte Schriften und Predigten, ed. P. Meinhold unter Mitarbeit von L. Hein, G. E. Hoffmann, J. Schmidt, F. Wassner (Schriften 1 u. 2), Bd 1 u. 2, Flensburg 1955

Claus Harms. Ein Kirchenvater des 19. Jahrhunderts. Auswahl aus seinen Schriften, ed. J. Schmidt, Gütersloh 1976

Dr. Claus Harms, gewesenen Predigers in Kiel, vermischte Aufsätze und kleine Schriften, einige bisher noch nicht gedruckte, die Landwirthschaft, das publicistische und politische Leben, die Sprache, das Schul- und Kirchenwesen betreffende. Herausgegeben von ihm selber, Kiel 1853

Abendmahls-Liturgie, in: Magazin für christliche Prediger, Bd 2/1 (Hannover 1818), 239–245

Akademische Vorlesungen über den Kirchen- und Schulstaat der drei Herzogtümer [1835], ed. Ch. Harms, in: SVSHKG. B 1/2 (1897), 45–87

Altargebete am ersten Advent und Weihnachtstage, in: Magazin für christliche Prediger, Bd 3/2 (Hannover 1819), 195–198

Des Archidiaconus Harms in Kiel Delationsschrift gegen den Senator Witthöfft daselbst in puncto sacrilegii, nebst des Letztern Erklärung, Kiel 1820

Die Augsburgische Confession in 15 Predigten gelehrt, vertheidigt und gelobt, Kiel 1847

[Autobiographische Skizze], in: Pastoraltheologie. In Reden an Theologiestudirende, 3. Aufl., Kiel 1878, VII–XI

Beleuchtung des vielfältigen Tadels, mit welchem in der Ev. Kirchen-Zeitung Febr. 1830 und in dem Hom. Lit. Correspondenzblatt 1830, 2. das neue Berliner Gesangbuch angegriffen worden ist. Geschrieben im Mai d. J. Für ein öffentliches Blatt bestimmt gewesen. Jetzt als Brochüre gegeben, Berlin 1830

Den bloodtüügn för unsen gloobm, Henrik van Zütphen syn saak, arbeid, lydn un dood in Dithmarschen. Beschrehbm un tom 31den October Ao. 1817 herutgehbm, Kiel 1817

[Briefe]:
Claus Harms' Leben in Briefen, meist von ihm selber, ed. H. Zillen (Zillen), Kiel 1909
[von Adler, Ziehe, v. Wangenheim, Ammon, v. Kottwitz; an Schmitterloo u.a.] bei G. Rolfs/G. Ficker: Harmsiana, in: SVSHKG.B 7/1 (1918), 99–118

[an A. Bernstorff] bei J. Lorentzen: Gräfin Auguste Bernstorff, geb. Gräfin Stolberg, eine Freundin von Goethe und Claus Harms, in: SVSHKG.B 8/4 (1928), 566–616

[an dieselbe] bei demselben: Zum Abklang des Goethejahres. Goethe, Claus Harms, Auguste Gräfin Bernstorff und Friedrich Leopold von Stolberg, in: AELKZ 66 (Leipzig 1933), Nr. 1–5, 8–12. 37–39.57–60.84–90.102–105

[an A. C. Brauer] bei H. F. Neelsen: Dr. Claus Harms als Seelsorger und Freund. Briefe nebst zwei Reden von ihm, Kiel 1878

[an N. Funk] bei G. Ficker: Claus Harms und der Verfasser der "Altonaer Bibel", in: Nordelbingen 1 (Flensburg 1923), 94f

[an den Sohn; von Nielsen] bei Ch. Harms: Blätter der Erinnerung an Claus Harms, in: SVSHKG.B 3/3 (1905), 378–382

[an Mau] bei demselben: Harmsiana, in: SVSHKG.B 5/2 (1911), 235–238

[an Nielsen] bei A. Nyholm: Om Claus Harms og hans indflydelse på hertugdömmernes kirkeliv, in: Sönderjyske Arböger (Abenrå 1970), 73–76

[an Nielsen, E. Schuderoff] bei F. Wintzer: Claus Harms. Predigt und Theologie, Flensburg 1965, 207–209

Aus Claus Harms' Briefen an Pastor Oertling, ed. N. Esmarch, in: Schleswig-Holstein-Lauenburgisches Kirchen- und Schulblatt (Husum 1886), Nr.12, 45–47

[an Oertling] bei H. Zillen: Zur Erinnerung an Claus Harms, in: Schleswig-Holsteinisches Kirchenblatt (Lunden 1905), Nr. 4f, 37–41.46–51

[von Schleiermacher] bei C. F. G. Heinrici: D. August Twesten nach Tagebüchern und Briefen, Berlin 1889, 310–312.323–326

Ein neuer Harmsbrief. Harms an Witthöfft, 4.12.1822, ed. H. Zillen, in: SVSHKG.B 5/1 (1910), 127

Briefe zu einer nähern Verständigung über verschiedene meine Thesen betreffende Puncte. Nebst einem namhaften Briefe, an den Herrn Dr. Schleiermacher (Verständigung), Kiel 1818

Das Christenthum. In einem kleinen Katechismus aufs neue der Jugend vorgestellt und geprüft (KK), Kiel 1810; 2. Aufl. 1812; 3. Aufl., Kiel/Leipzig 1814

Daß die Gemeinden das Recht haben, sich ihre Prediger zu wählen, ed. H. Zillen, in: Schleswig-Holsteinisches Kirchenblatt (Lunden 1907), Nr. 35f, 325–329.337–340

Daß es mit der Vernunftreligion nichts ist. Eine Antwort an Herrn A. Th. A. F. Lehmus, D. Inspector und Stadtpfarrer in Ansbach (Vernunftreligion), Kiel 1819

Dr. Claus Harms Lebensbeschreibung verfasset von ihm selber, Kiel 1851

Drei Reformationspredigten, gehalten an den jährlichen Reformationsfesten 1820, 1821, 1822, Altona 1823

Ein Kirchengebet, in: Magazin für christliche Prediger, Bd 2/2 (Hannover 1818), 503–505

Eine Homilie von den falschen Propheten, in: Magazin für christliche Prediger, Bd 4/1 (Hannover 1819), 154–171

Einige Winke und Warnungen betreffend Angelegenheiten der Kirche.

Drey zum besondern Abdruck überlassene Vorreden, zu denen noch zwey kleine Aufsätze hinzugefügt sind, Kiel 1820

Gesänge für die gemeinschaftliche und für die einsame Andacht, Schleswig 1828

Das Göttliche in der Vergebung. - Was einem Priester obliege; zwei Predigten, Kiel 1817

[ed.] Carl Gottlob Hofmann: Auslegungen zu den Fragstücken des Kleinen Katechismus Luther's in 27 Buß- und Abendmahlsandachten zum neuen Abdruck besorgt mit Abänderungen und Zusätzen, Kiel 1819

Kurze Lebensgeschichte des Archidiakonus Harms in Kiel. Von ihm selbst aufgesetzt und mitgetheilt, in: Für Christenthum und Gottesgelahrtheit. Eine Oppositionsschrift 2 (Jena 1819), 331-337

Mit Zungen! lieben Brüder mit Zungen reden!, in: ThStKr 6 (Gotha 1833), 806-828

Nähere Erklärung des Archidiakonus Harms in Kiel auf die unter'm 10. August von dem Allerhöchst verordneten Oberconsistorio zu Glückstadt ihm vorgelegten, durch das Kieler Stadtconsistorium, d. 15. ejusd. ihm insinuirten, aus einigen von seinen Thesen gezogenen Fragen, ed. E. Feddersen, in: SVSHKG.B 8 (1928), 501-552

Pastoraltheologie. In Reden an Theologiestudirende. Erstes Buch: Der Prediger, Kiel 1830. Zweytes Buch: Der Priester, 1831. Drittes Buch: Der Pastor, 1834; 3. Aufl., Kiel 1878

Predigerwahlen, in: Preetzer Wochenblatt Nr. 16, 1829

Predigten christologische, Kiel 1821

Predigten über die Bibel ihrer zehn, im Sommer 1841 gehalten, Kiel 1842

Predigten über das heilige Abendmahl, an Gründonnerstagen gehalten und als Beyträge zu Communion-Andachten mitgetheilt, Kiel 1822

Quid et religionis et gentis judaicae aetate Christi conditio sive impedimenti praestitit, sive auxilii obtulit propagationi religionis christianae?, 1801, ed. G. E. Hoffmann, in: SVSHKG.B 15 (1957), 123-129

Die Religion der Christen. In einem Katechismus aufs neue gelehrt (GK), Kiel/Leipzig 1814

Säkularpredigt 1801, ed. Ch.Harms, in: SVSHKG.B 2/1 (1901), 119-134

Septuaginta von Sprüchen (70) über Kirche, Predigerstand, Predigt, Predigerleben und Verhältnisse, in: Vermischte Aufsätze, Kiel 1851, 269-289

Sommerpostille oder Predigten an den Sonn- und Festtagen von Ostern bis Advent, 1. Teil Kiel 1811; 2. Aufl. u. 2. Teil, Kiel/Leipzig 1815

Das sind die 95 theses oder Streitsätze Dr. Luthers, theuren Andenkens. Zum besondern Abdruck besorgt und mit andern 95 Sätzen als mit einer Uebersetzung aus Ao. 1517 in 1817 begleitet (Thesen), Kiel 1817

Ueber die liturgische Befassung, in: Homiletisch Liturgisches Correspondenzblatt (Nürnberg 1829), Nr.21

[ed.] Die ungeänderte Augsburgische Confession, so auf dem Reichstage zu Augsburg, anno MDXXX. den 25. Jun., von 6 Kurfürsten, Fürsten und Ständen dem Römischen Kaiser Carolo V. übergeben, in dem kaiserlichen Palast öffentlich verlesen, und in des Römi-

schen Reiches Canzeley zu Maynz beygeleget; wie dieselbige anno
1580 in der Concordia wiederholet, jetzt aber nach bewährten
Hülfsmitteln von neuem mit allem Fleiß nachgesehen worden, Kiel
1819
[Verantwortung] über seine Thesen, ed. E. Feddersen, in: SVSHKG.B
8 (1928), 493-500
Winterpostille oder Predigten an den Sonn- und Festtagen von Advent bis Ostern, Kiel 1808; 3. Aufl., Kiel/Leipzig 1817
Winter- und Sommerpostille oder Predigten an den Sonn- und Festtagen des ganzen Jahres, 5. vermehrte Aufl., Kiel/Leipzig 1836
Zu Herrn Compastor Funk's Geschichte der neuesten Altonaer Bibelausgabe, einige Äußerungen und Mittheilungen, Lübeck 1823
Zwey Reformationspredigten, gehalten am dritten Säcular-Jubelfeste,
im Jahre 1817, Kiel 1817
Zwey Reformationspredigten, gehalten an den jährlichen Reformationsfesten 1818 und 1819, Schleswig 1820

8.2.3 Übrige Autoren

[ALTONAER BIBEL] : Die Bibel oder die ganze Heilige Schrift Alten
und Neuen Testaments nach der Uebersetzung D. Martin Luthers.
Unter Zustimmung des Herrn Generalsuperintendenten Adler bear-
beitet und herausgegeben von Nicolaus Funk, Compastor und Ritter
des Danebrog-Ordens. Mit Königlichem Allerhöchstem Privilegium,
Altona 1815
AMMON, C. F. (v.) : Ammon an Harms über die Abspannung und
Ueberspannung der Vernunft in der Religion, Hannover/Leipzig
1819
– : Antwort auf die Zuschrift des Herrn D. Fr. Schleiermacher, o. o.
Lehrers d. Theol. a. d. Universität zu Berlin, über die Prüfung der
Harmsischen Sätze, von dem Herausgeber des Magazins für christ-
liche Prediger, 1. Aufl., Hannover/Leipzig 1818, 2., verbesserte
Aufl. Mit einer Nachschrift an die Leser, a.a.O. 1818
– : Ausführlicher Unterricht in der christlichen Glaubenslehre für
Freunde der evangelischen Wahrheit, Bd 1/1.1/2, Nürnberg 1807/08
– : Bittere Arznei für die Glaubensschwäche der Zeit. Verordnet
von Herrn Claus Harms, Archidiaconus an der Nicolaikirche in
Kiel, und geprüft von dem Herausgeber des Magazins für christli-
che Prediger, 1. Aufl., Hannover/Leipzig 1817
– : Bittere Arznei für die Glaubensschwäche der Zeit. Ein besänfti-
gendes Wort über die Harmsischen Sätze von dem Herausgeber des
Magazins für christliche Prediger, 4., verbesserte Aufl., Hannover/
Leipzig 1818
– : Die christliche Sittenlehre nach einem wissenschaftlichen Grund-
risse, zunächst für seine Vorlesungen entworfen, 1. Aufl., Göttin-
gen u. Erlangen 1795; 2. Aufl., Erlangen 1797
– : Neues Lehrbuch der religiösen Moral und der christlichen insbe-
sondere [=3. Aufl.], Erlangen 1800
– : Vollständiges Lehrbuch der christlich-religiösen Moral [=4. Aufl.],
Göttingen 1806
– : Die Einführung der Berliner Hofkirchenagende geschichtlich und
kirchlich beleuchtet, Dresden 1825

– : Die Einführung der Berliner Hofkirchenagende kirchenrechtlich beleuchtet, Dresden 1826

– : Inbegriff der evangelischen Glaubenslehre, nach dem lateinischen zu academischen Vorlesungen bestimmten Lehrbuche von dem Verfasser selbst bearbeitet, Göttingen 1805

– : Magazin für christliche Prediger (Hannover):
    Die Kirchenvereinigung, ein Bild, Bd 2/2 (1818), 561f
    Rezension von "Harms: Delationsschrift", Bd 4/2 (1820), 275
    Rezension von "Harms: Verständigung" Bd 3/1 (1818), 258–261
    Rezension von "Harms: Zütphen", Bd 2/2 (1818), 527f
    Rezension von "Krug: Vernunftreligion", Bd 4/1 (1819), 264
    Rezension von "Lehmus: An Harms", Bd 3/2 (1819), 265f
    Rezension von "Schleiermacher: An Ammon", Bd 3/1 (1818), 252f
    Rezension von "Schleiermacher: Symbolische Bücher", Bd 3/2 (1819), 237–240
    Selbstrezension von: "Antwort, 1.Aufl.", Bd 3/1 (1818), 253–255
    Selbstrezension von: "Arznei, 4. Aufl.", Bd3/2 (1819), 263f

– : Religionsvorträge im Geiste Jesu für alle Sonn- und Festtage des Jahres, Bd 2, Göttingen 1806

– : Religionsvorträge zur dritten Reformationsjubelfeier am 30., 31. October und 2. November 1817 in der evangelischen Hof- und Sophienkirche gehalten und seinen Zuhörern gewidmet, Dresden 1817

– : Summa theologiae christianae, 1. Aufl., Göttingen 1803; 3. Aufl. 1816

– : Ueber die Folgerichtigkeit des evangelischen Lehrbegriffes von der sittlichen Unvollkommenheit des Menschen und seiner Erwählung zur Seligkeit. Gegen die Einwürfe des Herrn Schleiermacher, Hannover/Leipzig 1820

– : Ueber die Hofnung einer freien Vereinigung beider protestantischen Kirchen. Ein Glückwünschschreiben an den Herrn Antistes Dr. Heß in Zürich bei der bevorstehenden dritten Jubelfeier der schweizerischen Reformation, Hannover/Leipzig 1818

ANTISTITUM Ecclesiae Danicae, Slesvico-Holsaticae et Lauenburgensis EPISTOLA ENCYCLICA ad clerum de tertio reformationis jubilaeo diebus XXXI Octobris, I et II Novembris MDCCCXVII pie celebrando, Kopenhagen 1817

AUCH IN BERLIN EIN NEUES GESANGBUCH ?!, in: Homiletisch Liturgisches Correspondenz-Blatt (Nürnberg 1830), Nr. 2, 20–28

BAUMGARTEN, M. : Ein Denkmal für Claus Harms, Braunschweig 1855

BERLINISCHE NACHRICHTEN FÜR STAATS- UND GELEHRTE SACHEN ("Haude und Spenersche Zeitung"), Jg. 1834

BERNSTORFF, E. v. : Gräfin Elise von Bernstorff geborene Gräfin von Dernath. Ein Bild aus der Zeit von 1789–1835. Aus ihren Aufzeichnungen, 2 Bde, Berlin 1896

BRETSCHNEIDER, K. G. : Aphorismen über die Union der beiden evangelischen Kirchen in Deutschland, ihre gemeinschaftliche Abendmahlsfeier und den Unterschied ihrer Lehre, Gotha 1819

BUNSEN, C. K. J. : Versuch eines allgemeinen Gesang- und Gebetsbuchs zum Kirchen- und Hausgebrauch, Hamburg 1833

[Friedrich Wilhelm III. von Preußen] : Allerhöchste Königl. CABINETTSORDRE DIE VEREINIGUNG DER LUTHERISCHEN UND RE-

FORMIRTEN KIRCHE, vom 27sten September 1817, in: Annalen der Preußischen innern Staats-Verwaltung Bd 1/3, Berlin 1817, 64-66

CIRCULARSCHREIBEN des Königl. Ministeriums des Innern an die evangelische Geistlichkeit der Preuß. Monarchie (v. 30.6.1817), in: Annalen der Preußischen innern Staats-Verwaltung, Bd 1/3, Berlin 1817, 66-69

CATALOGUS PRAELECTIONUM IN ACADEMIA FRIDERICIANA per semestre hiemale anni 1805 [...] instituendarum, Halle o.J.

DE WETTE, W. M. L. : Aktensammlung über die Entlassung des Professors D. de Wette vom theologischen Lehramt zu Berlin. Zur Berichtigung des öffentlichen Urtheils von ihm selbst herausgegeben, Leipzig 1820

– : Eine Idee über das Studium der Theologie. [wohl 1803] Dem Druck übergeben und mit einem Vorwort begleitet von A. Stieren, Leipzig 1850

– : Ueber den sittlichen Geist der Reformation in Beziehung auf unsere Zeit, in: Reformations Almanach auf das Jahr 1819, ed. F. Keyser, 2. Jg, Erfurt o.J., 212-334

FALCK, N. : Aktenstücke, betreffend die neue preußische Kirchenagende, Kiel 1827

– : Schreiben an den Herrn Consistorialrath Boysen R. v. D. in Borsfleth über seine neulich erschienenen Theses, Kiel 1818

– : Ueber die Grundbedingungen eines festen kirchlichen Vereins, in: Kieler Blätter Bd 1 (Kiel 1815), 89-98

FICHTE, J. G. : Werke, ed. I. H. Fichte, 11 Bde, Nachdruck, Berlin 1971

– : Die Anweisung zum seligen Leben, oder auch die Religionslehre, Berlin 1806

– : Die Grundzüge des gegenwärtigen Zeitalters, Berlin 1806

– : Reden an die deutsche Nation, Berlin 1808

FUNK, N. : Geschichte der neuesten Altonaer Bibelausgabe nebst Beleuchtung der vorzüglichsten wider sie erhobenen Beschuldigungen, Altona 1823

GESANGBUCH zum gottesdienstlichen Gebrauch für evangelische Gemeinen. Mit Genehmigung eines hohen Ministerii der geistlichen Angelegenheiten, Berlin 1829

[Asmussen, J.] : GESCHICHTE DES THESEN- UND BIBELSTREITES in Schleswig und Holstein, mit Rücksicht auf vorhergehende und nachfolgende Erscheinungen, in: Evangelische Kirchen-Zeitung (Berlin 1829), Nr. 45-48 (6., 10., 13. u. 17. Juni), 353-357.361-363.369-372.377-382. Nr. 58-60 (22., 25. u. 29. Juli), 457-461.465-472.473-479

HANSTEIN, G. A. : Trauerpredigt bei der Gedächtnisfeier des Dr.Hermes. Am 31. Januar 1819 gehalten, Berlin 1819

[A. W. Neuber, Übers.] : HIRTENBRIEF DER HOHEN GEISTLICHKEIT in Dänemark, Schleswig-Holstein und Lauenburg an die Prediger, als Einladung zur Jubelfeier der Reformation, den 31sten October, den 1sten und 2ten November 1817, Altona 1818

JACOBI, F. H. : Werke ed. F. Roth/F. Köppen, Nachdruck (6 Bde) der Ausgabe Leipzig 1812-1825, Darmstadt 1968

JOURNAL FÜR AUSERLESENE THEOLOGISCHE LITERATUR, ed. J.P. Gabler, (Nürnberg) 1804-1811

JUNG-STILLING, J. H. : Henrich Stillings Wanderschaft. Eine wahr-
hafte Geschichte, Berlin/Leipzig 1778, in: Lebensgeschichte ed. G.
A. Benrath, Darmstadt 1976, 187-288
KIELER CORRESPONDENZBLATT, Jg. 1834
KIRCHENUNIONEN IM 19. JAHRHUNDERT, TKTG 6, ed. G. Ruhbach,
Gütersloh 1967
KLEIN, F. A. : Antwortschreiben an den Herrn Archidiakonus Harms
in Kiel, in: Für Christenthum und Gottesgelahrtheit. Eine Opposi-
tionsschrift 2/2 (Jena 1819), 337-341
– : Rezension von "Harms: Verständigung", nebst einer Bitte an die-
jenigen, welche seine Lebensgeschichte genau kennen, in: Für
Christenthum und Gottesgelahrtheit. Eine Oppositiosschrift 2/1
(Jena 1819), 169-200
KLEUKER, J. F. : Gedanken über das evangelisch-kirchliche Gemein-
wesen und über Volksbibeln. Mit besonderer Rücksicht auf die von
dem Herrn Compastor Nicolaus Funk Ritter des Danebrog-Ordens,
mit königl. allerhöchstem Privilegium für die Armen- und Waisen-
schule zu Altona jüngst (1815) herausgegebene, in: Kieler Blätter
Bd 2f (Kiel 1816), 205-226.409-439.87-138.257-267
KÖNIGLICH PRIVILEGIERTE BERLINISCHE ZEITUNG von Staats-
und gelehrten Sachen ("Vossiche Zeitung"), Jg. 1834
KRABBE, O. : August Neander. Ein Beitrag zu seiner Charakteristik,
Hamburg 1852
KRITISCHES JOURNAL DER NEUESTEN THEOLOGISCHEN LITERA-
TUR, ed. C. F. Ammon/L. Bertholdt, (Nürnberg) 1811-1823
KRUG, W. T. : Daß es mit der Vernunftreligion doch etwas ist. Für
Herrn Claus Harms und dessen Anhänger, Leipzig 1819
KURZGEFASSTE VERGLEICHUNG des neuen Berliner Gesangbuchs
mit dem alten Porst'schen. Von einem gläubigen Verehrer des
letztern, Leipzig 1830
LEHMUS, A. T. A. F. : An Herrn Archidiacon Harms über Einige
seiner Thesen und einige Stellen in seinen Briefen zu einer nähe-
ren Verständigung über verschiedene seiner Thesen betreffende
Punkte, Erlangen 1819
LENZ, M. : Geschichte der königlichen Friedrich-Wilhelms-Universität
zu Berlin, Bd 4: Urkunden, Akten und Briefe, Halle 1910
LESSING, G. E. : Sämtliche Werke ed. K. Lachmann / F. Muncker,
Neudruck Berlin 1979
[Bunsen, C. K. J.] : LITURGIE wie sie als Nachtrag zur Kirchenagen-
de des Jahres 1822 zum Gebrauch für die Königl. Preußische evan-
gelische Gesandtschafts-Kapelle zu Rom bewilligt worden ist, o.O.
1828
LÜCKE, F. : D. W.M.L. de Wette. Zur freundschaftlichen Erinnerung,
Hamburg 1850
LUTHER, M. : D. Martin Luthers sämtliche Schriften, ed. J.G. Walch,
1. Aufl., 24 Bde, Halle 1740-1753
– : D. Martin Luthers Werke. Kritische Gesamtausgabe, 58 Bde, Wei-
mar 1883ff
– : Luthers Werke in Auswahl, ed. O. Clemen et al., 8 Bde, 6. Aufl.,
Berlin 1966ff
MARHEINEKE, P. : Geschichte der teutschen Reformation. Zweiter
Theil, Berlin 1816

NEANDER, A. : Denkwürdigkeiten aus der Geschichte des christlichen
    Lebens, 3 Bde, Berlin 1823–24
— : Erklärung über meine Theilnahme an der Evangelischen Kirchen-
    zeitung, und die Gründe, mich von ihr loszusagen, in: EKZ (Berlin
    1830), Nr. 18, 137–140
— : Der heilige Johannes Chrysostomus und die Kirche, besonders des
    Orients, zu dessen Zeitalter, 2 Bde, Berlin 1821–22
— : Das verflossene halbe Jahrhundert in seinem Verhältniß zur Ge-
    genwart, in: Deutsche Zeitschrift für christliche Wissenschaft und
    christliches Leben (Berlin 1850), Nr. 1–4, 3–8.9–14.17–22.25–29
[Hardenberg, F. L. v.] : NOVALIS SCHRIFTEN. Herausgegeben von
    Ludwig Tieck und Fr. Schlegel, 2 Bde, Berlin 1802; 3. Aufl.,1815
— : NOVALIS SCHRIFTEN, Bd 3, ed. R. Samuel et al., 3. Aufl., Darm-
    stadt 1983
OERTLING, F. E. C. : Sendschreiben an den Herrn Archidiaconus C.
    Harms zu Kiel von einem Lehrer seines Knabenalters, demjenigen
    Prediger in Holstein, dessen er am Schlusse seiner Verständigungs-
    briefe erwähnet, Kiel 1817
PLATON: Werke in 8 Bänden, griechisch und deutsch, ed. G. Eigler,
    Darmstadt 1970–1983
PROTESTATION mehrerer Mitglieder der Domgemeine gegen das neue
    Gesangbuch, in: EKZ (Berlin 1830), Nr. 13, 97–102
[Gerlach, L. v.] : DER RATIONALISMUS AUF DER UNIVERSITÄT
    HALLE, in: EKZ (Berlin 1830), Nr. 5f, 38–40.45–47
RAUCH, D. : Tabulae librorum e bibliotheca defuncti Schleiermacher
    (Rauch), Berlin 1835
REZENSION VON "HARMS: KLEINER KATECHISMUS", in: Neue Leip-
    ziger Literaturzeitung (1810), 131. Stück, 2090–2093
REZENSION VON "HARMS: SOMMERPOSTILLE, 1.TEIL,1.AUFL.1811",
    in: Schleswig-Holsteinische Provinzialberichte (Rendsburg 1811),
    614f
REZENSION VON "HARMS: WINTERPOSTILLE 1. AUFL. 1808", in:
    Neue Leipziger Literaturzeitung (1809), 14. Stück, 221–224
REZENSION VON "NOVALIS WERKE ed. F.Schlegel/L.Tieck", in: All-
    gemeine Literatur–Zeitung (Jena 1803), Nr. 259–261, 569–576.577–
    584.585–588
REZENSION VON "UNPARTHEIISCHES GUTACHTEN ÜBER DAS
    NEUE BERLINER GESANGBUCH und Kurzgefaßte Vergleichung des
    neuen Berliner Gesangbuches [...]", in: EKZ (Berlin 1830), Nr. 14,
    105–112
SACK, K. H. : Für die Vereinigung der lutherischen und der refor-
    mirten Kirche. Wider die 21 letzten der 95 Sätze von Claus Harms,
    Berlin 1817
[Stolberg, F. L. v.] : SCHREIBEN EINES HOLSTEINISCHEN KIRCH-
    SPIELVOGTS an seinen Freund in Schweden über die neue Kir-
    chenagende, Hamburg 1798
STORR, G. C. : Lehrbuch der christlichen Dogmatik, übersetzt und
    bearbeitet von C. C. Flatt, Stuttgart 1803
SYNODALBERICHT über das neue "Gesangbuch zum gottesdienstlichen
    Gebrauche für evangelische Gemeinden. Mit Genehmigung eines ho-
    hen Ministeriums der geistlichen Angelegenheiten. Berlin, Verlag

von Reimer.", in: Allgemeine Kirchen Zeitung (Darmstadt 1830), Nr. 68, 553–560

TWESTEN, A. : Rede eines Geistlichen in einer Gesellschaft von Amtsbrüdern, in: Kieler Blätter Bd 1 (Kiel 1815), 125–135.216–227

– : Vorlesungen über die Dogmatik der Evangelisch-Lutherischen Kirche, nach dem Kompendium des Herrn Dr. W. M. L. de Wette, Erster Band, welcher die Einleitung und den ersten, kritischen Theil enthält, Hamburg 1826; 2., verbesserte Aufl., 1829

TITTMANN, J. A. H. : Ueber die Vereinigung der evangelischen Kirchen. An den Herrn Präsidenten der berlinischen Synode, Leipzig 1818

[Bunsen, C. K. J.] : UEBER DAS NEUE BERLINER GESANGBUCH, in: EKZ (Berlin 1830), Nr. 16f.19f.32f.41f.57–59, 121–126.129–134.149–152.159f.249–255.257–264.321–327.329–334.449–456.457–463.465–469

[Grohmann, J. C. A.] : UEBER OFFENBARUNG UND MYTHOLOGIE, Berlin 1799

[Raumer, K.] : UNPARTHEIISCHES GUTACHTEN über das neue Berliner Gesangbuch, Leipzig 1830

VOß, J. H. : Wie ward Friz Stolberg ein Unfreier?, in: Sophronizon oder unpartheyisch-freymüthige Beyträge zur neueren Geschichte, Gesetzgebung und Statistik der Staaten und Kirchen, 3. Heft, (Frankfurt/M. 1819), 1–113

WITTHÖFFT, F. M. P. : Glaubet, was ihr könnet, und übet Barmherzigkeit und Liebe. Eine Rede zur Feier des Stiftungsfestes der Armenanstalt in Kiel, am 6. Juni 1819 gehalten, Kiel 1819

8.3 Literatur

Theologische Realenzyklopädie ABKÜRZUNGSVERZEICHNIS, zusammengestellt von S. Schwertner, Berlin/New York 1976

ACHELIS, T. O./ SCHMIDT, J : Claus Harms bleibt endgültig in Kiel, in: SVSHKG.B 16 1958, 170–173

ADAM, A. : Die nassauische Union von 1817, in: Jahrbuch der kirchengeschichtlichen Vereinigung in Hessen und Nassau 1, Darmstadt 1949, 35–408

– : Artikel "Unionen im Protestantismus", in: RGG, 3. Aufl., Bd 6, Tübingen 1962, 1143

ADELUNG, J. C. : Versuch eines vollständigen grammatisch-kritischen Wörterbuchs der Hochdeutschen Mundart, mit beständiger Vergleichung der übrigen Mundarten, besonders aber der oberdeutschen, Bde 1–5/1, Leipzig 1774–1786

ALBRECHT, C. : Schleiermachers Liturgik. Theorie und Praxis des Gottesdienstes bei Schleiermacher und ihre geistesgeschichtlichen Zusammenhänge, Berlin 1962

BACHMANN, J. F. : Zur Geschichte der Berliner Gesangbücher, Berlin 1856 [Nachdruck Hildesheim/New York 1970]

BACHMANN, J. : Ernst Wilhelm Hengstenberg. Sein Leben und Wirken nach gedruckten und ungedruckten Quellen dargestellt, Bd 1 u. 2, Gütersloh 1876.1879

BALEMANN, A. F. [et al.] : Begräbnißfeier des theuren Gottesmannes Dr. Claus Harms Oberconsistorialraths, Probsten und Pastors emerit. an der Nicolaikirche zu Kiel, R. v. D. u. D. M. geb. d. 27. Mai 1778, gest. d. 1. Febr. 1855, Kiel 1855

BARTH, K. : Die protestantische Theologie im 19. Jahrhundert. Ihre Vorgeschichte und ihre Geschichte, 4. Aufl., Zürich 1981

BEHRENDT; H. : Der junge Claus Harms, in: ChrW 23 (Marburg 1909), Nr. 11, 244–250

BEHRMANN, G. : Claus Harms. Eine Predigt und ein Vortrag, Kiel 1878

– : Ein Kranz auf Claus Harms' Grab, in: Hamburgisches Kirchenblatt (1905), Nr. 5, 34–36

BIRKNER, H. J. : Friedrich Schleiermacher, in: Gestalten der Kirchengeschichte, ed. M. Greschat, Bd 9 Die neueste Zeit I, Stuttgart 1985, 87–115

– : Schleiermachers christliche Sittenlehre im Zusammenhang seines theologisch-philosophischen Systems, Berlin 1964

– : Schleiermachers "Kurze Darstellung" als theologisches Reformprogramm, in: Text und Kontext, Kopenhagen/München 1986, 59–81

BRANDT, O. : Geistesleben und Politik in Schleswig-Holstein um die Wende des 18. Jahrhunderts, Nachdruck der 2.Aufl. 1927, Kiel 1981

– : Geschichte Schleswig-Holsteins, 7., überarb. u. erw. [v. W. Klüver] Aufl., Kiel 1976

BRÜCK, R. v. : Die Beurteilung der preußischen Union im lutherischen Sachsen in den Jahren 1817–1840, Berlin 1981

BÜLCK, R. : Schleiermacher in Kiel, in: Die Heimat, Monatsschrift des Vereins zur Pflege der Natur- und Landeskunde in Schleswig-Holstein 59 (Neumünster 1952), 203f

CARSTENS, C. E. : Zur Geschichte des Harms'schen Thesenstreits, in: ZGSHG 20 (Kiel 1890), 269–281

CLAUS HARMS. Pastor und Propst in Kiel 1816–1849, Festschrift des Evangelisch-Lutherischen Kirchenkreises Kiel zum 200. Geburtstag von Harms, Kiel 1978

DELIUS, W. : Schleiermacher und die Katechismusfrage, in: JBBKG 38 (Berlin 1963), 97–105

DILTHEY, W. : Leben Schleiermachers, Bd 1, 3. Aufl., ed. M. Redeker, Berlin 1970

DORNER, I. A. [et al.] : Blätter der Erinnerung an das Jubiläum von Cl. Harms, zur Feyer seines Amtsantritts vor 25 Jahren, am 4ten Adventssonntag 1841, Kiel 1842

ELERT, W. : Der Kampf um das Christentum. Geschichte der Beziehungen zwischen dem evangelischen Christentum in Deutschland und dem allgemeinen Denken seit Schleiermacher und Hegel, München 1921

FEDDERSEN, E. : Claus Harms' 95 Thesen, in: SVSHKG.B 8/4 (1928), 448–461

– : Claus Harms' Thesen und die kirchlichen Behörden, SVSHKG.B 8/4 (1928), 462–565

– : Noch zwei Aktenstücke zu dem Thema Claus Harms und die Kirchenbehörde, in: SVSHKG.B 8/4 (1928), 617–628

FICKER, G. : Claus Harms und die Kieler Professoren. Ein Aktenstück aus dem Jahre 1820, in: SVSHKG.B 7/2 (1920), 197–227

– : Claus Harms und der Verfasser der "Altonaer Bibel", in: Nordelbingen Bd 1 (Flensburg 1923), 88–97

FISCHER, F. : Ludwig Nicolovius. Rokoko – Reform – Restauration, Stuttgart 1939

FOERSTER, E. : Die Entstehung der Preußischen Landeskirche unter der Regierung König Friedrich Wilhelms des Dritten nach den Quellen erzählt, 2 Bde, Tübingen 1905/07

FRANK, G. v. : Geschichte und Kritik der neueren Theologie, insbesondere der systematischen, seit Schleiermacher, 4. Aufl., bearbeitet von R. H. Grützmacher, Leipzig 1908

GERLACH, G. B. : Ammon und Schleiermacher oder Präliminarien zur Union zwischen Glauben und Wissen, Religion und Philosophie, Supernaturalismus und Rationalismus, Berlin 1821

GOETHE, J. W. v. : Werke. Hamburegr Ausgabe, ed. E. Trunz, 12./13. Aufl., München 1982

HAMMER, F. : Altonaer Bibel, in: Gott loben das ist unser Amt, Gedenkschrift Johann Schmidt, Kiel 1984, 81–99

HARMS, Chr. : Blätter der Erinnerung an Claus Harms. Mitgeteilt bei Gelegenheit der 50. Wiederkehr seines Todestages, des 1. Februar 1855, in: SVSHKG.B 3/3 (1905), 365–383

HASSELMANN, K. : Leichenrede am Sarge des am 1. Februar 1855 verstorbenen Ober-Konsistorialraths, Probsten und Hauptpastors in Kiel, Doctors der Theologie und der Philosophie Claus Harms, gehalten in der Kieler Nicolaikirche am 8. Februar 1855, in: H. F. Neelsen, Dr. Claus Harms als Seelsorger und Freund, Kiel 1878

HEDEMANN-HEESPEN, P. v. : Der Inhalt der schleswig-holsteinischen Zeitschriften und Sammlungen nach 1750. Vorarbeit für eine Landesgeschichte, Sonderabdruck aus ZSHG Bd 45, Kiel 1930

HEIN, L. : Die katholische Kirche im Urteil von Claus Harms, in: SVSHKG.B 19 (1963), 88–105

– : Die Philalethen und ihr Kampf um die Freiheit von der Kirche, Ein Beitrag zur Geschichte des Liberalismus in Holstein, in: SVSHKG.B 20, 1964, 62–84

– : Die Thesen von Claus Harms in der neueren theologischen Kritik, in: SVSHKG.B 26/27 (1970/71), 70–83

– : Evangelische Spiritualität bei Claus Harms und im Weltluthertum der Gegenwart, in: Gott loben das ist unser Amt, Gedenkschrift Johann Schmidt, Kiel 1984, 107–121

– : Artikel "Claus Harms", in: TRE Bd 14, Berlin/New York 1985, 447f

HEINRICI, C. F. G. : D. August Twesten nach Tagebüchern und Briefen, Berlin 1889

HENKE, E. L. T. : Schleiermacher und die Union, Marburg 1868

HERTEL, F. : Das theologische Denken Schleiermachers untersucht an der ersten Auflage seiner Reden "Über die Religion", Zürich/ Stuttgart 1965

HERTZ, M. : Artikel "Johannes Schulze", in: ADB 33, Leipzig 1891, 5–18

HIRSCH, E. : Geschichte der neuern evangelischen Theologie, 5 Bde, [Neudruck der 3. Aufl. 1964], Münster 1984

– : Fichtes, Schleiermachers und Hegels Verhältnis zur Reformation, in: Lutherstudien Bd 1954, 121–168

HOFFMANN, G. E. : Johann Georg Fock als Gegner von Claus Harms, in: SVSHKG.B 10/2 (1950), 65–85

- : Eine studentische Arbeit von Claus Harms, in: SVSHKG.B 15 (1957), 117-130

HOLL, K. : Die Bedeutung der großen Kriege für das religiöse und kirchliche Leben innerhalb des deutschen Protestantismus (1917), in: Gesammelte Aufsätze zur Kirchengeschichte Bd 3 Der Westen, [Nachdruck] Darmstadt 1965, 302-384

INTERNATIONALER SCHLEIERMACHER-KONGRESS BERLIN 1984, 2 Bde, ed. K. V. Selge, Schleiermacher-Archiv, ed. H. Fischer et al. (SchlA 1/1.2), Berlin/New York 1985

JAEGER, B. : Karl Hase als Dogmatiker, Gütersloh 1990

JONAS, L. : Schleiermacher in seiner Wirksamkeit für Union, Liturgie und Kirchenverfassung, in: Monatsschrift für die unirte evangelische Kirche, Jg 3 (Berlin 1848), Bd 5, 251-490

KAMPHAUSEN, A. : Artikel "Bunsen", in: RE, 3. Aufl., Bd 3, Leipzig 1897, 556-562

KANTZENBACH, F. W. : Claus Harms und seine Bedeutung für das Neuluthertum des 19. Jahrhunderts, in: ZBKG 28 (Nürnberg 1959), 190-205

- : Friedrich Daniel Ernst Schleiermacher in Selbstzeugnissen und Bilddokumenten, 4. Aufl., Hamburg 1981

- : Gewinn und Grenzen konfessioneller Selbstbesinnung in der Theologie von Claus Harms, in: Gestalten und Typen des Neuluthertums, Gütersloh 1968, 27-43

KIRCHNER, J. : Die Zeitschriften des deutschen Sprachgebietes von den Anfängen bis 1830, Stuttgart 1969

KRIEGE, A. : Geschichte der Evangelischen Kirchen-Zeitung unter der Redaktion Ernst Wilhelm Hengstenbergs, 2 Bde, maschinenschriftl. Diss., Bonn 1958

KÜSTER, S. E. G. : Kurze lebensgeschichtliche Nachrichten von den Verfassern der Lieder des neuen Berliner Gesangbuchs, Berlin 1831

LAGARDE, P. de : Über einige Berliner Theologen, und was von ihnen zu lernen ist, in: Schriften für das deutsche Volk Bd 1, Deutsche Schriften, München 1924, 27-89

LENZ, M. : Geschichte der königlichen Friedrich-Wilhelms-Universität zu Berlin, Bd 1: Gründung und Ausbau. Bd 2/1: Ministerium Altenstein, Halle 1910

LOMMATZSCH, S. : Geschichte der Dreifaltigkeitskirche zu Berlin, Berlin 1889

LORENTZEN, J. : Claus Harms. Ein Lebensbild, Erlangen 1937

- : Diesseits und jenseits der Grenze. Nicolai Frederic Severin Grundtvig und Claus Harms, Neumünster 1933

- : Gräfin Auguste Bernstorff, geb. Gräfin Stolberg, eine Freundin von Goethe und Claus Harms, in: SVSHKG.B 8/4 (1928), 566-616

- : Zum Abklang des Goethejahres. Goethe, Claus Harms, Auguste Gräfin Bernstorff und Friedrich Leopold von Stolberg, in: AELKZ 66 (Leipzig 1933), Nr. 1-5, 8-12.37-39.57-60.84-90.102-105

LÜCKE, F. : Erinnerungen an Dr. Friedrich Schleiermacher, in: ThStKr 7 (Hamburg 1834), 745-813

LÜDEMANN, C. P. M. : Erinnerung an Claus Harms und seine Zeit. Ein Beitrag zur Säcularfeier seines Geburtstags den 25. Mai 1878, Kiel 1878

MEDING, W. v. : Kirchenverbesserung. Die deutschen Reformationspredigten des Jahres 1817, Bielefeld 1986
MULERT, H.: Schleiermacher und Klaus Harms, in: SVSHKG.B 4/5
(1909), 557-576
NICOLOVIUS, A. : Denkschrift auf Georg Heinrich Ludwig Nicolovius, Bonn 1841, [Nachdruck] Bern/Frankfurt/M. 1973
NOWAK, K. : Schleiermacher und die Frühromantik, Weimar 1986
NYHOLM, A. : Om Claus Harms og hans indflydelse på hertugdöm-
mernes kirkeliv, in: Sönderjyske Årböger, (Abenrå 1970), 1-86
OHST, M. : Schleiermacher und die Bekenntnisschriften. Eine Unter-
suchung zu seiner Reformations- und Protestantismusdeutung, Tü-
bingen 1989
OTTO, R. : Das Heilige. Über das Irrationale in der Idee des Göttli-
chen und sein Verhältnis zum Rationalen, 11. Aufl., München 1963
PABST, J. : Lebens- und Charakterumrisse Christoph Friedrichs von
Ammon, Dresden 1850
PFEILSCHMIDT, E. H. : Christoph Friedrich von Ammon nach Leben,
Ansichten und Wirken. Ein Lichtbild aus der evangelischen Kirche,
Leipzig 1850
REALENCYCLOPÄDIE für protestantische Theologie und Kirche, 3.
Aufl., Leipzig 1896ff
REIMERS, F. : Pastor Claus Harms gegen Senator Witthöfft-Kiel. Ei-
ne Glaubensfehde aus den Jahren 1819/20, Kiel 1910
REIMERS, K. : Die Reformationsthesen von Martin Luther und Claus
Harms. Zum 31. Oktober 1917 neu herausgegeben, Hamburg 1917
RITSCHL, A. : Schleiermachers Reden über die Religion und ihre
Nachwirkungen auf die evangelische Kirche Deutschlands, Bonn
1874
RÖSSLER, D. : Zwischen Rationalismus und Erweckung. Zur Predigt-
lehre bei Claus Harms, in: ZKG 73 (Stuttgart 1962), 62-73
DIE REFORMATIONSTHESEN VON MARTIN LUTHER UND CLAUS
HARMS, ed. K. Reimers, Hamburg 1917
DIE RELIGION IN GESCHICHTE UND GEGENWART, 2. Aufl., Tübin-
gen 1927ff; 3. Aufl., 1957ff
REZENSION VON "AMMON: BITTERE ARZNEI", in: Leipziger Litera-
tur-Zeitung (1818) Nr. 14, 105-110
REZENSION VON "HARMS: KLEINER KATECHISMUS",in: Neue Theo-
logische Annalen (Rinteln 1810), 706-710
REZENSION VON "HARMS: THESEN", in: Leipziger Literatur-Zeitung
(1818) Nr. 4, 33-45
SCHMIDT, H. : Beiträge zur Biographie von Claus Harms, in: Aus
Schleswig-Holsteins Geschichte und Gegenwart. Eine Aufsatzsamm-
lung als Festschrift für Volquart Pauls, Neumünster o.J., 150-160
SCHMIDT, J. D. : Christoph Friedrich von Ammon. Ein Abriß seines
Lebens und theologischen Schaffens, in: ZBKG 24 (Nürnberg 1955),
169-199
- : Die theologischen Wandlungen des Christoph Friedrich von Am-
mon, maschinenschriftl. Diss., Erlangen 1953
SCHNEIDER, K. : Schleiermacher und Harms. Ein Vortrag im Saale
des Kgl. Friedrich-Wilhelms-Gymnasiums zu Posen zum Besten eines
dort zu errichtenden Diakonissen-Krankenhauses, Berlin 1865

SCHREIBEN (EINES AUGENZEUGEN) ÜBER DIE NEUESTEN KIRCH-
LICHEN GÄRUNGEN IN HOLSTEIN. (Nach ihrem Zusammenhang
mit den früheren Ereignissen seit des großen Bernstorfs Tod bis
auf den Aufkauf der Altonaer Bibelausgabe und den Harmsischen
Thesenstreit.), in: Sophronizon oder unpartheyisch-freimüthige Beyträge zur neueren Geschichte, Gesetzgebung und Statistik der
Staaten und Kirchen 3 (Frankfurt/M. 1819), 114-127
SCHRÖDTER, F. A. : Archiv der Harmsschen Thesen, oder Charakteristik der Schriften, welche für und gegen dieselben erschienen
sind; größtentheils in deren eigenen Worten, mit beigefügten kurzen Beurtheilungen, Altona 1818
SEIFERT, P. : Die Theologie des jungen Schleiermacher, Gütersloh
1960
SOMMER, W. : Schleiermacher und Novalis. Die Christologie des jungen Schleiermacher und ihre Beziehung zum Christusbild des Nova-
lis, Frankfurt/M. 1973
STIEWE, M. : Das Unionsverständnis Friedrich Schleiermachers, Wit-
ten 1969
STUDT, H. H. : Professor Dr. theol. Michael Baumgarten. Ein aus 45-
jähriger Erfahrung geschöpfter biographischer Beitrag zur Kirchen-
frage. Als handschriftlicher Nachlaß herausgegeben,2 Bde, Kiel 1891
THEOLOGISCHE REALENZYKLOPÄDIE, Berlin/New York 1977ff
TICE, T. N. : Schleiermacher Bibliography With Brief Introductions,
Annotations, and Index, Princeton (N.J.) 1966 (dazu der Nachtrag:
Schleiermacher Bibliography. Corrections, New Information And
Comments, Princeton 1985)
WANGEMANN, H. T. : Die Kirchliche Cabinets-Politik des Königs
Friedrich Wilhelm III. insonderheit in Beziehung auf Kirchenverfas-
sung, Agende, Union und Separatismus nach den Geheimen Königli-
chen Cabinetsakten und den Altenstein'schen handschriftlichen
Nachlaß-Akten des Königlichen Geheimen Staatsarchivs, Berlin 1884
WENDLAND, W. : Die Reformationsjubelfeiern in Berlin und Branden-
burg, in: JBrKG 15 (Berlin 1917), 66-109
– : Studien zur Erweckungsbewegung in Berlin (1810-1830), in: JBrKG
19 (Berlin 1924), 5-77
WINTZER, F. : Claus Harms Predigt und Theologie (SVSHKG.A 21),
Flensburg 1965
WITT, F. : Quellen und Bearbeitungen der schleswig-holsteinischen
Kirchengeschichte (SVSHKG.A 1, 2. Aufl.), Kiel 1913
ZEIßLER, G. L. : Geschichte der Sächsischen Oberhofprediger und
deren Vorgänger in gleicher Stellung von der Reformation an bis
auf die heutige Zeit, Leipzig 1856
ZILLEN, H. : Claus Harms und die moderne Theologie, in: Schleswig-
Holsteinisches Kirchenblatt (Lunden 1900), Nr. 3f, 1.1f
– : Ein vergessener Katechismus, in: Schleswig-Holsteinisches Kir-
chenblatt (Lunden 1900), Nr. 22, 92-94

9. Personenregister

THEOLOGISCHE BIBLIOTHEK TÖPELMANN

Preisänderungen vorbehalten

Walter de Gruyter **Berlin · New York**

THEOLOGISCHE BIBLIOTHEK TÖPELMANN

CHRISTEL KELLER - WENTORF

Schleiermachers Denken

Die Bewußtseinslehre in Schleiermachers philosophischer
Ethik als Schlüssel zu seinem Denken
Oktav. X, 547 Seiten. 1984. Ganzleinen DM 98,—
ISBN 3 11 009528 9 (Band 42)

WOLFGANG ERICH MÜLLER

Johann Friedrich Wilhelm Jerusalem

Eine Untersuchung zur Theologie der „Betrachtung über
die vornehmsten Wahrheiten der Religion"
Oktav. X, 263 Seiten. 1984. Ganzleinen DM 98,—
ISBN 3 11 009680 3 (Band 43)

EBERHARD STOCK

Die Konzeption einer Metaphysik im Denken von Heinrich Scholz

Oktav. XVI, 246 Seiten. 1987. Ganzleinen DM 98,—
ISBN 3 11 011176 4 (Band 44)

CHRISTOPH MEIER - DÖRKEN

Die Theologie der frühen Predigten Schleiermachers

Oktav. XII, 291 Seiten. 1988. Ganzleinen DM 108,—
ISBN 3 11 011352 X (Band 45)

HANNELORE JAHR

Theologie als Gestaltmetaphysik

Die Vermittlung von Gott und Welt im Frühwerk Paul Tillichs
Oktav. XIV, 482 Seiten. 1989. Ganzleinen DM 132,—
ISBN 3 11 011906 4 (Band 46)

Preisänderungen vorbehalten

Walter de Gruyter Berlin · New York